Reisen zwischen Abenteuer und Rasterung ⁄

Philologie des Abenteuers

Herausgegeben von

Susanne Gödde, Martin von Koppenfels

Wissenschaftlicher Beirat

Julika Griem
Florian Mehltretter
Mireille Schnyder

BAND 4

Robert Stockhammer

Reisen zwischen Abenteuer und Rasterung

Mit James Cook und Herman Melville im Pazifik

BRILL

FINK

Gedruckt mit freundlicher Unterstützung der Deutschen Forschungsgemeinschaft

Bibliografische Information der Deutschen Nationalbibliothek

Die Deutsche Nationalbibliothek verzeichnet diese Publikation in der Deutschen Nationalbibliografie; detaillierte bibliografische Daten sind im Internet über http://dnb.d-nb.de abrufbar.

www.fink.de

Einbandgestaltung: Evelyn Ziegler, München
Herstellung: Brill Deutschland GmbH, Paderborn

ISSN 2628-5215
ISBN 978-3-7705-6660-0 (paperback)
ISBN 978-3-8467-6660-6 (e-book)

Inhalt

TEIL I

Abenteuer und Reise: eine Sondierung

Abb. 1

„Abenteuer gibt es noch", heißt es in der permanenten Kopfzeile der Zeitschrift *Freemen's World*, präzis in kleinem, aber nicht zu kleinem Schriftgrad über dem *FREE* plaziert. „Finde Dein ABENTEUER / 35 packende Trips von umsonst bis (fast) unbezahlbar", steht beispielsweise auf dem Cover der Ausgabe März/April/Mai 2018 (für mehr als eine vierteljährliche Ausgabe reicht der Stoff dann offenbar doch nicht). Kaum bezahlbar (15 Mio. €) ist bisher eine Reise in den Weltraum; kostenlos ist angeblich eine Nacht im Freien in der Hängematte, die zum Beispiel im Hamburger Containerhafen aufgehängt werden kann.[1]

---

1 Zu den Beispielen: *FreeMen's World*, März/April/Mai 2018, S. 57 und 44. Den Hinweis verdanke ich Michael Ott.

© BRILL FINK, 2021 | DOI:10.30965/9783846766606_002

Das *noch* im Motto dieser Zeitschrift ist offensichtlich eine Abwehrreaktion gegen die weitverbreitete Annahme, es gebe keine Abenteuer *mehr* – was zugleich impliziert, früher habe es sie selbstverständlich gegeben. Viele Titel, die in der *amazon.de*-Kategorie „Reise & Abenteuer" geführt werden, enthalten das Adjektiv „letzte" (*letzte Abenteuer, letzte Geheimnisse, letzte Wildnis, letzter Trapper* usw.) und verbinden derart die sentimentalische Annahme, früher sei das Außeralltägliche noch häufiger anzutreffen gewesen, mit dem Appell an den Konsumenten, bei der letzten Chance zuzugreifen. Zugrunde liegt die Vorstellung, das Leben sei sehr weitgehend durchorganisiert, und zwar nicht nur die Arbeits-, sondern auch die Freizeit – denn nahezu ausschließlich dort werden die letzten Abenteuer vermutet –, so dass es besonderer Findigkeit bedürfe, noch etwas zu erleben, „wovon wir noch unseren Enkeln erzählen können".[2]

Möglicherweise sind auch Liebesabenteuer beeinträchtigt, weil sie seit der Lockerung der Sexualmoral oder gar seit der Einrichtung entsprechender Foren im ,Netz' kaum noch als aufregende Grenzüberschreitungen erlebt werden. Oder Abenteuer beim Glücksspiel, zu dem man sich nicht einmal mehr in ein zur Spielbank umgewidmetes Schloss begeben muss, sondern es an eben dem Rechner betreiben kann, an dem man zwischendrin dienstliche Mails beantwortet. Oder die Abenteuerlichkeit des Krieges, von dem man inzwischen weitgehend eingesehen hat, dass er, *pace* Ernst Jünger, eher Traumatisierte als Gestählte zurücklässt. Besonders jedoch scheint die Beeinträchtigung ihrer Abenteuerlichkeit für längere Ortsveränderungen zu gelten – die Kategorien-Verbindung „Reise & Abenteuer" deutet es ebenso an wie das Gros der Vorschläge in *Freemen's World* oder die Beschriftung des Regals in einer gutsortierten Zeitschriftenhandlung, wo die Zeitschrift zu erwerben ist: Der Übertitel „KULTUR | FREIZEIT" wird dort in der unteren Zeile in die Bereiche „Reisen | Abenteuer | Sport" ausdifferenziert. Man braucht Hilfe bei der Auffindung der letzten Nischen, die der Pauschaltourismus vielleicht noch übriggelassen hat; man hofft, dass Reiseführer, die einsame Strände versprechen, keine allzu große Auflage erreichen, weil sie sonst zwangsläufig eine *selfdefeating prophecy* produzieren; man will wissen, in welcher Jahreszeit man den Stau auf dem Anstieg zum Gipfel des Mount Everest vermeiden kann.

Aber was ist eigentlich ein Abenteuer? Philologisch korrekt gefragt: „Âventiure? waz ist daz?"[3] Eine literaturwissenschaftliche Antwort auf diese

---

2   Carstens, „Editorial". – Alle nur mit Kurztiteln ausgewiesenen Texte werden im Literaturverzeichnis ausgewiesen.

3   Hartmann von Aue, *Iwein* (V. 527), zitiert nach: v. Koppenfels u. a., „Wissenschaftliches Programm der Forschungsgruppe", S. 3.

Frage des Waldmenschen an den Ritter in Hartmanns *Iwein* kann nicht im gesellschaftskritischen Räsonnieren, sondern muss in der Orientierung an ausgewählten Texten entwickelt werden. Für die Pilotstudien der Teile II und III dieser Studie sind dies zwei recht umfangreiche Korpora von sehr verschiedenen Texten, von Logbüchern bis zu Romanen, die vor, während und nach zwei Reisen hergestellt wurden: im Rahmen eben von Cooks zweiter Weltumseglung (1772–75) sowie im Gefolge von Herman Melvilles individuell unternommener, ausdrücklich zu Cooks Reisen kontrastierter Pazifikreise (1841–44). Für den sondierenden Teil I wurde ein kleines Korpus von drei offenbar einschlägigen Texten aus dem Zeitraum von gut 2700 Jahren ausgewählt:

Der (1.) historisch mittlere dieser Texte (nicht mittige, weil erst ungefähr 800 Jahre alt und damit um mindestens 1900 Jahre jünger als der erste), Wolfram von Eschenbachs *Parzival*, stammt aus dem Stadium und dem Kontext, in dem das Wort *âventiure* allererst geprägt wurde, und hat das entsprechende Modell wesentlich mitgeprägt. Entsprechend häufig (111-mal) tritt hier das Wort *âventiure* auf, dessen semantische Bandbreite Dieter Kühn bei seiner Übersetzung des Romans ins Neuhochdeutsche (für das zentrale Wort eher Französische) mit einem sehr breiten Spektrum von Äquivalenten ausgelotet hat – was im Folgenden zur Sichtung eben dieses semantischen Erbes, ohne Anspruch auf mediävistische Präzision, genutzt wird.[4]

Dass die (2.) einem Autor namens Homer zugeschriebene *Odyssee*, besonders in den Gesängen IX–XII, in denen der Protagonist von seinen ‚Irrfahrten' berichtet (den *apólogoi*), von ‚Abenteuern' handle, ist eine nicht nur unter Halbgebildeten, sondern auch in der Homer-Philologie weitgehend unbefragt verwendete Wortwahl.[5] Allerdings wird damit ein erst sehr viel später geprägtes Wort anachronistisch auf das Epos zurückprojiziert, so dass hier besonders vorsichtig zu verfahren, also nicht je schon vorauszusetzen ist, *dass* es sich hier wirklich um ‚Abenteuer' handle.[6]

---

4 Ausgehend von der Annahme, dass die französische Herkunft des Wortes *aventiure* auch in einer Übersetzung transparent bleiben solle, wählt Kühn überwiegend französische Äquivalente. Vgl. Kühns Kommentar „Zur Übertragung", insb. zu dem „Hauptbeispiel" seines Vorgehens (eben *âventiure*), in: Wolfram von Eschenbach, *Parzival*, Bd. II, S. 439. – D. H. Green, „The concept *âventiure* in *Parzival*", gruppiert die (nach seiner Zählung 109, vgl. S. 87) Belege nach anderen semantischen Feldern, aber, soweit ich sehe, ohne dass dies zu grundsätzlichen Widersprüchen mit der folgenden Darstellung führte.

5 So auch bei durchaus literaturtheoretisch reflektierten Philologen, vgl. z. B. Most, „The Structure and Function of Odysseus' Apologoi", *passim*.

6 Die Forschungsgruppe hat die Anwendbarkeit des Wortes auf das Epos mehrheitlich verneint; wenn ich sie hier, mit Einschränkungen, bejahe, so indem ich diese Minderheitsposition ausdrücklich gegen die Argumente der Kollegen verteidige. Diese Ehrenrettung ist

Die (3.) Weltumseglung mit einem Einhandsegler, von der Laura Dekker in dem unter dem Titel *Eeen meisje een drom. Solo rond de wereld* erstmals 2013 veröffentlichten Buch berichtet, wird hingegen sowohl im Text (Em 92)[7] als auch auf der Buchrückseite als *avontuur* benannt; dies erscheint ebenso unproblematisch wie die Einordnung des Buches in die thematische Rubrik „Reise & Abenteuer" bei *amazon.de*. Und zweifellos gehört Dekkers Unterfangen zu den typischen Gegenständen der Zeitschrift *Freemen's World*, in deren Titel das *men* natürlich für ‚Menschen' stehen soll (wenngleich darin verdächtig wenige Frauen vorkommen). Der naheliegende Verdacht, es handle sich dabei um eine ‚Spätform' von Abenteuern, wird in dieser Sondierung zurückgestellt, bis auf das *noch* im Motto von *Freemen's World* zurückzukommen ist; der Sachverhalt, dass Dekkers Bericht im Unterschied zu den beiden anderen Texten nicht zum Kanon der Weltliteratur zählt und vermutlich auch nie zählen wird, wird aus heuristischen Gründen ganz ausgeklammert.

Das induktive Verfahren der Orientierung an Text- und Sprachbefunden wird im ganzen vorliegenden Buch mit einem deduktiven kombiniert, wobei Teil I überwiegend vom letzteren Verfahren, die anderen beiden Teile vom ersteren strukturiert werden. Zwar richtet die philologische Perspektive ein Hauptaugenmerk auf das *Wort*, oder vielmehr die *Wörter*, insofern die Varianten in verschiedenen Sprachen (*âventiure, adventure, Abenteuer …*) stets nur partielle Äquivalente sein können. Im Interesse an einem *Begriff* muss es jedoch möglich sein, gelegentlich etwas aus systematischen Gründen *nicht Abenteuer* zu nennen, was in einem untersuchten Text als solches bezeichnet wird, oder umgekehrt etwas *Abenteuer* zu nennen, was dort *nicht* als solches bezeichnet wird (sonst würde etwa die *Odyssee* von vornherein ausscheiden). Darum wird hier von einer Minimaldefinition des Abenteuers ausgegangen, welche Martin von Koppenfels für die Forschungsgruppe *Philologie des Abenteuers* in heuristischer Absicht vorgeschlagen hat:

(1) ein identifizierbarer Held,
(2) eine grenzüberschreitende Bewegung im Raum,
(3) ein Moment (gefährlicher) Kontingenz und
(4) eine Erzählinstanz, die den Zusammenhang herstellt, in dem jene Kontingenz sich als Probe oder Prüfung erweist.[8]

---

von einem Vortrag Susanne Göddes mitinspiriert, der in seiner zum Aufsatz ausgebauten Gestalt („Abenteuer *avant la lettre*") allerdings erst nachträglich eingearbeitet werden konnte.

7 Zitate aus den zehn am häufigsten zitierten Texten werden hier wie im Folgenden mit Siglen belegt, die *en passant* eingeführt und vor dem Literaturverzeichnis noch einmal zusammengestellt werden.

8 v. Koppenfels u. a., „Wissenschaftliches Programm der Forschungsgruppe", S. 4.

Diese, in kleinen Details zu modifizierende, Definition strukturiert das 1. und 2. Kapitel dieses einführenden Teils I, und zwar in bewusst asymmetrischer Verteilung: mit den ersten drei Elementen der Definition in ebenso vielen alphabetisch gegliederten Abschnitten des 1. Kapitels und einem ganzen 2. Kapitel für das vierte Element, weil dieses auf einer anderen Ebene liegt als die ersten drei, und zwar einer, die für die philologische Analyse besonders wichtig erscheint. Die von Bernhard Teuber im Laufe der Forschungsarbeit vorgeschlagenen Varianten und Erweiterungen der Ausgangsdefinition werden im Folgenden nicht *en bloc* diskutiert, aber aufgegriffen, wenn es im Argumentationsgang funktional erscheint; das Gleiche gilt für andere Theorien bzw. Begriffsbestimmungen von ,Abenteuer'.

Im 3. Kapitel ist, im Interesse an wenigstens rudimentär historischen Differenzierungen, über die transhistorisch intendierte Minimaldefinition hinauszugehen, ohne dass ihre Begriffe ganz aufgegeben würden. Das 4. Kapitel schließlich dient dem Übergang von diesen Überlegungen zu demjenigen Bereich, dem die Einzelstudien der Teile II und III entnommen sind: *voyages* – im Doppelsinn von ,Reisen' und ,Reiseerzählungen' und unter letzteren faktuale ebenso wie fiktionale – des 18. und 19. Jahrhunderts mit einem Schwerpunkt im Pazifik, deren Abenteuerlichkeit ausführlich zu diskutieren sein wird. Zweifellos wird bereits in der Auswahl der Beispieltexte für Teil I, deren zwei ebenfalls von Schiffsreisen handeln, die Schnittmenge zwischen Reise &[9] Abenteuer überrepräsentiert. Gerade die hier zugrunde gelegte Minimaldefinition des Abenteuers passt jedoch auf Ereignisse mit Ortsveränderungen von größerer Dauer und Entfernung (um ,Reise' provisorisch zu bestimmen)[10] offenbar besonders gut – was im Folgenden einerseits genutzt, andererseits gelegentlich reflektiert wird.

Ohne die Forschungsgruppe *Philologie des Abenteuers* wäre die vorliegende Studie nicht entstanden und hätte sie nicht die vorliegende Gestalt

---

9   Das Zeichen & im Namen dieser Rubrik bei *amazon.de* ist offenbar weniger als Summe zweier scharf getrennter Bereiche denn vielmehr als Operator einer Logik des *vel* (,und zugleich/oder') zu lesen, mit der die Schnittmenge betont wird.

10 Nach meinem Sprachgefühl ist etwa mindestens ein nächtlicher Aufenthalt an einem anderen Ort als dem Ausgangsort für eine Reise notwendig: Man unternimmt vielleicht noch eine *Wochenendreise*, aber eher eine *Tagestour*; für letztere ist zwar inzwischen im Reiserecht auch der Ausdruck *Tagesreise* eingebürgert (vgl. https://de.wikipedia.org/wiki/Tagesreise#Reiserecht); ursprünglich (und nach meinem Sprachgefühl noch heute überwiegend) bezeichnet(e) dieser Ausdruck jedoch eine Etappe auf einer mehrtägigen Reise, nicht eine schon im Verlauf eines Tages an den Ausgangsort zurückführende Reise. Zimmerreisen schließlich sind die konkrete Negation dieser Bestimmung und daher von ihr abhängig. Bernd Stiegler wird mir den fehlenden Nachweis auf die hierfür einschlägige Monographie verzeihen.

angenommen. Ich danke daher all ihren Mitgliedern für viele Anregungen, auch solche, die ich wegen schlechter Erinnerung nicht mehr einzeln ausweisen kann; bei einem Text, der im Lektüreforum der Gruppe diskutiert wurde (Melvilles *Typee*), waren es so viele, dass das Kapitel darüber (III. 2) passagenweise nachgerade ein Protokoll der gemeinsamen Diskussion darstellt. Der Dank schließt die Deutsche Forschungsgemeinschaft ein, welche die ganze Gruppe finanziert und mir in diesem Rahmen eine Freistellung von der Lehre für ein Semester ermöglichte. Susanne Gödde und Martin von Koppenfels haben das Buch kritisch durchgesehen und es in die von ihnen herausgegebene Reihe *Philologie des Abenteuers* aufgenommen. Julia Landmann „ha[s] swam through libraries and sailed through [electronic] oceans"; Dominik Dönike hat mir bei der Fertigstellung assistiert.

1.   „Abenteuer ...": Wort und ‚Sache‘

a)   *Akteur*

Die ursprüngliche Formulierung von Element (1) der Minimaldefinition („ein identifizierbarer Held") wurde von Bernhard Teuber aus drei Gründen in „ein(e) oder mehrere identifizierbare(r) Akteur(e) bzw. Akteurin(nen)" modifiziert: um das vieldeutige Wort *Held* zumindest beim ersten Schritt durch ein weniger vorbelastetes zu ersetzen, die Möglichkeit von Gruppen als Akteuren einzubeziehen sowie weibliche Akteure nicht auszuschließen. Ich folge allen drei Intentionen, sehe aber die letztere durch die explizite Supplementierung einer Sondergruppe, die nur ‚beziehungsweise‘ in Betracht käme, eher behindert. Charakteristisch für die Folgen, die sich durch solch paradoxe Aus/Einschluss-Operationen ergeben, ist die oft anzutreffende, aber mindestens stark missverständliche Formulierung, Laura Dekker sei „die jüngste Einhandseglerin aller Zeiten" (hier etwa in einem Kurzbericht über ihre deutlich spätere Funktion als Beraterin Greta Thunbergs).[11] Richtig ist daran, dass Dekker gemäß ihrer eigenen Selbstbeschreibung zum Zeitpunkt ihrer Reise noch ein Mädchen (*meisje*) war – die Formulierung suggeriert aber, dies sei zuvor bereits noch jüngeren männlichen Jugendlichen gelungen. Dekker ist jedoch und nennt sich selbst „jongste solozeiler ter wereld"[12] ohne geschlechtliche Markierung. Ich schlage also „ein oder mehrere identifizierbare(r) Akteur(e)" vor und

---

11   Maraike Mirau, „Greta Thunberg: Fünf Tipps von Weltumseglerin Laura Dekker", *Berliner Morgenpost*, 13.8.2019.

12   Selbstbezeichnung auf: http://www.lauradekker.nl/LauraDekker.html. (Das Niederländische besitzt so wenig wie das Englische genusmarkierte Endungen).

bleibe bei der früher selbstverständlich gewesenen Voraussetzung, dass der Ausdruck *Akteur* über dessen Geschlecht ebenso wenig Aussagen trifft wie über dessen Hautfarbe oder Schuhgröße.[13] *Wenn* das Geschlecht eine Rolle spielt, dann wird dies ausdrücklich thematisiert. Die Frage, ob und inwiefern es sogar nicht-menschliche Akteure von Abenteuern geben kann, sei jedoch für das Ende des vorliegenden Buches aufgespart.

Die Identifikation von Akteuren scheint in keinem der drei Beispieltexte Schwierigkeiten zu machen. In *Odyssee* und *Parzival* sind dies offensichtlich die Titel'helden' (womit prompt das gerade verabschiedete assoziationsreiche Wort als unvermeidbarer literaturwissenschaftlicher Terminus wiederkehrt). Im *Parzival* wird diese Identifikation durch das lange Vorspiel über Vater Gahmuret und die noch ausführlicher gestaltete Parallelgeschichte von Gawan erschwert; selbst wenn jedoch nicht *ein* Protagonist des ganzen Textes bestimmt werden könnte, so sind jedenfalls für alle einzelnen *âventiuren*, von denen berichtet wird, Akteure zu identifizieren. Im Falle von Laura Dekkers Buch wird die Identifikation des Akteurs durch einen autobiographischen Pakt gewährleistet, der die Identität von Autor, Erzähler und Protagonist herstellt. Zwar verzichten Titel und Untertitel bemerkenswerterweise auf ein Personal- oder Possessivpronomen der 1. Person (also auf naheliegende Formulierungen vom Typ ‚Meine Reise um die Welt‘); ein solches regiert aber bereits den ersten Satz des Textes: „Hallo, ik ben Laura geboren in Whangarei, Nieuw-Zeeland.“ (Em 8); die sehr hohe Zahl von Photos auf dem Buchumschlag und in einem umfangreichen Farbbildteil in der Mitte des Buches, die das offenbar gleiche Mädchen zeigen, verstärkt diese Identifizierbarkeit. Wie der Ausdruck *solozeiler* schon andeutet, ist sie Akteur im konstitutiven Singular: „Met crew varen is toch best lastig“ (Em 106), vermerkt sie, als dies ausnahmsweise – bei der Durchquerung des Panamakanals, dessen Schleusen man nicht allein bedienen kann – unvermeidlich ist.

So weit, so trivial. Nicht so leicht ist jedoch bereits die Frage zu beantworten, ‚wie aktiv‘, wie beabsichtigt und bewusst, jemand potentiell abenteuerliche Situationen aufsuchen muss, um emphatisch als Akteur eines Abenteuers zu gelten. Würde etwa ein Wanderer auf einem vom örtlichen Tourismusverband als ungefährlich eingestuften Weg von einem Erdrutsch überrascht oder ein eigentlich bedachtsamer Autofahrer in eine Massenkarambolage verwickelt, so handelte es sich schon deshalb eher um einen ‚Unfall‘ als um ein ‚Abenteuer‘,

---

13 Konsequenterweise wird dies im vorliegenden Buch (und dies leider nicht immer im Einklang mit dem dominanten Sprachgebrauch) auf alle Typen von Akteuren, sogar im Singular, ausgedehnt, so dass auch gelegentlich verwendete Formulierungen wie ‚ein Autofahrer‘ oder ‚ein Student‘ keine Aussagen über deren Geschlecht treffen.

weil sich der entsprechende Akteur nicht willentlich einem Risiko gestellt hat, also schwerlich *Abenteurer* zu nennen wären.

Teuber hat, wohl um solche Fälle auszuschließen, ein zusätzliches definitorisches Element eingeführt: „Aufbruch aus der angestammten Welt dem Abenteuer entgegen." Da seine Definition am mittelalterlichen Paradigma entwickelt ist, überrascht es nicht, dass sich *Parzival* diesem Kriterium unschwer fügt. Die Szene des Dialogs zwischen Parzival und „frou Aventiure", der von Wolfram erfundenen Personifikation des Abenteuers, ist geprägt von einem Vokabular des „Aufbruch[s]" (wie Kühn *reise* übersetzt; P IX. 433. 13).[14] Wenig später erläutert Kühn einmal das allein stehende *âventiure* als „Lust auf aventure" (P IX. 456. 16), um das Moment der „Bereitschaft" zu betonen, „sich auf [ein Risiko oder einen Zufall] einzulassen".[15]

Sehr stark ausgestaltet ist die Erzählung eines „Aufbruch[s] aus der angestammten Welt dem Abenteuer entgegen" bei Laura Dekker, die über weite Passagen von ihrem Kampf gegen diejenigen Instanzen berichtet, die sie, beim Start und sogar noch lange danach, mit Verweis auf ihr niedriges Alter an ihrem Vorhaben hindern wollen. Fast ließe sich zuspitzend formulieren, das größte von ihr berichtete Abenteuer sei dessen Ermöglichung gewesen: das Entkommen aus dem Einflussbereich der *Kinderbescherming* (Em 12 u. passim) des niederländischen Staates, der sie noch auf entlegenen Häfen aufzuhalten versucht. Entsprechend stark betont Dekker die Willensstärke, mit der sie ihren Aufbruch überhaupt erst möglich gemacht hat.

Odysseus hingegen scheint es nicht von vornherein auf Abenteuer anzulegen. Vielmehr ist er aus Troja aufgebrochen, um in die angestammte Welt zurückzukehren, und was ihm begegnet, müsste aus dieser Perspektive als Hindernis auf seinem Weg erscheinen. Doch wählt er selbst schon zu Beginn der Rückreise, als die Entscheidung darüber noch in seiner eigenen Macht steht, keineswegs den kürzestmöglichen Weg. Vielmehr beschließt er einen Raubzug bei den Kikonen (Od IX. 39–61), der in Nacherzählungen der *apologoi* meist unterschlagen wird, weil die Gegner hier noch ‚ganz normale' Menschen sind, der aber durchaus in einigen Details ausgestaltet wird und mit sechs Toten pro Schiff (bei nicht genannter Anzahl der Schiffe) bereits markant die Reihe der Verluste von ‚Gefährten' (ἑταῖροι, z. B. Od IX. 60: der durchgängig verwendete Name für die Crew-Mitglieder) eröffnet. Die meisten weiteren Stationen werden

---

14   Angaben für Buch in römischen, Stanze und Vers in arabischen Ziffern; die erste Angabe könnte weggelassen werden, weil die Stanzen ohnehin durchnummeriert sind und die Bucheinteilung erst von Karl Lachmann vorgenommen wurde, erscheint aber zur groben Orientierung hilfreich.

15   Krüger, *Meerfahrten*, S. 120, im Rahmen einer systematischen Engführung von Abenteuer und Reise.

zwar mehr oder weniger plausibel mit dem Ziel des Heimwegs motiviert. Entweder handelt es sich dabei um geplante notwendige Zwischenschritte, wie etwa die Fahrt zum Hades (in Od XI, angeordnet von Kirke in Od X. 490–95). Oder die Stationen folgen umgekehrt aus einer Obstruktion des Heimwegs durch das Begehren der undisziplinierten Gefährten nach Rindfleisch (etwa auf Helios' Insel; vgl. Od XII. 339–65), Wein (z. B. den bei den Kikonen geraubten; vgl. Od IX. 161–65), anderen Drogen (Lotos; vgl. Od IX. 92–97) oder vermeintlichen Schätzen (im Windbeutel des Aiolos; vgl. Od X. 34–55) – mit Crew zu fahren ist wirklich lästig, und deshalb muss sie Stück für Stück aus dem Weg geräumt werden, damit Odysseus seinen Weg als *solozeiler* vollenden kann. In „mindestens vier" Episoden jedoch begibt „er sich freiwillig und aktiv in eine unbekannte und unberechenbare Gefahrensituation".[16] So macht er sich etwa auf der Insel der Kyklopen ohne Not auf den Weg ins Landesinnere, um dieses und seine Bewohner zu „erkunden" („πειρήσομαι", kündigt er in Od IX. 174 an) – obwohl er ahnen könnte, dass seine ethnographische Neugier in gefährliche Begegnungen führen kann. Mag er es also im Ganzen nicht auf die Rolle eines Akteurs von Abenteuern angelegt haben, so verhält er sich im Einzelnen durchaus als solcher.

Nur selten freilich erfüllt er ein Merkmal, das Teuber mit einer weiteren Ergänzung anführt: die „Suche nach dem Abenteuer um seiner selbst willen". Das damit postulierte Gebot der Autoteleologie erscheint attraktiv, zumal es an Kant'sche Bestimmungen des Ästhetischen anklingt.[17] Allerdings ist dieses Gebot ein sehr anspruchsvolles, das eher einer Maximal- als einer Minimaldefinition des Abenteuers zukommt. Bei Odysseus spielen sogar dort, wo die einzelnen Stationen nicht mit dem Ziel der Heimkehr motiviert werden, andere Motive hinein, darunter etwa das ökonomische Interesse mindestens für den Raubzug bei den Kikonen oder eine ethnographische Neugier bei den Kyklopen. Aber auch Parzival will etwas erreichen: den Gral finden, Prestige erringen usw. Als „perfekte[r] Abenteuersucher" wäre demgegenüber innerhalb von Wolframs Roman eher Gawan auszumachen, dessen Bewährung von der Suche (*quest*) nach einem jenseits der einzelnen Handlungsschritte liegenden Ziel entkoppelt ist.[18]

---

16 Gödde, „Abenteuer *avant la lettre*", S. 43, Anm. 25. Die Kikonen-Episode ist dabei nicht mitgezählt.

17 Soweit ich sehe, wird es selten so dezidiert aufgestellt wie von Teuber; charakteristisch sind aber unausgeführte *statements* wie bei Eperjesi (*The Imperialist Imaginary*, S. 48) über *Moby-Dick*: „Ishmael pursues adventure for the sake of adventure" (vgl. unten, III. 5).

18 Vgl. v. Koppenfels/Mühlbacher, „Einleitung", S. 5 (wobei ich das dort verwendete Wort *queste* anglisiert habe, weil die Frage nach deren Verhältnis zum Abenteuer im Kontext der englischsprachigen Literatur, unten III. 5 a, wiederaufgegriffen wird). Vgl. a. D. H. Green,

Ganz ausschließen müsste man unter Maßgabe des autoteleologischen Maximalanspruchs die ganze weitere Geschichte der ökonomischen Dimension von Abenteuern, die im Englischen schon ab dem Spätmittelalter zu einer integralen Bedeutungsschicht von *adventure* avanciert, einschließlich ihrer Institutionalisierung als Gesellschaft der *Merchant Adventurers*, und von der noch heute der Ausdruck *venture capital* zeugt. Laura Dekker dürfte, um als Abenteurerin durchzugehen, vielleicht noch genügend Geld von ihren Sponsoren einsammeln, um ihre Weltumseglung durchzuführen; ihr dürfte aber danach nichts übrigbleiben. Auszuschließen wären dann auch Glücksspieler, die von Wagniskapital-Investoren ohnehin fast nur durch ihre bevorzugten Aufenthaltsorte, Spielbank vs. Börse, zu unterscheiden waren (also heute, wo man am gleichen Rechner beides machen kann, fast gar nicht mehr zu unterscheiden sind). Und Abenteurer im amourösen Sinne mögen es zwar nicht auf ökonomischen Gewinn im engeren Sinne des Wortes anlegen – aber ob sie nach einem „Abenteuer um seiner selbst willen" suchen, bleibt doch auch zweifelhaft. Ich kann mir diese Bestimmung daher nur als niemals vollständig realisierbares Postulat, als niemals ganz erreichbaren Grenzwert vorstellen.

b)   *Grenze(n)*

Das Element (2) der (ursprünglichen) Minimaldefinition, „eine grenzüberschreitende Bewegung im Raum", scheint sich auf den ersten Blick für Reiseerzählungen besonders gut zu eignen. Die Akteure aller Beispieltexte legen über große Zeiträume hinweg große geographische Distanzen zurück. Dass Odysseus ins Ostchinesische Meer vorgedrungen sei, wie es ein Bonner Orientalist für einzig plausibel hielt,[19] erscheint mir unwahrscheinlich, obwohl ich gerne schon mit der *Odyssee* die Reihe der Pazifikreisen eröffnen würde; dass seine Wege auch nur, wie sehr viel häufiger behauptet wird, in Mittelmeer und Umgebung im konkreten Detail nachzuzeichnen seien, hatte der Philologe-Geograph Eratosthenes bereits im dritten vorchristlichen Jahrhundert bezweifelt –[20] jedenfalls berichtet das Epos aber immer wieder von offensichtlich langen Wegstrecken. Ähnliches gilt für den *Parzival*, wo schon zu Beginn des Buches Gahmuret offenbar bis nach Indien gelangt;[21] auch in

---

„The concept *âventiure* in *Parzival*", S. 145: „Wolfram shows a greater readiness to depict Gawan, the representative of Arthurian chivalry, directly engaged in an *âventiure* than Parzival, for whom he has higher things in mind". Der Titelheld ist hingegen in mancher Hinsicht eher eine Reflexionsfigur des Abenteuers als dessen Akteur.

19   Vgl. A. Wolf, *Homers Reise*, S. 282 f.

20   Vgl. Stockhammer, *Afrikanische Philologie*, S. 59–63.

21   Vgl. den Beginn von P I. 58 und dazu Nellmanns Kommentar, S. 487.

diesem Fall dürften jedoch geographische Konkretisierungen wenig zum Textverständnis beitragen. Laura Dekker hingegen dokumentiert ihre Route, von deren Zurücklegung sie weitgehend chronologisch, also im Modell eines Itinerars erzählt, nicht zuletzt auf Karten (vgl. Em 20 f, 108 f und 170 f) – und selbst wenn man (was ich nicht tue) daran zweifeln könnte, dass diese Karten dem faktischen Verlauf der Reise entsprechen, wären sie jedenfalls funktionale Elemente der Textsorte des faktualen Reiseberichts.

„Grenzüberschreitende Bewegungen“ sind einigermaßen eindeutig in der *Odyssee* auszumachen, bietet diese doch „ein allumfassendes Modell“ für den „machtvollen Impetus zur immer riskanten und oft erkenntnisträchtigen Grenzüberschreitung“.[22] Gut lokalisierbare Grenzen, sei es auch ‚nur‘ in der immanenten Geographie des Epos, bilden etwa der von Odysseus auf dem Weg zum Hades überquerte Okeanos (vgl. Od XI. 1–22) oder die von ihm auf dem Hinweg durchfahrene (vgl. Od XII. 222–59), auf dem Rückweg eher durchschwommene (vgl. Od XII. 426–46) Meerenge zwischen Skylla und Charybdis. Nicht immer jedoch wohnt Überschreitungen abenteuerliches Potential inne. Laura Dekkers Bericht von der Durchquerung des Panama-Kanals macht etwa eher den Eindruck eines mühevollen Unterfangens als den einer Transgression (vgl. Em 102–07). Und in einem Fall, bei der für eine Welt-umseglung konstitutiven Überschreitung der Datumsgrenze, ironisiert Dekker den Charakter dieser Grenze, die ausschließlich als arbiträre symbolische Konvention existiert und deren Überschreitung man ohne Kenntnis dieser Konvention nicht einmal mitbekäme: „Ik probeer de gestippelde datumsgrens-lijn te ontdekken want volgens mijn berekeningen vaar ik er op dit moment precies overheen!“ (Em 155)[23]

Dazwischen gibt es unzählige ‚Grenz‘fälle, so dass fraglich bleibt, was eine ‚Grenze‘ im so emphatischen Sinne ausmacht, dass ihre Überschreitung als potentiell abenteuerlich gelten kann. Jurij Lotmans topologisch formulierte Theorie des Ereignisses als Grenzüberschreitung, die hier meist heran-gezogen wird, hilft nur bedingt zur Beantwortung dieser Frage, weil Lotmans Antworten sehr verschieden und kaum in sich konsistent ausfallen. Denn einerseits stellt er ‚hohe‘ Ansprüche an Ereignishaftigkeit: „*Ein Ereignis* [als, wie der unmittelbar vorausgehende Satz erläutert, Einheit des Sujetaufbaus]

---

22 Schlesier, „Transgressionen des Odysseus“, S. 134.

23 Logischerweise folgt, bei einer westwärts gerichteten Reise, auf den Tagebucheintrag „Dag 10, 6 juli“ nach Überschreitung der Datumsgrenze „Dag 11, 8 juli“ (Em 155) – die deutsche Übersetzung jedoch parodiert sich überdies selbst, indem sie die Überschrift des letzteren Eintrags in „Tag 11, 7. Juli“ ‚korrigiert‘, obwohl der Eintrag schon eingangs ausdrücklich den Sprung auf den 8. Juli festhält (Dekker, *Ein Mädchen, ein Traum*, Pos. 3958/6578).

im Text ist die Versetzung einer Figur über die Grenze des semantischen Feldes."[24] Oder sogar: „Das Sujet ist ein ‚revolutionäres Element' im Verhältnis zum ‚Weltbild'."[25] Andererseits gibt er ein Beispiel für einen sujethaltigen Text, der nur von einer sehr regelmäßigen, und insofern doch kaum ‚grenzüberschreitenden' Bewegung kündet: Zwar sei eine Landkarte als solche „ein gutes Beispiel für einen klassifikatorischen (sujetlosen) Text" – sobald in sie jedoch ein Pfeil eingetragen werde, der „die Strecken regelmäßiger Schiffsverbindungen oder Flugrouten andeutet, so wird der Text sujethaltig".[26] Dies soll also wohlgemerkt sogar für die Verkehrsverbindungen als solche, noch nicht einmal für eine einzelne konkrete Reise mit einem dieser regelmäßigen verkehrenden Vehikel gelten. Verspräche schon eine solche Reise im Regelfall eher wenig Abenteuerlichkeit, so fehlt für die Verkehrsverbindung als solche gar jeglicher individuelle Akt, also auch ein identifizierbarer Akteur.

Eine abenteuerliche Grenzüberschreitung ist wohl irgendwo dazwischen zu lokalisieren: Noch eine Reise mit einem regelmäßig verkehrenden Vehikel ist (sofern dieses nicht von der Deutschen Bahn betrieben wird) schwerlich abenteuerlich; die Revolution eines ganzen ‚Weltbildes' wiederum könnte ‚zu viel' sein, womöglich den Rahmen zerstören, in dem etwas überhaupt noch als ‚Abenteuer' klassifiziert werden kann – außer man meint etwa, dass Dekker die zu unserem ‚Weltbild' gehörende Annahme revolutionierte, wonach so junge Menschen wie sie nicht allein um die Welt segeln könnten.

Hier hilft Lutz Carstens, der Chefredakteur der *Freemen's World* weiter, dessen Minimaldefinition für Abenteuer „alles – außer gewöhnlich" lautet.[27] Wer sich beispielsweise dauerhaft, auch nächtens, auf dem Gelände des Hamburger Containerhafens aufhält, weil er etwa keinen festen Wohnsitz hat, gilt eher nicht als Abenteurer. Dem entspricht Georg Simmels Definition des Abenteuers als eines „Erlebnisse[s]", das „aus dem Zusammenhange des Lebens herausfällt". Dies lässt sich griffig als ‚außeralltäglicher Charakter' des Abenteuers umschreiben, nicht obwohl, sondern gerade weil sich das Verhältnis

---

24   Lotman, *Die Struktur literarischer Texte*, S. 332 (Hvh. dort, S. 282 im russischen Original).

25   Lotman, *Die Struktur literarischer Texte*, S. 339 (S. 288 im russischen Original, auch dort die zweimalige Verwendung von Anführungsstrichen zur Markierung distanzierenden Sprechens).

26   Lotman, *Die Struktur literarischer Texte*, S. 340 (S. 289 im russischen Original). Insofern in diesem Beispiel schwerlich ein ‚revolutionäres Element' erkennbar ist, widerspricht Dünne tendenziell Lotman mit Lotman und setzt ein „Sujet im engeren Sinne" nicht in einer regelmäßigen Schiffsverbindung, ja noch nicht einmal in einer konkreten einzelnen Schiffsreise, sondern erst in einem Schiffbruch an (vgl. Dünne, *Die kartographische Imagination*, S. 185, sowie S. 183, Anm. 20, zu einem Kurzreferat von Andreas Mahlers Kritik an Lotmans recht inkonsistentem Sprachgebrauch).

27   Carstens, „Editorial".

mit der, freilich ihrerseits nicht mehr taufrischen, Formel vom ‚Abenteuer des Alltags‘ paradoxieren lässt: In diesem Fall wird in eben der Sphäre, die sonst als Alltag „empfunden wird“,[28] etwas als herausfallend empfunden.

Allerdings bezieht sich Simmels „Leben“, für eine soziologische Perspektive überraschend, auf ein je individuelles, so dass zu bezweifeln bleibt, ob alles, was von einem Einzelmenschen als abenteuerlich „empfunden wird“, auch allgemein so gelten kann. Ein Konzept von ‚Abenteuer‘, das etwa einer ganzen Zeitschrift zugrunde liegt, kommt demgegenüber wohl nicht ohne einen gewissen Grad an intersubjektivem Abgleich aus. Selbst wenn ich etwas erlebe, was *ich* als ‚abenteuerlich‘ empfinde, weil es aus dem Zusammenhang *meines* Lebens herausfällt, wird es eher nur dann als ‚abenteuerlich‘ akzeptiert, wenn es vom Tun der Meisten zumindest in einem als markant bestimmten Detail abweicht. So kann etwa – um nur zwei Beispiele für die bloße Wahl von Verkehrsmitteln zu geben – einerseits laut *Freemen's World* schon als ‚Abenteuer‘ gelten, wenn jemand mit einem VW-Bus „ohne Klimaanlage und Servolenkung“ durch die nicht eben unerschlossene Insel Mallorca kurvt,[29] andererseits eher nicht, wenn ich ausnahmsweise mit öffentlichen Verkehrsmitteln statt mit dem eigenen Auto ins Büro fahre (obwohl mir selbst dies viel abenteuerlicher erscheint). Vielleicht müsste Simmels Definition also umformuliert werden in: ‚ein Erlebnis, das aus dem Zusammenhange des Lebens der allermeisten Zeitgenossen herausfällt.‘ Eine Grenze im für das Vorliegen eines Abenteuers erforderlichen halbwegs emphatischen Sinne ließe sich entsprechend als eine bestimmen, die, in einer gegebenen historischen Phase, nur von wenigen und nicht allzu häufig überschritten wird. Der intersubjektive Abgleich ist nicht zuletzt notwendig, weil es auch „professionelle Abenteurer“[30] gibt, von Parzival über Casanova bis zu dem Expeditionsreisenden Arved Fuchs, bei denen der Zusammenhang des Lebens in permanenten, seriell angeordneten Akten des Herausfallens aus diesem besteht.

Reicht jedoch die Vorstellung von *einer* Grenze für eine topologische Bestimmung auch nur *eines* Abenteuers? Simmel verwendet das Wort ebenfalls, allerdings im Plural, und für die Bezeichnung nicht einer Linie, die mit dem Abenteuer überschritten wird, sondern zweier, zwischen denen es stattfindet: „Das Abenteuer aber ist, seinem Sinne als Abenteuer nach, von dem Vorher und Nachher unabhängig, ohne Rücksicht auf diese bestimmt es sich seine Grenzen.“[31] Nimmt man beide Vorstellungen zusammen, so wäre ein

---

28   Beide Zitate: Simmel, „Philosophie des Abenteuers“, S. 97.
29   *FreeMen's World*, März/April/Mai 2018, S. 48.
30   Simmel, „Philosophie des Abenteuers“, S. 100.
31   Simmel, „Philosophie des Abenteuers“, S. 98.

Abenteuer topologisch als Gebilde mit drei Grenzen vorzustellen: Die erste würde den Bereich markieren, in dem das Abenteuer als solches beginnt, die zweite wäre sein Kulminationspunkt, die dritte schließlich markierte das Ende des abenteuerlichen Bereichs, den Wiedereintritt in den Bereich des Alltäglichen. (In einer rein räumlichen Darstellung wären die erste und die dritte Grenze unter Umständen dieselbe, dann nämlich, wenn es sich um die Kontur einer geschlossenen zweidimensionalen Figur handelt, die sich beispielsweise als Darstellung eines Waldes interpretieren lässt, in dem Abenteuerliches stattfindet; zwei sind es dann nur in der temporalisierten Anordnung eines Hinein- und Heraustretens.)[32]

In manchen Texten wird gerade die Überschreitung dieser ersten Grenze nachdrücklich markiert. Im *Parzival* ist dies etwa dort der Fall, wo der Titelheld in den Bezirk eintritt, in dem *âventiuren* zu vermuten sind, ohne dass sich bereits deren bestimmte abzeichnen. Um dorthin zu kommen, reitet Parzival nicht nur besonders lange, sondern vor allem auch, indem er sein Pferd ungezügelt traben lässt (vgl. P V. 224, dort insb. 19–21); „alêrst nu âventiurt ez sich" (P V. 249. 4), als er nicht mehr auf gebahnten Wegen reitet; die Burg findet er nur, weil er es aufgibt, sie „flîzeclîche" („bewusst, mit Absicht", P V. 250. 26) zu suchen.[33] Bei Dekker entspricht dem die Grenze der Zwölfmeilenzone entlang von nationalen Küsten. Weil ihr nämlich als Minderjähriger innerhalb dieser Zonen untersagt ist, dort allein zu segeln, muss sie in internationale Gewässer entkommen, wo, mit ihrer prägnanten Carl Schmitt-Paraphrase, „mag zelfs een kleuter een boot besturen" (Em 22).[34]

Nun ergibt allerdings eine Reise, ihre Abenteuerlichkeit einmal angenommen, weniger *ein* Abenteuer denn vielmehr eine potentielle Serie von deren vielen, die auch nicht-abenteuerliche Ent-Spannungsphasen enthält (in denen nach homerischem Vorbild typischerweise viel gegessen und getrunken wird); darin ist sie ein charakteristischer Fall dessen, dass Abenteuer häufig „*zugleich Teil und Ganzes*"[35] sind; Dekker etwa verwendet ausdrücklich den Singular für das Ganze (z. B. Em 92) und den Plural für einzelne Schritte

---

32   Vgl. zu einer analogen Topologie, mit etwas anderer Akzentuierung: Waltenberger, „Tychander und Springinsfeld", insb. S. 140.

33   Szenen, in denen Reiter sich dem überlassen, wohin das Pferd ‚von sich aus will', sind in mittelalterlichen Literaturen verschiedener Sprachen topisch; vgl. z. B. auch Anonymus, *Le Roman de Jaufré*, vv. 3034–38. (Hinweis von Bernhard Teuber). Der Ausdruck „alêrst nu âventiurt ez sich" ist der einzige, in dem das Wort als Verb vorkommt (vgl. D. H. Green, „The concept *âventiure* in *Parzival*", S. 87).

34   „[D]a darf sogar ein Kleinkind ein Boot steuern." (Dekker, *Ein Mädchen, ein Traum*, Pos. 466/6578) – „Das *Meer* bleibt außerhalb jeder spezifisch staatlichen Raumordnung." (Schmitt, *Der Nomos der Erde*, S. 143).

35   v. Koppenfels u. a., „Wissenschaftliches Programm der Forschungsgruppe", S. 6.

(z. B. Em 234). In topologischer Idealisierung bestünde das Ganze aus $n+2$ Grenzüberschreitungen für n Einzelabenteuer (eine für jedes plus zwei für Eintritt und Austritt in/aus dem Bereich des Abenteuers) – ich wüsste aber keinen Text zu nennen, in dem diese Topologie in allen $n+2$ Schritten gleich deutlich markiert wird.

c)   *Gefahr und Kontingenz*

Das Element (3) der Minimaldefinition, „ein Moment (gefährlicher) Kontingenz", ist geeignet, die Grenze (im Sinne der zweiten, also der zu überschreitenden Linie) genauer zu bestimmen. Diejenige Zukunft, die mit dem von *adventura* abgeleiteten Wort bezeichnet wird, ist eine „ereignisoffene",[36] die möglicher-, aber nicht notwendigerweise eintritt[37] und nicht mit halbwegs großer Sicherheit vorhersehbar ist. Weil die Ereignisse, die alternativ eintreten können, meist verschieden bewertet werden, heißen unter den tatsächlich eintretenden manche ‚Glück', andere ‚Unglück'. Kühn betont nachdrücklich, dass diese semantische Dimension dem Wort *âventiure* selbst innewohnt, indem er es häufig mit verschiedenen entsprechenden Lösungen übersetzt: *bonheur* (P VI. 296. 11), *à tout hasard* (für die Präpositionalverbindung „durch âventiure", P IX. 446. 5), *coup de chance* (P XI. 563. 23), einmal auch mit der deutschen Verbindung *auf gut Glück* (für „nâch âventiure", P XI. 566. 30).[38]

Ereignisoffenheit ist jedoch nur gegeben, wenn eine Gesellschaft nicht von dem Glauben strukturiert wird, alles sei ohnehin je schon von einer höheren Instanz (mit Namen wie *fortuna, Schicksal* oder *providence*) festgelegt. Im Rahmen einer linearen Theorie der Säkularisierung wird meist angenommen, es handle sich dabei um ein älteres, typischerweise ‚vormodern' genanntes Modell, das von einem jüngeren, typischerweise ‚modern' genannten abgelöst worden sei. Debatten, die darum kreisen, ab welchem Zeitpunkt von Kontingenz ausgegangen werden könne, bleiben im gemeinsamen Referenzrahmen dieser Fortschrittslogik.

Weil die *Odyssee* besonders alt ist, liegt es nahe, der ihr zeitgenössischen Gesellschaft in besonderem Maße, also mindestens ebenso sehr wie der attischen des 5. Jahrhunderts, abzusprechen, sie könne Kontingenz zulassen. Und dies hätte im Rahmen der gegebenen Minimaldefinition fatale Folgen für die Möglichkeit, dass Odysseus ‚Abenteuer' erlebte. Unter Absehung von Spekulationen darüber, wie es sich im ägäischen Raum um 700 v. Chr. ‚wirklich

---

36   v. Koppenfels u. a., „Wissenschaftliches Programm der Forschungsgruppe", S. 6.

37   Vgl. Brugger u. a., „Kontingenz", Sp. 1028.

38   Vgl. die semantische Gruppe „e) Chance, hazard, fortune" bei D. H. Green, „The concept *âventiure* in *Parzival*", S. 103–05.

verhielt', scheint sich eine solche Deutung auf den Text selbst, und dabei vor allem auf diejenigen Szenen beziehen zu können, in denen der Ratschluss der Götter dargestellt wird. Denn schon zu Beginn des Epos beruhigt Zeus die um ihren Schützling besorgte Athene, dass Poseidon, der sich an Odysseus für die Blendung seines Sohnes Polyphemos rächen will, sich mit diesem Unterfangen nicht durchsetzen, sondern Odysseus unbeschadet heimkehren werde (vgl. Od I. 76 f). Insofern es sich bei Zeus um den „Höchste[n] derer, die da herrschen‛" (Od I. 81) handle und er folglich einen „unfehlbaren Ratschluß‛" (Od I. 86) getroffen haben muss, wäre auf der Grundlage dieser Garantie von Odysseus zu sagen, was Anzengrubers in der Tradition von Schelmenromanen stehender Steinklopferhanns gern sagt: „Es kann dir nix g'schehen."[39]

Zweierlei ist daran durchaus noch diskutierbar. Erstens habe ich keineswegs den Eindruck, dass sich der Regierungsvorsitzende in der *Odyssee* gegen seine Kabinettsmitglieder problemlos durchzusetzen vermöchte. Die zitierten Aussagen über seine vorgeblich unumschränkte Autorität entstammen einer Rede der Verteidigungsministerin Athene, die ihn damit im Rahmen ihrer Aufforderung umschmeichelt, Zeus möge bei Alleingängen des Verkehrsministers Poseidon doch bitte unbedingt seine Richtlinienkompetenz geltend machen. Zwar kommt es am Ende tatsächlich zu Odysseus' Heimkehr, aber der Weg dazu erscheint keineswegs alternativlos vorgezeichnet. So wird sich etwa Zeus' schon im ersten Gespräch mit Athene getroffene Prophezeihung, „Poseidon [werde] seinen Groll fahren lassen" (Od I. 77 f), als falsch erweisen;[40] letzterer versucht vielmehr bis zum Ende, das Beste für sich, also das Schlechteste für Odysseus herauszuholen. Er nörgelt – angesichts des verabredeten Koalitionskompromisses, der nur die Schonung von Odysseus' nacktem Leben vorsah, durchaus zu Recht – daran herum, dass dieser dank der Geschenke der Phaiaken sogar reicher heimgekehrt sei, als er es ohne die ganzen Umwege auf direktem Wege von Troja gewesen wäre (vgl. Od XIII. 131–38); in einem jähzornigen Willkürakt versteinert Poseidon schließlich noch das luxuriöse Schifftaxi der Phaiaken, mit dem diese Odysseus nach Ithaka zurückgebracht hatten, auf dessen Rückweg – übrigens sogar mit der Zustimmung von Zeus, der dem Choleriker wohl ein Ventil lassen will, durch welches dieser seine Galle (χόλος) erleichtern kann (vgl. Od XIII. 143–64). Bereits zuvor mussten neben Zeus selbst auch Athene oder Hermes immer wieder *ad hoc* eingreifen, um Odysseus vor dem Tod oder der Verzauberung zu bewahren. Der für Odysseus

---

39 In dieser Orthographie nach Sigmund Freud, „Der Dichter und das Phantasieren", S. 176. (Denn der Satz war ein Lieblingszitat Sigmund Freuds).

40 Voß übersetzt, vielleicht deshalb, μεθήσει [ὃν χόλον] (also eine Form im Futur Indikativ) als einen Wunsch oder Befehl: „Poseidon entsage / Seinem Zorn".

(nicht jedoch auch nur für einen einzigen seiner Gefährten) ‚glückliche‘ Aus-
gang mutet keineswegs als Ergebnis eines einmal getroffenen „unfehlbaren
Ratschlu[sses]“‘ denn vielmehr als Erfolg eines halbwegs geschickten Agierens
der Mehrheitsfraktion in Zeus’ Kabinett an. Weniger flapsig zusammengefasst:
„Im antiken Epos mit seinem polytheistischen Götterhimmel lässt sich das
Schicksal oder der Götterbeschluss nicht auf einen klar zu identifizierenden
Plan, und schon gar nicht auf einen Heilsplan, reduzieren, sondern das Wirken
der Götter ist selbst kontingent.“[41]

Zweitens: Selbst wenn die Ereignisse aus Sicht der übermenschlichen
Instanzen, die sie selbst festlegen, nicht kontingent sind, so bleiben sie für all
diejenigen unvorhersehbar, die keine Einsicht in den höheren Plan besitzen –
und dies gilt natürlich nicht nur für Odysseus, sondern auch für die allermeisten
derjenigen, die durchaus an Vorsehung glauben. So vermerkt beispielsweise
noch der Ich-Erzähler von Herman Melvilles Roman *Moby-Dick* (in offenbar
halbem Ernst), zum „grand programme of Providence that was drawn up a
long time ago“ und dem er selbst unterworfen sei, gehöre noch dies, dass die
der Vorsehung Unterworfenen gar nicht anders könnten, als sich einzubilden,
selbsttätig zu handeln (vgl. MD i. 6 und unten, III. 5 b). Sie können gar nicht
anders als auf die Ereignisse, die ihnen im Einzelnen kontingent scheinen,
dann doch so zu reagieren, als hätten sie eine Chance; sie vertrauen weder
darein, dass ihnen nichts geschehen könne, noch akzeptieren sie, dass sie sich
ohnehin nicht dagegen verwahren könnten. Was also aus göttlicher Sicht kein
Abenteuer sein mag, kann aus derjenigen des Akteurs, selbst wenn dieser an
die Providenz glaubt, in einer für ihn unhintergehbaren *als ob*-Fiktion als eines
erscheinen.[42]

Weil der Umgang mit Kontingenz freilich auch den gesamten All-
tag strukturiert, ist die Zusatzbestimmung „gefährlich“ für eine genauere
Bestimmung des Abenteuers konstitutiv. Kühn übersetzt daher *âventiure* einmal als *péril* (P XII. 587. 12). Hinzu kommt implizit, in Verbindung mit der
Bestimmung des Abenteurers als eines Akteurs im einigermaßen emphatischen
Sinne, dass dieser die gefährliche Situation bewusst und willentlich aufsucht.
Mir würde es deswegen widerstreben, etwa die Situation von Menschen, die
von Krieg und Verfolgung bedroht sind, als ‚abenteuerlich‘ zu bezeichnen,
jedenfalls wenn sie sich selbst nicht aktiv an Kriegshandlungen beteiligen.[43]

---

41 Gödde, „Abenteuer *avant la lettre*“, S. 44.

42 Vgl. etwa auch Schlesier, „Transgressionen des Odysseus“, S. 133 f, die kein Problem
darin sieht, Odysseus’ ‚abenteuerliches Umherirren‘ und den göttlichen Ratschluss miteinander zu verbinden, oder Gödde, „Abenteuer *avant la lettre*“, S. 46.

43 Mit dieser Einschränkung bliebe es noch denkbar, dass Kriege für willentlich in sie Ein-
tretende Schauplätze von Abenteuern bieten könnten – so sehr ich auch dies bezweifle.

Will man hier die Vorstellung eines ‚Risikos' eintragen – und einmal übersetzt Kühn *âventiure* als *risque* (P XI. 557. 11) –, so nur im Sinne dessen, dass der Akteur es eingeht, dass er also Bereitschaft zum ‚Risikohandeln' besitzt – und einmal versteht Kühn *âventiure* sogar als erfolgreichen Ausgang einer riskanten Unternehmung (*succès*, P I. 52. 26).

Auf den ersten Blick erscheint daher die Risikominimierung als Feind der Abenteuerlichkeit. Der alltägliche individuelle Straßenverkehr etwa mag, sogar unter mitteleuropäischen Bedingungen des 21. Jahrhunderts, immer noch in einem vagen Sinne ‚riskant' sein – er ist es in wesentlich geringerem Umfang als hierzulande früher und anderswo noch heute –; er wird aber mindestens diskursiv vom Ziel der Risikominimierung bestimmt, so dass das Verhalten spezifisch ‚riskant' fahrender Verkehrsteilnehmer (zunehmend auch von Fahrradfahrern) nahezu allgemein als deviant, als ‚abenteuerlich' also höchstens im pejorativen Sinne des Unverantwortlich-Unvernünftigen beurteilt wird.

Auf den zweiten Blick ist das Verhältnis von Abenteuer und Risikominimierung komplizierter. Wenn Nerlich von den *Merchant Adventurers* schreibt, bei ihnen sei „der Wagemut [...] mit möglichst großer Risikovermeidung" einhergegangen,[44] so erscheint mir dies (anders als ihm selbst) nicht als eindeutiges Differenzkriterium zu ihrer Unterscheidung von anderen Abenteurern. In bemerkenswert vielen Details nutzen auch eindeutig risikobereite, aber nicht dominant an ökonomischen Zielen orientierte Akteure Vorrichtungen zur Risiko- bzw. Kontingenzminimierung. Odysseus oder Parzival erhalten von Frauen, Kirke oder Sigune, unverzichtbare Informationen über einzuschlagende Wege und dort Anzutreffendes. Odysseus folgt überdies Kirkes Anweisungen zur Risikominimierung während der Vorbeifahrt bei den Sirenen bis ins kleinste Detail (vgl. Od XII. 39–54 mit Od XII. 165–200): Die Gefährten erhalten Ohropax, und wenn Odysseus selbst auf diese verzichten kann, um damit wie ein „Konzertbesucher"[45] dem Gesang der Sirenen zu lauschen, so nur, weil er sich mit Sicherheitsgurten gegen die Verlockungen gewappnet hat. Parzival behält, zur Verwunderung seiner Kommentatoren, seinen Helm sogar im Gespräch mit Sigune auf.[46] Laura Dekker konsultiert fortlaufend Seekarten, tauscht sich per Funk mit anderen Schiffen aus und schaltet bei der Annäherung an Tahiti, wo sie den Tuamotu-Archipel mit seinen vielen Atollen und Riffen durchqueren muss, das Radargerät keineswegs aus, sondern bedauert sogar, dass dieses manche allzu flache Atolle nicht erkenne (vgl. Em 135); ausdrücklich freut sie sich über die Anschaffung eines

---

44   Nerlich, *Abenteuer oder das verlorene Selbstverständnis*, S. 315.
45   Horkheimer/Adorno, *Dialektik der Aufklärung*, S. 51.
46   Vgl. Nellmanns Anmerkung zu P V. 256. 7–9.

SSB-Funkgeräts, dem auf See optimalen Kommunikationsmittel (vgl. u. a. Photo, nach Em 128). Zwar gibt es gegenläufige Beispiele, etwa den bewussten Verzicht auf das Anlegen einer Rüstung in einer Nebenepisode des *Parzival* – diese Volte erscheint mir aber nur als Überbietung früherer Abenteurer erklärbar und wird daher im Rahmen einer Historisierung von Abenteuerlichkeit (in I. 3) wieder aufgegriffen.

2.   „... gibt es ...": Erzählschema und Ereignistyp, oder: Von der onto- zur philologischen Analyse

Mit Element (4) der Minimaldefinition – „eine Erzählinstanz, die den Zusammenhang herstellt, in dem jene Kontingenz sich als Probe oder Prüfung erweist" – ist endlich genuin philologisches Terrain erreicht. Aus heuristischen Gründen streiche ich vorläufig den Zusatz ab „in dem", der ziemlich spezifische Aussagen über den Akteur trifft, und ersetze ihn durch den nur vermeintlich tautologischen Zusatz „in dem jene Kontingenz als Moment eines Abenteuers gestaltet wird." Denn man kann sich auch Texte vorstellen, in denen potentiell abenteuerliche Ereignisse nicht zu abenteuerlichen Erzählungen ausgestaltet werden. Noch Lutz Carstens ist zweifellos bewusst, dass das „gibt es" im Motto seiner Zeitschrift für deren Leser erst plausibel wird, wenn es Abenteuer auch als Texte in der Zeitschrift selbst gibt, und er wird diese Texte entsprechend gestalten. Ein unabenteuerlich gestimmter Autor würde beispielsweise eine Nacht im Hamburger Containerbahnhof vielleicht nur als laut, kalt und schlaflos darstellen.

Zu den Lösungen, die Kühn für die Übersetzung von *âventiure* mit Abstand am häufigsten wählt, gehört deshalb neben derjenigen, es durch seine neufranzösische Variante *aventure* (erstmals P I. 27.22) zu ersetzen, die Wiedergabe durch *histoire* (erstmals P I. 3. 28); ausnahmsweise verwendet Kühn sogar das banale deutsche *Erzählung* (P IX. 453. 8). Tatsächlich kann das Wort, wie bereits Jacob Grimm gezeigt hat, ein Erzählschema ebenso wie einen Ereignistyp bedeuten.[47] Und wie das serielle Ereignis aus Ereignissen besteht, das Wort als Ereignistyp folglich Teil und Ganzes bezeichnen kann, so gilt dies auch für das Erzählschema, das Kühn mal als *nouvelle* (P V. 272. 30 u.ö.) bzw. *épisode* (P VIII. 404. 11) für Teile, mal als *Roman* (P VII. 338. 3 und XVI. 827. 11) für das Ganze übersetzt.

---

47   Vgl. Grimm, „Frau Aventiure klopft an Beneckes Tür", S. 6. Zur hier durchgängig verwendeten Terminologie ,Ereignistyp'/,Erzählschema' vgl. v. Koppenfels u. a., „Wissenschaftliches Programm der Forschungsgruppe", S. 3.

Aus der Identität eines Signifikanten für mehrere Signifikate, hier *âventiure* für Ereignistyp und Erzählschema ‚Abenteuer', muss nicht zwingend hervorgehen, dass die letzteren *a limine* ununterscheidbar seien. Man kann sich sehr lange Unterhaltungen über Schlösser vorstellen, in denen die Gesprächspartner kein einziges Mal an Gebäude von Adligen denken, wenn sie sich über Einrichtungen zum Versperren von Türen unterhalten, oder umgekehrt – selbst wenn beide Bedeutungen des Wortes metonymisch zusammenhängen (die Doppeldeutigkeit also nicht auf einen Kalauer zurückzuführen ist), insofern ein Schloss als ein besonders abgeschlossenes Gebäude vorgestellt wird. So wie bei den allermeisten Verwendungen des deutschen Wortes *Schloss* ein englischer Übersetzer sich trotzdem, je nach Kotext, einigermaßen eindeutig für entweder *castle* oder *lock* wird entscheiden können, so hat sich ja auch Kühn nur bei einer Teilmenge der Instanzen von *âventiure* für *histoire* entschieden, bei der anderen für andere partielle semantische Äquivalente des Wortes. Der Doppelsinn von *âventiure* lässt sich dann als derjenige Vorgang ausprozessieren, in dem ein Ereignis (für das Kühn typischerweise *aventure* setzt) „aus der Retrospektive narrativ [zur *histoire*] reorganisiert wird".[48]

So weit, so vernünftig, und auch der Chefredakteur von *Freemen's World* fände seine Arbeit damit wohl plausibel charakterisiert. Demgegenüber haben jedoch in jüngerer Zeit Peter Strohschneider und, teilweise im Anschluss an diesen, Giorgio Agamben aus der Identität des Signifikanten darauf geschlossen, dass die beiden hier relevanten Bedeutungen unter bestimmten Bedingungen kaum voneinander zu unterscheiden seien. Strohschneider setzt vielmehr für die *âventiure* den im emphatischen Sinne „performativen" – präziser wohl: deklarativen – Status eines Sprechaktes an, bei dem die Erzählung „konstituiert, wovon sie spricht, *âventiure* eben", so dass, in die hier verwendete Terminologie zurückübersetzt, das Erzählschema erst den Ereignistyp hervorbringt.[49] Auch nach Agamben werden Abenteuer *nicht* nachträglich narrativ *re*organisiert, sondern existieren allererst in ihrer narrativen Organisation: „avventure' [...] sono sempre già ‚racconti'".[50]

Während Strohschneider seinen Befund auf ein spezifisches mediävistisches Korpus beschränkt, in das er den *Parzival* jedenfalls nicht ausdrücklich miteinbezieht, begibt sich Agamben in ein berühmtes poetologisches Zentrum des Romans, in die Szene der Begegnung mit der „frou Aventiure", deren Name Kühn treffend als „Herrin der histoire" (P IX. 433. 7) übersetzt. Agamben koppelt dies mit einer vieldiskutierten, erratischen Selbstbeschreibung Wolframs, der

---

48   Krüger, *Meerfahrten*, S. 111.
49   Strohschneider, „âventiure-Erzählen und âventiure-Handeln", S. 379.
50   Agamben, *L'avventura*, S. 26.

sich an einer Stelle als schriftunkundig bezeichnet (vgl. P II. 115. 27). Aus der Verbindung dieser Elemente folgert Agamben, dass Wolframs *âventiure* nicht von einem Buch gesteuert werde (vgl. P II. 115. 29 f), sondern eben von einer Frau, die den Zusammenfall des Unterschieds zwischen Text und Ereignisserie verkörpere.[51] Diese schreibt offenbar nicht, sondern erzählt mündlich, oder vielmehr: Sie *ist* das Abenteuer. Dass irgendjemand das Ganze dann trotzdem aufgeschrieben haben muss, hält Agamben offenbar für trivial.

Dies grenzt, bei aller Attraktionskraft, an literaturtheoretische Mystik, zumal wenn es nicht mehr, wie bei Strohschneider, als ein spezifisch historisch-gesellschaftlich verortbares Modell, sondern als allgemeine Theorie des Abenteuers präsentiert wird. Lutz Carstens würde konzedieren, dass es zweifellos eine Affinität des Abenteuers zu seiner Erzähl*barkeit* gebe (‚avventure sono sempre già racconta*bili*'): Bestimmt er doch selbst „das ganz große Ding", das Abenteuer im besonders emphatischen Sinne – also eher nicht das Rumkurven auf Mallorca, sei es auch ohne Klimaanlage – als das-jenige, „tatsächlich einmal im Leben etwas [zu] unternehmen, wovon wir noch unseren Enkeln erzählen können."[52] Möglicherweise würde er sogar konzedieren, dass manch einer das ganz große Ding unternehme, *um* danach davon erzählen zu können – was übrigens einen interessanten Grenzfall der autoteleologischen Maximaldefinition darstellt, insofern dabei das Abenteuer, als Ereignistyp, um seiner selbst und zugleich nicht ganz selbst willen, nämlich eben um des Abenteuers als Erzählschemas willen unternommen wird. Aber der Chefredakteur würde trotzdem oder gerade deshalb darauf bestehen, dass es erst noch unternommen werden müsse, weil die *histoire* davon sonst keine Fiktion, sondern ein *fake* (eine ‚abenteuerliche Lüge') wäre, und die Enkel, wenn sie das irgendwann herausbekommen, eine ambivalente Beziehung zu ihrem Großelternteil entwickeln würden.

Agambens mystische Literaturtheorie hingegen streicht nicht nur den Unterschied zwischen Fakten und Fiktionen, sondern auch denjenigen zwischen faktualen und fiktionalen Texten. Der deklarative Sprechakt, mit dem ‚hiermit' ins Werk gesetzt wird, was er aussagt (etwa eine Taufe oder eine Kündigung), ist ein Sprechakt, der üblicherweise nur funktioniert, wenn er von jemandem geäußert wird, der dazu von einer Institution autorisiert ist. Die Literatur ist jedenfalls heute, anders als Strohschneider dies für Teil-bereiche des Mittelalters annimmt, keine Institution in diesem starken Sinne. Und der deklarative Sprechakt ist weder ein faktualer noch ein fiktionaler. Er

---

51 Vgl. Agamben, *L'avventura*, S. 30 f. Auf die Bücher, die Wolfram dann doch vorlagen oder deren Existenz er behauptete, ist in I. 3 zurückzukommen.

52 Carstens, „Editorial".

ist kein faktualer, insofern sein Inhalt nicht Gegenstand eines Zweifels oder eines ‚Faktenchecks‘ (einer Auswertung seines propositionalen Gehalts nach den Kategorien von *wahr/falsch*) sein kann, weil es kein vom Erzählschema unabhängiges Ereignis gibt, mit dem das Erzählschema abgeglichen werden könnte. Er ist aber auch nur in einem problematisch vagen Sinne des Wortes ein fiktionaler, weil er zwar ein Ereignis selbst erst erzeugt, das im Außerhalb des Textes nicht existiert;[53] doch ist der deklarative Sprechakt wiederum nicht als einer ausgewiesen, der *nicht* Gegenstand eines Faktenchecks sein könnte; er besitzt keinen Fiktionsindex, lässt keinen Raum für ein Fiktionsbewusstsein. Schon weil sich die vorliegende Studie zu einem großen Teil auf faktuale Texte bezieht – deren Unterschiede zu fiktionalen später (vgl. III. 2 a/b und III. 4 a) ausführlicher zu diskutieren sein werden –, kann diese deklarative Fassung des Abenteuer-Modells hier bestenfalls als Grenzwert fungieren.

Wie *âventiure* kann auch *voyage* (im Englischen oder Französischen) einen Ereignistyp (die ‚Reise selbst‘) ebenso wie ein Erzählschema (den Reisebericht) bezeichnen, so dass die Schnittmenge von Abenteuer und Reise auch eine strukturelle Dimension besitzt. Der Zusammenhang einer Reise mit deren Erzählbarkeit, der mit *voyage* in ein Wort gerinnt, wird im Deutschen von zwei häufig, manchmal jedoch nicht ganz richtig zitierten Versen benannt: „Wenn jemand eine Reise tut, / So kann er was verzählen". In der redensartlichen Überlieferung dieser Verse wird üblicherweise das *v* aus dem Verb ebenso eliminiert wie der Kotext, aus dem sie stammen: Matthias Claudius' Gedicht „Urians Reise um die Welt" von 1786, das mit diesen Versen beginnt, ist eher eine Parodie auf eine Weltreise. Das mit *ver-* beginnende Sprechaktverb lässt sich zwar auch als bedeutungsgleiche ältere, etwa im Bairischen noch erhaltene Form von *erzählen* deuten (im *Deutschen Wörterbuch* als Bedeutung B. 3, „*eine geschichte zur unterhaltung erzählen*"). *Doch kann es „durchaus auch im sinne ‚jemandem unwahre geschichten erzählen, ihm etwas weismachen'"* verwendet werden (*Deutsches Wörterbuch*, ebenfalls noch unter B. 3) – zumal diese semantische Dimension des Fehlgehenden, die der Vorsilbe *ver-* zwar nicht immer, aber häufig innewohnt, dann eindeutig dominiert, wenn das gleichlautende Verb *verzählen* als Zusammensetzung aus *ver-* und *zählen* interpretiert wird (im *Deutschen Wörterbuch* als Bedeutung D., „*falsch zählen, sich im zählen irren*" erläutert).

Es empfiehlt sich, hier keine Entscheidung zu treffen, sondern das *ver-* als einen Hinweis auf Verzerrungen und Verschiebungen des Ereignistyps *voyage*

---

53   Selbstverständlich gibt es fiktionale Texte, die auf der Grundlage ‚tatsächlicher Ereignisse‘ verfasst werden; diese sind dann aber in den Bereich fiktionaler Texte so integriert, dass auch ihre Wahrheitsfähigkeit im Rahmen des Fiktionsvertrags aufgehoben ist.

in der Verfertigung des Erzählschemas *voyage* zu nehmen, die konstitutiv unvermeidbar sind, selbst wenn sie nicht bewusst vorgenommene Verfälschungen sind. Und es ist das (V)erzählschema, das in die spezifische Kompetenz des Philologen fällt, wohingegen der Ereignistyp der angemessene Gegenstand etwa einer soziologischen oder historischen Untersuchung wäre. Aus philologischer Perspektive steht und fällt Abenteuerlichkeit mit der Verfasstheit der Erzählung, und ist damit je nach Texttyp und individuellem Text jeweils verschieden zu beurteilen.

Sehr nachdrücklich gestaltet, nämlich seinerseits erzählt, wird das abenteuerliche Erzählschema in der *Odyssee*. Deren Titelheld erzählt nicht weniger als viermal selbst von seinen Reisen, zweimal bei den Phaiaken auf Scheria, zweimal nach seiner Rückkehr in Ithaka, agiert also als intradiegetischer (Binnen-) Akteur von homodiegetisch vokalisierten Abenteuererzählungen.[54] In einer mittellangen und einer kurzen Erzählung in Ithaka ‚lügt' er aus taktischen Gründen (vgl. Od XIV. 192–359, gegenüber Eumaios und XIX. 165–202, gegenüber Penelope); in der ersten, kurzen Erzählung (vgl. Od VII. 241–97) berichtet er ‚die Wahrheit' – wenn sich denn die Abweichung von bzw. die Übereinstimmung mit der extra- und heterodiegetischen Rahmenerzählung in Kategorien von ‚Lüge' und ‚Wahrheit' fassen lässt. Kaum zu klären ist dieser Status für die mit Abstand längste Erzählung, eben die *apólogoi*, weil nur wenige der erzählten Episoden auch in der Rahmenerzählung angesprochen werden.[55]

Die *apólogoi* umfassen nahezu die gesamten Bücher IX-XII und enthalten den Großteil der Episoden, die üblicherweise Odysseus' ‚Abenteuer' genannt werden. Ausführlich gestaltet wird im Umfeld aber auch die Szene der Erzählung selbst. Nicht zuletzt tritt der Titelheld, wie kurz zuvor auf dem Gebiet sportlicher Disziplinen, damit in einen Wettkampf ein, diesmal mit Demodokos, dem „rings berühmte[n] Sänger", wie er zweimal genannt wird, jeweils nachdem er einen ‚Gesang' vollendet hat – wobei dieser beim ersten Mal in direkter Rede (mimetisch im erzähltechnischen Sinne Platons), beim zweiten Mal in indirekter Rede (diegetisch nach Platons Opposition[56]) wiedergegeben wird: „ταῦτ' ἄρ' ἀοιδὸς ἄειδε περικλυτός", lautet beide Male die Abschlussformel (Od VIII. 367 und 521).

---

54   Genette, *Die Erzählung*, S. 178, verwendet diesen Aufbau der *Odyssee* als Musterbeispiel für die doppelte Unterscheidung von extra- und intra- sowie hetero- und homodiegetischer Erzählung, beschränkt sich dabei aber auf die *apólogoi*. Zu allen vier Erzählungen des Titelhelden vgl. Schlesier, „Transgressionen des Odysseus", *passim*.

55   Ausführlich diskutiert dies Parry, „The Apologos of Odysseus".

56   Vgl. Platon, *Politeia*, 392 c-394 b.

Beim zweiten Mal handelt Demodokos vom trojanischen Krieg[57] und erwähnt dabei Odysseus, der sich bis zu diesem Zeitpunkt noch nicht als solcher zu erkennen gegeben hat, jetzt aber, von der Erzählung gerührt, wie eine Frau weint – und als Alkinoos dies bemerkt, fordert er den Gast auf, selbst zu erzählen.[58] Dieser beginnt mit einem Lob eben des Gesangs, nicht nur des Demodokos, sondern im Allgemeinen, vorbereitend also auch des eigenen. Insofern das Kriterium für den Sieg im Wettkampf der Rhapsoden offenbar im Grad der Wirkung besteht, den eine Erzählung bei den Zuhörern auslöst, so dürfte Odysseus auch in dieser Disziplin gewonnen haben. Denn er versetzt, wie gleich zweimal mit identischen Versen betont wird – einmal am Ende seines Gesangs, einmal während seiner kurzen Unterbrechung (vgl. Od XI. 333 f und XIII. 1 f) – seine Zuhörer in „Bezauberung" (κηληθός), und zwar in einem Sinne, der wohl nicht ganz so gesichert als metaphorischer verstanden werden kann, wie dies beim äquivalenten Wort heutzutage der Fall wäre:[59] Immerhin handeln eben die *apólogoi* von durchaus ‚buchstäblichem' Zauber (demjenigen der Kirke) und von einer lebensgefährlichen Verführung durch Gesang (demjenigen der Sirenen), der erst durch Maßnahmen der Risikominimierung zum Gegenstand einer ästhetischen Rezeption transformiert werden kann.

Steht die *Odyssee* „der Form des Abenteuerromans näher" als die *Ilias*,[60] so vielleicht nicht unbedingt hinsichtlich des Ereignistyps denn vielmehr als Erzählschema, hier im Doppelsinn eines Schemas, in und von dem erzählt wird. „Nicht umsonst wird der entrinnende Held als Erzähler immer wieder eingeführt":[61] Entronnen sein *bedeutet* nachgerade, davon erzählen zu können. Gerade als selbst sich besingender Überlebender bildet Odysseus „einen neuen Heroentypus" aus.[62] Dabei lässt sich der Ausdruck „narrative Ökonomie" ganz buchstäblich verstehen: Die Gastgeschenke der Phaiaken, die zu dem wirtschaftlichen Ertrag von Odysseus' Reise führen, welcher Poseidon so verärgert, sind ein sehr großzügig bemessenes Autorenhonorar – nicht umsonst

---

57   Die einzige Stelle, an der bei Homer vom ‚trojanischen Pferd' berichtet wird, befindet sich hier, nicht in der *Ilias*.

58   Vgl. Most, „The Structure and Function of Odysseus' Apologoi", besonders zur Funktion der Erzählung im Rahmen eines Rituals der Gastfreundschaft.

59   Vgl. Stockhammer, „Magie", S. 98, zu philologischen Details und Forschungsliteratur.

60   Adorno/Horkheimer, *Dialektik der Aufklärung*, S. 64.

61   Adorno/Horkheimer, *Dialektik der Aufklärung*, S. 98.

62   Schlesier, „Transgressionen des Odysseus", S. 138.

zählt Alkinoos die Geschenke auf, unmittelbar nachdem Odysseus seinen Gesang geendet hat.[63]

Und Laura Dekker braucht offensichtlich die Honorare für die Beschreibung ihrer eigenen Reise, um diese überhaupt durchführen zu können. Schon an Bord führt sie nicht nur einen, halbwegs täglich *online* gestellten *blog* (dessen Form übrigens derjenigen des Logbuchs, von dem sich der Ausdruck für das Internet-Format schifffahrtsnostalgisch ableitet, noch am relativ nächsten kommt), sondern schreibt nach eigener Aussage sogar bereits an dem Buch (vgl. Em 56), das über weite Strecken ebenfalls aus taggenauen Einträgen aufgebaut ist. Ihr Scheria ist die niederländische Karibik-Kolonie Bonaire, wo sie vor den Nachfahren der „schiffsberühmten" (ναυσίκλυτοι; Od. VIII. 369) Phaiaken in einem Yachtclub bereits zu einem relativ frühen Zeitpunkt ihrer Reise aus dem in Entstehung begriffenen Buch darüber vorliest (vgl. Em 93).

Gleichwohl verhält sich die Form des Abenteuers als Ereignistyp keineswegs harmonisch zu der des Erzählschemas. Zwar lässt sich Simmels Bestimmung einer „Form des Abenteuers, [… das] aus dem Zusammenhange des Lebens herausfällt", mit der Abgeschlossenheit korrelieren, die in der Minimaldefinition als erzählerisch gestifteter „Zusammenhang" angesprochen wird. Simmel zufolge ist ein Abenteuer etwas, was, „[i]n einem viel schärferen Sinne, als wir es von den anderen Formen unserer Lebensinhalte zu sagen pflegen, […] Anfang und Ende" besitzt. Er selbst parallelisiert diese Abgeschlossenheit (zwischen den beiden äußeren Grenzen) mit dem Kunstwerk, welches „aus den endlos kontinuierlichen Reihen der Anschaulichkeit oder des Erlebens ein Stück herausschneidet".[64] Und dies entspricht der, wenn nicht je schon erzählerischen, so jedenfalls – wenngleich nicht von Simmel selbst – als eminent erzähl*bar* gedachten Struktur des Abenteuers.

Weil das Erzählschema jedoch eine „*arrangierte Kontingenz*"[65] stiftet, so tendiert es damit als Form zur Neutralisierung eben des kontingenten Charakters erzählter Elemente. „WHAM! splash, drup, drup … ARGH, grmpbl, hmpf, klotegolf!" (Em 219), beschreibt Dekker einmal die Wirkung einer plötzlich auftretenden Welle, die ihr Boot stark mitnimmt; solche Kontingenz-Onomatopoesien sind jedoch, um eine Abenteuererzählung nicht in ein futuristisches Gedicht kippen zu lassen, sparsam einzusetzen und im Kotext zu erklären; die Wörterfolge ‚macht' sogar residualen ‚Sinn', was sich an ihrer partiellen Übersetzbarkeit zeigt: „WHAM! *Splash*, tropf, tropf …

---

63   Vgl. Od XIII. 10–14 und dazu: Most, „The Structure and Function of Odysseus' Apologoi", S. 26, dort auch der Ausdruck „narrative economy" (S. 16).

64   Beide Zitate: Simmel, „Philosophie des Abenteuers", S. 98.

65   v. Koppenfels u. a., „Wissenschaftliches Programm der Forschungsgruppe", S. 4.

ARGH, grmpbl, hmpf, Mistwelle!"[66] Immerhin bleibt Dekkers am Logbuch
orientiertes Format aufnahmebereit für Unerwartetes; *wären* die blog-Einträge
für die Buchform gänzlich unüberarbeitet geblieben, so dürfte dieser noch
nicht einmal der Untertitel *rond de wereld* voranstehen, da ja die Abrundung
des Unternehmens erst an dessen Ende gelungen sein kann. In Epen wie
der *Odyssee* hingegen wird Kontingenz mit Formen der Bindung auf verschiedensten Ebenen – vom Hexameter bis zu den detailliert eintreffenden
Prophezeihungen Kirkes – neutralisiert.[67] Schon deshalb wird das Abenteuer
eben auch konstitutiv *verzählt*.

Dass der von einer Erzählinstanz hergestellte Zusammenhang – um endlich den vorläufig eliminierten Zusatz des Elements (4) in der Minimaldefinition kurz zu diskutieren – einer sei, „in dem jene Kontingenz sich als
Probe oder Prüfung erweist", lässt sich für einen Roman wie den *Parzival*
leicht plausibilisieren. Denn viele der dort erzählten *âventiuren* sind offenbar
Schritte auf dem Weg zum seelischen Heil und zur weltlichen Macht des Titelhelden, die am Ende des Romans noch einmal summarisch als derjenige Punkt
genannt werden, bis zu dem erzählt werden musste (vgl. P XVI. 827. 15–24).
Auf die *Odyssee* ist dies nur mit Einschränkungen übertragbar, insofern der
Titel'held' seine Abenteuer „wenig heldenhaft", sondern eher in duldender
Selbstkontrolle besteht.[68] Immerhin jedoch besteht er, wie schon beschrieben,
die Prüfung seiner eigenen Erzählmacht.

Die zusätzliche Bestimmung enthält aber ein sachliches und ein forschungs-
pragmatisches Problem. Das sachliche besteht darin, dass dieses *telos* der
Probe oder Prüfung in einem starken Spannungsverhältnis zum Maximal-
anspruch steht, das Abenteuer müsse um seiner selbst willen unternommen
werden. Dies gilt schon dann, wenn ein Subjekt sich in dieser Prüfung nur
als dasjenige bewähren soll, welches es ohnehin ist (wie vielleicht Gawan).
Überdies jedoch ‚droht' – ‚drohen' aus der Perspektive des Interesses am
„perfekten", autoteleologischen Abenteuer – hier der Übergang in das Schema
der psychischen Entwicklung: Schon Parzival, der es versäumt, Anfortas nach
dessen Krankheit zu befragen (vgl. P V. 240. 3–9), fällt damit durch die Prüfung
auf etwas, was heute ‚Empathiefähigkeit' genannt würde, und muss dieses
Versagen in langen anamnetischen Gesprächen (vgl. P IX) durcharbeiten.

---

66   Dekker, *Ein Mädchen, ein Traum*, Pos. 5580/6578.

67   Zur Bindung des Abenteuers im Vers vgl. v. Koppenfels, „Gereimtheiten". Ungereimte
      und nicht durch Strophen zusätzlich strukturierte Hexameter sind allerdings irgendwo
      zwischen Prosa und der starken Bindung des frühneuzeitlichen Epos zu verorten –
      abgesehen davon, dass unklar ist, ob zu Homers Zeiten Prosa überhaupt als alternativer
      Duktus zur Verfügung stand.

68   Gödde, „Abenteuer *avant la lettre*", S. 52.

Ohne ihn deshalb schon mit den Protagonisten von sehr viel späteren Entwicklungsromanen zu identifizieren, nähert er sich damit doch deren poeto-
logischem Entwurf an, in dem „[d]as Innre der Personen" im Zentrum der
Aufmerksamkeit steht. Wo „die Begebenheiten bloß der Personen wegen da"
sind, sie also für eine *anschauende* Verbindung zwischen dem Innern und
dem Aeußern des Menschen" funktionalisiert werden, verlieren sie potentiell
ihre Abenteuerlichkeit.[69] ,Potentiell', denn in jüngerer Zeit scheint diese
psychologische Dimension eine so starke Verbreitung und so große Selbstver-
ständlichkeit entwickelt zu haben, dass sie sogar Erzählungen über an sich
hinlänglich gefährliche ,äußere' Ereignisse supplementieren kann, ohne dass
dies als Widerspruch wahrgenommen würde.[70] Laura Dekker etwa bestimmt
ihre Fahrt erst als „een avontuur ...", nach diesen nachdenklichen Punkten
dann jedoch weiter als „een avontuur dat ik met mezelf will aangaan" (Em 92);
am Ende von Buch und Reise hält sie ihre persönliche Entwicklung („Ik heb
mezelf lernen kennen", Em 247) für noch wichtiger als den von ihr errungenen
Rekord.

Aus forschungspragmatischer Sicht schließlich dürfte der auf „Probe und
Prüfung" angelegte Zusatz die Übertragbarkeit der Minimaldefinition auf
andere Kandidaten für Abenteuer-Erzählungen zu stark einschränken – er sei
daher für die folgende Untersuchung zunächst fallengelassen und wird später
nur gelegentlich (vor allem gegen Ende von III. 4) wiederaufgenommen.

3.   „... noch.": Abbau der Abenteuerlichkeit durch zunehmende Kerbung

Es bleibt das letzte Wort in dem Satz „Abenteuer gibt es noch" zu erörtern.
Bei diesem *noch* handelt es sich um einen apotropäischen Widerspruch gegen
die damit zugleich aufgerufene Annahme, die Möglichkeit von Abenteuern
sei ,heutzutage' nicht mehr ebenso selbstverständlich gegeben wie ,früher'.

---

69   Alle Zitate: Blanckenburg, *Versuch über den Roman*, S. 58, 256 und 360. (Diese 1774
      erschienene Romanpoetik orientiert sich am Ideal von C. M. Wielands *Agathon*).

70   Dementsprechend ist psychologische Motivierung sicherlich kein Kriterium mehr, das
      noch zur Abgrenzung der Hoch- gegenüber der Trivialliteratur in Anschlag gebracht
      werden könnte – sonst müssten Bücher wie E. L. James' *Fifty Shades of Grey* (wo Softporno-
      Episoden nur Vorwände für das zentrale Interesse an der Entwicklung der Protagonisten
      sind) als Meisterwerke der Hochliteratur bestimmt werden. Holzschnittartig formuliert
      folgte auf die Trivialisierung des Abenteuer- zugunsten des psychologischen Romans im
      letzten Drittel des 18. Jahrhunderts inzwischen (schätzungsweise seit dem ausgehenden
      20. Jahrhundert) die Trivialisierung des letzteren.

Da diese Aussage offenbar in besonderem Maße für die Abenteuerlichkeit von Reisen gilt, sei im Folgenden nicht mehr zwischen allgemeinen Aussagen zu Abenteuern und solchen zu potentiell einschlägigen Reisen getrennt. Seit wann genau diese Gefährdung abenteuerlichen Reisens eintrat, bleibt dabei wolkig; die angenommene Entwicklung ist eine ‚historische‘ in einem so schwachen Sinne, dass sie zumindest vorläufig vorsichtiger eine ‚chronologische‘ zu nennen ist.

Die Minimaldefinition des Abenteuers hilft hier nur bedingt weiter, insofern sie keinen chronologischen Index enthält – immerhin ließe sich ein solcher in sie eintragen, etwa weil Grenzen verschwinden, neue hinzukommen, sie mal schwerer, mal leichter zu überschreiten sind, oder weil sich die Gefahrenpotentiale von ungefähr gleichen Akten verändern. Vor allem aber kann die Definition nicht die Interaktionen verschiedener mehr oder weniger abenteuerlicher Akte untereinander berücksichtigen, da sie die gleiche heuristische Reduktion vornimmt wie etwa Jakobsons Kommunikationsmodell, das sich ebenfalls auf je *einen* Akt beschränkt und damit nicht erfasst, wie jedes Kommunikationsereignis potentiell die Bedingungen für jedes weitere beeinflusst. Wenn jedoch eine abenteuerliche Grenzüberschreitung dadurch bestimmt ist, „alles – außer gewöhnlich" zu sein, so liegt ein Faktor für den veränderlichen, im Regelfall als abnehmend gedachten Grad der Abenteuerlichkeit eines Aktes offenbar in der Häufigkeit seiner Durchführung. Zu oft durchgeführt, wird der anfangs ungewöhnlichste Akt gewöhnlich.

Auf der Zeitskala abgetragen, besteht die Maximalvariante eines Abenteuers unter den Bedingungen einer räumlich beschränkten Erde darin, als erster bezeugter Akteur einen bestimmten Weg zurückzulegen, etwa den zum Südpol oder den zu einem sehr hohen oder schwer erreichbaren Berggipfel. Simmels Kriterium für ein Abenteuer, demzufolge dieses „aus dem Zusammenhange des Lebens herausfällt", würde in diesem Fall nicht nur für das Leben desjenigen gelten, aus dessen Zusammenhang es herausfällt, sondern gleich für das Leben bisher aller, oder zumindest aller, von denen man weiß.[71] Um daran festzuhalten, dass es danach ‚noch‘ abenteuerlich sein könne, den gleichen Zielpunkt zu erreichen, kann ein spezifischer Weg zum Ziel ausgewiesen werden, etwa derjenige auf den zuvor bereits längst bestiegenen Eiger über dessen Nordwand, oder, bei einer Weltumseglung, die Richtung: „Unter allen

---

71   Die Einschränkung erscheint mir notwendig, weil ich es beispielsweise nicht für selbstverständlich halte, dass erst Hans Meyer 1889 den Kilimandscharo bestieg: Da für die Besteigung dieses Berges (anders als etwa für die des Mount Everest) keine spezifischen, nur in Europa entwickelten Hilfsmittel und Techniken notwendig sind, würde ich nicht ausschließen wollen, dass zuvor schon der eine oder andere Bewohner aus dem Gebiet des heutigen Tansania oder Kenia den Gipfel erreichte.

Reisen um die Welt ist die unsrige auch würklich die erste, die von Westen nach Osten gerichtet wurde", betont der hier noch ausführlich zu würdigende Georg Forster (R II 25 f, nicht in der englischen Ausgabe). Später wurden Merkmale der Aktion, etwa deren Verzicht auf eine Crew (erste Weltumrundung durch einen Einhandsegler: Joshua Slocum, 1895–98) oder zusätzlich solche des Akteurs (wie das Alter bei Laura Dekker), als Kriterien für ein ‚erstes Mal' hinzugefügt. Schließlich kann eine erstmalige Kombination mehrerer, je für sich bemerkenswerter, aber nicht singulärer Wegstrecken durch einen einzigen Akteur einen Eintrag in ein erweitertes Buch der Rekorde sichern: So war der hier noch ausführlich zu würdigende Tobias Furneaux der erste Mensch, der die Erde je einmal in beide Richtungen umsegelte; so ist Reinhold Messner der erste, der *alle* Achttausender bestieg, Arved Fuchs der erste, der innerhalb eines einzigen Jahres sowohl am Nord- als auch am Südpol war; so bin ich der erste Mensch, der innerhalb eines einzigen Monats in Fisching (Gemeinde Laufen) und Fidschi war usw.

Wird das Ungewöhnliche durch seine Wiederholung zunehmend gewöhnlicher, so lassen sich in diese Entwicklung nicht leicht Zäsuren von einiger historischer Präzision eintragen. Zwei konkrete naheliegende Vorschläge dafür wären: Der Grad der Abenteuerlichkeit nimmt schon deutlich ab, wenn auch nur einige wenige – im Regelfall europäische – Entdeckungsreisende[72] sehr große Teile der Erde und Welt erforscht haben, und er nimmt noch deutlicher ab, wenn an bestimmte Orte sehr viele Menschen reisen. Für den ersten Zeitpunkt plädiert Goethe in seinem Roman *Wilhelm Meisters Wanderjahre*: „Die Zeit ist vorüber, wo man abenteuerlich in die weite Welt rannte; durch die Bemühungen wissenschaftlicher, weislich beschreibender, künstlerisch nachbildender Weltumreiser sind wir überall bekannt genug, daß wir ungefähr wissen, was zu erwarten sei."[73] Unter den hier aufgerufenen Weltumreisern aus der vom Erscheinungsjahr des Romans zurückgerechnet jüngeren Zeit befindet sich James Cook, dessen zweieinhalb Weltumseglungen 1768–79 stattfanden – und die Datierung des Abenteuerlichkeitsverlustes auf dessen Reisen ist die Hypothese, die in Teil II des vorliegenden Buches ausführlich

---

72 Das Wort *Entdeckungsreisen* wird im Folgenden als Terminus aus der Zeit von Georg Forsters Berichten übernommen, wobei die einfachen Anführungsstriche aus typographie-ästhetischen Gründen meist weggelassen werden. Solange das Wort das europäische Dispositiv selbst bezeichnet, das in seiner nicht zuletzt medialen Macht über Nicht-Europa noch ausführlich (insb. in II. 5) zu beschreiben sein wird, erscheint mir dies nicht allzu problematisch; zu einem fragwürdigen Euphemismus wird es erst in seiner Verwendung als *pars pro toto* im Ausdruck ‚Zeitalter der Entdeckungsreisen' für den erdumspannenden Kolonialismus.

73 Goethe, *Wilhelm Meisters Wanderjahre*, Buch III, Kap. 9; S. 671.

diskutiert wird. Der zweite Zeitpunkt ist offenbar für verschiedene Orte sehr unterschiedlich anzusetzen; als ungefähre Datierung für das allgemeine Phänomen jedoch dürfte sich der Beginn des ‚Massentourismus‘ eignen. Um auch dafür einen Namen zu nennen, der anlässlich der Insolvenz des von ihm gegründeten Reiseunternehmens jüngst viel genannt wurde: Thomas Cook, der um 1850 die ersten Pauschalreisen organisierte – und diese Hypothese wird im vorliegenden Buch zwar nicht diskutiert; der Teil III handelt jedoch von Reisen in ziemlich genau diesem Zeitraum, die sich, mit einem anachronistischen Ausdruck, fast schon als Alternativ-Tourismus beschreiben lassen.

Umgestaltungen und Repräsentationen des Raumes sowie der Bewegungen in ihm, die typischerweise zur Abnahme der Abenteuerlichkeit weiterer Bewegungen im selben Raum führen, lassen sich unter den Begriff der *Kerbung* (*striage*) des Raumes bringen.[74] Dieser Begriff umfasst Kopplungen von materialen und symbolischen Praktiken, die sich auf dem Land – eher nicht, worauf zurückzukommen ist, im Meer – als Veränderungen im Gelände sowie – dies nun ohne kategoriale Unterscheidung zwischen Land und Meer – in transportablen graphischen Artefakten niederschlagen: etwa als Reiseberichte, geographische Karten oder Navigations-Applikationen. Bewegungen im Raum selbst können dabei schon als solche dauerhafte Spuren in diesem hinterlassen: Man denke etwa an eine von Macheten unterstützte Bahnung durch einen zuvor nicht betretenen Regenwald. Nach einer hinlänglich großen Zahl von Bewegungen auf dem gleichen Weg bilden sich ‚ausgetretene Pfade‘ heraus – eine Dynamik von so großer Anschaulichkeit, dass sie auch metaphorisch, etwa zur Beschreibung von wenig originell erscheinenden wissenschaftlichen Studien, gern benutzt wird.

Noch nachhaltiger greifen ‚Meta-Bewegungen‘ in den Raum ein, also solche, bei denen die Akteure sich durch den Raum bewegen, um dort spätere Bewegungen zu erleichtern, indem sie etwa Verkehrswege (Straßen, Bahngleise), Behausungen für Reisende (Alpenhütten, Motels, Strandanlagen) oder auch nur Markierungen anlegen. Andere vermessen den Raum, damit davon Karten angelegt werden können, zeichnen, photographieren oder beschreiben ihn. Dabei ist der Übergang zwischen Bewegungen um ihrer selbst willen und Meta-Bewegungen fließend: Ein Reisender will vielleicht nur seine eigene Bewegung dokumentieren, ein anderer bereits gezielt die Reisen späterer Akteure erleichtern. Die Grenze zwischen Reise*bericht* und *-führer* ist nicht immer scharf zu ziehen; immerhin wurde diese Unterscheidung ungefähr zur gleichen Zeit geschärft, auf die auch die ersten Pauschalreisen zu datieren sind:

---

74   Vgl. Deleuze/Guattari, *Mille Plateaux*, S. 592–625 (*Tausend Plateaus*, S. 657–693), hier leicht ausgedehnt.

Karl Baedeker ist, als Akteur des Abbaus von Abenteuerlichkeit als Erzähl-
schema, eine Parallelfigur zu Thomas Cook, einem Akteur des Abbaus von
Abenteuerlichkeit als Ereignistyp. Hinzu kommen technische Entwicklungen,
die zwar nicht an konkrete Räume gebunden sind, aber ebenfalls entwickelt
werden, um Bewegungen in diesem zu erleichtern: Verkehrsmittel wie Züge,
Autos oder Motorschlitten; Apparate zur Orientierung im Raum wie Kompass,
Chronometer oder GPS; weitere Ausstattungen wie Sauerstoffflaschen oder
Outdoor-Bekleidung.

Wenn mit all diesen Verfahren die Bewegungen von Personen im Raum
erleichtert wird, geht dies damit einher, dass sie das Kontingenzpotential
des dort Anzutreffenden minimieren – und so die Chance darauf, dass die
Bewegung als Abenteuer aufgefasst werden kann. Die Kerbung ist der Feind
des Abenteuers, das sich typischerweise im glatten (*lisse*) Raum vollzieht.
Selbstverständlich bedeutet dies genau nicht, dass in einem solchen Raum
alles ,glatt gehe'. Wenn man ihn sich trotzdem als „spiegelgladde zee" vorstellen
kann – wie Dekker der Pazifik bei der Durchfahrt durch die gefährlichen Atolle
des Tuamotu-Archipels erscheint (Em 136) –, so nur, wenn man mitdenkt, dass
ein Spiegel gerade keinen Blick auf die unter der Wasseroberfläche lauernden
Riffe erlaubt. Mehr noch als die ,Ruhe vor dem Sturm', der sich immerhin
ankündigt, figuriert die glatte See die Ruhe vor einer plötzlich auftretenden
Böe. Schwer vereinbar ist ein solch glatter Raum allerdings mit der Topologie
der trennscharf erkennbaren Grenze, da diese ja umgekehrt eine Kerbung
wäre – häufig wird aber eine Meta-Grenze zwischen dem gekerbten und dem
glatten Raum hergestellt, die den von Simmel beschriebenen äußeren Grenzen
des Abenteuers entspricht.[75]

Glatter Raum droht in gleichem Maße zu verschwinden, wie die ,weißen
Stellen auf der Landkarte' verschwinden:

> „Now when I was a little chap I had a passion for maps. I would look for hours at
> South America, or Africa, or Australia and lose myself in all the glories of explo-
> ration. At that time there were many blank spaces on the earth and when I saw
> one that looked particularly inviting on a map (but they all look that) I would put
> my finger on it and say: When I grow up I will go there."

Zur These, derzufolge Abenteuer vorzugsweise im glatten, nicht-kartierten
Raum stattfinden, bildet der Sachverhalt, dass viele einschlägige Erzählungen
und Romane ausgesprochen ,kartophil' sind, sich also euphorisch auf die
phantasieanregende Funktion von Karten beziehen, nur auf den ersten Blick
einen Widerspruch – vielmehr geht es dabei meistens um den Aufbau einer

---

75 Dies ist das Lieblingsmodell Melvilles (vgl. dazu insb. unten, III. 4).

Positivfolie, vor der sich das wesentliche Moment des Nichtkartierten umso prägnanter abzeichnet. Als Erwachsener begibt sich Marlow an den „biggest – the most blank, so to speak" dieser Orte (den Kongo).[76] Andere Abenteuergeschichten handeln zwar von Akteuren, die sich gerade durch den Besitz von seltenen und scheinbar besonders genauen Karten zugleich herausgefordert und in die Lage versetzt sehen, an weit entfernten Orten Schätze zu heben oder Drachen zu bekämpfen. Doch sorgt „sogar Stevensons *Treasure Island*, der kartophile Jugend- und Abenteuerroman *par excellence*, gegen Ende für eine Überraschung auch seiner Leser [...]. Denn der Roman, der aus einer Karte entstanden ist, nahezu von Anfang an von einer Karte erzählt und diese zur steten Kontrolle des Erzählten zur Verfügung stellt, mündet ausgerechnet am Zielpunkt der ganzen Unternehmung in eine Nicht-Übereinstimmung von Karte und Gelände: Am verzeichneten Ort befindet sich der Schatz nicht mehr, und zu heben vermochte ihn jemand, der keineswegs über die Karte der Schatzinsel verfügte."[77]

Gekerbte Räume können, wie Deleuze/Guattari unablässig betonen, wieder in glatte umschlagen. Diese Gegenbewegung lässt sich jedoch schwieriger an den ‚Räumen selbst' veranschaulichen als deren Kerbung. Zwar sind die meisten Kerbungen dem Zweiten Thermodynamischen Gesetz unterworfen: Gleise können verrotten, Straßen verwittern – in manchen Erdgegenden, etwa in Teilen Afrikas, sind die Verkehrswege heute schlechter als sie es schon waren –; gelegentlich werden sie durch Erdbeben, Erdrutsche, extreme Wetterphänomene oder auch durch willentliche menschliche Gewaltakte unbrauchbar gemacht. All dies wird aber schwerlich anders denn als temporärer Rückschlag in der Gesamttendenz eines ‚Ausbaus der Infrastruktur' zu interpretieren sein. Noch weniger vorstellbar sind mehr als zeitweilige Rückschritte in der symbolischen Kerbung des Raums, etwa dass heute noch größere Teile der gigantischen Datenmengen in Geoinformationssystemen verloren gingen oder der Präzisionsgrad von Orientierungstechniken dauerhaft nachließe.

Eher sind Verfahren vorstellbar, mit denen Räume zwar nicht als solche geglättet werden, aber in konkreten Akten als glatte behandelt werden. Der Kolonialbeamte Carl Peters hat Geländemerkmale, die auf Karten des Kolonialgebiets Deutsch-Ostafrikas bereits verzeichnet waren, in seinen eigenen wieder getilgt – und zwar offenbar, um eine größere Chance auf Abenteuerlichkeit nahezulegen.[78] Unter Umständen kann der ausdrückliche, gefahrsteigernde

---

76   Beide Zitate: Conrad, *Heart of Darkness*, S. 11.

77   Stockhammer, *Kartierung der Erde*, S. 86.

78   Vgl. Struck, „Macht-Abenteuer", S. 183–86; zu Peters als Abenteurer vgl. schon Struck, *Die Eroberung der Phantasie*, S. 43 f.

Verzicht auf eigentlich bereits zur Verfügung stehende Vorrichtungen zur Gefahrminderung den Raum künstlich glätten. In solchen Fällen stellt sich dann tatsächlich Wagemut als Minimierung der Risikominimierung dar. Ein Modell dafür ist – nicht aus dem engeren Bereich von Reisen, sondern aus dem von anderen Abenteuern – der in der mittelalterlichen Dichtung häufig eingesetzte Verzicht auf eine Rüstung: Im *Parzival* etwa wird das Wort *âventiure* nur selten für einen Turnierkampf, immerhin jedoch an der Stelle dafür gebraucht, an der die Gegner, vom Spielplan des zur Routine gewordenen Turnierbetriebs abweichend, ungerüstet kämpfen (wobei sie in diesem Fall prompt beide umkommen).[79] Im jüngeren Abenteuer-Betrieb entspricht dem der ungesicherte Weg auf einem Hochseil oder in einer Kletterwand, die Besteigung eines Achttausenders ohne Sauerstoffflasche; in der Schrumpfform Vergleichbares erringt sich der Malle-Tourist mit dem Verzicht auf Servolenkung und Klimaanlage im VW-Bulli. Auch kann man als Einzelner bewusst auf Geopositionssysteme verzichten, um sich einer *dérive* zu überlassen, also mutwillig den Raum für sich zu glätten – man bleibt dabei aber in einem von anderen für andere gekerbten Raum, so dass etwa Kontrollorgane, solange man sich zwar im Wald zu verirren versucht, aber sein Mobiltelephon nicht ganz ausschaltet, jederzeit besser als man selbst wissen können, wo man ist.

Wer eine Abenteuer*erzählung* zu schreiben beabsichtigt, hat sich mit Kerbungen in Gestalt bereits vorliegender Intertexte auseinanderzusetzen.[80] Schon für den Reisebericht im Allgemeinen gilt, mit Manfred Pfisters prägnanter Beschreibung, dass sein Anspruch auf Erfahrung aus erster Hand von bereits vorliegenden Intertexten so gefährdet wird, dass Autoren von Reiseberichten diejenigen ihrer Vorgänger zu ignorieren, wenn nicht zu verleugnen tendieren.[81] Umso mehr gilt dies für eine Reise mit abenteuerlichem Anspruch, die, mit einem Titel Graham Greenes, eine *Journey Without Maps* sein soll – wenngleich oder gerade weil der Buchausgabe von Greenes Bericht dann eine Karte beigefügt wird.

---

79 Vgl. P I. 27.15–28.5 zum Kampf zwischen Isenhart und Prôthizilas, dazu die Anmerkung von Nellmann, S. 471, auch zu anderen Stellen über Kämpfe ohne Rüstung sowie zur ausdrücklichen Worterklärung, S. 472. Zu Lancelots ‚Abrüstung' vor dem Weg über die Schwertbrücke bei Chrétien de Troyes vgl. v. Koppenfels, „Gereimtheiten", S. 87.

80 Dieser Aspekt wird bei Deleuze/Guattari zwar nicht explizit angesprochen, scheint mir aber innerhalb des Konzepts der *striage* zu bleiben.

81 Vgl. Pfister, „Intertextuelles Reisen" sowie „Autopsie und intertextuelle Spurensuche", wo er (S. 11 f) mit nur gerade eben noch höflichem Humor berichtet, wie pikiert Reiseschriftsteller auf den Nachweis dessen reagiert haben, dass die von ihnen dokumentierten Wege so ungespurt nicht waren, wie sie vorgeben.

Offenbar hatte bereits der Verfasser der *Odyssee* mit einem (inzwischen verlorenen) Argonauten-Epos zu kämpfen, und vielleicht deshalb schickte er seinen Titelhelden durch Skylla und Charybdis hindurch – den von Kirke alternativ angebotenen Weg durch die Plankten hatte nämlich nach deren eigener Auskunft schon Jason genommen (vgl. Od XII, 69–72; 245–59 zur Durchfahrt selbst). Lässt sich der Intertext schlechterdings nicht leugnen, so kann die Angst davor, von diesem beeinflusst zu werden,[82] zu eigenwilligen Strategien führen, mit denen seine Rolle heruntergespielt wird. Wolfram etwa, dessen *Parzival* stark vom *Perceval* Chrétiens de Troyes abhängt, erfindet einen Autor namens Kyot, der die Geschichte aus einem arabischen Manuskript übersetzt und sie dabei viel richtiger als Chrétien wiedergegeben haben soll (vgl. z. B. P XVI. 827. 407) – ganz abgesehen davon, allerdings zugleich schwer damit vereinbar, ist ohnehin „frou Aventiure" als Herrin der mündlich erzählten *histoire* die Einzige, die wirklich weiß, wie sich alles zutrug.[83] Souverän hingegen geht, wie die meisten fachkundigen Segler, Dekker mit ihren Intertexten um: Sie weist offen aus, dass sie die Bücher ihrer Vorgänger Joshua Slocum und Tania Aebi während ihrer eigenen Weltumseglung liest (vgl. Em 24, 92 und 130) und lässt sich von letzterer sogar ein Vorwort zum eigenen Buch schreiben.

Sollte es in jüngerer Zeit zu einer „Rückkehr des Abenteuerromans"[84] gekommen sein – und zwar wohlgemerkt im Feld der ‚anspruchsvollen' Gegenwartsliteratur, also unter Büchern, die bei Suchen in der Rubrik „Reise & Abenteuer" nicht sehr weit oben, dafür jedoch mindestens potentiell auf der *long list* des Deutschen Buchpreises erscheinen –, so haben sich dabei jedenfalls die Strategien im Umgang mit Intertexten verändert. Christoph Ransmayrs Roman *Die Schrecken des Eises und der Finsternis* lieferte dafür 1984 nicht nur das Modell, sondern gleich auch noch die Poetik mit. Er setzt mit der melancholischen Klage „Was ist bloß aus unseren Abenteuern geworden, die uns über vereiste Pässe, über Dünen und so oft die Highways entlang geführt haben?"[85] ein und lässt eine seiner Romanfiguren ausdrücklich den Zuwachs von Intertexten für das Verschwinden von Abenteuern verantwortlich machen: „[A]uf jedes Abenteuer entfällt mittlerweile eine Schiffsladung Bücher, eine ganze Bibliothek'". Eine andere Figur, die zugleich als Sprachrohr von Ransmayrs eigenem Verfahren dient, nicht mehr unter Verleugnung, sondern

---

82   Vgl. mehrere Bücher von Harold Bloom, beginnend mit *Anxiety of Influence*.

83   D. H. Green, „The concept *âventiure* in *Parzival*", S. 110–25, unterscheidet dementsprechend drei Gruppen der Verwendung des Wortes allein nach den Instanzen der Erzählung: „i) The poet's source", „j) The poet's own story" und „k) Frou Âventiure".

84   Vgl. Kai Spanke, „Rückkehr des Abenteuerromans. Die schöne Ferne der Literaten." In: *Frankfurter Allgemeine Zeitung*, 6.10.2013.

85   Ransmayr, *Die Schrecken des Eises und der Finsternis*, S. 9.

auf der Grundlage von Intertexten Abenteuererzählungen zu schreiben, entgegnet darauf jedoch optimistisch: „Und aus jeder Bibliothek kommt wieder
ein Abenteuer“[86].

In der Folgezeit, mit einem Höhepunkt um die Jahrtausendwende sowie
einigen Nachzüglern in den 2010er Jahren, erschienen viele Romane, die von
sehr weiten Reisen, darunter in von Europa abgelegene Regionen, erzählen,
indem sie sich, mit verschiedenen literarischen Verfahren, nachdrücklich
auf frühere historische Stadien oder, in konkretisierter Intertextualität, auf
frühere Reiseberichte beziehen.[87] Der in seiner sprachlichen Gestaltung
anspruchsvollste dieser Texte, Felicitas Hoppes eine Weltumseglung auf einem
Containerschiff gestaltender Roman *Pigafetta*, trägt bereits im Titel den Hinweis auf den Autor des nahezu einzigen Dokuments von Magallanes' Weltumseglung. Allerdings zeugt der Roman, vor der Folie von Jean Ricardous etwas
holzschnittartiger Opposition,[88] vom ‚Abenteuer eines Schreibens‘ mehr, als
dass er das ‚Schreiben eines Abenteuers‘ unternähme. Schon „weil dies ein
Frachtschiff ist [...], und nicht eines für Leute, die auf ganz andere Abenteuer
aus sind“,[89] ist auch der Text selbst, nach Hoppes Kommentar, „eher nichts für
einen Leser, der primär die Befriedigung seiner Sehnsucht und Abenteuer-
lust sucht.“[90] Will man dieses und ähnliche Bücher wirklich *Abenteuerromane*
nennen, so wäre das Bestimmungswort in diesem Kompositum wohl weder
als Ereignistyp noch als Erzählschema, denn vielmehr als Thema zu verstehen:

---

86   Beide Zitate: Ransmayr, *Die Schrecken des Eises und der Finsternis*, S. 65.

87   Vgl. zu einem Überblick über die einschlägige deutschsprachige Produktion: Bay,
„Literarische Landnahme“; zu einem um Pynchons *Mason & Dixon* erweiterten Teilkorpus
unter der Fragestellung von Abenteuer und Kerbung: Stockhammer, „Zur Konjunktur
der Landvermesser“; zu vergleichbaren Entwicklungen in jüngerer englischsprachiger
Literatur: Pfister, „Intertextuelles Reisen“, S. 124–32.

88   „Ainsi un roman est-il pour nous moins l'écriture d'une aventure que l'aventure d'une
écriture.“ (Ricardou, *Problèmes du Nouveau Roman*, S. 111). Das hier genannte Merkmal
charakterisiert natürlich nicht nur den *Nouveau Roman*.

89   Hoppe, *Pigafetta*, S. 85.

90   Hoppe, „Weshalb ich [...]‘. Gespräch mit Christof Hamann“, S. 237; kurz zuvor hatte Hoppe
Pigafetta ausdrücklich der Gattung (nicht des Abenteuer-, sondern) des Historischen
Romans zugeordnet (vgl. S. 236). Diese Gattungsbezeichnung dürfte auch für die meisten
anderen Texte aus dem einschlägigen Korpus passen, wobei die gestiegene Aufmerksamkeit für den deutschen Anteil an der Erforschungs- und Kolonialgeschichte mit einer
gleichzeitigen Tendenz in der Geschichts- und Kulturwissenschaft korrespondiert: Kehl-
manns *Vermessung der Welt* flankierte die von Ottmar Ette und Oliver Lubrich besorgten
Neuausgaben von Werken Alexander von Humboldts; Romane wie Capus, *Eine Frage der
Zeit*, oder Hamann, *Usumbara*, fiktionalisierten die Beiträge zur Kulturgeschichte der
deutschen Kolonien (vgl. z. B. Honold/Simons [Hg.], *Kolonialismus als Kultur*); Kracht
besetzte dann die letzte ‚Fiktionslücke‘, indem er mit *Imperium* den Akzent von den
afrikanischen auf die ‚Südsee‘-Kolonien verschob.

Es sind Romane über die historisch veränderlichen Möglichkeiten von Abenteuern. Für Hoppes Containerschiff gilt: „In einen Sack gesteckt um die Welt geschleppt, da haben Sie das ganze Abenteuer."[91] Und in Ransmayrs Dialog behält der erste Gesprächspartner das letzte Wort, der auf die optimistische Devise „Und aus jeder Bibliothek kommt wieder ein Abenteuer'" repliziert: „Oder ein Tourist.'"[92]

4.   Schiff und Schrift (Abenteuerlichkeit als spezifische Form ihrer Kopplung)

a)   *Schiff und Schrift, allgemein und am Beispiel Cabot-Willoughby*
Das Meer freilich lässt sich nicht in jeder Hinsicht ebenso kerben wie das Land. Das Schiff zieht, mit Friedrich Schiller, eine „spurlose Bahn"[93]; „the sea", übersetzt Melville, „will permit no records" (MD xiii. 66); „la mer est l'espace lisse par excellence", übersetzen Deleuze/Guattari. In dem Maße, in dem die Kerbung der Feind des Abenteuers ist, wäre dieses also auf See ‚noch' am ehesten zu finden, denn: „Das Meer als spur- und haltloses Medium radikalisiert die Erfahrung von epistemologischer und existentieller Kontingenz."[94]

Ganz ungekerbt sind allerdings auch Meere längst nicht mehr – lautet der im letzten Absatz anzitierte Satz doch im ganzen Wortlaut und Kotext: „Hier stellt sich das ganz spezielle Problem des Meeres. Denn das Meer ist der glatte Raum par excellence, und dennoch wird es am frühesten mit den Anforderungen einer immer strengeren Einkerbung konfrontiert."[95] Zwar lässt sich die Meeresfläche selbst kaum kerben (allenfalls, aber auch dies nicht auf hoher See, mit Bojen); zwar weist sie kaum Geländemerkmale auf (allenfalls, aber zur Orientierung kaum zuverlässig brauchbar, in Gestalten wie dem schon von Colón beobachteten Streifen von Seetang mitten im Atlantik, heute vielleicht derjenigen des Plastikmüllstrudels in einem Areal des nördlichen Pazifik). „Eben dadurch [jedoch] ist das Meer, der Archetyp des glatten Raumes, auch zum Archetyp für alle Einkerbungen des glatten Raumes

---

91   Hoppe, *Pigafetta*, S. 75.
92   Ransmayr, *Die Schrecken des Eises und der Finsternis*, S. 65.
93   Schiller, „[Seestücke]", S. 261 u. 264 (vgl. B. Wolf, „Die Spurlose Bahn des Schiffes", dort schon in Form von Motti, S. 145, zwei weitere einschlägige Zitate von Carl Schmitt und Blumenberg).
94   Krüger, *Meerfahrten*, S. 15.
95   Deleuze/Guattari, *Tausend Plateaus*, S. 664 (*Mille Plateaux*, S. 598: „Car la mer est l'espace lisse par excellence, et pourtant celui qui s'est trouvé le plus tôt confronté aux exigences d'un striage de plus en plus strict.").

geworden."[96] Umso wichtiger werden dafür die Verfahren einer Orientierung, die sich, in Ermangelung von Geländemerkmalen, auf ein Verbundsystem von graphischen Artefakten und Apparaten stützen.

Das größte, jahrhundertelang nicht gelöste Problem dabei war die Bestimmung der Längengrad-Koordinate der Position eines Schiffes oder eines vom Schiff angetroffenen, bisher noch unbekannten oder jedenfalls nicht genau genug lokalisierten Landstriches.[97] Aus dem bloßen Sonnenstand ist der Längengrad ja, anders als der Breitengrad, gar nicht zu ermitteln (weil die Sonne an jedem Punkt eines Breitengrades zum gleichen Tageszeitpunkt gleich hoch steht). Erst im 18. Jahrhundert, vor allem dank konzertierter Anstrengungen des 1714 eingerichteten *Board of Longitude*, bildeten sich zwei Lösungsmodelle heraus. Ermitteln lässt sich der Längengrad einerseits aus dem Abstand zwischen mehreren nicht-terrestrischen Himmelskörpern (etwa dem Mond vor dem Fixsternhimmel) – wofür jedoch hinreichend genaue Vorhersagen für die Positionen dieser Himmelskörper zu bestimmten Zeitpunkten sowie die Bedingungen für hinreichend genaue Beobachtungen dieser Positionen vorliegen müssen. Andererseits kann mit mitgeführten Chronometern, die beharrlich die am Ausgangsort der Reise geltende Zeit anzeigen, deren Unterschied zu der an Bord geltenden Zeit ermittelt und damit die west-östliche Distanz zwischen beiden Orten errechnet werden – wofür jedoch Uhren erforderlich sind, die unter den widrigen Umständen an Bord von Schiffen über Monate hinweg genau genug gehen.

Dass die Kerbung des Meeres fast nie als Eintrag einer Spur in dieses selbst, sondern vor allem mit graphischen Artefakten unternommen wird, ist ein methodischer Vorteil für eine philologische Analyse. Denn der Philologe besitzt eine spezifische Kompetenz für eben solche graphischen Artefakte, die in einem nicht-metaphorischen Sinne des Wortes lesbar sind – wohingegen Spuren im Gelände dies, wenn man einmal von Wegweisern oder ähnlichen symbolischen Artefakten absieht, nur in einem metaphorischen Sinne sind. Die dabei relevanten Kerbungen lassen sich als Kopplungen von Schiff und Schrift zusammenfassen, wobei das ‚und' Beziehungen aller Art umfasst: zur Vorbereitung der Reise konsultierte und angefertigte Schriften, an Bord mitgeführte Schriften, an Bord entstehende Schriften, später entstehende

---

96   Deleuze/Guattari, *Tausend Plateaus*, S. 665 (*Mille Plateaux*, S. 599: „C'est sans doute par là que la mer, archétype de l'espace lisse, a été aussi l'archétype de tous les striages de l'espace lisse").

97   Zu einer populärwissenschaftlichen Geschichte des Problems und seiner Lösungen vgl. Sobel, *Längengrad.*

Schriften, die von den Reisen des Schiffes handeln – darunter, in allen vier Kategorien, immer auch geographische Karten.

Eine organisierte Herstellung und Archivierung solcher Kopplungen lässt sich mindestens bis zur Bibliothek von Alexandria im 3. vorchristlichen Jahrhundert zurückverfolgen.[98] In der Neuzeit setzte die 1503 in Sevilla gegründete *Casa de la Contratación de las Indias* die Maßstäbe für den Umgang mit einer solchen Aufgabenstellung. Das Zentrum dieser Institution, in der alle Nachrichten aus den spanischen Überseegebieten zusammenliefen, stellt man sich am besten als den *padron real* vor: eine große Weltkarte, in die unter der Oberaufsicht des *piloto mayor* sämtliche Informationen eingetragen wurden, welche einen geographischen Index trugen. Weil über diese Institution jedoch im Rahmen dieser Studie nichts geschrieben werden könnte, was nicht anderswo schon genauer nachlesbar wäre,[99] und weil sich die vorliegende Studie in den Teilen II und III auf englische bzw. US-amerikanische Schiffsreisen konzentrieren wird, sei für eine erste Orientierung ein Text ausgewählt, der nicht in der *Casa* selbst entstand, aber von deren Verfahren inspiriert ist. Denn sein Verfasser, der in Venedig geborene Sebastian Cabot (ursprünglich wohl Sebastiano Gaboto, bei Hakluyt Sebastian Cabota), stand lange in deren Dienst, zwischen 1518 und 1548, mit Unterbrechungen, sogar als deren *piloto major*, bevor er endgültig nach England zurückkam.

Zuvor hatte er laut eigener Behauptung bereits seinen ebenfalls in britischem Auftrag reisenden Vater Giovanni/John begleitet, als dieser 1497 als erster Europäer (seit Leif Eriksson, ein halbes Jahrtausend zuvor) auf eine Küste stieß, die heute als Ostküste Nordamerikas gilt, seinerzeit jedoch als diejenige einer zu Asien gehörenden Insel interpretiert wurde, die den Weg nach Japan und China versperrte. Nicht zuletzt aufgrund dieser Erfahrungen regte Sebastian Cabot ein halbes Jahrhundert später an, es einmal in der anderen Richtung zu versuchen, also eine Nordostpassage zu suchen, nördlich um Skandinavien herum, und dann irgendwie zwischen Sibirien und dem Nordpol hindurch (,irgendwie', weil die entsprechenden Landstriche und Küstenverläufe noch ganz unbekannt waren). Für diese Reise unter der Leitung von Hugh Willoughby, „one of the boldest in English history",[100] die Cabot organisierte, ohne selbst an ihr teilzunehmen, verfasste er Instruktionen, mit denen das Aufschreibesystem der *Casa de la Contratación* nach England

---

98   Vgl. Stockhammer, *Afrikanische Philologie*, S. 44–78.
99   In deutscher Sprache besonders dank der Studien Bernhard Siegerts; vgl. schon den konzisen Aufsatz „Die Verortung Amerikas im Nachrichtendispositiv um 1500", dort S. 316–18 zum *padron real*.
100   Evans, *Merchant Adventurers*, S. 9.

importiert wurde. Nachzulesen sind diese Instruktionen in „our English epic", „a great and noble poem", dem noch Virginia Woolf mehrere Elogen widmete: in der von Richard Hakluyt zusammengestellten Sammlung der *Principall Navigations, Voiages and Discoveries of the English Nation, made by Sea or ouer Land to the most remote and farthest distant Quarters of the earth at any time within the compass of these 1500 years.*[101]

Cabots Instruktionen umfassen 33 durchnummerierte Punkte, die einen guten Eindruck davon vermitteln, mit welchen Kontingenzen und Gefahren auf Schiffsreisen umzugehen ist, zumal auf solchen, wie sie erst seit der Mitte des 15. Jahrhunderts ansatzweise, erst seit dessen Ende in größerem Umfang unternommen wurden: Reisen, die auf Ozeanen in Kontinente außerhalb Europas führen (oder führen sollen), und darunter eben besonders solche „to the most remote and farthest distant Quarters of the earth". Für jede dieser Instruktionen ließen sich aus Reisebeschreibungen schon jenes Zeitraums unzählige Fälle anführen, bei denen die entsprechenden Vorsichtsmaßnahmen missachtet wurden, was zum Tod vieler Mitglieder der Crews, wenn nicht zum Scheitern der ganzen Reise führte.

Auffallend ist zunächst, wie viele dieser Punkte das Binnenverhältnis der Crew betreffen, um jede „dissention" zwischen den Mitgliedern auszuschließen (1, vgl. a. 3–5, 11 und 33)[102]; hierher gehören auch das Verbot des Fluchens (12) und die Anweisung zum zweimal täglichen Gebet (13); Cabot dekretiert sogar rekursiv, eben seine Anweisung einmal wöchentlich allen vorlesen zu lassen, um die Mannschaft an ihre Pflicht zum Gehorsam zu erinnern (3). Den inneren Zusammenhang jedes einzelnen Schiffs betreffen zudem die Haushaltung der Lebensmittelvorräte (9) und Munition (14) sowie Vorgaben zur Hygiene (15), zum Tragen von Uniformen (16) und zur Verteilung von notwendigen Gütern an die Mannschaft (17), schließlich auch der Umgang mit Kranken (18) oder solchen, die auf der Reise sterben (19). Detaillierte Angaben zur täglichen Lebensmittelration oder zur Vermeidung von schiffstypischen Krankheiten wie Skorbut macht Cabot allerdings nicht.

---

101   Der genannte Titel ist derjenige der maßgeblichen zweiten Ausgabe (1598–1600); die ‚Gattungsbezeichnungen' *epic* und *poem* stammen aus John Masefields auf 1907 datiertem Vorwort zur nahezu vollständigen, nur um die nicht-englischsprachigen Berichte gekürzten Neuausgabe in der Reihe *Everyman's Library*: Hakluyt, *The Principal Navigations*, Bd. I, S. xiv.

102   Zitate und Referate aus „Ordinances, instructions, and advertisements [...]", in: Hakluyt, *The Principal Navigations*, Bd. I, S. 232–41, werden hier wie im Folgenden durch die Angabe der *Items* belegt, in die der Text gegliedert ist. – Cabot, *Die Entdeckung von Nordamerika 1497*, enthält nur eine gekürzte Übersetzung dieses Textes (vgl. S. 115–23) im Rahmen einer mit mehreren Fehlern versehenen Nacherzählung von dieser Reise.

Ein weiterer Punkt betrifft den Verbund der – in diesem Fall drei – Schiffe einer Expedition, die möglichst zusammenbleiben und häufige Zusammen- künfte von Kapitänen, Lotsen und *Masters* auf dem Hauptschiff der Flotte organisieren sollten, um sich über den weiteren Kurs abzustimmen (6). Humphrey Gilbert wird dreißig Jahre später ein detailliertes Signalsystem entwickeln, mit dem er den Zusammenhalt der Flotte zu sichern versucht.[103] Die Schiffe und ihre Mannschaft bleiben aber nicht nur einander, sondern auch der Handelsgesellschaft verpflichtet, in deren Auftrag die Reise unter- nommen wird, so dass besonders Handelstätigkeiten untersagt werden, denen die Kapitäne und die an Bord befindlichen Investoren nicht ihr Einverständnis gegeben haben (20).

Cabot macht keine Angaben zum Umgang mit anderen Europäern, denen die Flotte auf ihrem Weg begegnen könnte, offenbar weil Spanier oder Portugiesen auf der vorgesehenen Route nicht zu erwarten waren und mög- liche Begegnungen etwa mit Dänen keine spezifischen Probleme erkennen ließen;[104] vergleichbare Instruktionen für eine Reise in die südliche Hemi- sphäre hätten eine ganz andere Gestalt besessen. Aber die Expedition war mit einem Brief Edward VI., in englischer, griechischer und einigen anderen Sprachen verfassten Version, ausgestattet, mit der sich Sir Hugh Willoughby „all Kings, Princes, Rulers, Judges, and Governours of the earth, and all other having any excellent dignitie on the same, in all places under the universall heaven" gegenüber als britischer Bevollmächtigter hätte ausweisen können.[105] Hinzu kommen Regeln für ein potentielles Zusammentreffen mit „strange people" (25), die zwar höflich behandelt (26) und deren Frauen nicht verführt werden sollten (23), die aber doch an Bord geholt und unter Alkoholeinfluss gesetzt werden dürften, um auf diesem Weg möglichst viel über sie zu erfahren (24). Vorsicht sei jedoch geboten, sich ihnen an Land zu nähern (28), gar ihren Einladungen dorthin zu folgen (29), zumal einige von ihnen „desirous of the bodies of men [seien], which they covet for meate" (31).

Besonders charakteristisch für das Aufschreibesystem sind jedoch zwei Punkte, in denen das permanente Schreiben vorgeschrieben wird. „Symptomatic of the new spirit of the enterprise, and critical to the business of exploration, was the emphasis Cabot placed on the keeping of written records. In this his articles were revolutionary."[106] Nicht nur *ein* Logbuch, sondern deren

---

103   Vgl. Hakluyt, *The Principal Navigations*, Bd. VI, S. 9 f

104   Vgl. die Begegnungen mit „very gentle people" auf Inseln vor der norwegischen Küste in Willoughbys Bericht (Hakluyt, *The Principal Navigations*, Bd. I, S. 250).

105   Vgl. den Abdruck des Briefes bei: Hakluyt, *The Principal Navigations*, Bd. I, S. 241–43 (Zitat: 241 f).

106   Evans, *Merchant Adventurers*, S. 93.

möglichst viele sollten auf allen drei Schiffen geführt, regelmäßig miteinander abgeglichen und sorgfältig archiviert werden:

> 7 Item, that the marchants, and other skilful persons in writing, shal daily write, describe, and put in memorie the Navigation of every day and night, with the points, and observation of the lands, tides, elements, altitude of the sunne, course of the moon and starres, and the same so noted by the order of the Master and the pilot of every ship to be put in writing, the captaine generall assembling the masters together once every weeke (if winde and weather shal serve) to conferre all the observations, and notes of the said ships, to the intent it may appeare wherin the notes do agree, and wherein they dissent, and upon good debatement, deliberation, and conclusion determined, to put the same into a common leger, to remain of record for the company: the like order to be kept in proportioning of the Cardes, Astrolabes, and other instruments prepared for the voyage, at the charge of the companie.

Und in einem weiteren Punkt wird diese Pflicht zur Aufzeichnung auf angetroffene Regionen ausgedehnt: auf „names of all the people of every Island [...], with the commodities, and incommodities of the same" (27).

Die Aufzeichnungen aller drei Schiffe überdauerten, „to remain of record for the company". In den Fällen der Bona Esperanza und der Bona Confidentia unter „Captaine generall" Willoughby allerdings nur die Aufzeichnungen. Diese beiden Schiffe kamen nur bis Arzina, nahe Kegor in Lappland, wo Frost, Schnee und Hagel schon im September, „as though it had beene the deepe of winter", die Weiterfahrt verhinderte. Die Kälte und Nahrungsknappheit im arktischen Winter überlebte kein einziges Besatzungsmitglied; die Schriften jedoch wurden später aufgefunden und in Auszügen ebenfalls von Hakluyt publiziert.[107]

b)   *Abenteuerlichkeit im Feld von Entdeckungsreisen*

Nicht als eigener Punkt ausgewiesen, aber als nicht weiter beeinflussbare Faktoren immer wieder genannt werden „winde & weather" (6), „dangers of the seas, perils of ice, intollerable coldes, and other impediments" (32). Für die zweite Gruppe von gefährlichen Kontingenzen verwendet Cabot ausdrücklich die Formulierung „adventure of this voyage", um damit eine Unternehmung zu bezeichnen, vor der „wavering minds, and doubtful heads" bisher nicht nur selbst zurückgeschreckt seien, sondern vor der sie sogar andere mit ihrer skeptischen Einschätzung abgeschreckt hätten – die jetzt aber von Willoughbys Crew endlich durchzuführen sei (32). Das dritte Schiff der Expedition, kommandiert von Richard Chancellor, war auf *Edward Bonaventure* getauft worden und wurde

---

107   Vgl. Hakluyt, *The Principal Navigations*, Bd. I, S. 244–254, daraus auch das Zitat (S. 253).

seinem Namen vorerst gerecht: Vom Landeplatz in der Nähe des heutigen Archangelsk aus machte sich die Besatzung auf den Weg in Richtung Moskau und eröffnete so, als zufälligen, aber in der Folgezeit systematisch weiter-entwickelten Nebenertrag, Handelsbeziehungen mit Russland. (Auf der Rück-reise von einer zweiten Fahrt ins Weiße Meer ging allerdings dann auch die Edward Bonaventure mit Chancellor unter.)

Zudem erscheint das Wort *adventure* schon im Namen der Gesellschaft, die für diese Reise eigens gegründet wurde, und dementsprechend im aus-führlichen Titel von Cabots Instruktionen: „the mysterie and companie of the Marchants adventurers for the discoverie of Regions, Dominions, Islands and places unknown".[108] Dabei handelt es sich nicht schlechterdings um „*die* Gesellschaft der Abenteuer-Fahrer*" (wie Ransmayr, der den Verlauf dieser Reise auf einer Seite nacherzählt, die Sachlage verkürzt).[109] Vielmehr sind Verbindungen von *Merchant Adventurers* bereits seit ungefähr 1300 belegt; sie entstanden für den Handel mit dem kontinentalen Nord- und Ostseebereich und sind in etwa mit der zuvor entstandenen Hanse vergleichbar, mit der sie konkurrierten: „They *ventured* some money in joining what was effectively a guild. But the route they employed, overwhelmingly, was the short sea crossing to Antwerp. They were certainly not *adventurers* in any modern sense."[110] In dieser Phase nahm das Wort im Englischen eine stark ökonomisch akzentuierte Bedeutung an, die inzwischen wieder in den Hintergrund gerückt ist, so dass sie sogar für englischsprachige Leser – in einer für die Reihe *World's Classics* veranstalteten Auswahl aus Hakluyts Sammlung – ausdrücklich ausgewiesen werden muss: „ADVENTURE: a commercial speculation. To risk; to venture upon; to speculate. ADVENTURER: a shareholder who contributed to the cost of an enterprise and shared in the profits, if any."[111]

Bei aller ökonomischen Akzentuierung, wie sie noch im heutigen Terminus *venture capital* (für ‚Risikokapital') nachlebt, hatte das Wort gleichwohl auch die noch im heutigen Sinne ‚abenteuerlichen' Konnotationen niemals ganz ver-loren. Wenngleich etwa im *Robinson Crusoe* einmal von „a small Adventure" die Rede ist, welches der Titelheld mit sich geführt habe (nämlich ein ‚Startkapital':

108   Hakluyt, *The Principal Navigations*, Bd. I, S. 232.

109   Ransmayr, *Die Schrecken des Eises und der Finsternis*, S. 54 (Invertierung der Hvh. von R. St.). – Allerdings stammt das Zitat ja, trotz des faktualen Gestus dieser Passage, aus einem Roman, so dass es ‚nicht stimmen muss'.

110   Evans, *Merchant Adventurers*, S. 42. Zu den wesentlichen Daten vgl. Sutton, „The Merchant Adventurers of England"; innerhalb einer kurzen Geschichte der Wörter *âventiure/ adventure*: B. Wolf, *Fortuna di mare*, S. 89 f.

111   „Glossary", in: Hakluyt, *Voyages and Documents*, hg. von Janet Hampden. London etc.: Oxford UP, 1958, S. 438.

zum Tausch vorgesehene Waren im Wert von 40 £), so bezieht sich doch der dominante Gebrauch des Wortes in Defoes Roman, angefangen von dessen Titel *The Life and Strange Surprizing Adventures of Robinson Crusoe*, auf einen zwar immer wieder ökonomisch konnotierten, aber nicht unbedingt geldwertförmig berechenbaren Umgang mit Risiken.[112] Ebenso nimmt das Wort schon in Hakluyts Sammlung selbst, anders als die moderne Anmerkung suggeriert, sehr verschiedene semantische Schattierungen an, zwischen ökonomischen Unternehmungen und riskanten außeralltäglichen Ereignissen, die unmittelbar für die beteiligten Reisenden, nicht nur für das investierte Kapital, gefährlich sind. Eher auf den ökonomischen Chancen liegt der Akzent, wenn etwa von „Negros" als „very good marchandise" die Rede ist, zu deren Handel sich „liberall contributers and adventurers" zusammengefunden hätten.[113] Cabots Verwendung des Wortes in den Instruktionen jedoch weist, wie der Zusatz „for the discovery of Regions, Dominions, Islands and places unknown" im Namen der für Willoughbys Unternehmung gegründeten *Marchant adventurers*, auf einen wenig gekerbten Handlungsspielraum hin –[114] und wie gefährlich dieser Raum war, belegt ja der, trotz aller Vorkehrungen, desaströse Ausgang der Expedition.

Zwar wurde mit der Wahl des Wortes *adventurer* die ideologische Anknüpfung an eine wie immer deplazierte Ideologie des Rittertums ausdrücklich gesucht,[115] und so mancher Expeditionsreisende (nach Willoughby beispielsweise Francis Drake und Walter Raleigh) wurde zum Ritter geschlagen. Doch entwickelt sich das Bedeutungsspektrum von *adventure* von seiner romanischen Herkunft weg, oder weicht jedenfalls von seiner Verwendung im Bereich einer anderen Seefahrernation, der spanischen, ab. In englischsprachigen faktualen Reisebeschreibungen des 16. Jahrhunderts wird das Wort zum einen häufiger verwendet als das partielle Äquivalent *aventura* in spanischsprachigen; letzteres bleibt offenbar stärker auf das literarische Erzählschema bezogen.[116] Zum anderen werden beide Wörter, wenngleich in ähnlicher Weise mit ‚Gefahr' konnotiert, verschieden bewertet. Im

---

112 Defoe, *The Life and Strange Surprizing Adventures of Robinson Crusoe*, S. 19 (zum „small adventure"). Dass es Defoe wesentlich auch darum zu tun war, die Robinsonade als abenteuerliches Erzählschema zu konfigurieren, wird – so fiktional wie gleichwohl plausibel – bei Coetzee, *Foe*, S. 135 u.ö. nahegelegt.

113 Hakluyt, *The Principal Navigations*, Bd. VII, S. 5 (über eine Reise von John Hawkins, 1562).

114 Vgl. Evans, *Merchant Adventurers*, S. 61.

115 Vgl. Nerlich, *Abenteuer oder das verlorene Selbstverständnis*, S. 314.

116 Es scheint auch kein lateinisches Äquivalent zu geben, das in vergleichbaren Schriften (etwa in Petrus Martyrs *Acht Dekaden*, der Sammlung von Berichten über die Eroberungs- und Entdeckungsfahrten um 1500) verwendet würde – was zwar einerseits insofern als trivial erscheint, als es natürlich keine aus der Antike überlieferte lateinische Form dieses

spanischsprachigen Korpus wird *aventura* (nicht durchgängig, aber dominant) mit einer Gefahr konnotiert, die zu vermeiden sei, weil dabei nur zu verlieren sei. Die häufigste Verbindung ist hier, dass jemand etwas nicht *poner en aventura*, also ‚nicht aufs Spiel setzen' habe wollen; ebenfalls häufig ist dies ausdrücklich, para- oder hypotaktisch, mit *perder* (‚verlieren') verknüpft.[117] Im englischsprachigen Korpus wird *adventure* hingegen überwiegend affirmativ besetzt, als eine Gefahr, der zu stellen sich lohne, weil dabei etwas zu gewinnen sei: nicht unbedingt Geld, sondern auch Wissen oder Ruhm.[118]

Allerdings liegt die Annahme nahe, auch im Bereich interkontinentaler Seereisen habe deren Abenteuerlichkeit im Lauf der Zeit abgenommen. Peter Sloterdijk etwa will die „Geschichte der Entdeckungen [...] als Abenteuerroman der Seefahrt" schreiben, lamentiert aber über die „Jahrhunderte, die auf den Erstschlag der Abenteurer-Seefahrer folgten", in ihnen habe „die reale Seefahrt einen gut Teil ihrer ekstaseinduzierenden Wirkungen [verloren], und mit der Reduzierung des abenteuerlichen Moments auf Restrisiken näherte sie sich dem routinisierten Verkehr."[119] Burkhardt Wolf setzt den Schnitt auf einen deutlich späteren, schifffahrtstechnisch gut motivierten Zeitpunkt an, auf den Übergang vom Segel- zum Dampfschiff in der zweiten Hälfte des 19. Jahrhunderts, spricht aber mit vergleichbar melancholischem Gestus davon, dass damit „überhaupt die Möglichkeit der Abenteuer [schwindet]."[120] Alexander Honold skizziert eine Entwicklung „von den abenteuerlichen Weltumseglungen der Freibeuter zu den enzyklopädischen Forschungsreisen unter Bougainville oder Cook".[121] Diese letztere Datierung auf die Phase, die aus heutiger Sicht als ‚zweites Zeitalter der Entdeckungsreisen' bezeichnet

----

    Wortes gibt, was aber andererseits nicht so trivial ist, als das frühneuzeitliche Latein sich ansonsten nicht scheute, spätere romanische Formen zu readaptieren.

117   Vgl. z. B.: „el capitán temía perder algunos de ellos y no los quería poner en tal aventura" (Fray Gaspar de Carvajal, *Relación del nuevo descubrimiento del famoso río Grande de las Amazonas* [1541]); „el Marqués del Vasto y el Duque de Saboya [...] que si tenían la gente en tierra aventuraban á perderla y ponían en aventura á perder sus navíos en la mar" (Alonso de Santa Cruz, *Crónica del Emperador Carlos V* [ca. 1550]). Die Beispiele sind aus dem *Corpus Real Academia Española* (CORDE, verfügbar unter: http://corpus.rae.es/cordenet.html), wo auch die Volltextsuche durchgeführt wurde.

118   Vgl. z. B. die Formel in einer Widmung an Heinrich VIII., derzufolge „Princes [...] have adventured and prooved things to mans conjecture impossible" (Hakluyt, *The Principal Navigations*, Bd. I, S. 213), oder Anthony Jenkinsons Vergleich des Entdeckungsreisenden mit „the couragious and valiant souldier [...] adventureth both fame, member and life, to serve faithfully his soveraigne" (Hakluyt, *The Principal Navigations*, Bd. II S. 28).

119   Sloterdijk, *Im Weltinnenraum des Kapitals*, S. 87 und 151.

120   Vgl. Wolf, *Fortuna di mare*, S. 271.

121   Honold, „Die Erdumlaufbahn des Meeres", S. 286 (mit der Reise George Ansons, die in dem Aufsatz eine zentrale Rolle spielt, „auf halber Strecke").

wird,[122] entspricht dem Selbstverständnis mindestens eines Zeitgenossen: Georg Forster wendet das Wort *Abentheurer* einmal auf diejenigen an, welche gegen Ende des 14. Jahrhunderts die der Antike bereits bekannten Kanarischen Inseln wiederfanden,[123] zweimal auf die Pazifikreisenden des 16. und 17. Jahrhunderts (Quirós und Torres), vor deren Folie er die „zu wissenschaftlichen Endzwecken gehörig eingerichteten Entdeckungsreise[n]" seit Bougainville, also der aus Forsters Sicht jüngsten Zeit, abhebt.[124]

c)   *Die aufhaltsame Pazifizierung des Pazifik*

Der Interesseschwerpunkt der Weltumseglungen des 18. Jahrhunderts war eben der Pazifische Ozean, der doppelt so groß ist wie der Atlantik und eine so große Fläche bedeckt wie alles Land auf der Erde zusammen. Er ist zugleich dasjenige Gebiet der Erde, das, nicht nur aufgrund seiner riesigen Ausdehnung, sondern auch aufgrund seiner weiten Entfernung von Europa, am spätesten von europäischen Reisenden erforscht wurde – und damit am längsten ungekerbt oder zumindest nur schwach gekerbt blieb, in dem also die Chance auf Abenteuerlichkeit am längsten Bestand hatte.

Seine erste Durchquerung erfolgte als längster Teilschritt der ersten im europäischen Schrifttum bezeugten Erdumseglung[125], die unter Fernão de Magalhães/Fernando da Magallanes im spanischen Auftrag 1519 begonnen und, nach dem Tod des Kapitäns auf den (heute so genannten) Philippinen im Jahr 1521, ohne ihn 1522 vollendet wurde. Der Beginn der Globalisierung lässt sich auf diese Fahrt besser datieren als auf diejenige Cristóbal Colóns, weil erst Magallanes den Planeten umrundete, von dessen Land- und Meerverteilung er etwas richtigere Vorstellungen besaß als Colón, der die von ihm entdeckten Inseln für solche hielt, die Asien unmittelbar vorgelagert seien. *Etwas richtigere* Vorstellungen, denn einen so großen Ozean zwischen Amerika und Asien hatte auch Magallanes nicht vermutet. Pigafettas Bericht von der Reise enthält über die drei Monate und zwanzig Tage, in denen der Ozean durchquert wird, fast nur Details, die sich auf den Zustand der Schiffsleute beziehen: Die Vorräte gehen zu Ende, die Biskuits sind nur noch mit Würmern und Rattenurin durchsetzte Brösel; die Schiffsleute essen rohe Ratten oder das den

---

122   Vgl. z. B. Erhart, „Weltreisen, Weltwissen, Weltvergleich", S. 302, im Rahmen eines sehr informativen Überblicks über die Forschungslage.

123   R II, 55. Dies ist der einzige Beleg für den Agenten *Abenteurer* in der deutschen Fassung, *adventurers* an der entsprechenden Stelle (R I, 34) der einzige in der englischen Fassung.

124   G. Forster, „Cook, der Entdecker", S. 205 („Abentheurer" ebd. und S. 204).

125   Um wenigstens einmal den präziseren Ausdruck, statt des gebräuchlichen *Weltumseglung*, zu verwenden, denn: „terram universam circuivit haec navis" (Petrus Martyrus, *De orbe nove*, V. vii, in der dt. Übersetzung Bd. II, S. 96).

Mast ummantelnde Leder; der Skorbut grassiert. Weil immerhin keine Stürme hinzukommen, gibt Magallanes dem Meer einen Namen, dem die deutsche Variante „Stiller Ozean" wörtlich entspricht. Von keinem Land jedoch, außer von zwei unbewohnten Inseln, die er die „unglücklichen" nennt, kann Pigafetta berichten. Hier ist der Pazifik noch kein *Welt*-, sondern nur ein *Erd*meer. Nie wieder, glaubt Pigafetta, werde man eine solche Reise unternehmen.[126]

Womit er sich täuschte, da schon bald darauf García Jofre de Loaísa zwar nicht die ganze Erde um-, aber immerhin den Pazifik durchschiffte. Nach einer erstaunlich langen Pause war es dann Francis Drake, der 1577–80 wieder um die ganze Erde segelte, weil er die quälende Suche nach Nordost- oder -westpassagen satt hatte und entschied, eben doch einfach durch spanisches Terrain, also über den südwestlichen Weg durch den Pazifik nach Asien durchzudringen. Im meistverbreiteten Bericht noch von dieser Reise jedoch gilt der Schwerpunkt den ‚heroischen' Taten des Kapitäns, also seiner Brandschatzerei und seinen Gemetzeln in spanischen Kolonien. Der sich über ein knappes Drittel des Erdumfangs ausdehnenden Strecke zwischen Nova Albion (dem heutigen Kalifornien) und den Molukken hingegen, also über drei Monaten Reisezeit, wird ungefähr ein Fünfzigstel des Textes gewidmet, und selbst dies fast nur dank einer Insel im eher westlichen Teil des Pazifik, zu der die Schiffe der Freibeuter innerhalb eines einzigen Satzes gleichsam gebeamt werden: „After we had set saile from hence [New Albion, am 23. Juli], wee continued without sight of land till the 13. day of October following".[127]

Ebenfalls im letzten Drittel des 16. Jahrhunderts unternahm Álvaro de Mendaña von Peru aus zwei Reisen, um endlich die sagenumwobene *terra australis* zu entdecken. Dabei handelte es sich um einen auf der südlichen Hemisphäre vermuteten Kontinent, der in den kühnsten Visionen über weite Regionen der Erde bis zum 50. südlichen Breitengrad, im Pazifik und östlichen Indischen Ozean sogar bis zum Äquator reichte. Im Rahmen dieser Vermutungen wurde beispielsweise die Magellanstraße als Durchfahrt nicht zwischen dem südamerikanischen Kontinent und der verhältnismäßig kleinen Tierra del Fuego interpretiert, sondern als Durchfahrt zwischen Südamerika und eben jener *terra australis*, als deren Nordspitze Tierra del Fuego aufgefasst wurde (weil das Kap Horn noch unbekannt war). Das heutige Australien

---

126   Pigafetta, [*Primo viaggio intorno al mondo*], S. 84: „Credo certamente non si farà mai più tal viaggio." (Rechtschreibung modernisiert). – Der ebenfalls kurze Bericht über die Pazifik-Durchquerung bei Petrus Martyrus (*De orbe nove*, V. vii, in der dt. Übersetzung Bd. II, S. 86 f) ist etwas weniger drastisch.

127   So nach dem bereits in Hakluyt, *The Principal Navigations*, veröffentlichten Bericht, Bd. VIII, S. 67). Die Daten der Pazifiküberquerung (23. Juli bis 3. November 1579) sind konjiziert nach: https://memory.loc.gov/intldl/drakehtml/rbdktime.html.

(seinerzeit als Neu-Holland nur vage bekannt) und die heutige Antarktis (die durchschnittlich etwa bis zum 70. Breitengrad reicht und bis ins 19. Jahrhundert hinein nicht berührt wurde; vgl. unten, III. 1) sind vergleichsweise winzige Restbestände dieses vermuteten Kontinents.

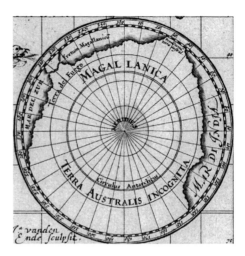

Abb. 2[128]

All diese Fahrten, auch einige weitere vor allem von Holländern und Briten im 17. und frühen 18. Jahrhundert unternommene, führten jedoch, vor allem auf Grund des Problems der Längengradbestimmung, nicht zu einer einigermaßen linear fortschreitenden Kerbung des Ozeans, sondern zu „laborious rediscover[ies]"; als Beispiel nennt Melville „the Soloma islands, which still remain incognita, though once high-ruffed Mendanna trod them and old Figuera chronicled them." (MD lvii. 304). Georg Forster nennt ausdrücklich die unterschiedlichen Kerbungsverfahren als Unterscheidungsmerkmal zwischen den früheren „Abentheurern" und den späteren Entdeckungsreisenden, insofern die früheren Reisenden den Ozean wieder und wieder durchquerten, „ohne mehr als die Lage einiger verlohrenen Inselpünktchen zwischen den Wendekreisen dürftig zu bestimmen."[129] Entscheidend ändert sich dies erst in den 1760er Jahren, in denen es zu einem sprunghaften Anstieg des europäischen Verkehrs im Pazifik kommt. Erst mit diesen „Entdeckungsreisen", denen Forster beschied, dass sie „die allgemeine Aufklärung aller

128   Die Karte reicht bis zum 50. südlichen Breitengrad; der Kreis unmittelbar innerhalb des mit „Circulus Antarctitus" beschriebenen Doppelkreises ist der 70. Breitengrad.
129   G. Forster, „Cook, der Entdecker", S. 206.

gesitteten Völker befördern",[130] wird aus dem Pazifik ein *Welt*meer im Sinne
dessen, dass wenigstens ein größerer Teil der Inseln halbwegs gesichert in
Karten eingetragen werden und Rudimentäres über deren Bewohner bekannt
wird.

Zum meistbesuchten Zentrum dieser Fahrten steigt innerhalb weniger
Jahre Tahiti auf. Als Louis-Antoine de Bougainville dort 1768 ankam, wunderte
er sich, dass die Inselbewohner, die doch keine Metallurgie betrieben,
dennoch das Wort *aouri* für Kleingegenstände aus Eisen besaßen – bis ihm
deutlich wurde, dass es sich dabei offenbar um eine typisch pazifische Aussprache des Wortes *iron* handelte, das den Tahitiern durch den Kontakt mit
britischen Besuchern unter Leitung von Samuel Wallis im Jahr zuvor bereits
bekannt war.[131] Da besitzt Tahiti schon zwei Namen, den ihm von Wallis verliehenen *King George III. Island* und Bougainvilles antikisierenden *La Nouvelle
Cythère*;[132] erstaunlicherweise einigen sich aber die um den dortigen Einfluss
miteinander konkurrierenden Britannien und Frankreich bald danach auf
den Kompromiss, die Insel mit dem ihnen von ihren Bewohnern zunächst
genannten Namen *Otaheiti*, bzw. später, als das *O-* als vorangestellter Artikel
erkannt wird, *Tahiti* zu bezeichnen.

Bougainville beschreibt die Insel als Paradies („jardin d'Eden"), dessen
Bewohner sich mühelos ernähren – „Un peuple nombreux y jouit des trésors
que la nature verse à pleines mains sur lui" – und den europäischen Gästen
mit größter Gastfreundschaft begegnen, gerade auch hinsichtlich der Bereitschaft der weiblichen Bewohner, sexuelle Kontakte mit den Mitgliedern der
Schiffscrew aufzunehmen: „Vénus est ici la déesse de l'hospitalité".[133] Weil die
antikisierenden und erotisierenden Valenzen seiner Beschreibung sich im
Namen *Venus* kreuzen, ist ausdrücklich hervorzuheben, dass das Toponym
Point Venus für die Nordspitze der Insel nicht direkt nach der Liebesgöttin
benannt ist – so gut dies dazu zu passen scheint, zumal James Cook, als er
im Folgejahr während seiner ersten Weltumseglung Tahiti erreichte, ausgerechnet dort einen öffentlich praktizierten Geschlechtsakt zwischen
einem tahitischen Mann und einem jungen Mädchen beobachtete.[134] Den
Namen erhielt die Landspitze vielmehr indirekt nach dem gleichnamigen

---

1 3 0   G. Forster, „Cook, der Entdecker", S. 288.

1 3 1   Vgl. Bougainville, *Voyage autour du monde*, Bd. II, S. 71 f (zur Frage) und 115 (zur Antwort).

1 3 2   Vgl. Despoix, *Die Welt vermessen*, zu Wallis (S. 134–39) und Bougainville (S. 139–58, mit einem
         Akzent auf seiner Überformung der Tahiti-Beschreibung mit Vergil-Reminiszenzen).

1 3 3   Alle Zitate: Bougainville, *Voyage autour du monde*, Bd. II, S. 44 f.

1 3 4   Vgl. Rennie, „The Point Venus ‚Scene'", sowie, auch zum weiteren Zusammenhang der
         Sexualisierung von europäisch-pazifischen Begegnungen, Balme, *Pacific Performances*,
         S. 29–46.

Planeten, dem 1769 eine „wahrhaft ‚globale‘, wirklich den Erdball handgreiflich umkreisende" Kerbungsunternehmung galt: In diesem Jahr wurde nämlich in einer konzertierten Aktion der Durchgang der Venus durch die Sonne an achtzig sehr weit auseinander liegenden Orten gleichzeitig beobachtet – und die Astronomen der *Endeavour* unternahmen dies eben auf Tahiti.[135] Die Pariser Öffentlichkeit ließ sich einstweilen von dem Tahitier Auturo unterhalten, der vielleicht nicht der erste jemals nach Europa gebrachte Pazifikbewohner war,[136] aber sicherlich der erste, der zum Gegenstand ausführlicher Berichte und Debatten wurde, darunter Denis Diderots „Supplément au Voyage de Bougainville". Tahiti beginnt, die ‚nahezu klassische‘ Insel zu werden, als welche sie Melville siebzig Jahre später in *Omoo* beschreibt (O xviii. 18). Schon 1786 ist sie so parodierbar, dass Claudius in seiner Verzählung von einer Weltreise „Otaheit" auf „Gelegenheit" reimt.[137]

---

135 Vgl. A. Schmidt, „Das schönere Europa", zu einer konzisen Darstellung des Unternehmens, daraus auch das Zitat (S. 271). Das Erkenntnisziel dieser Messungen war die Erschließung der Distanz zwischen Erde und Sonne über die Parallaxenverschiebung, die aus den unterschiedlichen Zeitpunkten des Durchgangs der Venus durch die Sonne an verschiedenen irdischen Beobachtungsorten errechnet werden kann.

136 Vgl. einen unvollständigen Überblick über „Eingeborene auf Besuch" seit Colón bei Bitterli, *Die ‚Wilden‘ und die Zivilisierten*, S. 180–203 (zu Auturo S. 185 f).

137 Claudius, „Urians Reise um die Welt", S. 347. – Zu weiteren Meisterwerken der deutschsprachigen Tahiti-Lyrik aus dem späten 18. Jahrhundert vgl. Klawitter, „Lyrische Wallfahrten zur Insel der Unschuld".

TEIL II

Cook-Korpus

1. Resolution und Adventure: Zu den Schiffen und ihren Namen, besonders dem letzteren

Aber zurück in das Jahr 1771. „Wie froh bin ich, daß ich weg bin", schreibt Werther am 4. Mai dieses Jahres; als James Cook bald darauf seine zweite Weltumseglung zu planen beginnt, ist die *Endeavour*, die sich bei seiner ersten Reise bewährt hatte, unterwegs zu den Falkland-Inseln und daher nicht verfügbar. Die Marine kauft deshalb zwei andere Schiffe, welche die Namen *Marquis of Granby* und *Marquis of Rockingham* tragen. Diese Schiffe sollen zunächst auf *Drake* und *Raleigh* umgetauft werden, bis ein Staatssekretär zu bedenken gibt, diese Namen könnten bei einer Begegnung mit Spaniern diese unnötig provozieren. Irgendjemand, dessen Identität nicht zu rekonstruieren ist, schlägt dann die Namen vor, „that have taken on for us a sort of classic inevitability"[138] – und nach diesen klassisch-unvermeidbaren Namen ist die ganze vorliegende Studie betitelt: *Resolution* und *Adventure*.

Der Name des ersten Schiffes auf der zwischen dem 13. Juli 1772 und dem 30. Juli 1775 schließlich durchgeführten Expedition – wobei das Ankunftsdatum wohlgemerkt nur für dieses Schiff gilt –, also der Name des größeren Schiffes (462 Tonnen), das James Cook selbst befehligte und auf dem unter anderem Johann Reinhold Forster sowie dessen Sohn Georg mitreisten, bedeutet in diesem Kontext natürlich ‚Entschluss': „Solchergestalt glitt hin der *Entschluß* (den Namen ertheilt' einst / Cook, der entschlossene, selber dem Schiff) in den Wogen des Weltmeers", dichtet Jens Baggesen in seinem Epos *Oceania*.[139] Später wird dort der Vorschlag gemacht, das Schiff in *Europa* umzutaufen, aus dessen verschiedensten Ländern die Besatzung kommt – und Cook reagiert auf diesen Vorschlag verständnisvoller als seine britischen Kollegen, die auf dem Alleinvertretungsanspruch Großbritanniens beharren, bittet aber den „Weltgeist", ihm den Widerstand gegen diese Umbennung zu verzeihen.[140] Das Schiff ist zugleich „eine eigene Welt",[141] „ein Weltchen für sich, ein bewegliches kleines Europa", und, *ohne* dass damit ein Widerspruch einherginge,

---

138 Beaglehole in J II, xxv (dort a., xxiv f, die berichteten Umstände).
139 Baggesen, *Oceania*, S. 318, vgl. a. S. 315 u. 367.
140 Vgl. Baggesen, *Oceania*, S. 358 u. 367.
141 Schiller, [*Seestücke*], S. 264.

© BRILL FINK, 2021 | DOI:10.30965/9783846766606_003

ein „Weltschiff":[142] nicht nur eine Welt im Kleinen, nicht nur ein Vehikel zur
Umrundung der Welt, sondern eines der „Europäisierung der Erde".[143] Denn
dieses ganze „weltvereinende", ja: *eine* erdumspannende ‚Welt' überhaupt erst
herstellende Unterfangen ist ein europäisches, mag auch der bei Baggesen ausdrücklich genannte Südseebewohner[144] Omai (auch als O-Maï, Omiah, Omy
oder Mai geschrieben, vgl. unten, II. 5 c)[145] phasenweise auf einem der Schiffe
mitsegeln.[146]

Zu dieser Herstellung *einer* Welt gehört wesentlich „der Erd' und des Meers
Ausmessung", „der Umferungskunde Vollendung".[147] Vielleicht eher zufällig
hat das Wort *resolution* als Fachterminus in graphischen Verfahren inzwischen
auch die Bedeutung ‚Rasterung' angenommen (heute vor allem als ‚Auflösung'
bei der Angabe der Datendichte von elektronischen Bildern, abgekürzt *LoRes*

---

142   Baggesen, *Oceania*, S. 318 u. S. 321. Anders als Fetscher, dessen sehr informativem Artikel
      ich die Kenntnis dieses Epos verdanke, erscheint mir der vorgeschlagene Name *Europa* für
      Cooks Schiff *keine* „abrupte Zurückstauchung der Menschheitsvision" („Die Pazifik-Reisen
      in der deutschen Literatur", S. 348, im Vergleich mit dem nicht-europäische Bereiche mit-
      einbeziehenden „Weltschiff"), sondern ganz konsequent, in heutige Terminologie über-
      setzt (und unter vorläufiger Absehung von dem später hierfür besonders relevanten
      Akteur, der sich um 1800 erst vage andeutete, daher hier erst unter III.1 einzuführen ist):
      Globalisierung, hinsichtlich der damit verbundenen Ausbeutung Nicht-Europas ebenso
      wie hinsichtlich des „Weltbürgersinn[s]" (Baggesen, *Oceania*, „Entwurf", S. 380), ist ein
      europäisches Projekt.
143   Vgl. Reinhard, „Die Europäisierung der Erde".
144   Um hier einerseits weitgehend Wörter zu vermeiden, die in permanenten distanzierenden
      Anführungsstrichen geschrieben werden müssten (‚Wilde', ‚Indianer' usw.), andererseits
      aber auch zu vermeiden, in anachronistischer Weise erst später in europäischen Texten
      verwendete ethnologische Termini (‚Polynesier', ‚Maori' usw.) rückzuprojizieren, ver-
      wende ich, außer in implizit oder explizit motivierten Ausnahmefällen, im Folgenden
      durchgängig Namen für diese Gruppen, die einerseits schon bei Georg Forster verwendet
      werden, andererseits mir noch heute keine pejorativen Konnotationen zu besitzen
      scheinen: *Neu-Seeländer, Tahitier* sowie eben *Südseebewohner.* Letzteres Kompositum
      benutzt Georg Forster, soweit ich sehe, zwar nur einmal, in seiner Übersetzung der
      Observations seines Vaters; er verwendet aber häufig Genitivbestimmungen wie
      ‚Bewohner der Südsee' oder ‚Bewohner der Südseeinseln'. *Südsee* besitzt zwar inzwischen
      einen exotistischen Beigeschmack, ist aber immerhin noch so lange referentiell korrekt,
      wie es sich eben auf die südliche Hemisphäre des Pazifik beschränkt, welche während
      Cooks zweiter Reise niemals verlassen wurde. Sobald etwa Hawai'i miteinbezogen wird,
      muss der Neologismus *Pazifikbewohner* verwendet werden.
145   Die Liste der Varianten beansprucht keine Vollständigkeit; im Folgenden wird hier wie in
      anderen Fällen die Schreibweise verwendet, für die sich Georg Forster entscheidet.
146   Vgl. Baggesen, *Oceania*, S. 358 (a. zum „weltvereinende[n] Schicksal").
147   Baggesen, *Oceania*, S. 315 u. 317.

vs. *HiRes*), und doch lässt sich diese Metalepse[148] für eben dieses so getaufte Schiff gut motivieren. Denn nicht nur war es selbst optimal gerastert, um seine Mannschaft und seine niemals versiegenden Vorräte aufzunehmen. Dazu gehören etwa Lebensmittel zur Vorbeugung gegen Skorbut: „experimental beer" und „experimental beef" (so der offenbar von den Matrosen erfundene Fachterminus)[149] „und vor allen Dingen unser deutsches Sauerkraut" – „Dem deutschen Leser die guten Eigenschaften dieses Gerichts anzurühmen, wäre überflüßig" (II 29).[150] Dazu gehören etwa auch Nägel, Perlen oder andere Dinge, die bei den Bewohnern des südlichen Pazifik so begehrt waren, dass sie gegen große Mengen frischer Lebensmittel eingetauscht werden konnten.[151]

Vor allem aber war die *Resolution* eine hochentwickelte Maschine zur Rasterung, oder eben – mit der geläufigen Übersetzung des Wortes *striage* in der Verwendung von Deleuze/Guattari – zur Kerbung des Meeres. In allen Details lässt sich dies etwa in einem eigenen Buch mit dem Titel *Original Astronomical Observations, Made in the Course of a Voyage towards the South Pole and round the World* [...] nachlesen, das nicht nur, im fast 400 Seiten umfassenden Hauptteil, schier endlose Tabellen mit Koordinaten, Angaben von Kursen, Wetterdaten, Tide, Magnetnadelabweichungen und vieles mehr enthält, sondern auch, auf den allein fünfzig Seiten der Einleitung, minutiöse Beschreibungen der für all diese Beobachtungen notwendigen Instrumente: „A Portable Observatory", „an achromatic Refracting Telescope", „A Hadley's Sextant", „A Theodolite" oder „An Apparatus for trying the heat of the sea-water at different depths" (um nur wenige auszuwählen). Hier zuletzt angeführt werden besonders wichtige Geräte: „20. Two Time-keepers, one made by

---

148 Der Terminus bezieht sich hier auf eine der überlieferten rhetorischen Bedeutungen (nicht auf die erst von Genette, *Die Erzählung*, S. 167–69, geprägte narratologische): die „tryphonisch-quintilianische' M. [als] Verwendung des falschen. d. h. kotextuell nicht gemeinten Teilsynonyms eines homonymen (bzw. polysemen) Wortes" (Burkhardt, „Metalepsis", Sp. 1087).

149 „[E]very thing which our Sailors found not to be quite in the common way of a man of war [Kriegsschiff], they called *Experimental.*" (J. R. Forster, *Journal*, Bd. II, S. 309 f.).

150 Nicht in der englischen Ausgabe. Vgl. a. die prägnante Darstellung der *Resolution* als eines „schwimmenden Schlosse[s]" bei Forster, „Cook der Entdecker", S. 238, wo das Sauerkraut ebenfalls nicht fehlt. Von einem nachgerade komischen Pathos ist die im gleichen Text (S. 272) wiederholte Eloge auf „das Hauptverwahrungsmittel, und das beynahe specifische Heilmittel gegen den furchtbaren Scharbock", das Forster zu „erwähnen" verspricht, um den Leser dann über fast eine ganze Quart-Seite hinweg auf die Folter zu spannen, bis er es endlich nennt.

151 Vgl. die Listen der Vorräte in: J II, 13 u. 923 f. Agnews Mutmaßung (vgl. „Exchange Strategies", S. 173), die *Resolution* habe beim Tausch eine wichtigere Rolle spielen sollen, weil sie mehr Tauschgüter an Bord hatte, erscheint mir eine Überinterpretation: Sie war schlicht das größere Schiff und führte auch mehr Besatzung und Lebensmittel mit sich.

Mr. Larcum Kendall, on Mr. Harrison's principles, and the other by Mr. John Arnold."[152]

„Time-keepers", also Uhren, die trotz aller Erschütterungen und Temperaturschwankungen an Bord eines Schiffes über die gesamte Reise hinweg hinlänglich genau die Greenwicher Zeit anzeigten, so dass diese mit der Zeit verglichen werden konnte, die am jeweiligen Aufenthaltsort des Schiffes galt, waren die zu diesem Zeitpunkt praktikabelste Lösung für die Längengradbestimmung. Zwar konnte Cooks Expedition auch auf den optimierten Mondkalender von Tobias Mayer zurückgreifen, der in dem Vorbericht zu den *Astronomical Observations* ausdrücklich gewürdigt wird;[153] da entsprechende Messungen jedoch nur schwer – und besonders schwer an Bord eines Schiffes – durchzuführen sind, blieben die Chronometer weiterhin erforderlich. Das *Board of Longitude*, das Cooks zweite Reise mitfinanzierte, instruierte die Astronomen an Bord der beiden Schiffe ausdrücklich, „einen Präzisionsvergleich zwischen der Methode der Monddistanzen und derjenigen der Time-Keepers bei der Längengradmessung anzustellen."[154] Die Expedition sollte also nicht ‚nur' kerben, sondern überdies eine Meta-Untersuchung von Kerbungsverfahren durchführen.

Bezeichnend ist deshalb – um diese repräsentative Anekdote für das Spannungsverhältnis von Kerbung und Abenteuer vorauszuschicken –, dass sich die Ausstattung der *Resolution* in diesem Merkmal von derjenigen der *Adventure* unterschied: „Mr. Bayley[155] [der Astronom auf der *Adventure*] had a duplicate of each of the above instruments, excepting [...] that both his Time-keepers were made by Mr. Arnold."[156] Und während der eine auf der *Resolution* befindliche Chronometer K 1, eine von Larcum Kendall angefertigte Kopie der von John Harrison gebauten H 4, hervorragend funktionierte, erfüllten die drei Uhren John Arnolds (darunter also *beide* auf der *Adventure* befindliche) die an sie gestellten Anforderungen nicht: „These were to go badly and finally all to break down" (Beaglehole, J II, xl). Es ist dies nicht der einzige Nachteil

---

152   Alle Zitate: Wales/Bayly, *Astronomical Observations*, S. vi f.

153   Wales/Bayly, *Astronomical Observations*, S. xxxvi.

154   Despoix, *Die Welt vermessen*, S. 66, im Rahmen einer ausführlichen Darstellung des Problems, besonders aber auch seiner Lösung im Rahmen eben dieser Reise (S. 40–77). Vgl. die Instruktionen des *Board of Longitude* sowie verwandte Dokumente im Appendix III zu: J II, 719–28. Zur detaillierten Geschichte der bereits im Laufe der 1760er Jahre vorgenommenen Tests von Harrisons Chronometer vgl. Bennett, „The travels and trials of Mr Harrison's timekeeper".

155   Uneinheitliche Schreibungen von Eigennamen (wie hier: Bayley/Bayly) werden hier wie im Folgenden beibehalten und (mit einer Ausnahme, vgl. unten, III. 1) nicht kommentiert.

156   Wales/Bayly, *Astronomical Observations*, S. vii f. (Die hier ausgelassene andere Ausnahme betrifft „the Transit-instrument, which was to be used in common by each of us").

des kleineren – mit 340 Tonnen immerhin nicht ganz kleinen –, von Tobias
Furneaux kommandierten, aber eben unter Cooks Oberbefehl stehenden
Schiffes, das auf der Weltumseglung zweimal den Kontakt zum Hauptschiff verlor, einmal nur temporär, einmal endgültig – was Furneaux dann,
neben anderen Vorfällen, auf die zurückzukommen ist, dazu brachte, auf
‚schnellstem Weg‘ zurückzukehren (soweit es von Neu-Seeland nach England
einen ‚schnellsten Weg‘ gibt) und damit schon ein gutes Jahr vor der *Resolution*
wieder in London zu sein – deshalb ist er, nicht Cook, der Mensch, der als
erster die Erde je einmal in beiden Richtungen umrundete.

Aber wieso wurde die *Adventure* auf diesen Namen getauft? Zwar handelte
es sich dabei um einen traditionellerweise gern verwendeten Schiffsnamen,
der vor allem die ökonomischen Konnotationen der *Merchant Adventurer* auf-
rief; man denke auch an die bereits genannte *Edward Bonaventure*, eines der
Schiffe der von Sebastian Cabot initiierten Expedition. Der Name *Adventure*
war so beliebt, dass etwa Gulliver (in Jonathan Swifts Parodie von Entdeckungsreisen) seine zweite Reise – die ihn an einem nordöstlichen Pazifikufer bei
den Riesen in Brobdingnag stranden lässt – auf einem Schiff dieses Namens
antritt, welches als „a Merchant-Ship of three Hundred Tons" weiterbestimmt
wird.[157] Cooks Expedition jedoch – organisiert einerseits unter militärischem
Oberbefehl, andererseits, wie schon die erste, unter starkem Einfluss der *Royal
Society of London for Improving Natural Knowledge* – besaß ausdrücklich *keinen*
unmittelbaren ökonomischen Auftrag. Die „Dispositive der Entdeckungsreise
im Zeitalter der Aufklärung" waren durch eine „relativ breite Autonomie"[158]
geprägt, durch ein bewusst vermitteltes Verhältnis zu ökonomischen oder geo-
strategischen Vorteilen, die sich erst in der Folgezeit konkretisieren sollten
(wenngleich sie natürlich am Horizont des Unterfangens bereits mitgedacht
waren). Die an Bord mitgeführten Tauschgüter besaßen nicht den Zweck, die
Reise selbst ökonomisch ertragreich zu gestalten, sondern sollten einerseits den
unmittelbaren (Selbst-)Zweck erfüllen, die Versorgung des Schiffes mit frischen
Nahrungsmitteln zu sichern, sowie andererseits die sozialen Grundlagen für
zukünftige Tauschaktionen legen. Nur gelegentlich wurde den Matrosen überdies gestattet, Souvenirs einzutauschen, die sie nach ihrer Rückkehr gewinn-
bringend verkaufen konnten. Erst die *Bounty* verfolgte, mehr als ein Jahrzehnt
später, einen konkret-ökonomischen Auftrag (den Transport von Brotfrucht-
bäumen aus dem Südpazifik in die karibischen Zuckerrohr-Kolonien). Insofern wurden bei der Taufe der *Adventure* offensichtlich Konnotationen des

---

157 Vgl. Swift, *Travels into Several Remote Nations of the World*, Ende 1. Reise und Anfang 2.
      Reise.
158 Despoix, *Die Welt vermessen*, Untertitel und S. 131.

Risikohandelns mitaufgerufen, die nicht in einem ökonomischen Zweck auf-
gehen, und damit den heutigen Konnotationen von *Abenteuer* deutlich näher
kommen.

Nicht um damit nahezulegen, es sei wirklich so gewesen, sondern um einen
diskursiven Zusammenhang mit einem konkreten Akteur zu personalisieren,
sei einmal die Hypothese durchgespielt, der Vorschlag zum Schiffsnamen
Adventure gehe auf die Anregung John Hawkesworths zurück. Bei diesem
handelt es sich nämlich (1.) um den von der britischen Admiralität beauftragten
Kompilator eines Berichts von James Cooks erster Reise, der um Berichte der
früheren englischen Pazifikreisen von Byron, Cateret und Wallis angereichert
ist. Davor hatte Hawkesworth (2.) seine Kompetenz für Schiffsabenteuer im
Bereich der Dichtung durch eine Übersetzung von Fénelons *Aventures de
Télémaque* bewiesen.[159] Wiederum zuvor, nämlich schon ab 1752, hatte er (3.)
die Zeitschrift *The Adventurer*, sozusagen einen Vorläufer von *Freemen's World*,
herausgegeben, zu der unter anderem auch Samuel Johnson beitrug. Dort
rehabilitiert er in einem programmatischen Einleitungsaufsatz die durchaus
unökonomischen Valenzen des Wortes, indem er an die alten Konnotationen
anknüpft, von denen er postuliert, dass sie noch so lange nach dem Aussterben
von wandernden Rittern, in transformierter Gestalt, überlebt hätten: „BUT if
the world has now no employment for the Knight Errant, the ADVENTURER
may still do good for fame."[160] Und zu den idealtypischen Abenteurern, die
er mit Wörtern wie *fame, honor* und *glory* besetzt, rechnet Hawkesworth ausdrücklich die Figur des Entdeckungsreisenden, „who ventures forward into
regions of perpetual cold and darkness, to discover new paths of navigation".[161]
Alles zusammengenommen, wäre er die passende Instanz gewesen, um den
Schiffsnamen zu inspirieren.

Allerdings spricht vieles gegen die Passgenauigkeit des Wortes *adventure*
für Cooks Reisen. Sloterdijks bereits zitierte Formel von „der Reduzierung
des abenteuerlichen Moments auf Restrisiken"[162] im Verlauf der Schifffahrts-
geschichte könnte einem jüngeren Aufsatz als Motto dienen, in dem Julia
Angster detailliert der Frage nachgeht, inwiefern die Erkundungsfahrten der
Royal Navy im 18. und 19. Jahrhundert ‚noch' als Abenteuer zu bestimmen
seien. „[K]aum erfüllt" würden dabei die drei Kriterien: „[1.] der freiwillige
Verzicht auf Sicherheit, [2.] die Bereitschaft, ein Risiko einzugehen, das nicht

---

159   Vgl. Fénelon, *The Adventures of Telemachus*; die 1768 erschienene Übersetzung wurde
      offenbar gut verkauft und erreichte 1793 die siebte Auflage.
160   Hawkesworth, „Courage", S. 5. Für Nerlich, vgl. *Kritik*, S. 371–73, handelt es sich dabei um
      einen Schlüsseltext.
161   Hawkesworth, „Courage", S. 3.
162   Sloterdijk, *Im Weltinnenraum des Kapitals*, S. 151.

nur Mittel zum unmittelbaren Zweck ist, und [3.] der Ausnahmecharakter des
Abenteuers, der Ausbruch aus der Normalität."[163]

Im Einzelnen ließe sich darüber debattieren, ob diese Kriterien, die eine
partielle Affinität zur eingangs zugrunde gelegten Minimaldefinition des
Abenteuers aufweisen, gar nicht auf Cooks Reisen anzuwenden sind. So hat
Cook zwar [1.] in der Tat sämtliche ihm zur Verfügung stehenden Sicher-
heitsmaßnahmen ergriffen – aber der freiwillige Verzicht auf Sicherheit
ist nicht zwingend ein konstitutives Merkmal von Abenteuern, eher ein
supplementäres Mittel zur Steigerung von Abenteuerlichkeit, das vor allem
dann eingesetzt wird, wenn eine bestimmte Tat schon zu oft durchgeführt
wurde, um ‚noch' als hinreichend außeralltäglich zu gelten. (Sonst wäre
etwa die Erstbesteigung des Mount Everest, bei der auf die seinerzeit best-
mögliche Ausrüstung zurückgegriffen wurde, noch kein Abenteuer gewesen,
sondern erst die Erstbesteigung ohne Sauerstoffflasche.) Tatsächlich neigte
Cook [2.] nicht dazu, Risiken einzugehen, die nicht nur Mittel zum unmittelbaren Zweck waren; insofern dieser jedoch im „Sammeln geographischer und
naturkundlicher Informationen"[164] bestand, so bedingte dieser unmittelbare
Zweck selbst Handlungen, unter denen einige gefährlich genug waren, um
zumindest als plausible Kandidaten für ‚Abenteuer' zu gelten: etwa die Vorstöße ins antarktische Packeis, von denen noch zu handeln sein wird. Angster
selbst konzediert, dass gerade der Auftrag zum „Vermessen der Welt" ins Unver-
messene führt, so dass hier das „Überschreiten der Grenzen des Bekannten",
durchaus im Sinne der Minimaldefinition, den „Abenteuer-Charakter dieser
Fahrten ausmachte."[165] So plausibel Angster [3.] vom „Berufsalltag" der auf den
Schiffen der Royal Navy angestellten Seeleute schreibt,[166] so bildete dies doch
nur den Alltag von sehr wenigen Personen, deren Tun von anderen durchaus als außeralltäglich aufgefasst werden konnte. (Sonst müsste auch dem
professionellen Extrembergsteiger abgesprochen werden, dass er Abenteuer
erlebe.) Überdies beteiligten sich nur wenige Berufsseeleute an mehr als einer
Weltumseglung, und zumindest einige Beteiligte waren keine Berufsseeleute. Wenngleich der Aufenthalt an Bord über sehr lange Zeitstrecken wenig
abwechslungsreich gewesen sein dürfte, so können sich doch an anderen
Tagen einzelne ‚Abenteuer' ereignet haben, und auch die Reise als ganze kann,
zumindest im Sinne dessen, dass sie „aus dem Zusammenhange des Lebens
herausfällt", jedenfalls im Nachhinein als ‚Abenteuer' verstanden werden.

---

163 Angster, „Erkundungsfahrten", S. 106.
164 Angster, „Erkundungsfahrten", S. 118.
165 Angster, „Erkundungsfahrten", S. 115.
166 Vgl. Angster, „Erkundungsfahrten", insb. S. 108 u. 114 f.

Dementsprechend wird das Wort *adventures* in den zeitgenössischen Berichten von Cooks Reisen immerhin gelegentlich für die Erlebnisse europäischer Angehöriger der Schiffsbesatzung verwendet.[167] Cook selbst gebraucht das Wort *adventurers* zwar vorsichtig, aber immerhin rückblickend, in der auf 7. Juli 1776 datierten Einleitung zu seiner *Voyage*, als Überbegriff für frühere, gegenwärtige und sogar noch zukünftige Entdeckungsreisende.[168] Und in einem bestimmten Sinne, wenngleich nicht unter Verwendung dieses Wortes, erhält Cook sogar in einem späteren Text Forsters ‚abenteuerliche‘ Züge zugeschrieben: Nur Cook habe die bei Bougainville vorliegenden wissenschaftlichen Voraussetzungen mit einem „Geist der Entdeckung" verbunden, der wiederum Bougainville gefehlt habe und vielmehr „vielleicht wirklich auf dem ersten Englischen Weltumsegler *Drake*, und auf dem wackern Freybeuter *Dampier* in reichlicherem Maaße geruht hatte" – was Cook zu solchen Schiffskapitänen in Beziehung setzt, die durchaus als ‚Abenteurer‘ konnotiert waren.[169]

2. Zähl-, Erzähl- und Verzählschemata: mehr oder weniger abenteuerliche Kopplungen von Schiff und Schrift

a) *Überblick*
Ja, schon die große Zahl der Berichte über Cooks Reisen, deren einige bereits kurz danach, deren andere noch Jahrhunderte später veröffentlicht wurden, ist ein Indiz dafür, dass sie zumindest von manchen Lesern als außeralltägliche Ereignisse wahrgenommen wurden – und werden: Noch im Herbst

---

167 Kippis schreibt etwa von den „memorable adventures of Mr. Banks, Dr. Solander, Mr. Monkhouse the surgeon and Mr. Green the astronomer" während der ersten Reise (*Narrative of the Voyages*, Bd. I, S. 80).

168 Vgl. V I, xx (im Rahmen der „General Introduction", zweimal auf der gleichen Seite). Möglicherweise gilt dies auch für den Satz: „These voyages of the French [Marion du Fresne/ Crozet], though undertaken by private adventurers, have contributed something towards exploring the Southern Ocean." (V II, 267) Denn vermutlich bezieht sich der konzessive Aspekt des *though* nur auf das Adjektiv *private*.

169 G. Forster, „Cook, der Entdecker", S. 205. – Um der Vollständigkeit willen sei hinzugefügt, dass Forster das Wort *Abentheuer* in seinen späteren Rezensionen von Reiseberichten mehrfach im Sinne von ‚Erlebnissen Einzelner im Verlauf von Reisen‘ verwendet, wobei das Wort entweder eher neutral verwendet wird (vgl. zwei Belege in: *Rezensionen*, S. 118) oder das eben Bloß-Individuelle bezeichnet („Der Inhalt eines neuen Tagebuchs [von einer Reise im inzwischen häufig beschriebenen Südafrika] kann folglich nur noch die persönlichen Abentheuer des Reisenden [...] enthalten.", S. 191); den Hinweis auf die beiden Stellen verdanke ich Peitsch, „Noch war die halbe Oberfläche", S. 160 f, der das Wort *Abentheuer* jedoch nicht kommentiert.

2018 warb die *Wissenschaftliche Buchgesellschaft* für eine neu zusammengestellte Auswahl aus Cooks Tagebüchern, diese läsen „sich so spannend wie
Abenteuerromane."[170]

Auch an dieser Behauptung ist Zweifel angebracht. Immerhin lässt sie sich
mit philologischen Verfahren besser prüfen als die Frage, ob diese Reisen
denn ‚wirklich' abenteuerlich waren (für deren Beantwortung ein Historiker
zuständiger ist). Weil sich die philologische Untersuchung nicht in erster Linie
auf den Ereignistyp, sondern auf das Erzählschema richtet, geht sie nicht
davon aus, dass bestimmte Reisen, die in Reiseberichten festgehalten werden,
abenteuerlich ‚sind' oder nicht, sondern dass ihre Abenteuerlichkeit in je ver-
schiedenem Grade textuell hergestellt wird. Diese Unterschiede sind daher an
der Textgestalt auszumachen. Insofern das Dispositiv der Entdeckungsreisen
wesentlich aus einer „für diese Unternehmen charakteristischen materiellen
Aufzeichnungspraxis" besteht, „die nach rechtlichen, wissenschaftlichen,
literarischen [...] Verfahren erfolgte",[171] lassen sich mehr oder weniger
abenteuerliche Erzählschemata als spezifische Formen der Kopplung von
Schiff und Schrift beschreiben.

Cooks zweite Reise bietet ein für eine solche vergleichende Untersuchung
besonders reichhaltiges Korpus, da sie zu einer besonders großen Zahl von
sehr verschiedenartigen Formen der Kopplung von Schiff und Schrift geführt
hat.[172] Dazu zählen, noch vor Durchführung der Reise, die dem Kapitän
und seinen Astronomen gegebenen Instruktionen, oder eben auch schon,
als Minimaleinheiten, die bereits diskutierten Namen der Schiffe. Die der
Schiffsbesatzung mitgegebenen graphischen Artefakte umfassen bereits
vorliegende Reiseberichte (etwa Alexander Dalrymples gerade noch recht-
zeitig zusammengestellte zweibändige *Historical Collection of the Several
Voyages and Discoveries in the South Pacific Ocean* oder Bougainvilles Bericht

---

170 *wbgSpezial* [gehefteter Auswahlkatalog], Oktober 2018, Titelblatt. Die damit beworbene
  Ausgabe (Nicholas Thomas [Hg.], *Um die Welt mit James Cook. Die illustrierten Entdeckungsfahrten*, Darmstadt: WBG/Theiss, 2018) ist übrigens ein philologisch unbrauch-
  bares, katastrophal schlecht übersetztes, überteuertes Machwerk, mit dem die
  Wissenschaftliche Buchgesellschaft, wenngleich nicht zum ersten Mal, die Berechtigung
  ihres Epithetons mutwillig aufs Spiel setzt. Weil Schlamperei allein jedoch offensichtlich
  nicht zur Produktion von Abenteuerlichkeit reicht, muss diese Ausgabe nicht weiter diskutiert werden.

171 Despoix, *Die Welt vermessen*, S. 131.

172 Der von Görbert (vgl. „Textgeflecht Dusky Bay") für einen Ausschnitt dieser Schiff/Schrift-
  Kopplungen vorgeschlagene Ausdruck *Textgeflecht* wird hier nicht übernommen, weil er
  einen deutlich kleineren Umfang besitzt: Görbert konzentriert sich in seinem Vergleich
  auf ein schmales Korpus von Berichten und lässt etwa Logbücher oder Karten ganz
  unberücksichtigt.

in englischer Übersetzung), Karten sowie die bereits erwähnten Tabellen der Monddistanzen, die von Cook bzw. seinen Astronomen an Bord konsultiert wurden. Dort erstellt wurden viele Log-[173] und noch mehr Tagebücher. Unter diesen an erster Stelle zu nennen ist natürlich dasjenige von James Cook selbst, von dem allein zwei oder sogar drei von ihm selbst an Bord geführte Fassungen existieren und das von J. C. Beaglehole in einer großartigen Ausgabe ediert wurde (im Folgenden mit der Sigle J zitiert, auch für die „Introduction" des Herausgebers und dort ausschnittsweise abgedruckte andere Journale).[174] Unter den vielen weiteren Tagebüchern besitzt offenbar dasjenige von Johann Reinhold Forster den, nach demjenigen Cooks, zweitgrößten Umfang. Neben denjenigen von Cook und J. R. Forster sind drei weitere, weniger umfangreiche Tagebücher (von John Elliott und Richard Pickersgill auf der *Resolution* sowie von James Burney auf der *Adventure*) inzwischen vollständig gedruckt, dasjenige von Tobias Furneaux, dem Kapitän der *Adventure*, hingegen nur teilweise (im Anhang zu Beagleholes Ausgabe von Cooks Tagebuch). Dieses sowie um die fünfzig weitere Log- und Tagebücher sind als Manuskripte in der *British Library* bzw. im *National Archive* einzusehen; hinzu kommen weitere, teilweise gedruckte, Briefe, Anweisungen, Berichte zu einzelnen Ereignissen und Aspekten usw.[175]

Schon von den Zeitgenossen zum Druck bestimmt wurden Berichte, die nach Beendigung der Reise verfasst oder zumindest überarbeitet wurden. Summarisch unterscheiden lassen sie sich nach ihren Anordnungsprinzipien. Thematisch angeordnet sind Johann Reinhold Forsters *Observations Made During a Voyage round the World*, die ein breites Spektrum von Aspekten abhandeln, sowie, für Einzelaspekte, die bereits genannten *Astronomical Observations* von Wales und Bayly und eine von den beiden Forsters gemeinsam zusammengestellte botanische Monographie (*Characteres generum plantarum*). Fünf Berichte folgen hingegen weitgehend der Chronologie der Reise – ‚weitgehend', insofern die chronologische Ordnung aus

---

173 Von diesen sind drei (zwei von der *Resolution*, eines von der *Adventure*) inzwischen *online* konsultierbar.

174 Zu den beiden Fassungen in Cooks Handschrift (Ms. 27886 und Ms 27888) kommen mehrere Abschriften, deren eine jedoch eine so große Eigenständigkeit aufweist, dass Beaglehole vermutet, ihr müsse ein drittes Autograph Cooks zugrunde gelegen haben. Beaglehole konzentriert sich weitgehend auf Ms. 27886, bezieht aber gelegentlich auch andere ein, besonders Ms. 27888. Vgl. Beagleholes „Textual Introduction", J II, cxv-cxxx. Die online verfügbaren Manuskripte sind im Literaturverzeichnis unter Cook zusammengestellt.

175 Vgl. zu einer kommentierten Übersicht, auch über die ungedruckten Quellen, Karten und Zeichnungen: Beaglehole, J II, cxxxi-clxiv (wobei inzwischen einige Drucke von dort noch als ungedruckt ausgewiesenen Texten vorliegen).

mehreren Gründen gebrochen wird, die noch im Detail zu beschreiben sind. Der einzige offizielle unter diesen Berichten ist *A Voyage towards the South Pole* (im Folgenden mit der Sigle V zitiert), der unter Cooks Namen veröffentlicht wurde und offenbar tatsächlich auch unter dessen Aufsicht, wenngleich unter Hinzuziehung eines Co-Autors entstand. Cook nämlich war mit Hawkesworths Bericht von seiner ersten Reise, den er erst auf dem Rückweg von der zweiten Reise in Südafrika zu Gesicht bekam, so wenig einverstanden, dass er sich entschloss, diesmal auch die Kontrolle über die *voyage* als Erzählschema zu behalten.[176]

Alle anderen Drucke waren letztlich illegal, da alle an Bord erstellten Aufzeichnungen am Ende der Reise der Admiralität auszuhändigen waren. Dies betrifft eindeutig zum einen das noch im Jahre der Rückkehr der *Resolution*, also vor den Berichten Cooks und der Forsters, erschienene *Journal of the Resolution's Voyage*: einen Text, der in seinem Kern offenbar aus einem Tagebuch des Gunner's Mate John Marra besteht, welches jedoch von einem Redakteur überarbeitet wurde, der den *journalist* im Wortsinn in die 3. Person setzte und ein ebenfalls anonymes, viel kürzeres *Journal of the Adventure's Voyage In the Years 1772, 1773, and 1774. With An Account of the Separation of the two Ships* (so der Untertitel des Bandes) dazwischenschaltete sowie Zitate aus älteren Pazifik-Reiseberichten einflocht.[177] Zum anderen erschien schon 1776, ebenfalls anonym, ein Bericht mit dem Titel *A Second Voyage round the World*, dessen Verfasser nicht identifiziert ist. Bemerkenswerterweise thematisieren beide Berichte ihre eigene problematische Existenz. In dem einen wird die Verpflichtung zur Abgabe des Tagebuchs ausdrücklich eingeräumt, „but some who had kept memorials merely by way of exercise [...] not thinking their performances perfect enough to be laid before personnages of such distinguished rank, reserved their labours to gratify the curiosity of their friends", und zu eben diesen – nur vorgeblich – erlaubten Ausnahmen zähle das vorliegende.[178] In dem anderen Bericht wird sogar der entsprechende Befehl, alle Aufzeichnungen abzugeben, ausführlich im Wortlaut zitiert und dann, mit

---

176 Vgl. Beaglehole, J II, cx, sowie Despoix, *Die Welt vermessen*, S. 100–113.

177 Dass diese Merkmale alle auf eine bewusste Fiktion des Autors zurückgingen, wäre eine reizvolle, aber schlicht zu unwahrscheinliche Hypothese. Marra müsste gewitzt genug gewesen sein, um noch seinen eigenen Namen falsch (*Mara*) zu schreiben, wo es (in den noch zu referierenden Passagen über seinen Desertionsversuch) um ihn selbst geht.

178 [Marra], *Journal*, S. 325. Als Marra sich gegenüber Cook als Autor bekannte, reagierte dieser erstaunlich gelassen: „If this is the only account of the Voyage that is printing, I do not think it is worth regarding" (Cook to Admirality Secretary, 18. 9. 1775, zitiert in: J II, 961).

einigem Sinn für Ironie, hinzugefügt, dass „all the journals and papers that *could be found* were put into a box, to be sent to the Admirality-office".[179]

Hinsichtlich seines rechtlichen Status durchaus fragwürdig ist aber auch der in Deutschland berühmteste dieser Berichte, Georg Forsters *A Voyage round the World* (von ihm als *Reise um die Welt* selbst-mitübersetzt, im Folgenden mit der Sigle R für beide Ausgaben abgekürzt), der zumindest teilweise auf Aufzeichnungen beruht, welche sein Vater nur für den Zweck der thematisch angeordneten *Observations* behalten durfte. Einen ähnlich problematischen Status besitzt Anders Sparrmans *Resa till Goda Hopps-Udden, södra Polkretsen och omkring Jordklotet, samt till Hottentott- och Caffer-Landen Åren 1772–1776* (wo die Reise im ersten Band kurz, im spät nachgereichten zweiten ausführlich geschildert wird).

Cooks und Forsters *Voyage* sind zudem ziemlich detailreiche Karten bei-gegeben, also solche graphische Artefakte, die mit ihrer kaum überbiet-baren Dichte von geographischen Informationen das Speichermedium der Kerbung *par excellence* darstellen. Diese enthalten auch Minimaleinheiten von Schiff/Schrift-Kopplungen alphabetischen Typs, in Gestalt von Toponymen, von denen viele erst auf der Reise selbst, oder sogar erst bei der Redaktion von Cooks Tagebuch, vergeben wurden, darunter von den beiden Schiffs-abgeleitete Inselnamen: *Resolution* und *Adventure Island*. Bemerkenswerter-weise sind in diese Karten auch die Routen der beiden Schiffe (nebst anderen) eingezeichnet, auf denen eben diese Daten erhoben wurden – worauf eben-falls zurückzukommen ist (vgl unten II. 3). Die vielen auf der Reise erstellten Bilder und Zeichnungen[180] werden hingegen im Folgenden ebenso sträflich vernachlässigt wie die Notationen pazifischer Musik in Notenschrift, die im Journal von James Burney und, von diesem zur Verfügung gestellt, in Georg Forster *Voyage* enthalten sind.[181]

Hinzu kommen Streitschriften, Essays und Paratexte, etwa eine Polemik von William Wales gegen die Forsters im Umfang eines schmalen Buches, auf die Georg postwendend im ungefähr gleichen Umfang antwortete; über-haupt sind von letzterem besonders viele zusätzliche Texte überliefert (etwa auch der Essay „Cook, der Entdecker"). Schließlich unternahmen es schon die

---

179   Anonymus, *A Second Voyage*, S. 98 (Hvh. dort, vgl. a. S. 99).

180   Zusammengestellt sind sie bei Joppien/Smith (Hg.), *The Art of Captain Cook's Voyages*, Bd. II.

181   Vgl. Burney, *Journal*, S. 57 und 84; zu den bei Forster mit Burneys ausdrücklich gewürdigter Unterstützung aufgezeichneten pazifischen Gesängen und ihrer europäischen Rezeption vgl. Agnew, *Enlightenment Orpheus*, S. 95–119. James war der Sohn von Charles Burney, einem Musikhistoriker, der der Protagonist in Agnews Buch ist. Seine Schwester wird hier erst in Abschnitt II. 5 e gewürdigt.

Zeitgenossen, aus Cooks Reisen, freilich nicht allein der zweiten, ‚Literatur' – im Sinne des Sammelbegriffs für Epen, Dramen, Gedichte und Romane –[182] zu generieren, wobei mindestens zwei dieser Texte ein bloßes Vorhaben (Friedrich Schillers Drama) bzw. fragmentarisch (Jens Baggesens Epos *Oceania*) geblieben sind. Grenzfälle, die unter anderem, aber zweifellos nicht nur von Cooks Reisen inspiriert sind, bilden etwa Samuel Taylor Coleridges „The Rime of the Ancient Mariner" oder Edgar Allan Poes *The Narrative of Arthur Gordon Pym, of Nantucket.*

Während sich die nachfolgenden Kapitel (II. 3–5) drei ausgewählten Aspekten der Reise widmen werden, sei vorab (in den restlichen Abschnitten des Kapitels II. 2) das Spektrum der Schriftformate, die in der Beschreibung (ja vielleicht Schreibung) der Reise beteiligt waren, in einigen strukturellen Merkmalen charakterisiert – *en passant* wird dabei hoffentlich auch das Spektrum der Themen anschaulich, dem jedoch kein Anspruch auf repräsentative Wiedergabe gilt. Denn der Akzent auf die Bedingungen der Möglichkeit, aus dieser Reise ein abenteuerliches Erzählschema zu entwickeln, macht es notwendig, sich nicht auf mehr oder weniger naheliegende thematische Faktoren zu beschränken, sondern diese Bedingungen bis hinein in grammatische, sogar graphische Details zu sondieren. Darum führt der Weg hier von Tabelle über Satz und Narrativ im Allgemeinen bis zu dessen möglicherweise abenteuerlicher Variante. Als Leitfaden, an dem *en passant* einige Probleme des Zählens, Erzählens und Verzählens exemplarisch Gestalt gewinnen, dient die Begegnung mit einem Vogel (oder mehreren Vögeln), und zwar am 29./30. Januar 1774, also an den Tagen, an denen die *Resolution* der Antarktis so nahe kam wie nie zuvor und später nicht mehr – worauf dann in II. 4 zurückzukommen sein wird.

b)   *Log- und Tagebuch*

Nicht nur weil sich Phil*olog*ie, mit einem kleinen Kalauer, auch als ‚Liebe zum Logbuch' übersetzen ließe, sei mit einer Beschreibung dieser Textsorte begonnen. Dieses Notationssystem, in welches die navigatorischen und meteorologischen Rohdaten eingetragen werden, bildet die *materialiter* mit dem Schiff verknüpfte Schnittstelle zur Schrift. Sein Name leitet sich von dem Log ab, also einem Holzklötzchen, das an einer Schnur (der Logleine) befestigt ist und vom Schiff ausgeworfen wird, bis sich die Schnur abgerollt hat, diese also wieder aufgerollt und erneut ausgeworfen werden muss. Dass die der

---

182   Zu einem Überblick über die deutschsprachige Produktion vgl. Fetscher, „Die Pazifik-Reisen", zu dramatischen Darstellungen in mehreren europäischen Ländern vgl. Balme, *Pacific Performances*, S. 47–73.

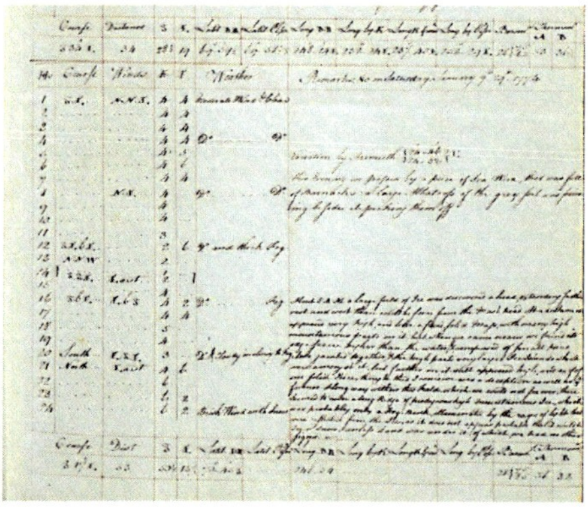

Abb. 3

Seemeile entsprechende Geschwindigkeitseinheit, also die Einheit für das
Zurücklegen einer Seemeile pro Stunde, noch heute *Knoten* heißt, ist buchstäblich auf die Knoten zurückzuführen, mit denen die Einheit der Seemeile
auf der Schnur markiert ist. Das Log ist also sozusagen der Tacho des Schiffes
und damit zusammen mit dem Kompass, der den Kurs anzeigt, Grundlage des
‚Dead Reckoning‘, mit dem die zurückgelegte Strecke halbwegs errechenbar ist
(‚halbwegs‘, weil verschiedenste Faktoren die Rechnung stören: das Abdriften
des Logs durch die Strömung, die erdmagnetisch bedingte Abweichung des
angezeigten Kompasskurses vom geographischen Nordpol usw.).

Das Logbuch besitzt typischerweise eine tabellarische Form, wie sie etwa
schon ein gutes Jahrhundert zuvor in den *Philosophical Transactions*, dem
Zentralorgan der *Royal Society*, normiert worden war.[183] Das auf Cooks Reisen
verwendete Formular ist aber wesentlich kleinteiliger und rigider organisiert.
Hatte die *Royal Society* dem Navigator noch erlaubt, nach Gutdünken eine
kleine Zahl von „*Remarkable hours*" pro Tag zu wählen, für welche aus seiner
Sicht Erwähnenswertes zu notieren war, ermöglicht und erzwingt das von
den Astronomen auf der *Resolution* und der *Adventure* verwendete Formular
eine stundengenaue Notation, also mit einer Zeile pro Stunde und dementsprechend typischerweise einem halben Folio-Blatt pro Schiffstag. Ein solcher
Tag beginnt nach nautischer Zeitrechnung mittags und endet am Mittag des
Folgetags – für das hier verwendete Beispiel ist dies aber fast egal, da sich das
Schiff an einem Ort aufhielt, an dem zu diesem Zeitpunkt die Sonne kaum
unterging: „Thus we spent the night, or rather that part of the twenty-four hours
which answered to night; for we had no darkness but what was occasioned by
fogs." (V II, 263) Noch Arthur Gordon Pym wird in einer Fußnote erläutern:
„The terms *morning* and *evening*, which I have made use of to avoid confusion

---

183   Vgl. Anonymus, „Directions", S. 445.

in my narrative, as far as possible, must not, of course, be taken in their ordinary sense. For a long time past we had no night at all, the daylight being continual. The dates throughout are according to nautical time".[184]

Das von William Wales, dem Astronomen der *Resolution*, geführte Logbuch, aus dem der obige Ausschnitt (Abb. 3) stammt, besitzt beispielsweise Spalten für die Parameter Kurs des Schiffes, Wind, Geschwindigkeit (in K für Knoten; die Spalte F, eigentlich für die Wassertiefe in Fathom/Faden vorgesehen, wird auf hoher See zur Präzisierung der Geschwindigkeit eingesetzt, also für die Notation von Knoten-Bruchteilen),[185] eine breitere Spalte für das Wetter sowie eine noch breitere für „Remarks &". Am Ende jedes Tages folgt eine zusammenfassende Zeile (in der Abbildung am unteren Rand), in deren Zellen notiert werden: der von allen einzelnen Kursänderungen bereinigte Kurs, die zurückgelegte Gesamtdistanz, diese auch aufgeschlüsselt auf die Anteile entlang der Süd/Nord- sowie der West/Ost-Achse, sowie die Position des Schiffes nach verschiedenen Ermittlungsmethoden: Breitengrad und Längengrad nach ‚Dead Reckoning‘, beide nach Beobachtung (also des Breitengrads nach dem Sonnenstand, des Längengrads nach Monddistanzen), der Längengrad schließlich auch, wie bereits erläutert, nach dem Unterschied zwischen der genauen Zeit am Aufenthaltsort und der Zeit von Greenwich, und dies wiederum nach K, also dem Chronometer von Kendall, und A, also demjenigen von Arnold.[186] Es folgen noch Barometerstand und Temperatur (nach Thermometer A in der Hauptkabine und Thermometer B an Deck).[187] An durchgehend nebligen oder trüben Tagen (wie dem hier ausgewählten) müssen allerdings einige Zellen leer bleiben, da die Beobachtungen ohne Ermittlung des Standes von Sonne und (für den Längengrad überdies) Mond natürlich nicht durchzuführen sind; unter Umständen muss sogar die Berechnung unter Verwendung der Chronometer unterbleiben, da auch diese ja nur dann zu einem Ergebnis führt, wenn die Greenwicher Zeit mit der punktgenauen Zeit des aktuellen Aufenthaltsortes verglichen werden kann und diese letztere auf der Fahrt ebenfalls nur nach dem Sonnenstand exakt ermittelt werden kann.[188]

---

184   Poe, *The Narrative of Arthur Gordon Pym*, Kap. xviii, S. 1135.

185   Vgl. Vgl. Peter Reaveley, „Navigation and Logbooks in the Age of Sail", https://www.usna. edu/Users/oceano/pguth/website/shipwrecks/logbooks_lesson/logbooks_lesson.htm.

186   Zum hier ausgewählten Zeitpunkt war der Chronometer von Arnold allerdings bereits kaputtgegangen, so dass die Zelle einer anderen Verwendung zugeführt werden konnte, nämlich für die Berechnung des Längengrads nach der Zeit, die der Kendall'sche Chronometer anzeigen würde, wenn er nicht inzwischen nachkorrigiert worden wäre.

187   Vgl. die Erläuterung bei Wales, *Log book*, Bl. 187 v.

188   Denn dabei ist selbstverständlich nicht eine Zeit nach Zeitzonen (eine für den Verkehr vielleicht praktische, aber für navigatorische Zwecke unbrauchbare Erfindung des späten 19. Jahrhunderts), sondern eben diejenige zu ermitteln, die an genau dem jeweiligen Aufenthaltsort gilt, so dass bei einer merklichen Bewegung in östliche oder westliche

Der Schreiber eines Logbuchs ist also weitgehend eine bloße Zähl-, keine Erzählinstanz. James Burney, zweiter Lieutenant auf dem zweiten Schiff von Cooks zweiter Reise, der neben dem offiziellen Tagebuch ein zweites für Familie und Freunde geschrieben hat, entschuldigt sich bei diesen ausdrücklich dafür, wenn er tabellarische Daten einschaltet, obwohl doch „the Log can be no kind of Entertainment for you".[189] Noch heute klagen manche Rezipienten über die „fürchterlich an den Nerven zerrenden Ortsangaben mittels Längen- und Breitengraden" in Edgar Allan Poes Roman *Narrative of Arthur Gordon Pym*, der passagenweise das Verfahren der taggenauen Einträge mit vielen Koordinatenangaben emuliert.[190]

Nur die Spalte „Remarks &" erlaubt den Eintrag von anderen als vorformatierten Daten und damit den Austritt aus dem Regime der gleichförmigen, nach Stunden getakteten Zeit; nur hier kann der Schreiber sich ansatzweise zur Erzählinstanz aufschwingen; nur hier können sich ganze Sätze entwickeln, die sich auch über mehr als eine Zeile erstrecken dürfen, ohne ganz exakt den entsprechenden Stunden zugeordnet sein zu müssen. Im oben gezeigten Eintrag zum 29. Januar 1774 heißt es in der entsprechenden Spalte unter anderem: „This Evening we passed by a piece of Sea Weed, that was full of Barnacles: a large Albatross of the grey sort was swimming beside inspecting them."

Cooks Tagebuch ist ‚nur' taggenau gegliedert. Dabei beginnen die einzelnen Einträge (in der von Beaglehole gedruckten Version) jeweils mit summarischen Daten zu Temperatur, Wind, Kurs, zurückgelegter Entfernung und

---

Richtung schon am Folgetag eine Uhr nicht mehr stimmt, die am Tag zuvor noch genau nach dem Sonnenstand gestellt worden war. Noch die Einteilung eines Tages in genau 24 Stunden ist für eine solche Reise deshalb eine Idealisierung; bei einer Reise in östliche Richtung ist ein Tag natürlich kürzer (und nur deswegen kann man ja bei einer Umrundung der Erde einen Tag ‚gewinnen').

189   Burney, *Journal*, S. 34.

190   Vgl. Poe, *Narrative of Arthur Gordon Pym*, insb. Kap. xv-xviii, und dazu ein Hörbuchhörer: „Leider ist dieser Roman Poes (zumindest in Hörbuchform) beinahe unzumutbar, und ich sage das, obwohl ich großer Fan seiner Kurzgeschichten bin. [...] In gedruckter Form könnte man [...] die fürchterlich an den Nerven zerrenden Ortsangaben mittels Längen- und Breitengraden einfach überspringen – so muss man sich das aber unablässig anhören. Jeder einzelne Standort einer endlosen Seefahrt wird erläutert wie ‚Today we were in latitude thirty-eight degrees twenty minutes, longitude forty-three degrees five minutes west', bis man weinen möchte." (https://www.audible.de/pd/The-Narrative-of-Arthur-Gordon-Pym-Hoerbuch/B004UVOQSC?qid=1548596220&sr=1-3&ref=a_search_c3_lProduct_1_3&pf_rd_p=34e3b439-2a21-4dff-af95-98a7a74a1f67&pf_rd_r=ERX96XWFZZA5H2J41H2o&) – Der geographische Pedant schreibt aber „*manche Rezipienten*", weil ihm auffällt, dass der Hörer im Zitat seines Beispiel zwei Ziffern vertauscht hat, die Angabe des Breitengrads in Wahrheit 83° 20' lauten muss (Poe, *Pym*, Kap. xviii, S. 1135) – und *er* hält jedenfalls *diese* Zahl für sehr spannend.

Positionsangaben – unter denen die des Längengrads zumeist die durch den Abgleich mit Kendalls Chronometer ermittelte ist –, die jedoch unsystematisch, nicht immer vollständig sind und mit verschiedenen Abkürzungen notiert werden. Es folgen ausgeführte Sätze, deren manche allerdings grammatisch defizient sind. Unter dem Datum des 30. Januar 1774 heißt es etwa: „some little after saw a piece of Rock Weed covered with Barnacles which one of the brown Albatroses was picking off." (J II, 321)[191] Während ich den Unterschied zwischen Wales und Cook bei der Bestimmung der Farbe des Albatros nicht zu begründen vermag, erklärt sich diejenige des Datums daraus, dass Wales, wie er ausdrücklich erläutert,[192] die astronomische Zeitrechnung zugrunde legt, Cook hingegen an Bord die nautische. Beide reichen zwar von Mittag zu Mittag, letztere eilt aber der ersteren um 24 Stunden voraus; die von Mitternacht zu Mitternacht reichende ‚bürgerliche' Landzeit, in die auch Cook bei längeren Landaufenthalten übergeht,[193] liegt dementsprechend genau in der Mitte der beiden anderen.

Die von John Douglas zur Publikation unter dem Titel *Voyage towards the South Pole* überarbeitete Fassung von Cooks Tagebuch behält dessen Anordnung nach Tagen weitgehend bei. Der Text besteht aber ausschließlich aus ganzen Sätzen, in die auch viele, aber unsystematisch ausgewählte Daten zu Wind, Wetter, Kurs, Position, manchmal sogar Magnetnadelabweichungen, eingearbeitet sind. In einem Eintrag zum 29. Januar – jetzt nach der ‚bürgerlichen' Zeitrechnung –[194] kommt auch das Subjekt, das den Albatros sichtete,

---

191 Um permanente Einfügungen von „[sic!]" zu vermeiden, sei hier summarisch versichert, dass durchgängig größte Sorgfalt auf die buchstabengenaue Wiedergabe von Wortlauten angewendet wurde.

192 Wales, *Log book*, Bl. 187 r. Vgl. Beaglehole, J II, cxli, dort a. Anm. 1 zu einem Zitat aus Wales' Erläuterungen, in denen er über die voneinander abweichenden Zeitrechnungen klagt.

193 Vgl. Beagleholes Kommentar zu: J II, 202, Anm. 1 (dort a. der Ausdruck „civil time" für die Landratten wir mir besser geläufige Zeitrechnung).

194 Denn Cooks Tagebuch wurde bei der Überarbeitung von der Schiffszeit auf die Landzeit umgestellt, so dass die erste Hälfte des Bordtages 30. Januar zur zweiten Hälfte des Landtages 29. Januar wird. – Zur Zusammenfassung der drei verschiedenen Zeitrechnungen: Dem astronomischen Zeitpunkt Tag *n*, 0 Uhr in Wales' Logbuch entspricht der nautische Zeitpunkt Tag *n*+1, 0 Uhr in Cooks Tagebuch sowie der Zeitpunkt Tag *n*, 12 Uhr der Landzeit (‚unserer normalen'), in der andere Tagebücher geführt werden und in die auch Cooks Tagebuch bei der Transformation in die gedruckte *Voyage* konvertiert wird. Zum Beispiel findet die Sichtung des Albatrosses nach Wales' Logbuch am 29. 1., 7 Uhr, nach Cooks *Journal* am 30. 1., 7 Uhr, nach der *Voyage* am 29. 1., 19 Uhr statt. Wie aus anderen, zuvor und danach notierten Daten und Geschehnissen abzuleiten ist, ergeben sich diese Unterschiede nur aus den verschiedenen zugrunde gelegten Rastern, *ohne* dass ein Dissens über den Punkt auf dem Zeitpfeil bestünde, an dem diese Geschehnisse stattfanden. – Die Unterschiede hängen also auch nicht, wie man vermuten könnte, mit verschiedenen

durch die Konstruktion eines zwei Glieder beiordnenden Satzes zu seinem Personalpronomen: „*We* continued our course to the South, and passed a piece of weed covered with barnacles, which a brown albatross was picking off." (V I, 263, Hvh. R. St.) In vergleichbaren typischen Fällen beschränkt sich Douglas darauf, aus etwas wie „Thursday 24th. Winds from N.W. to N.E." des *Journal* „On the 24th the wind blew from N.W. to N.E." zu machen.[195] Ein solcher Aussagesatz mit Vollverb erfüllt zwar noch nicht die hinreichende Bedingung für ein *sujet* in Lotmans Sinne, immerhin jedoch eine seiner notwendigen Bedingungen: Mit ihm wird – um Nietzsches Analyse der Grammatik von Subjekt-Prädikat-Sprachen zu zitieren, deren bevorzugtes Beispiel ebenfalls aus dem Bereich von Wetter'ereignissen' stammt – ein „Thäter' [...] zum Thun [...] hinzugedichtet".[196]

Unter dem Datum des 30. Januar, aber als Geschehen des Vorabends (weil er, obwohl auf See, nach Landzeit rechnet), notiert Johann Reinhold Forster: „The evening before a bundle of Seaweed with some Barnacles on it passed the Ship & some Petrels were seen feeding on it."[197] Das Wort *petrel* ist ein Überbegriff für verschiedene Arten von Sturmvögeln, von denen die wenigsten Arten so groß werden, um auch nur von fern mit Albatrossen verwechselt werden zu können; zudem weicht ja die notierte Zahl von Vögeln ab. Zwar mag Forster größere ornithologische Kompetenz zugetraut werden als Cook und Wales, doch legen die Passivkonstruktion „were seen" sowie der verspätete Eintrag nahe, dass er die Vögel nicht selbst gesehen hat – wenngleich er schon am Vortag notiert hatte, dass er sich „after a month confinement" erstmals wieder an Deck gewagt hatte.[198] Immerhin hatte er davor und danach sehr häufig die Sichtung von Albatrossen notiert.[199] Bei seinem Sohn jedoch wird aus der impliziten Negation des Albatros an *dieser* Stelle eine Anzeige der Abwesenheit

---

Interpretationen der Frage zusammen, wann die *Resolution* die Datumsgrenze überschritten hat, die erst sehr viel später auf 180° westlich (oder östlich) von Greenwich gesetzt wurde. Der auf der Reise dank ihres ostwärts gerichteten Verlaufs ‚gewonnene' Tag wurde vielmehr erst in der südafrikanischen Table Bay eingerechnet, also dort, wo das Schiff nach zwei Jahren und vier Monaten erstmals wieder in den Geltungsbereich des Julianischen Kalenders eintrat: „The next Morning, being with us Wednesday 22nd [März 1775] but with the people here 21st [...]" (J II, 654).

195   Beides zitiert von Beaglehole, J II, cxliv f.

196   Nietzsche, *Zur Genealogie der Moral*, S. 279 (Abhandlung I, Abschnitt 13). Nietzsches Beispiel ist der leuchtende Blitz.

197   J. R. Forster, *Journal*, Bd. III, S. 451.

198   J. R. Forster, *Journal*, Bd. III, S. 451.

199   Der „Natural History Index" in J. R. Forster, *Journal*, Bd. IV, S. 787, weist 35 Seiten aus, auf denen das Wort vorkommt; auf vielen dieser Seiten erscheint es mehrfach und mindestens ein weiterer Beleg (S. 295) ist nicht erfasst.

von Albatrossen in einem größeren Gebiet, nämlich den zu diesem Zeitpunkt aufgesuchten Breiten jenseits des Polarkreises. Denn Georg Forster betont zwar in seiner *Reise um die Welt* zum 29. Januar nur das schöne Wetter und bestätigt die Rückkehr des Vaters auf Deck (R II, 426), lässt das muschelbesetzte Seetangfeld unerwähnt, trifft an dieser Stelle also auch keine Entscheidung über die dort angetroffene Vogelart – hatte aber unter dem Datum des 27. Januars bereits festgehalten: „Die blauen und kleinen Sturmvögel [*petrels*], imgleichen die Pintade begleiteten uns noch immer; die Albatrosse aber hatten uns seit einiger Zeit verlassen." (R II, 425 f)

Es bleibe dahingestellt, ob Cook und Wales Recht haben, oder Georg oder Johann Reinhold Forster – Wales und Georg Forster haben sich später über viele Details gestritten, aber nicht über dieses –; bemerkenswert bleibt jedenfalls, dass gerade das von Georg Forster notierte *Nicht*vorhandensein auch nur eines Exemplars dieser Vogelart Gegenstand einer kleinen Narration ist („hatten uns [...] verlassen"). Während Wales und Cook von einem einzigen Albatros erzählen, der mit dem Schiff nur insoweit in Beziehung steht, als er von diesem aus beobachtet wird, ist bei Forster, erstens, gleich von der ganzen Gattung die Rede, deren Abwesenheit er, zweitens, offenbar in einem Akt von *pathetic fallacy*, einer Bewegung der Vögel selbst zuschreibt, statt, wie es wahrscheinlicher wäre – einmal angenommen, dass die Beobachtung überhaupt zutrifft –, dem Sachverhalt, dass sich das Schiff von ihnen fortbewegt.

c) *Erzählung*

Narrative ist das von Georg Forster selbst verwendete Wort, und zwar zur Bezeichnung für seine *Voyage* als ganze, die eine solche *Erzählung* (in seiner eigenen Übersetzung) herstelle und damit vollziehe, was seinem Vater Johann Reinhold verwehrt worden sei. Diesem nämlich war von der Britischen Admiralität nur gestattet worden, sujetlose, klassifikatorische und dabei generalisierte *Observations* zu veröffentlichen: „as the word ‚narrative' was omitted in the agreement, he [J. R. Forster] had no right to compose a connected account of the voyage" (R I, 10 f). In diesem thematisch organisierten Bericht schrumpfen die zahlreichen im Tagebuch notierten Sichtungen von Albatrossen nahezu auf eine einzige Aussage zusammen: „Robben oder Seehunde, Pinguine, Sturmvögel und Albatrosse sieht man sechs- bis siebenhundert See-Meilen (*leagues*) weit vom Lande, mitten auf dem Südmeere."[200] In der englischen Originalausgabe folgt hier der Zusatz „so that they cannot be depended on",[201] weil die ganze Passage es unternimmt, die geläufige Annahme zu widerlegen, Vögel

---

200   J. R. Forster, *Bemerkungen*, S. 188.
201   J. R. Forster, *Observations*, S. 142.

könnten als indexikalische Zeichen für die Nähe des Landes gedeutet werden. Etwas mehr über Vögel, darunter aber vor allem über *petrels*, deren einige neue Arten Forster entdeckt haben will, steht nur noch unter „V. Remarks on the Organic Bodies", „Section ii. Animal Kingdom", wo schon der Titel eines Unterkapitels („iv. *Classification*") die Zugehörigkeit dieses Textes zu den klassifikatorischen Texten im engeren, wie natürlich auch im weiteren Lotman'schen Sinne markiert.

Forsters Anspruch auf eine „zusammenhangende Geschichte der Reise" (wie er „connected account of the voyage" übersetzt; R II, 9) geht demgegenüber mit einer doppelten Abweichung einher: einerseits von den thematisch geordneten, aus der Chronologie des Reiseverlaufs vollständig abstrahierten *Observations* seines Vaters, andererseits aber auch von dem Format des Log- und Tagebuchs, die zwar chronologisch angeordnet sind, in denen jedoch gleichsam jeder Tag neu anhebt, so dass hier kein ‚Zusammenhang' zwischen den einzelnen Einträgen besteht. Nicht nur durch andere thematische Akzente, sondern auch in einigen kleinen, aber signifikanten formalen Merkmalen weicht Georg Forsters *Voyage round the World* überdies von Cooks *Voyage* ab, die stärker an der diaristischen Formatierung orientiert bleibt. Zwar wird in beiden Büchern minimaler Zusammenhang bereits dadurch gestiftet, dass nicht jedes Datum mit Zahlen notiert, sondern der Übergang zwischen den Tagen häufig mit Formulierungen vom Typ „The following day" oder „The next morning" gestaltet wird. Zwar sind auch in Cooks publizierter *Voyage* diejenigen Tage getilgt, an denen er im Tagebuch nahezu ausschließlich nautische und meteorologische Daten notiert, so dass etwa ein Eintrag wie „nothing else worthy of note" nach seinem Inhalt ausgewertet und deshalb gestrichen wird –[202] anders als in dem Marra zugeschriebenem Bericht, in dem der Tagebuch-Charakter so markant ausgestellt wird, dass vergleichbare Einträge stehen bleiben: „29. Nothing material."[203] Bei Cook bleiben die Daten dennoch leichter adressierbar, weil sie zusätzlich für die meisten Tage in der Marginalspalte notiert sind – wohingegen dieses Mittel bei Forster in der englischen Originalausgabe nur mit sehr viel größeren Sprüngen eingesetzt wird[204] und in der deutschen Übersetzung ganz fehlt. Im Falle der letzteren mag dies dem Interesse geschuldet sein, zusätzlichen drucktechnischen Aufwand zu

---

202   J II, 324 (Eintrag 3. 2. 1774); kein Äquivalent in V an der chronologisch entsprechenden Stelle ungefähr im Umbruch von I, 265 f.

203   [Marra], *Journal*, S. 116.

204   Bei Forster stehen auf der Doppelseite mit den Einträgen für die Zeit rund um den 29. Januar 1774 beispielsweise nur die Daten 28. Januar und 5. Februar in der Marginalspalte (vgl. R I, 312 f); bei Cook (V I, 263–66) sind für den gleichen Zeitraum fünf Tage in der entsprechenden Spalte ausgewiesen.

vermeiden; jedenfalls erscheint die Möglichkeit, Einträge über das Datum zu adressieren, als für das Erzählschema von Forsters Bericht nicht konstitutiv. Zudem enthält zwar auch Forsters *Voyage* immerhin einige nautische und meteorologische Daten, die ebenfalls in vollständige Sätze integriert sind, aber sehr viel wenigere als Cooks *Voyage*.

Forsters starke Erzählinstanz sorgt für einen Zusammenhang, in den sehr gegenstrebige Momente halbwegs integriert werden können. Zum einen betrifft dies gerade die vielen keineswegs narrativen Passagen mit ihren zivilisationstheoretischen bzw. -kritischen, in der Germanistik gern ‚inter-kulturell‘ genannten Themen, die gemeinhin im Zentrum der einschlägigen Forschung stehen,[205] deren erneute Diskussion hier jedoch weitgehend unter-bleiben kann. Festzuhalten ist im gegebenen Rahmen nur, dass das *narrative*, also die Anordnung des Reiseberichts nach dem Verlauf der Reise, in einem Spannungsverhältnis zu einer kohärenten Theorie der Zivilisation steht, wie sie Georgs Vater eher vorlegt, vielleicht deshalb eher vorzulegen vermag, weil er im Format der *Observations* von den je konkreten Anlässen für verschiedene Reflexionen abstrahieren kann.[206] Bei Georg Forster hingegen ergeben sich „many glaring inconsistencies“, die schon William Wales aufgespießt hat: etwa, dass er sich einmal wünscht, „that the intercourse which has lately subsisted between Europeans and the natives of the South Sea islands may be broken off in time“, während er doch bereits im Vorwort den Wunsch geäußert hatte, „that voyages of discovery, upon a disinterested plan, may still be prosecuted with vigour, as much remains to be done“.[207] Diese Inkonsistenzen lassen sich vielleicht ganz pragmatisch darauf zurückführen, dass es einigen der angetroffenen Gesellschaften auch ohne Entwicklungshilfe sichtlich gut genug geht, anderen hingegen nicht. Darum neigt Forster in Tahiti, wenn man so will, zum ‚Rousseauismus‘, im Angesicht der unter extremen klimatischen Bedingungen dahinvegetierenden Bewohner von Tierra del Fuego hingegen zum ‚Anti-Rousseauismus‘:

---

205 Einen kritischen Überblick bietet Görbert fortlaufend in seiner Einführung zu *Die Ver-textung der Welt*, S. 3–30.

206 Vgl. zu einer (vielleicht allzu) konzisen Darstellung: Thomas, „On the Varieties of the Human Species“.

207 Wales, *Remarks on Mr. Forster's Account*, S. 26 f mit Zitaten aus R I, 182 und 17. – Nahezu die gleichen Sätze dienen noch der heutigen Forster-Forschung als Lieblingsbeispiele für solche internen Widersprüche; so tauscht z. B. Görbert, *Die Vertextung der Welt*, S. 55, nur das erste durch ein anderes aus, in dem Forster gar schreibt, es wäre, „für die Ent-decker und Entdeckte, besser, daß die Südsee den unruhigen Europäern ewig unbekannt geblieben wäre!“ (R II, 301), und kontrastiert dieses mit demjenigen, das auch Wales als zweites verwendet (in der deutschen Fassung, R II 17).

Was die ärgste Sophisterey auch je zum Vortheil des ursprünglich wilden Lebens, im Gegensatz der bürgerlichen Verfassung, vorbringen mag; so braucht man sich doch nur einzig und allein die hülflose bedauernswürdige Situation dieser *Pesseräh* vorzustellen, um innig überzeugt zu werden, daß *wir* bey unsrer gesitteten Verfassung unendlich glücklicher sind! (R III, 383)

d)   *Elemente und Kritik abenteuerlicher Erzählschemata*

„Ich lenke nunmehro in die Erzählung wieder ein" (R III, 356),[208] lautet der charakteristische Satz, mit dem allgemeine Exkurse über Südseebewohner und deren Verhältnis zu Europäern abgebrochen werden. Tatsächlich erzählt Forster viel und integriert dabei, zum anderen, auch viele kleine Binnenerzählungen – ein Merkmal, das auf der Suche nach potentiell abenteuerlichen Erzählschemata mehr Erfolg verspricht. Dazu gehört etwa die von Matrosen ersonnene Phantasie, wonach die „abgeschiedenen Seelen" (R II, 203) von ehemaligen Kapitänen nach Ostindien segelnder Schiffe in Albatrosse gebannt seien:

> Some of our sailors, who had formerly sailed on board of East-India ships, after comparing the facility of those voyages to the hardships of the present, propagated the ludicrous idea among their messmates, that these birds contained the departed souls of old India captains; who now, exiled to a part of the ocean which they shunned before, were forced to gather a precarious subsistence instead of enjoying their former affluence, and were made the sport of storms which they had never felt in their cabbins. This stroke, which may pass for witty enough, confirms what I have before observed of the original humour of sea-faring men. (R I 145)[209]

In der englischen Originalfassung sei dies hier ausnahmsweise zitiert, weil sie in diesem Wortlaut möglicherweise Samuel Taylor Coleridge gelesen hat, in dessen „Rime of the Ancient Mariner" bekanntlich ein Albatros und eine „ghastly crew" mit gespenstischen Seeleuten die Hauptrollen spielen (wenngleich in einer etwas anderen Verbindung als in derjenigen, welche die Matrosen der *Resolution* ersannen).[210]

---

208   Auch dieser Satz wird gern in der Forschung zitiert; vgl. z. B. Japp, „Aufgeklärtes Europa und natürliche Südsee", S. 31, sowie Görbert, *Die Vertextung der Welt*, S. 25 (der hinzufügt, dass dieser Satz im englischen Original fehle).

209   Vgl. R II, 203, sowie Sparrman, *A Voyage Round the World*, S. 44.

210   Coleridge, „The Rime of the Ancient Mariner" (Fassung 1834), v. 340; vgl. Zapf, „We were a ghastly crew". Ein kurzer Hinweis auf den möglichen Zusammenhang zwischen Coleridge und Forster steht schon bei Lowes, *Road to Xanadu*, S. 529, Anm. 15; etwas ausführlicher wird er diskutiert bei: Bohm, „Forster's ‚A Voyage'", S. 367.

Forster gibt aber nicht nur Erzählungen von Seeleuten, sondern auch solche von Südseebewohnern wieder, und in einem Fall erzählt er von einer Szene des Erzählens. Der Bericht bezieht sich auf den aus Raietea stammenden Maheine (auch unter den Namen Mahine, Hitihiti, O-Hedidi, Oediddee, Odiddy und Hedeedee geführt), der zwischen September 1773 und Mai 1774 auf der *Resolution* mitreiste – unter anderem nach Neu-Seeland und zum Oster-Eyland – und beim Zwischenstop auf Tahiti, also kurz vor der Rückkehr auf seine nicht mehr weit entfernte Heimatinsel, von seiner bis dahin unternommenen Reise erzählt haben soll.[211] Bei dieser Gelegenheit skizziert Forster eine kleine Theorie des universalen Vergnügens am Hören von Geschichten: Zu den „Ähnlichkeit[en] unter den Neigungen der Menschen, vornehmlich aber bey denjenigen Völkern, die nicht zu den ganz ungesitteten zählen" – womit die polynesischen und die europäischen auf eine Stufe gebracht werden – rechnet er nicht nur das Interesse an den von Maheine mitgebrachten dinglichen Souvenirs, sondern auch „die Begierde, womit sie die Erzählungen ihres jungen gereiseten Landsmannes anhörten. Wo er sich nur blicken ließ, da drängten sich die Leute haufenweise um ihn her." (R III, 61 f) Das von Maheine auf der Reise Erlebte und jetzt Berichtete nennt Forster *adventures* (R I, 385) – und dies ist der einzige Beleg für dieses Wort in der ganzen *Voyage*, der sich nicht auf den Namen des zweiten Schiffes bezieht.[212]

Nun hat Maheine nichts wesentlich anderes erlebt als die ganze europäische Schiffsbesatzung, für deren Unternehmung Forster das Wort jedoch nie verwendet. Der Unterschied kann also nicht auf zwei verschiedene Ereignistypen zurückgeführt werden, sondern hängt wohl einerseits mit den verschiedenen Subjekten zusammen, welche die Ereignisse erleben, so dass dabei zwei

---

211 Ortsnamen werden hier wie im Folgenden nach der von Georg Forster in seiner deutschen Selbstübersetzung präferierten Form angegeben, soweit nicht ausdrücklich heute verwendete als Referenzorte zu nennen oder die Ortsnamen ihrerseits zu diskutieren sind; dass Forster darunter für einige englische Inselnamen deutsche Übersetzungen prägt (wie eben z. B. *Neu-Seeland, Oster-Eyland*), für andere (z. B. *Adventure Island, Resolution Island*) hingegen nicht, ist nicht inkonsequenter als der Sachverhalt, dass es im Deutschen beispielsweise Sonderformen für *Venezia* und *Torino*, nicht jedoch für *Montepulciano* und *San Gimignano* gibt. Bei denjenigen Inseln, die schon seinerzeit auch in europäischen Berichten überwiegend die von ihren Bewohnern verwendeten Namen trugen, wähle ich unter den divergierenden zeitgenössischen Schreibweisen diejenige, die der heutigen am nächsten kommt (entscheide mich also zum Beispiel bei der Wahl zwischen den Varianten *Tahiti* und *O-Tahiti*, die Forster beide verwendet, für die erstere).

212 Auch in der deutschen Übersetzung schreibt er von Maheines „Abentheuren" (R II, 61); dort sind allerdings weitere Belege für das Lexem zu finden, die noch kommentiert werden. Auch Burney verwendet das Wort *adventure* nur für einen Südseebewohner; vgl. unten, II. 5 c.

‚nicht ganz ungesittete Völker' vorgeblich unterschiedlicher Entwicklungs-
stufen nun doch wieder auseinandertreten: Offenbar unterstellt Forster,
dass einem Südseebewohner eben diejenige Ereignisse als kontingent auf
ihn eindringende *Abenteuer* erschienen, die aus der Sicht eines aufgeklärten
europäischen Reisenden Schritte auf einer zuvor geplanten *Entdeckungsreise*
sind. Andererseits wird die Wortverwendung wohl auch mit Bezug auf ein
bestimmtes Erzählschema motiviert, oder genauer: mit Bezug auf eine Szene
der Rezeption, in der Maheines „Erzählungen den Zuhörern so wunderbar
vor[kamen], daß sie nicht selten für nöthig erachteten, sich der Bestätigung
wegen, an uns zu wenden." (R III, 62) Nach Forsters Bericht erzählt Maheine
offenbar nichts an sich Wunderbares; vielmehr können die europäischen
Reisenden die gewünschte Bestätigung von Phänomenen wie dem „immer-
während[n] Tag in der Gegend um den Pol" oder den „Menschenfresser[n]"
in Neu-Seeland guten Gewissens geben (R III, 62).[213] „Wunderbar" und damit
‚abenteuerlich' erscheinen die Erzählungen nur den Südseebewohnern – so
erscheint es den Europäern.

Strukturell erinnert diese Szene – wiederum nicht so sehr hinsichtlich der in
ihrer erzählten Ereignistypen denn vielmehr des Erzählschemas selbst – an die
apólogoi, also die ‚Abenteuer' des Odysseus, von denen im homerischen Epos
ja der Protagonist selbst bei den Phaiaken im Modus der Binnenerzählung
berichtet, zu einem Zeitpunkt, an dem seine Rückkehr nach Hause ebenfalls
schon kurz bevorsteht und als ihrerseits ungefährliche antizipiert wird. (Die
Phaiaken werden Odysseus, wie die *Resolution* Maheine/Odiddy, nach getaner
Erzähl-Arbeit mit einem Begleitservice nach Hause bringen und erst auf dem
Rückweg versteinert.) Diese Assoziation ist insofern nicht ganz abwegig, als
Forster an anderer Stelle ausdrücklich aus den entsprechenden Passagen zitiert
(R III, 112), und an einer wiederum anderen zu einem Vergleich der „Schiffahrt
der alten Griechen" mit der „Tahitische[n]" im 18. Jahrhundert ausholt, wobei
er festhält, erstere „erstreckte sich nicht viel weiter" als die letztere (R III, 84).[214]

---

213   Eine bemerkenswert abweichende Version enthält allerdings Anonymus, *A Second
      Voyage*, S. 67. Danach (und nur danach) habe Maheine in seinen Erzählungen zunächst
      behauptet, zwischenzeitlich in England gewesen zu sein, und Cook selbst habe dem
      widersprochen, worauf Maheine „appeared to be very angry to have his veracity called
      into question before so many of his countrymen". Erst danach sei er dann zu denjenigen
      Ereignissen und Phänomenen übergegangen, die Cook nunmehr guten Gewissens habe
      bestätigen können.

214   Der Vergleich der Südseebewohner mit den Griechen zur homerischen Zeit wird,
      zunächst offenbar von William Wales, auch auf die Kampfmethoden ausgedehnt (vgl. J
      II, 507; V II, 82 f; a. zitiert in R III, 217, Anm., nur in der deutschen Ausgabe). Vgl. zum
      ganzen Komplex einer ‚Antikisierung' des Pazifik: Despoix, *Die Welt vermessen*, S. 131–189,
      zur spezifischen Zitierpolitik Forsters: Goldmann, „Georg Forsters Rezeption der Antike".

Die Korrelation von Südseebewohnern und Griechen geht allerdings nicht für die gesamte Antike auf, da sich die Wendung „der kühne Argonaute"[215] bei Forster noch nicht, wie anderthalb Jahrhunderte später bei Malinowski, auf die Südseebewohner, sondern auf Cook bezieht, den auch Baggesen den „neuen Jason" nennt.[216] Wenn, wie es naheliegt, Baggesen und Forster bei der Argonauten-Sage an deren alexandrinische Gestaltung durch Apollonios von Rhodos und damit an ein Epos denken, das ungefähr ein halbes Jahrtausend nach den homerischen entstanden ist, so lässt sich auch dieser Unterschied in Kategorien der Kerbung formulieren. Denn die *Argonautica*, die in Tuch-fühlung zur seinerzeit avancierten alexandrinischen Geographie entstand, führt, im Gegensatz zur schwerlich kartierbaren *Odyssee*, über weite Strecken durch inzwischen gekerbtes Gelände.[217] Auf Tahiti begegnen sich also der pazifisch-archaische Odysseus und der europäisch-alexandrinische Jason.

Wenn Forster, innerhalb der *Reise* nur an einer einzigen Stelle, das Adjektiv *abentheuerlich* verwendet, so bezieht er es jedoch kritisch auf eine europäische Darstellung, die sich in Hawkesworth' (auch ins Deutsche über-setzter) *Geschichte der englischen See-Reisen* findet. Von dem dort kolportierten Gerücht, wonach die „Weiber" der hermaphroditischen Errioys – „Leute beyderley Geschlechts" (R III, 102), an deren Existenz als solcher kein Dissens besteht – auf der Insel Raietea „allen Mitgliedern des Ordens gemeinschaftlich zugehörten", urteilt Forster: „Man muß diese Erzählung für eine bloße Grille von gewissen lustigen und kurzsichtigen Reisenden oder Reisebeschreibern ansehen, die das liebe Publikum wohl mit noch andern abentheuerlichen Mährchen unterhalten haben." (R III, 105)[218]

Das ‚Abenteuerliche' wird hier also als Negativfolie eingesetzt, vor der nicht nur das Dispositiv der wissenschaftlichen Entdeckungsreisen (vgl. oben, I. 4 b), sondern auch dessen schriftliches Äquivalent, der faktengetreue Reise*bericht*, abgehoben wird. In Anlehnung an Lenardos Satz aus den *Wanderjahren* ließe sich formulieren, dass nicht nur die Zeit vorüber sei, „wo man abenteuerlich in die weite Welt rannte", sondern auch diejenige, wo man abenteuerlich über die weite Welt schrieb. Insofern diese kritischen Gesten sich gegen das

---

215   G. Forster, „Cook, der Entdecker", S. 213.

216   Baggesen, *Oceania*, S. 334. Vgl. Malinowski, *The Argonauts of the Southern Pacific*.

217   Vgl. Stockhammer, *Afrikanische Philologie*, S. 57–78.

218   In der englischen Ausgabe (R I, 416) fällt der Seitenhieb gegen „a traveller's gay fancy" (also ohne den Signifikanten *adventurous*) deutlich kürzer und weniger polemisch aus, wird auch nicht durch eine Fußnote auf Hawkesworth bezogen. In diesem Kontext gehört auch ein nicht weiter signifikanter Beleg für *Ebentheuer* in einem Zitat aus einem alten Reise*bericht* (demjenigen Mandevilles); vgl. R II, 250 (ebenfalls keine wörtliche Ent-sprechung in der sinngemäß entsprechenden Passage R I, 178 f).

Erzählschema mehr als gegen den Ereignistyp richten, konvergieren sie mit
der Kritik des Abenteuers in der zeitgenössischen poetologischen Diskussion,
wie sie Forster etwa in der *Allgemeine[n] Theorie der Schönen Künste* hätte
nachlesen können, deren erster Band im Jahr vor dem Antritt seiner Reise
erschienen war und deren Verfasser Johann Georg Sulzer einst Mathematik-
lehrer von Georgs Vater war.[219] Und diese Kritik macht zunächst einmal keinen
Unterschied zwischen „Dichtkunst", um die es bei Sulzer geht, und einem
faktualen Reisebericht. Folgerichtig muss dort, wo im Rahmen des letzteren
etwas Unwahrscheinliches zu notieren ist, weil es dennoch ‚wirklich' statt-
gefunden haben soll, der Abenteuer-Verdacht antizipiert und ausdrücklich
zurückgewiesen werden. So verteidigt etwa Cook im Bericht von seiner dritten
Reise einmal die Kunde von einem überraschenden, aber eben, wie er beteuert,
trotzdem nicht erfundenen Ereignis: „such a meeting, at such a place, so
accidentally visited by us, may well be looked upon as one of those unexpected
situations, with which the writers of feigned adventures love to surprise their
readers, and which, when they really happen in common life, deserve to be
recorded for their singularity. "[220] Mit dem Titel einer (Meta-)Anekdote von
Kleist wäre ein solches Ereignis als „unwahrscheinliche Wahrhaftigkeit" zu
bezeichnen.

Zwei weitere Belege für *adventure* stehen in dem John Marra zugeschriebenen
Journal of the Resolution's Voyage, von denen eine in der Verbform auf einen
zentralen Teil der ganzen Unternehmung bezogen wird: „our voyagers durst
adventure to the south".[221] Dieser Bericht lohnt auch deshalb einer etwas
genaueren Sichtung, weil der mutmaßliche Verfasser unter allen schreibenden
Mitgliedern der Besatzung am ehesten Merkmale trägt, die mit Abenteuern
assoziiert werden könnten. Im Bericht eines *gunners mate*, der Marra auf der
Resolution war, stehen natürlich wesentlich weniger Details zu Lage, Namen,
Eigenschaften und Bewohnern der besuchten Inseln als in denjenigen von

---

219   Vgl. Sulzer, „Abentheuerlich" in: Ders., *Allgemeine Theorie der Schönen Künste*, Bd. I,
      S. 48–50 (sowie Kittelmann, „Epistolare Epistemologie", S. 49, zur biographischen
      Anekdote).

220   Cook/King, *A Voyage to the Pacific Ocean*, Bd. I, S. 200 (anlässlich eines Zusammentreffens
      des während dieser Reise in den Pazifik zurückkehrenden Omai mit Landsleuten auf einer
      von seinem Geburtsort Tahiti weit entfernten Insel, die heute zu den Cook Islands gezählt
      wird).

221   [Marra], *Journal*, S. 9. Der andere Beleg, diesmal in der substantivischen Form, ist weniger
      signifikant, weil er sich nicht auf die ganze Unternehmung, sondern ein Einzelereignis
      bezieht („After this adventure [...]"; S. 52); dies gilt auch für einen Beleg in Anonymus,
      A Second Voyage, S. 45.

Cook oder Forster,[222] ganz zu schweigen von selbstreflexiven, teilweise selbst-
kritischen Überlegungen zu dem Unterfangen der Entdeckungsreise als ganzer,
für die Forster bekannt ist, die sich aber durchaus auch bei Cook finden. Dafür
ist hier mehr über die durchaus spannungsgeladene Atmosphäre an Bord
zu erfahren als in den Berichten der *gentlemen* (wie Marra mal den Stab der
wissenschaftlichen und künstlerischen Begleiter der Expedition nennt, mal
aber offenbar auch diese einschließlich des Kapitäns). Viel berichtet Marra
über Streitigkeiten zwischen einzelnen Crew-Mitglieder sowie von Strafen, die
über sie verhängt wurden;[223] er selbst scheint so häufig wie kein anderer gegen
die ansonsten bemerkenswerte Disziplin auf der *Resolution* verstoßen zu
haben: In einer Liste der Strafen, welche Cook während dieser Reise verhängte,
ist sein Name der am häufigsten (nämlich insgesamt viermal) genannte.[224]

Die am 29. Januar 1774 gesichteten Vögel notiert Marra zwar nicht, dafür aber
an anderen Tagen sehr häufig Albatrosse. Und dabei hält er oft, viel häufiger
als etwa Georg Forster, fest, dass die Mannschaft der *Resolution* Albatrosse
und andere Vögel nicht nur bewunderte und beobachtete, sondern auch
schoss und aß; mehrfach zählt Marra die Leichen, und einmal legt er sogar
nahe, dass viele dieser Vögel einer bloßen Jagdlust der *gentlemen* zum Opfer
fielen: „and while the seaman were busy in their several departments, the
gentlemen diverted themselves in shooting albatrosses. [...] In the evening the
gentlemen returned aboard, having shot 11 albatrosses and one Port Egmont
hen."[225] Noch die Gewalt gegenüber Tieren wird hier also auf die spannungs-
geladenen Hierarchien zwischen verschiedenen Gruppen von Menschen an
Bord zurückbezogen. Vor dem Hintergrund dieser Szene ließe sich nachgerade
eine konkret-schiffssoziologische Lesart von Coleridges „Rime of the Ancient
Mariner" entwickeln, in der die so unvermittelte und unmotivierte Verletzung

---

222 Der Redakteur des Bandes thematisiert gelegentlich Marras beschränkte Perspektive
als solche: Mal wird bemängelt, dass er keine Breitengrad-Angaben gibt (vgl. [Marra],
Journal, S. 116), mal dass er keine Gründe für eine Entscheidung angibt (vgl. S. 256), und
wenn er berichtet, der Mannschaft sei „experimental beef" serviert worden, wird moniert,
„but our journalist neither tells us how it was prepared, nor how it proved" (S. 119).

223 Vgl. [Marra], *Journal*, S. 3 f, 43, 115, 117, 133, 288, 305 und 323 (ohne Anspruch auf
Vollständigkeit).

224 Vgl. Salmond, *The Trial of the Cannibal Dog*, S. 433–437 zu der Liste, welche sie aus einem
anderen Grund erstellt: zur Illustration des Kontrastes zwischen der niedrigen Zahl der
Strafen während der zweiten Reise und ihrer Häufung auf dem gleichen Schiff während
der dritten Reise, die, fast im Wortsinn, ‚aus dem Ruder läuft' und in deren Verlauf Cook
am 14. Februar 1779 in Hawai'i getötet wird (vgl. S. 415 f zu dieser Interpretation; auf Cooks
Tod wird an späterer Stelle zurückzukommen sein).

225 [Marra], *Journal*, S. 129.

der Gastfreundschaft gegenüber einem Albatros – „The ancient mariner inhospitably killeth the pious bird of good omen" – als Indiz dafür gedeutet würde, dass es mit der Gemeinschaft der Crew nicht zum Besten steht.[226]

Mindestens einmal hat Marra offenbar zu desertieren versucht, nämlich als er beim Ablegen von Tahiti (nach dem zweiten dortigen Aufenthalt der *Resolution*) zu der Insel zurückzuschwimmen versuchte, um dort zu bleiben. Als die Flucht verhindert wird, bedauert sein Redakteur die damit eingebüßte Möglichkeit zu Fortschritten der ethnologischen Erkundung dank mehrjähriger Feldforschung, „as from him a more copious and accurate account of the religion and civil government of these people might have been expected after a few years stay among them, than could possibly be collected from a few short visits".[227] Marra, der nach seinem Fluchtversuch in Ketten gelegt wird, die über mehrere Wochen hinweg nur auf See gelöst werden,[228] wäre aber, eher denn als verhinderter Ethnologe, als verhinderter Abenteurer zu beschreiben. Denn ein solcher könnte er im gegebenen Dispositiv der Entdeckungsreise offenbar nur werden, wenn er sich von der Schiffsgemeinschaft loszulösen vermöchte, um auf eigene Faust eine pazifische Insel zu erkunden – dies jedoch gelingt ihm, anders als Herman Melville siebzig Jahre später, nicht. Immerhin sorgt die Frage, ob er bei der Flucht noch eingeholt wird, für einen spannenden Moment, den neben Cook (J II, 403) etwa auch Johann Reinhold Forster in seinem *Journal* notiert.[229]

Dessen Sohn spricht Marra jedoch sogar die Lust am Abenteuer ab und unterstellt ihm vielmehr umgekehrt, dass er „ein gemächliches, sorgenfreyes Leben in dem herrlichsten Clima von der Welt, zu ergreifen wünschte", sich mit seiner Flucht also „mancherley Unglücksfälle" habe entziehen wollen, „die ihm zur See drohten". (R III, 86) Forster lässt Marra das sorgenfreie Leben nicht einmal in der Phantasie, sondern will ihm in einer langen Digression gar noch nachweisen, dass er sich, das Gelingen seiner Flucht einmal durchgespielt, in der tahitischen Untätigkeit gewiss gelangweilt hätte, denn: „Unser gemeines Volk ist nun einmal zu lauter Plackereyen und zu beständigen

---

226   Coleridge, „The Rime of the Ancient Mariner" [Fassung 1834], Marginalspalte zu Part I,
         Strophe 20. Vgl. zu einer Lektüre, welche auf die sozialen (und, über die von einer langen
         Tradition gewährleistete allegorische Lektüre des Schiffes als Staates, auch im engeren
         Sinne politischen) Spannungen an Bord von Schiffen abhebt: Moss, „Class War and the
         Albatross".

227   [Marra], *Journal*, S. 235.

228   Vgl. [Marra], *Journal*, S. 241 sowie 246 zu seiner Freilassung.

229   Vgl. J. R. Forster, *Journal*, Bd. III, S. 513 f.

Arbeiten bestimmt." (R III, 87)[230] Also gewiss nicht dazu, zu schreiben: Schon in der Vorrede kanzelt Forster Marras Bericht, zusammen mit dem anderen unautorisierten (*A Second Voyage round the World*), damit ab, er enthalte „Mährchen [...], die nach der romantischen Einbildungskraft unserer Vorfahren schmecken" (R II, 10)[231]; sein Vater nennt den Bericht schlicht „elende[s] Geschmiere".[232]

e)   Zwischenbilanz; zur weiteren Orientierung

Die Bedingungen für abenteuerliche Erzählschemata sind also, um eine erste Zwischenbilanz zu ziehen, im Kontext der Berichte von Cooks zweiter Reise keine allzu günstigen: *Observations* nautischen, astronomischen oder naturhistorischen Typs entsprechen zwar dem Dispositiv der fortgeschrittenen Entdeckungsreise, bilden aber keine „Erzählung"; wo diese hingegen sich entfaltet, droht sie in „Mährchen" abzugleiten, die einer in Europa ,überwundenen', dem aufklärerischen Dispositiv nicht angemessenen Kulturstufe angehören.

Dennoch sei hier noch ein ausführlicherer Test potentieller Abenteuerlichkeit unternommen, und zwar anhand dreier thematischer Aspekte, die sich als Kandidaten zumindest für Abenteuer als Ereignistypen anbieten: (1., dazu das folgende Kapitel 3) navigatorische Gefahren in einem unübersichtlichen Gebiet, (2., dazu Kapitel 4) die Überschreitung einer zuvor unüberschrittenen geographischen Grenze sowie (3., dazu Kapitel 5) Gefahren beim Überschreiten der Grenze zwischen ,Eigenem' und ,Anderem'. Sind gefährliche Kontingenzen (Element 3 der Minimaldefinition für Abenteuer) in den ersten beiden Fällen noch wenig durch die Kerbung der entsprechenden Räume reduziert, so im letzteren Fall noch kaum durch inter-kulturelle Routinen: „The first contacts between Europeans and Pacific peoples were, if they were anything, contingent and ,evenemential' to the highest degree for both sides."[233] Der Umgang mit allen drei Aspekten wird dank verschiedener Formen der Kopplung von Schiff und Schrift mehr oder weniger lesbar, wobei im letzteren Fall auch die Grenze zwischen schriftkundigen und -losen Gemeinschaften zumindest tentativ überschritten wird. Die Leitfrage bei der gelegentlich umwegigen Erkundung bleibt selbstverständlich, welche dieser Formen der Schiff/Schrift-Kopplung – und

---

230   Die schwere Arbeit, welche Europa von Tahiti unterscheidet, wird im Kotext als landwirtschaftliche bestimmt, und das „gemeine Volk" wird in der englischen Fassung spezifischer als „country people" (R I, 403) identifiziert.

231   Noch härter in R I, 11: „marvellous histories, which would have disgusted even the romantic disposition of our ancestors".

232   J. R. Forster, Brief an Spener, 22.12.1775, abgedruckt in: G. Forster, *Briefe bis 1783*, S. 550.

233   Balme, *Pacific Perfomances*, S. 35.

ob auch nur irgendeine von ihnen – die Gestalt eines abenteuerlichen Erzählschemas annimmt.

Die drei Aspekte sind überwiegend mit drei verschiedenen Räumen
von sehr verschiedener Ausdehnung verbunden: (1., dazu Kapitel 3) dem
Tuamotu-Atoll als navigatorisch besonders gefährlichem Gebiet, (2., dazu
Kapitel 4) dem südlichen Polarkreis mit Eisbergen und Packeis sowie (3., dazu
Kapitel 5) dem Queen Charlotte's Sound als Heimat schwer berechenbarer
Pazifik-Bewohner. Die beiden letzteren Orte wurden von den beiden Schiffen
der Expedition mehrfach berührt, und zwar verschieden häufig von den verschiedenen Schiffen, die zweimal den Kontakt verloren: einmal nur vorüber-
gehend (schon auf dem Hinweg nach Neu-Seeland, zwischen Februar und Mai
1773), einmal endgültig (auf dem Rückweg von der ersten Erkundungsschleife
in die tropischen Gebiete nach Neu-Seeland, Ende Oktober 1773). Letzteres ist
hier nicht nur deshalb genauer im Blick zu behalten, weil damit ,Rasterung'
und ,Abenteuer' auch in allegorischer Lesart mehrfach auseinander traten.
Zur besseren Orientierung sei deshalb – bewusst keine Karte, sondern – eine
topologische Skizze des Reiseverlaufs mit nur wenigen ausgewählten geographischen Markierungen vorangestellt, zumal der Ausdruck ,Weltumseglung'
eine zu einfache Vorstellung vom Verlauf der zweiten Reise Cooks evoziert.
Festzuhalten ist vielmehr, erstens, dass als deren eigentlicher Ausgangs- und
Endpunkt die südafrikanische Table Bay verstanden wurde, welche auf einem
als vertraut behandelten Weg zunächst von England aus angesteuert, am Ende
auf demselben Weg wieder in Richtung England verlassen wurde. Zweitens
bestand die Reise, außer aus dem ganz großen Bogen der Erdumkreisung, aus
einem (*Adventure*) bzw. zwei (*Resolution*) ebenfalls ziemlich großen Schleifen
im südlichen Pazifik, wiederum mit jeweils identischem Ausgangs- und Endpunkt, eben im Queen Charlotte's Sound an der Nordspitze der südlichen Insel
Neu-Seelands.[234] Von den drei Vorstößen in den südlichen Polarkreis erfolgten
die beiden weitesten ebenfalls im Rahmen einer dieser Schleifen.

---

234 In zeitlichen Anteilen, für die *Resolution*: Von den 36 Monaten Gesamtdauer der Reise
     wurden nur ungefähr neun für die ,eigentliche' Weltumseglung gebraucht, fast ebenso
     viele für die Hin- und Rückreise zwischen England und Südafrika (incl. dortiger längerer
     Aufenthalte), so dass die Phase zwischen der ersten Ankunft und der letzten Abreise aus
     Neu-Seeland, also die der dortigen Aufenthalte und der von dort gezogenen Schleifen die
     Hälfte der Gesamtdauer in Anspruch nahm.

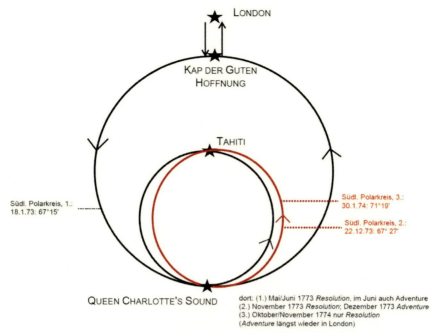

LONDON

KAP DER GUTEN HOFFNUNG

TAHITI

Südl. Polarkreis, 1.:
18.1.73: 67°15'

Südl. Polarkreis, 3.:
30.1.74: 71°19'

Südl. Polarkreis, 2.:
22.12.73: 67° 27'

QUEEN CHARLOTTE'S SOUND

dort: (1.) Mai/Juni 1773 *Resolution*, im Juni auch Adventure
(2.) November 1773 *Resolution*; Dezember 1773 Adventure
(3.) Oktober/November 1774 nur *Resolution*
(*Adventure* längst wieder in London)

schwarze Schleifen und Beschriftung: Route beider Schiffe
rote Schleife und Beschriftung: Route nur der Resolution

Abb. 4

3. Resolution, Doubtfull, Furneaux's – und Adventure Island: Inselnamen im *Dangerous Archipelago*

Auch Laura Dekker war vor den „gevaarlijk uitziehende atollen" bei der Annäherung an Tahiti in westlicher Richtung gewarnt worden (Em 136). Der heute so genannte Tuamoto-Archipel – mit einer Gesamtausdehnung von der Größe Westeuropas, innerhalb welcher jedoch alle Inseln zusammen eine Landesfläche von der Größe Berlins einnehmen –[235] ist voller Riffe und flacher Inseln, die von See aus teilweise schwer zu sehen sind und vom Radar nicht erkannt werden. An einem der Riffe, berichtet Dekker, liege ein Wrack mit der Aufschrift: *„If you gonna run aground the're worse places than this."* (Em 136) Vielleicht hatte bereits Magallanes eine der Inseln des Archipels gesichtet

---

235 Vgl., weil anschaulichere Referenzgrößen schwerlich zu finden wären, ausnahmsweise: https://de.wikipedia.org/wiki/Tuamotu-Archipel.

und sie zu den beiden „Ysolle Infortunate"[236] gerechnet, auf die einzig er im
Laufe seiner ganzen Durchquerung des Pazifik stieß. Wahrscheinlicher ist,
dass Pedro Fernández de Quirós, von Peru kommend, 1606 durch den Archipel
segelte und Kontakt zu den Bewohnern eines Atolls aufnahm – der Bericht von
dieser Reise befand sich in Gestalt von Alexander Dalrymples Übersetzung an
Bord der *Resolution*.[237]

Wie im Pazifik überhaupt, so kommt es in den 1760er Jahren zu einem
sprunghaften Anstieg des europäischen Verkehrs besonders auch in diesem
Archipel, den nach Byron, Wallis und Bougainville auch Cook selbst schon
bei seiner ersten Reise (mit der *Endeavour*) durchquert hatte. Unter dem Eintrag des 4. April 1769 berichtet er von einer ersten Insel „of about 2 Leagues
in circuit and of an Oval form with a Lagoon in the Middle [...]. The border
of land circumscribing this Lagoon is in many places very low and narrow
particularly on the South side where it is mostly a beach or Reef of Rocks" (J
I, 69). Da ein Fachterminus für dasjenige, was heute *Atoll* heißt, offenbar noch
nicht zur Verfügung steht, da Cook zu diesem Zeitpunkt anscheinend noch
nicht einmal ahnt, dass er es bei dieser Insel[238] mit einem Exemplar aus einer
Gruppe von ähnlich geformten zu tun hat, nennt er sie (das heutige Vahitahi)
Lagoon Island. In den folgenden Tagen werden weitere Inseln gesichtet; auf
einigen von ihnen zeigen sich Menschen, die ihrerseits zeigen, dass sie Cooks
Schiff gesichtet haben, ohne dass es jedoch zur Kontaktaufnahme kommt.
Cook gibt den Inseln spontan und ohne zu zögern schon im Journal Namen,
mehrfach nach dem einfachen Prinzip ihrer äußeren Form (wie bei *Bow Island*
oder *Chain Island*); eine Insel, auf der „no Inhabitants but birds" zu sehen sind,
nennt er, mit einer noch leichter zu bildenden, zur Identifikation der Insel
allerdings besonders wenig aussagekräftigen Metonymie, *Bird Island*.[239]

Diese toponymische Politik steht im Kontrast zu derjenigen seiner unmittelbaren Vorgänger, wie Cook selbst anlässlich einer anderen Insel notiert:
„Osnaburg Island, (so call'd by Capt Wallis the first discoverer)" (J I, 72). Diese
niedersächsische Stadt ist im Pazifik gleich doppelt präsent, denn auch das in
einem anderen Bereich des Tuamotu-Archipels liegende – und noch heute von
den französischen Atomwaffenversuchen verstrahlte – Mururoa-Atoll wurde
im Rahmen der Reise von Wallis, durch den Ko-Kapitän Carteret, *Bishop of*

---

236 Vgl. Pigafetta, *Magellan's Voyage*, S. 84; vgl. S. 244 f, Anm. 171 zu dieser (mir nicht besonders
     plausibel erscheinenden) Identifikation.
237 Vgl. Dalrymple, *An Historical Collection*, Bd. I, S. 107–117.
238 Natürlich handelt es sich bei Atollen genau genommen fast immer um Ringe aus
     mehreren kleinen Inseln; der Ausdruck *Insel* sei hier und im Folgenden jedoch, wie von
     Cook selbst *island*, auf diese Gesamteinheiten bezogen.
239 Vgl. zu allen drei Namen: J I, 71 f (Einträge vom 6. bis 9. 4. 1769).

Osnaburgh's Island genannt. Beides erklärt sich damit, dass Prince Frederick, der zweite Sohn des seinerzeit regierenden Königs George III., 1764 im Alter von sechs Monaten zum Fürstbischof von Osnabrück gewählt worden war. Beaglehole kommentiert: „Cook's English predecessors were more notable for loyalty to the house of Hanover than for romance in their choice of names." (J I, 72, Anm. 3) Von navigatorischen Gefahren ist während Cooks erster Reise auf dieser Wegstrecke keine Rede; am 13. April 1769 ankert die *Endeavour* vor Tahiti.

Dass *Resolution* und *Adventure* nun, im August 1773, den Archipel wiederum in Richtung Westen durchqueren, obwohl doch, wie Forster nicht ohne Stolz festhält, „[u]nter allen Reisen um die Welt [...] die unsrige auch würklich die erste [ist], die von Westen nach Osten gerichtet worden" (R II, 25 f),[240] erklärt sich daraus, dass beide Schiffe zu diesem Zeitpunkt ihre erste (im Falle der *Adventure* auch einzige) gegen den Uhrzeigersinn verlaufende Schleife mit Ausgangs- und Zielpunkt Neu-Seeland ziehen. Im Vergleich zur Fahrt mit der *Endeavour* ist Cook jedoch diesmal auf einer um ungefähr einen Breitengrad weiter im Norden liegenden Route unterwegs, und diese ist entweder objektiv gefährlicher, oder die Gefahren werden den Reisenden deutlicher bewusst als bei der ersten Reise. John Elliott, Midshipman auf der *Resolution*, fasst zusammen: „We [...] had a circuitous and most dangerous navigation, amongst small low Islands, shoals, and coral rocks, in many cases not to be seen, in the night, until very near to them, or alarmed by the Roaring of the breakers, several of them never seen before." Häufig habe man ein Boot vorausschicken müssen, dessen Besatzung die Meerestiefe auslotete und das eine Laterne am Mast trug, um die Schiffe gegebenenfalls vor Untiefen zu warnen. „And in two or three instances in these Seas, we had only just time to tack the Ship to prevent her sticking fast upon the Reef; her stern was tailing amongst the breakers."[241]

Über einige Tagesreisen hinweg deckte sich die dabei eingeschlagene Route ziemlich genau mit derjenigen, die Bougainville 1768 genommen hatte. Und dieser hatte die dort anzutreffenden Inseln *Isles Dangereux* genannt – nachzulesen in einem Bericht, der sich in englischer Übersetzung ebenso an Bord der *Resolution* befand wie sein (oder seine) Übersetzer selbst (nämlich niemand anderes als Jakob Reinhold Forster, dem wohl sein seinerzeit 17-jähriger Sohn Georg dabei mindestens assistiert hatte):

---

240 Kein Äquivalent in der englischen Ausgabe. Honold, „Die Erdumlaufbahn des Meeres", S. 319 f, trägt in seine ansonsten augenöffnende Relektüre von Kleists „Marionetten-theater"-Aufsatz diese Richtungsumkehrung nicht ein.

241 Beide Zitate: Elliott, „Memoirs", S. 18 f.

I gave the name of *Dangerous Archipelago* to this cluster of islands; of which we saw eleven, and which are probably more numerous. It is very dangerous sailing amidst these low isles, surrounded with breakers and shoals; where it is necessary, especially at night, to use the utmost precaution.[242]

„M. de Bougainville", bestätigt Cook mit nachgerade wörtlichen Zitaten am Freitag, den 13. August 1773 dieses Toponym, „very properly calls this cluster of low over-flowed Isles, the dangerous Archipelago, the smoothness of the sea sufficiently convinced us that we were surrounded by them, and how necessary it was to proceed with the utmost caution, especially in the night." Tags zuvor hatte er allerdings auch schon seinem Ärger darüber Ausdruck verliehen, dass Bougainville nur sehr ungenaue Angaben über die Lage der einzelnen Inseln macht und auch die der englischen Ausgabe beigefügte Karte irreführende Details enthält; Cook unterstellt Bougainville sogar absichtliche Irreführung: „[...] what excuse can M. de Bougainville have for not mentioning the Situation of any one place in his whole run through this Sea: this is what he seems carefully to have avoided, for reason[s] which can only be known to himself."[243] Angesichts der ungenauen Angaben lässt sich noch nicht einmal mit Sicherheit feststellen, ob die seit dem 11. August gesichteten Inseln mit denen identisch sind, die Bougainville bereits vage beschrieben hatte. „I beleive it to be one of the Isles discovered by M de Bougainville" notiert Cook zur ersten, „probably this was a nother of M. de Bougainville's isles" zur zweiten (tags darauf gesichteten) dieser Inseln (J II, 193 f). Im Gegensatz zur typischen Strategie des abenteuerlichen Reisenden, seine Intertexte zu negieren, bemüht sich Cook vielmehr mit Konjekturen darum, seine Funde mit dem relevantesten Intertext abzugleichen, obwohl dieser aus seiner Sicht schadhaft ist.

Ebenfalls noch am 12. August begegnet die Besatzung einem weiteren Atoll, das Cook erneut anschaulich als eine Zusammensetzung von „Islets in a circular form encircling a large Bason of Water" beschreibt und in dem ein Kanu unter Segeln gesichtet wird. Cook fügt, in Beagleholes diplomatischer Umschrift des Manuskripts, hinzu: „As this Island which is situated in the Latitude 17° 5' s, Longitude 143° 16' w has no place in the Maps I named it." (J II, 194)

---

242   Bougainville, *A Voyage Round the World*, S. 208 (entspricht *Voyage autour du monde*, Bd. II, S. 15 f).

243   Beide Zitate: J II, 195. Selbstverständlich schwingt hier die, wenngleich in dieser Phase nicht in gewaltsamen Konflikten ausgetragene, Rivalität zwischen Frankreich und Großbritannien um den Herrschaftsanspruch über überseeische Gebiete mit. Die Gefährlichkeit der Navigation hält z. B. auch Clerke mehrfach in seinem Logbuch fest: „we had reason to be apprehensive of falling in with those damn'[d] low Islands." (Eintrag zum 13.8., Bl. 15 v; vgl. a. den Eintrag zum 11.8., Bl. 14 v).

Dieses Spatium im Text indiziert, dass Cook hier eine toponymische Politik zur Abwehr der navigatorischen Gefahren einzusetzen gewillt ist, dabei allerdings eigentümlich zögert. Dieses Zögern fällt besonders vor dem Hintergrund dessen auf, dass Cook über die ganze Reise hinweg sehr häufig eigene Namen vergibt – wenngleich er dies im Regelfall dann unterlässt, wenn Inseln eindeutig als bereits von Vorgängern lokalisierte identifiziert werden können, und manchmal auch dann, wenn er diejenigen Namen halbwegs zweifelsfrei zu eruieren vermag, welche ihre Einwohner dafür verwenden. Den ersten beiden im *Dangerous Archipelago* gesichteten Inseln hatte Cook jedoch keine Namen gegeben, und auf die dritte reagiert er jetzt damit, dass er den Akt der Namensgebung (1.) ausdrücklich rechtfertigt („[a]s this Island [...] has no place in the Maps", (2.) zu vollziehen behauptet („I named it"), (3.) dann jedoch gerade *nicht* vollzieht. Die ausdrückliche Rechtfertigung für diesen Akt, derzufolge diese Insel noch nicht kartiert sei, versteht sich als eine letzte Reverenz vor Bougainvilles Intertext, dessen (bereits oben zitierte) Kritik im unmittelbaren Anschluss an diese Passage folgt. Cooks Überwindung des Zögerns ließe sich ungefähr umschreiben: ‚Mag es sich bei den ersten Inseln vielleicht noch um solche gehandelt haben, die bereits Bougainville entdeckt und benannt hat – obwohl er sie, möglicherweise sogar absichtlich, schlecht lokalisiert hat –, so ist dieser dritten beim besten philologischen Willen keiner der bereits von ihm vergebenen Namen mehr zuzuordnen; ich kann ihr also einen eigenen geben.‘

Aber ein solcher Name ist ihm nicht zur Hand. Auch nicht bei der vierten Insel, „a nother low Island bearing N½W distant 3 or 4 Leagues", an der die *Resolution* am Morgen des Freitags des 13. vorbeisegelt – glücklicherweise erst am Morgen, weil das Schiff in der Nacht beigedreht hatte: „It was lucky we brought too in the night for if we had not we must have been embarras'd with this Island which is situated in the Latitude of 17° 4' south Longitude 144° 36' West and appear'd to be of too little concequence to devert me from my intended course." So wenig das (jedenfalls heutzutage) unbewohnte Atoll, das seit dem 19. Jahrhundert den Namen Motutunga trägt, ihn jedoch vom Kurs abbrachte, so sehr beschäftigte ihn seine Benennung: „The naming of this inconsiderable atoll", kommentiert Beaglehole in seinem unnachahmlichen Stil, „seems to have given Cook considerable thought." (J II, 196, Anm. 2) Da es sich bei diesem unerheblichen Atoll um dasjenige handelt, welches Cook nach mehreren, wieder verworfenen Taufakten, in einer nachgerade apotropäischen Geste mit dem Zentralbegriff der vorliegenden Studie benennt, sind die erheblichen Überlegungen auf diesem Weg im Detail zu rekonstruieren.

In einer Fassung seines Tagebuchs finden sich, und zwar an einer Stelle, an der er die bereits niedergelegten Notizen, offenbar schon wenige Tage später, noch einmal teils abschreibt, teils ergänzt, gleich zwei Vorschläge: „as I looked upon this to be a new discovery, I named it Sandwich Isle, in honour of my Noble patron", dann aber, nach zwei Durchstreichungen, „Harvey Isle, in honour of my Honourable friend Capt Harvey [Hervey]";[244] in einer anderen Fassung erwägt er „Stephens Isle, in honour of Mr Stephens Secretary y^e Admty" (J II, 196, Anm. 2).

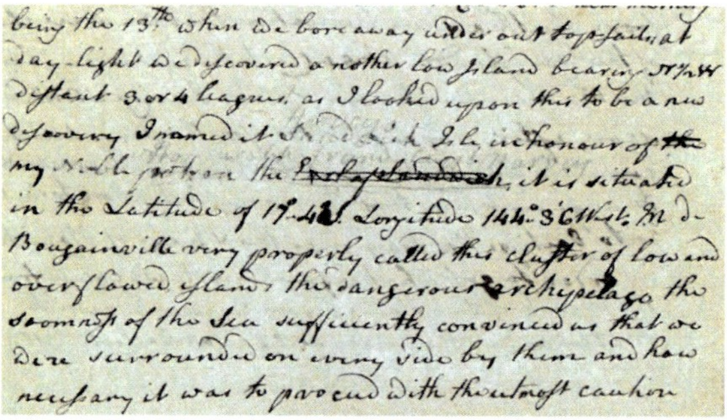

Abb. 5

Die drei Personen, die hier als Namensgeber erwogen werden (der vierte Earl of Sandwich, der Marineoffizier Augustus Hervey sowie Philip Stephens, Sekretär der Admiralität), lassen sich auf den gemeinsamen Nenner bringen, dass sie auf der Reise zwar nicht dabei waren, aber immerhin in verschiedener Hinsicht als ihre Förderer gelten konnten – auf den ersten von ihnen ist wegen anderer Inseln und Speisen zurückzukommen, die nach ihm benannt wurden. Damit wird, nach den ganz arbiträr anmutenden Würdigungen Adliger durch Wallis (Osnaburgh) und der von Geländemerkmalen bzw. tierischen Bewohnern der Insel motivierten Namen, die Cook bei seiner ersten Reise in diesem Areal vergeben hatte (Bow oder Bird Island), bereits das dritte Prinzip für die Motivation von Namen im Tuamotu-Archipel erwogen.

Hinzu scheint, Beaglehole zufolge, ein Vorschlag von William Wales zu kommen, der eine kleine Karte eines Atolls anfertigte und dieses als The Devil's Girdle bezeichnete. Nur kann sich sogar Beaglehole irren – aus dem immanenten Vergleich von Wales' eigenen Koordinatenangaben auf der Karte einer- und im Logbuch andererseits[245] geht vielmehr hervor, dass es sich dabei nicht um die vierte, sondern um die dritte der im Archipel gesichteten Inseln handelt, also um diejenige, für deren Namen Cook ein Spatium im Journal

---

244   Umschrift des Ms. 27888, Bl. 87 r, nach Beagleholes Entzifferung in: J II, 196, Anm. 2. (Der
         erste datierte Eintrag zum 13.8. im gleichen Manuskript, ohne jeden Namensvorschlag,
         steht bereits auf Bl. 83 r.)

245   Vgl. Wales, Log book, Bl. 56 a (r) und 57 r. Diese Angaben stimmen mit denjenigen Cooks
         halbwegs überein.

offenließ.[246] Zugleich ist dies in Wales' Logbuch der einzige (ebenfalls nicht berücksichtigte) Namensvorschlag für eine der Inseln, und auch in dem auf der *Adventure* geführten Logbuch von William Bayly werden zwar alle vier Inseln vermerkt, doch wird keine einzige von ihnen benannt.

Erst auf Dokumenten, die nach Ende der Reise angefertigt wurden, sind dann die definitiven Namen der Inseln nachzulesen. Dies gilt etwa für die gedruckten Berichte von Cook (V I, 138–40) und Forster (R II 212 f); die anschaulichste Darstellung – zugleich eine Allegorie der Fragestellung der vorliegenden Studie – gibt aber Cooks Karte, auf der, im auf dem Titelblatt abgebildeten Ausschnitt, deutlich zu sehen ist, dass zwischen *Resolution Island* (der ersten jener vier Inseln) und *Adventure Island* (der vierten) *Doubtfull Island* (die zweite) liegt. Dieser Ausschnitt befindet sich auf der Karte (Abb. 6) rechts oben, über dem *S* von *SOUTH*:

Der Karte liegt eine Azimuthalprojektion zugrunde (mit dem Südpol als Mittelpunkt, davon strahlenförmigen ausgehenden Längen- und konzentrisch angeordneten Breitengraden), die sich für die Darstellung einer Hemisphäre besonders gut eignet. Sie enthält einige Einträge von Inseln, die bereits zuvor bekannt und auf einen allgemein akzeptierten Namen getauft waren (im Ausschnitt auf dem Titelblatt etwa Otaheite). Darüber hinaus sind mehrere „Tracks" eingezeichnet, also die Kurse von verschiedenen Schiffen, die in diesem Bereich unterwegs waren; dabei steht die durchgezogene Linie für den Kurs von *Resolution* und *Adventure*. Die Karte entspricht damit auf den ersten Blick einem Beispiel, das Jurij Lotman für die Kombination von sujetlosem und sujethaltigem Text gibt: Eine Karte als solche sei „ein gutes Beispiel für einen klassifikatorischen (sujetlosen) Text"; sobald in sie jedoch ein Pfeil eingetragen werde, der auch nur „die Strecken regelmäßiger Schiffsverbindungen oder Flugrouten andeutet, so wird der Text sujethaltig" – und umso mehr, lässt sich konjizieren, gilt dies für die Routen *einzelner* Schiffe.[247]

In diesem Fall jedoch heben sich diese Kurse *nicht* – wie in Lotmans Modell – vor einem bereits zuvor vollständig kartierten Hintergrund ab, sondern zeichnen zugleich die Bewegung auf, in deren Verlauf wichtige Teile dieses Hintergrundes erst benannt und kartiert wurden. Nicht nur kommt die im Gelände „spurlose Bahn des Schiffes" damit zu ihrer Spur auf dem Papier, zugleich bezeugt diese Spur die Möglichkeit, sie selbst überhaupt in ein

---

246 Hinsichtlich der Lage entspricht es ziemlich genau dem heutigen Marutea Nord; Beaglehole ließ sich vermutlich von der bei Wales gezeichneten Form irreführen, die *eher* (auch nicht wirklich genau) derjenigen des heutigen Motutunga entspricht.

247 Lotman, *Die Struktur literarischer Texte*, S. 340 (S. 289 im russischen Original). Vgl. a. oben, I. 1. b.

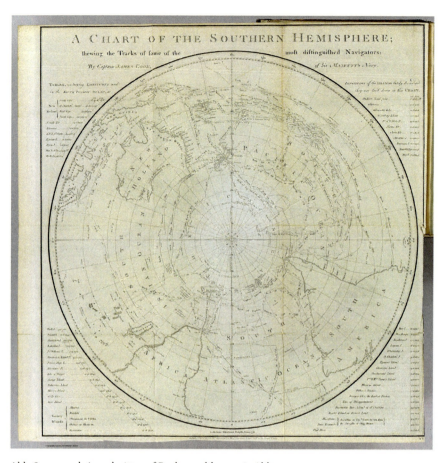

Abb. 6   vgl. Ausschnitte auf Buchumschlag sowie Abb. 7

Gelände einzutragen, in dem sie sich *als* Spur abzeichnet.[248] Zwar wurde diese Spur offenbar, wie Wales später vermerken wird, teilweise falsch eingetragen, weil *Furneaux's* und *Adventure Island*, wie in den Logbüchern nachzulesen ist, auf der nördlichen Seite der Schiffsroute lagen.[249] Ein solcher Fehler lässt sich

---

248   Diese Dynamik entspricht ziemlich genau Derridas Entwurf einer Spur (in: „Freud et la scène de l'écriture"), die *vor* demjenigen aus zu denken ist, worin gespurt wird.

249   Vgl. Wales, *Remarks on Mr. Forster's Account*, S. 14. Wales bringt dieses Detail als Beleg dafür ins Spiel, dass die von Georg Forster seiner *Voyage* beigegebene Karte diejenige Cooks plagiiert, weil auf ihr der gleiche Fehler zu finden ist. Die Verzweigung des Kurses bei *Furneaux's Island* im oben gezeigten Ausschnitt scheint nahezulegen, dass eines der Schiffe die Insel im Norden, das andere sie im Süden umfahren habe – da jedoch sowohl Wales' auf der *Resolution* geführtes, als auch Baylys auf der *Adventure* geführtes Logbuch die Insel im Norden lokalisieren, dürfte es sich bei dem südlich der Insel verlaufenden Strichabschnitt eher um eine Korrektur des ursprünglich eingezeichneten falschen, nördlich der Insel verlaufenden Strichabschnitts handeln, ohne dass dabei der letztere

jedoch nur aus anderen Quellen erschließen, nicht der Karte selbst ablesen. Mit dieser Karte wird nicht nur das Meer gekerbt, sondern (wie ‚richtig‘ oder ‚falsch‘ auch immer) zugleich der Vorgang dieser Kerbung selbst. Besonders deutlich, weil selbstreferentiell ausgewiesen, wird dies bei den Inseln *Resolution* und *Adventure Island*, deren Namen ja von eben den Schiffen abgeleitet sind, deren Besatzungen die Inseln so nannten. Die aitiologische Erklärung – und Aitiologien sind sujethaltige Motivierungen sujetloser Sachverhalte – könnte lauten: ‚Diese Insel heißt *X*-Insel, weil sie von dem Schiff *X* aus vermutlich erstmals von einem Europäer gesichtet wurde.‘ Allerdings gilt diese Erklärung natürlich nur für bestimmte Fälle – sonst wären sehr viele Inseln im Pazifik auf die Namen der Schiffe von Cooks Expeditionen getauft worden. Darum sind weitere Spekulationen darüber nötig, warum Cook, offenbar erst nach der Reise, *diese* Namen wählte, also gleich drei andere Prinzipien der Motivation verwarf und sich zu einer vierten Politik des Toponyms entschloss.

Denn unter den Namen der vier Inseln sticht *Doubtful Island* dadurch hervor, dass er als einziger nicht direkt auf die Schiffe der Expedition (bzw. auf einen ihrer Kapitäne) referiert. Da an der Existenz oder der Lage der in Cooks *Journal* ebenso wie in den Logbüchern übereinstimmend vermerkten Insel nichts zweifelhaft ist, bezieht sich der Name offenbar auf den intertextuellen Abgleich: Zweifelhaft ist nur, ob es sich bei der Insel um eine der von Bougainville bereits kartierten handelt; zweifelhaft ist also, ob Cook die Insel als eigene Entdeckung beanspruchen und ihr damit einen eigenen Namen geben kann (wozu es im *Journal* noch nicht einmal einen Ansatz gab). Im Zweifel für den Zweifel: Der Name bezieht sich insofern auf seinen eigenen zweifelhaften Status.[250]

Dieser Zweifel wurde jedoch bemerkenswerterweise zuvor (in der Reihenfolge des Kurses sowie in derjenigen der gedruckten *Voyage*) schon überwunden, insofern Cook im Nachhinein die erste dieser Inseln „after the name of the ship, Resolution Island" nennt.[251] Es ist an dieser Stelle aber fast unmöglich, den Namen nicht auch in seinen Bedeutungen auszuloten. Er bezieht sich dann, zum einen, auf das entschlossene Vordringen der Schiffe in einen

---

ausradiert worden wäre. Richtiggestellt wird der Kurs auch auf einer Karte Beagleholes (in: J II, 192, Fig. 33).

250   Beaglehole entscheidet in einer Fußnote (J II, 194, Anm. 2): „It is Tekokoto, and Cook was the first discoverer."

251   V I, 139 (noch nicht im *Journal*) – und dies obwohl er die Insel mit einer von Bougainville entdeckten identifizieren zu können glaubt („I judged it to be one of thoses isles discovered by Mr. Bougainville"; ebd.). Laut Beaglehole (J II, 194, Anm. 1) handelt es sich um Tauere, dessen erster Entdecker nicht Bougainville, sondern Domingo de Boenechea gewesen sei, allerdings nur ein Jahr vor Cooks Vorbeifahrt, so dass er den Bericht von jener Reise noch nicht gekannt haben kann.

gefährlichen Archipel. „Under such circumstances" – so John Elliotts aus eben diesem Anlass notierte Eloge auf Cook – „it is easy to conceive that it required both the abilities of a good officer, and a brave, cool Man."[252] Zum anderen bezieht sich der Name, wiederum selbstreferentiell, auf eine entschlossene Politik des Toponyms: Die Insel heißt ‚Entschluss', weil der Täufer sich, anders als noch während der Reise, bei der Abfassung der *Voyage* entschlossen hat, ihr einen eigenen Namen zu geben. Beide Aspekte wiederum hängen dadurch zusammen, dass eben eine wesentliche Funktion der *Resolution* die *resolution* im Sinne der ‚Rasterung' oder ‚Kerbung' des Meeres ist, zu der die Vergabe von Ortsnamen wesentlich gehört.

Die Namen der beiden verbleibenden Inseln – der dritten und vierten, also derer, bei denen Cook zwar schon vor Ort zur toponymischen Geste ausholte, aber die Stelle des Namens im einen Fall leerließ, im anderen mehrfach überschrieb – sind von dem zweiten Schiff der Expedition abgeleitet, einmal vom Namen seines Kapitäns, einmal von dem des Schiffes selbst. Beide Namen waren auf der Reise bereits zuvor je einmal vergeben worden: für eine als *Adventure Bay* bezeichnete Bucht auf der Ostseite von Van Diemen's Land sowie für die *Furneaux Group*, eine Inselgruppe vor dessen nordöstlicher Spitze. Allerdings handelt es sich dabei um Streckenabschnitte, welche die *Adventure* nach der ersten Trennung der Schiffe allein zurücklegte, wo also Furneaux die Verantwortung für die Namensgebung besaß – die entsprechenden Namen der Atolle im Tuamotu-Archipel wurden hingegen von Cook vergeben.

Dass die erhebliche Mühe bei der Benennung zweier unerheblicher Atolle schließlich in deren Assoziation mit der *Adventure* mündete, ist vielleicht darauf zurückzuführen, dass deren Besatzung in jenen Tagen Cooks große Sorge galt, da sehr viele ihrer Mitglieder erkrankt waren, und zwar vor allem an Skorbut. Schon am 29. Juli hatte Cook erfahren, dass der Koch der *Adventure* gestorben war und „about Twenty more were attacked with the Scurvy and Flux" (J II, 187); Cook sendet einen seiner Matrosen als Koch auf das Zweitschiff und stellt im Folgenden ausführliche Überlegungen darüber an, warum so viel mehr Besatzungsmitglieder der *Adventure* an Skorbut leiden als solche der *Resolution*. Anders als James Burney, der auf der *Adventure* selbst ebenfalls den Tod des Koches und den besorgniserregenden Krankenstand, auch im Vergleich mit der *Resolution*, notiert, dafür aber die Enge auf dem Schiff verantwortlich macht,[253] ist sich Cook sicher, dass es sich dabei wesentlich um die Folge unterschiedlicher Ernährungsweisen handle. Er gibt Furneaux eine detailreiche Liste von einschlägigen Vorschriften, darunter diejenige „to

---

252   Elliott, „Memoirs", S. 19.
253   Vgl. Burney, *With Captain James Cook*, S. 58.

inlarge their [der Kranken] allowance of Sour Krout" (J II, 187; vgl. V II, 134 f),
reflektiert jedoch zudem darauf, wie schwer es sei, eingeschliffene Ess- und
Trinkgewohnheiten zu verändern. Nicht leicht lassen sich Seeleute, denen
nach Georg Forsters Urteil „ein Zug von Halsstarrigkeit gegen alle Neuerungen"
anhafte, dazu bringen, mehr Gemüse zu essen.[254] Noch 1972 musste Damo
Suzuki bekanntlich warnen: „You're losing / you're losing / you're losing / you're
losing / your vitamin C".[255]

Georg Forster bestätigt Cooks Erklärung für den Unterschied im Kranken-
stand zwischen *Resolution* und *Adventure* ebenso wie die Vorbildlichkeit des
Gemüsekonsums, verschiebt aber den Zeitpunkt, an dem man auf dem Haupt-
schiff von den Zuständen auf dem Nebenschiff erfahren habe, um gut zwei
Wochen. Damit hebt er die Assoziation zwischen diesen Zuständen und dem
Namen der vierten Insel besonders hervor:

> Früh am folgenden Morgen [13.8.] giengen wir wieder unter Seegel und kamen
> bey einer anderen solchen Insel vorbey, die zur Rechten des Schiffs liegen blieb
> und *Adventure-Eyland* genannt wurde. Sie liegt im 17 Grad 4 Minuten süd-
> licher Breite und 144sten Grade 30 Minuten westlicher Länge. Um eben diese
> Zeit sprachen wir mit der *Adventure*, und hörten, daß sie dreyßig Mann auf der
> Kranken-Liste habe, fast lauter scorbutische Patienten. In unserem Schiff hin-
> gegen waren die Leute fast noch immer frey von dieser Krankheit; auch ward
> alles angewandt, um sie bey so guter Gesundheit zu erhalten. Sie aßen zu dem
> Ende fleißig Sauerkraut, ihre Hangmatten wurden alle Tage gelüftet und das
> ganze Schiff ward oft mit Pulver und Weineßig ausgeräuchert. (R II, 213 f)[256]

Das medizinische Bulletin übernimmt Georg aus dem Tagebuch seines Vaters,
der sich zwar auf den Unterschied der räumlichen Bedingungen und der Aus-
lüftung beschränkt, also den „fleißig[en]" Verzehr von Sauerkraut auf der
Resolution unerwähnt lässt, bei dieser Gelegenheit aber ebenfalls einen Vergleich zu Ungunsten der *Adventure* anstellt.[257] Bis heute nimmt die *Adventure*

---

254 Forster, „Cook, der Entdecker", S. 272 (ebenfalls im Rahmen von ernährungspädagogischer
Aufklärung).

255 Can, „Vitamin C", auf: dieselben, *Ege Bamyasi* (der Titel der LP zitiert die Beschriftung
einer auf dem Cover abgebildeten Dose mit Okraschoten, die ihrerseits eine passable
skorbut-vorbeugende Konserve für eine lange Schiffsreise wäre). Dass Skorbut auf
Mangel an Vitamin C zurückzuführen ist, lässt sich übrigens erst seit 1932 so formulieren
(vgl. „vitamin C", in: *Encyclopaedia Britannica*); zu Cooks Zeit galt die Wirkung der entsprechenden, empirisch immerhin trotzdem erfolgreichen, Mittel als ‚blutreinigend'.

256 Ohne größere Abweichungen in R I, 152, im Wortlaut „plentiful use of sour-krout" aber
ohne die Konnotationen des ‚Fleißes'. Den Kontrast zwischen Cook und Furneaux, dem
es an der „Sparsamkeit" und „Sorgfalt" des ersteren gemangelt habe, bemüht G. Forster
noch in „Cook, der Entdecker", S. 270.

257 Vgl. J. R. Forster, *Journal*, Bd. II, S. 322 f.

einen Underdog-Status ein, der sich in so verschiedenen Merkmalen wie ihren im Vergleich zur *Resolution* schlechteren Chronometern, zumeist niedrigerer Segelgeschwindigkeit und eben der unterstellten schlechteren Disziplin an Bord niederschlug. Furneaux' Fehler bei den Erkundungen während seiner ersten Alleinfahrt, vor allem aber dass Cook ihm, trotz teilweise inkonsistenter Argumentation, vertraute, bilden für Beaglehole Anlässe eines viele Fußnoten leitmotivisch durchlaufenden Kopfschüttelns.[258] Das Autoritätsgefälle scheint überdies während der Reise zu Spannungen zwischen den beiden Schiffscrews geführt zu haben: So berichtet der anonyme Verfasser von *A Second Voyage round the World* eine Begebenheit während der Hinreise am Kap der Guten Hoffnung, bei der es zu einer gewaltsamen Auseinandersetzung zwischen Mitgliedern der verschiedenen Crews gekommen sei, weil ein Matrose der *Adventure* sich geweigert habe, dem Befehl eines Midshipman der *Resolution* zu folgen – und der Wortlaut der Weigerung des Matrosen („that tho' he [the midshipman] was an officer of the commodore's ship, he was not *his* officer, and he would not go aboard'„) legt nahe, dass sich umgekehrt ein Midshipman der *Adventure* gar nicht erst herausgenommen hätte, einem Matrosen der *Resolution* Befehle zu erteilen.[259]

Allerdings hält um den 13. August herum weder Cook noch eines der Logbücher eine besorgniserregende Nachricht von der *Adventure* fest. Vielmehr hatte sich Cook zufolge der dortige Krankenstand zu diesem Zeitpunkt sogar schon wieder deutlich gebessert, weil Furneaux seine Ratschläge beherzigt habe – zwar in der kreativen Abwandlung, den Konsum von Cyder statt denjenigen von Sauerkraut zu erhöhen, aber dies verstand Cook nicht als Widerspruch gegen seine Ratschläge.[260] Vielleicht wurde der Kapitän der *Adventure* für sein kooperatives Verhalten mit einem Atoll geehrt. Dennoch hielt es Cook für notwendig, bald an frische Lebensmittel zu kommen und machte den „Scorbutic State of the Adventures Crew" für das Vorhaben verantwortlich, möglichst schnell Tahiti zu erreichen, wo solche Lebensmittel zu erwarten waren, statt die erste der im Tuamotu-Archipel angetroffenen Inseln genauer zu erkunden, „which appear'd too small to supply our wants." (J II, 194)

---

258   Furneaux schloss irrtümlich, Van Diemen's Land sei keine Insel, sondern die südwestliche Spitze von New Holland (des heutigen Australien) und identifizierte offenbar mehrere von Abel Tasman (nach dem Van Diemen's Land heute benannt ist) beschriebene Orte falsch. Vgl. Beagleholes Fußnoten in J II, 149–52 (zu einem Auszug aus Furneaux' Journal), 163–65 (zu Cooks eigenem).

259   Anonymus, *A Second Voyage*, S. 15.

260   Vgl. J II, 191 (Eintrag vom 6.8.1773), dort a. Anm. 2, sowie V I, 137. [Marra], *Journal*, S. 34, lobt unter den „preservative[s] against the scurvy" hingegen vor allem das Bier.

Dahingestellt bleibe, ob der Sinn des Wortes *adventure* in *diesem* Zusammenhang eine große Rolle spielt; es mutete eher anachronistisch an, den Widerstand gegen das Essen von Gemüse als ‚abenteuerlich' zu bezeichnen – immerhin ist auf diesen Zusammenhang im Kapitel II. 5 zurückzukommen, weil sich, umgekehrt, die Beschaffung von Heilmitteln *gegen* den Skorbut in einem späteren Fall als fatal erwies. Aus Johann Reinhold Forsters Aufzeichnungen lässt sich ein möglicher, eher banaler Grund für den später vergebenen Namen der Insel erschließen, nämlich dass sie nach genau dem Schiff benannt worden sei, das sie zuerst gesichtet habe: „In the morning we spoke at 5 o'clock with the Adventure, & they said there was a low Isle on our starbord Quarter at a good distance, which proved right; for we could not see it from the Deck, & from the Masthead even it appeared low & very far."[261] Bemerkenswerterweise berichtet jedoch kein anderes der an Bord geführten Log- und Tagebücher von diesem Gespräch, und die Logbücher von Wales (*Resolution*) sowie Bayly (*Adventure*) verzeichnen keinen zeitlichen Unterschied bei der Sichtung der Insel. Sogar Georg, der ja über das Journal des Vaters verfügte, hält zwar (in der oben zitierten Passage) einerseits die angeblich im gleichen Gespräch kommunizierten Details zum Krankenstand, andererseits die Sichtung der später *Adventure Island* genannten Insel fest, nicht jedoch den Sachverhalt, dass diese von dem namensgebenden Zweitschiff zuerst gesichtet worden sei.

Da sich also nicht mit Sicherheit eruieren lässt, ‚wie es wirklich gewesen ist', bleibt es beim philologischen Primat der Textgestalt. Und immerhin lässt sich aus der Passage in der *Voyage*, wo der Name der letzten der vier Inseln endlich festgelegt wird, eine Motivation des Namens herauslesen, bei der eine metonymische Beziehung metaphorisch überkodiert wird. Denn hier tritt der Name *Adventure* in engste Nähe zu dem bereits wiedergegebenen Zitat aus Bougainvilles Reiseschreibung: „The next morning at four a.m. we made sail, and at daybreak saw another of these low islands, situated in the latitude of 17 deg. 4', longitude 144 deg. 30' W., which obtained the name of Adventure Island. M. de Bougainville very properly calls this cluster of low overflowed isles the Dangerous Archipelago." (V I, 140) Der intertextuelle Bezug ruft hier die ‚gefährliche' Konnotation von ‚Abenteuer' im Sinne des Elements (3) der Minimaldefinition auf. Dies geschieht freilich an einer Stelle, an der die Gefahr bereits weitgehend überwunden ist, und zwar im Doppelsinne von ‚Stelle': an der Meeres-Stelle, welche die Schiffe zu diesem Zeitpunkt erreicht haben, ebenso wie an der Text-Stelle, insofern der toponymische Akt ja erst nachträglich in der *Voyage* vollzogen wird. Wie anders denn als überwundenes könnte ein Abenteuer in die Schrift eintreten?

---

261   J. R. Forster, *Journal*, Bd. II, S. 322.

Dass dann ausgerechnet während der Landung auf Tahiti die einem Laien
gar nicht ‚abenteuerlich' anmutende, aber möglicherweise gefährlichste
Situation auf der ganzen Reise eintrat, weil die Schiffe während einer Flaute
auf ein Riff zutrieben (vgl. J II, 198 f), ist eine andere Geschichte.

4.   Die Unterbrechung der „ambition": Vorstöße in den südlichen
       Polarkreis

Die wichtigste Aufgabe von Cooks zweiter Reise bestand in einer systematischen
Überprüfung der Existenz einer *terra australis*. Zu diesem Zeitpunkt waren
zwar große Teile dieses Kontinents widerlegt, da inzwischen beispielsweise
längst die Möglichkeit bekannt war, südlich um die Tierra del Fuego sowie um
ganz Neu-Holland herumzusegeln. Die letzten Verfechter der *terra australis*-
Hypothese waren jedoch noch keineswegs gänzlich verstummt; zu ihnen
gehörte etwa auch jener Alexander Dalrymple, dessen Sammlung früherer
Pazifikreisen sich an Bord der *Resolution* befand. In einem „Investigation of
what may be further expected in the South Sea" betitelten Abschnitt stellt
Dalrymple noch einmal alle Argumente für die Existenz des Südkontinents
zusammen. Das beharrlichste der dafür ins Feld geführten ‚philosophischen'
Argumente – das Adjektiv *philosophical* kann sich im Englischen noch des
18. Jahrhunderts auch auf Annahmen beziehen, die man heutzutage ‚Natur-
gesetze' nennen würde – ist das Theorem, demzufolge es auf der südlichen
Hemisphäre ein Gegengewicht („counterpoize") zu den Landmassen auf der
nördlichen geben müsse, damit die Rotation der Erde nicht aus der Bahn
gerate. Hinzu kommt bei Dalrymple die Hypothese, dass sich veränderliche
Winde, wie sie im Pazifik bereits beobachtet worden waren, nur durch den
Widerstand von Landmassen erklären ließen. Dass die empirischen Indizien
für den Kontinent in der Zwischenzeit geschwunden waren, will Dalrymple,
obwohl dies gerade ihm als Herausgeber und Übersetzer so vieler Berichte von
Reisen in den Pazifik bewusst hätte sein können, so wenig wahrhaben, dass
er sich auf Vermutungen aus älteren Reisen stützt, die kaum noch dem zeit-
genössischen Kenntnisstand entsprachen.[262]
    Zu dem auf äquilibristische Überlegungen gestützten Argument für die
Annahme eines Südkontinents merkt William Wales gleich zu Beginn seiner
Astronomical Observations an, es sei „so very unphilosophical that I am

---

262   Vgl. Dalrymple, *Historical Collection*, Bd. II, S. 12–20 („counterpoize": S. 15; die Wind-
      theorie: S. 17 f; die ‚empirischen' Vermutungen: S. 18–20).

surprised how many ingenious Gentlemen have happened to adopt it."[263] Denn allenfalls Unregelmäßigkeiten, die quer zur Rotationsrichtung lägen, könnten diese stören – aber eine ungleiche Gewichtsverteilung zwischen Süden und Norden verliefe ja parallel zu jener.[264] Es bleibt also alles eine Frage der Empirie. Und um die Frage nach der Existenz eines (größeren, bewohnbaren) Südkontinents endgültig zu beantworten, verlegte Cook, erstens, die Hauptroute seiner Reise, also die eigentliche Umrundung der Erde, in einen möglichst südlichen Bereich (fast durchgängig südlich des 50., über weite Strecken sogar nahe des 60. Breitengrads) und unternahm, zweitens, drei punktuelle Vorstöße in den Südlichen Polarkreis (also jenseits der 66° 34'). Den ersten dieser Vorstöße unternahmen beide Schiffe bereits ziemlich zu Beginn der eigentlichen Weltumseglung – als deren vorgelagerter Start- und Zielpunkt Kapstadt anzusetzen ist –, also am westlichen Rand des Indischen Ozeans im Januar 1773; die beiden anderen unternahm die *Resolution*, jetzt ohne *Adventure*, um die Jahreswende 1773/74 zu Beginn der zweiten der beiden in den Pazifik gezogenen Schleifen mit Ausgangs- und Zielort Queen Charlotte's Sound, Neu-Seeland.

Alle drei Vorstöße führten ins Ungekerbte; schon die bei dem ersten Vorstoß erreichten 67° 15' waren der südlichste Punkt, der – soweit belegt – jemals von einem europäischen Schiff erreicht worden war, und dieser Punkt wurde bei der zweiten Schleife einmal knapp, einmal um fast vier weitere Breitengrade überboten. Auf der bereits gezeigten Karte (Abb. 6) repräsentieren alle drei ‚Tracks', die den Südpolarkreis (gestrichelte Linie) überschreiten, den Verlauf von Cooks zweiter Reise (vergrößert in Abb. 7).

Das Vokabular des ‚Abenteuers' liegt daher nahe, und tatsächlich bezieht sich Marras bereits zitierte, ausnahmsweise Verwendung des Wortes für einen wichtigen Schritt der Reise selbst („our voyagers durst adventure to the south"[265]) auf den ersten dieser Vorstöße. Von dem anglophilen Johann Reinhold Forster wird die erste Penetration des Polarkreises am 17. Januar 1773 mit einem wahl-patriotischen Gefühlsausbruch kommentiert: „A place where no Navigator ever penetrated, before the British nation, & where few or none will ever penetrate."[266]

---

263   Wales/Bayly, *Astronomical Observations.* S. v.

264   Um dies mit kindlichen Erfahrungen abzugleichen: Der Teil eines Kreisels unter dem Ring seines größten Umfangs muss offensichtlich nicht das gleiche Gewicht besitzen wie der darüber.

265   [Marra], *Journal,* S. 9.

266   J. R. Forster, *Journal,* Bd. II, S. 216. Der Herausgeber kommentiert: „George wisely omitted this patriotic outburst in his *Voyage.*" (ebd. Anm. 3).

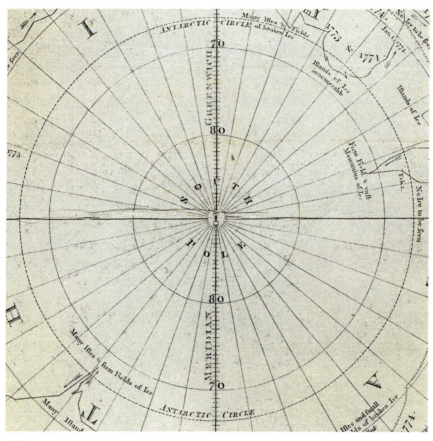

Abb. 7

Das weitere Vordringen erscheint wohlgemerkt nicht so sehr wegen der dort
angetroffenen „islands of ice" bzw. „Eis-Inseln" gefährlich – offenbar weil der
Sachverhalt noch unbekannt war, dass Eisberge unter der Meeresoberfläche
eine sehr viel weitere Ausdehnung besitzen können als darüber –, denn vielmehr wegen des „loose ice" oder „Bruch-Eis[es]", welches zunehmend „larger in
dimensions and more dangerous to pass" werde.[267] Zu Cooks Entscheidung, am
18. Januar bei 67° 15' zu wenden, geben die Berichte verschiedene Auslegungen,

---

267   Alle englischen Zitate in diesem Satz: Marra, *Journal*, S. 8, alle deutschen: R II, 111 (wobei
       Forster in der englischen Fassung „broken ice" verwendet (R I, 78). Die heute üblichen
       Wörter *iceberg* bzw. *Eisberg* standen den Berichterstattern noch nicht zur Verfügung: Das
       erstere ist laut OED erstmals in genau jenem Jahr 1773 (als ausdrückliche Übersetzung
       aus dem Niederländischen) belegt, das letztere gehört laut DWB zu der gefühlten Hälfte
       aller deutschsprachigen Komposita, für welche Jean Paul verantwortlich ist.

von denen zwar keine mit einer Kritik dieser Entscheidung verbunden ist, die aber verschieden ausführlich geraten. Vater und Sohn Forster etwa erklären ein weiteres Vordringen für schlechterdings unmöglich.[268] Marra (oder sein Redakteur) hingegen hält dies immerhin für theoretisch möglich: „perhaps our voyagers might possibly have sailed a few degrees farther". Dennoch verteidigt er Cook vor dem drohenden Vorwurf, er sei nicht mutig genug gewesen, auf dem Weg nach Süden noch weiter zu segeln, um dort womöglich doch noch auf Land zu treffen.[269] Marra spielt daher die hypothetischen Gefahren eines fortgesetzten Vordringens in den Süden einigermaßen ausführlich durch, um zur Bewertung zu kommen: „it would therefore not have been courage, but fool-hardiness to have proceeded when every appearance was against them; [...] they acted wisely in not risking the lives of so many brave men to no one useful purpose."[270]

In Kategorien des Abenteuers ließe sich dies in zwei Varianten reformulieren, je nachdem, ob man die dafür entscheidende Grenze, Element (2) der Minimaldefinition des Abenteuers, mit dem bereits überschrittenen Polarkreis identifiziert (wie Vater Forster), oder ob man sie in die letztlich nicht weiter durchquerte Bruch-Eis-Zone setzt (wie implizit Marra): Im ersten Fall ließe sich sagen, das Abenteuer sei glücklich überstanden und alles weitere sei unmöglich; im zweiten Fall müsste formuliert werden, es wäre *zu* abenteuerlich, also eher ,tollkühn' gewesen, noch weiter vorzudringen.

Ein gutes Jahr später überwindet die *Resolution*, ungefähr auf dem Längengrad von Oster-Eyland, zum einzigen Mal sogar den 70. südlichen Breitengrad. Wer eine Anmerkung zu diesem historischen Moment im entsprechenden Eintrag zum (nach astronomischer Zeit) 29. Januar 1774 im Logbuch von William Wales zu finden erwartet, wird enttäuscht. Wie weit das Schiff vorgedrungen ist, und dass Cook am (auf Landzeit umgerechnet) Morgen des 30. Januar 1774 wenden lässt – dazu steht bei Wales (Abb. 3, s. oben, II. 2 b) kein *Wort*; sondern man kann es nur aus der Kursänderung von Stunde 20 zu 21 sowie aus der lakonischen Angabe des Breitengrads am Ende des Schiffstages

---

268 Vgl. J. R. Forster, *Journal*, Bd. II, S. 217 und R II, 111.

269 Das Land wäre, wie auch Cook selbst mehrfach vermutete (vgl. z. B. V I, 265) in der Tat nicht mehr sehr weit entfernt gewesen, beginnt jedoch erst so weit im Süden, dass die Antarktis in ein vollkommen anderes Register gehört als die vermutete *terra australis*, nicht nur weil diese als sehr viel größer angenommen wurde denn jene, sondern vor allem auch, weil sie als bewohnter Erdteil postuliert wurde. Geographie*historisch* ist deshalb das gelegentlich anzutreffende Fazit, Cook habe sich mit seiner Widerlegung der *terra australis* letztlich getäuscht, insofern es ihn ja in Gestalt der Antarktis durchaus gebe (und diese seit einiger Zeit sogar, nach vor allem anglo-amerikanischer Konvention, als siebter Kontinent gezählt wird), neunmalklug.

270 [Marra], *Journal*, S. 10.

(also nach Landzeit am 30. mittags) erschließen. Die „Remarks"-Spalte hingegen enthält nur die (bereits zitierte) Beobachtung eines Albatrosses, der ein muschelbedecktes Feld aus Seetang inspiziert, sowie eine ausführliche Beschreibung eines Gebildes aus Eis, bei dem schwer zu entscheiden ist, ob es sich um *einen* Eisberg oder um ein Feld nur lose miteinander verbundener Eisklumpen handelt:

> About 5 A.M. [Schiffszeit 17] a large field of Ice was discovered ahead, extending farther east and west than could be seen from the mast head. At a distance it appeared very high, and like a fixed solid mass, with many high mountainous parts in it; but when we came nearer, we found its edge scarce higher than the water, & composed of small pieces close jambed together, & the high parts very large Ice-Islands which were amongst it; but farther on, it still appeared high, and as if of one solid Piece, though this I conceive was a deception as well as the former. A long way within this Field, which we could not see over, there seemed to run a long Ridge of prodigeous high mountainous Ice, which was probably only a Fog-Bank, illuminated by the rays of light that were reflected from the Ice, as it does not apear probable that it could be Ice or Snow, unless land was under it; of which, we had no other signs.[271]

Marra strukturiert die Eisquanta, obwohl er durchaus weiß, dass es sich bei ihnen nicht um Land handelt, in der Phantasie durch die Übertragung von landschaftlichen Merkmalen:

> Came in sight of a fog bank, which had a great apperance of land, and many who where thought the best judges asserted that it was land; however it prooved upon trial a deception, as well as the former. This day they passed by a great island of ice, and heard many dreadful cracks, as if the whole earth was cleaving asunder. Saw several whales and a strange bird as before. Taking a view from the mast-head nothing was to be seen but a dreary prospect of ice and sea. Of the former might be seen a whole country as the eye could carry one, diversified with hills and dales, and fields and imaginary plantations, that had all the apperance of cultivation; yet was nothing more than the sports of chance in the formation of those immense bodies of congregated ice.[272]

Bei einer früheren Begegnung mit dem Eis hatte er den Assoziationen mit Gebilden menschlicher Kultivierung noch freieren Lauf gelassen:

> Here the ice islands presented a most romantic prospect of ruined castles, churches, arches, steeples, wrecks of ships, and a thousand wild and grotesque

---

271   Auch zitiert bei Smith, „Coleridge's ,Ancient Mariner' and Cook's Second Voyage", S. 134.
272   [Marra], *Journal*, S. 125.

forms of monsters, dragons, and all the hideous shapes that the most fertile imagination can possibly conceive.[273]

Die beiden Einträge Marras zusammen vermitteln auch einen guten Eindruck von der akustischen Dimension der Szenerie, insofern die „dreadful cracks" des Eises aus dem späteren Eintrag im früheren um Vogellaute ergänzt werden: „[P]enguins are heard continually screaming, and add to the horror of the scene, which cannot be beheld by the most intrepid without some emotions of fear."[274] Coleridge wird sich um eine poetische Darstellung nur der Eis-Geräusche bemühen:

> The Ice was here, the Ice was there,
> The Ice was all around:
> It crack'd and growl'd, and roar'd and howl'd –
> A wild and ceaseless sound.[275]

Der erste hier zitierte Vers könnte als grammatisch variierende Überschreibung und damit geographische Uminterpretation eines Satzes gelesen werden, in dem Cook einen Vergleich zwischen dem Eis der Anatarktis und demjenigen der Arktis anzustellen unternimmt, um zu folgern, „that we cannot draw a comparison between the ice here and there" (V I, 264); Coleridge hingegen bezieht beide Deiktika, auch das *there*, auf die antarktische Umgebung. Im Gegensatz zu Coleridges „all around", bei dem jede Strukturierung des Eises aufhört, und auch im Gegensatz zu Marras Versuch, es imaginär zu strukturieren, beweist sich Cooks unnachahmlich kerbender Blick noch an diesem. Wo andere Zählinstanzen scheitern – bei neunzig unterscheidbaren Einheiten abbrechen, um zu schließen, dass „our endeavour to numerate fruitless" seien,

---

273 [Marra], *Journal*, S. 111. Vgl. Pickersgill, „Journal", S. 63, zu Eisinseln „which took a variety of Shapes such as old Churches Castles old ruins Houses Towns and Towers ...". – Im Vergleich dazu erscheint mir die Beschreibung Arthur Gordon Pyms, der in säuberlicher Trennung das Eis zuerst, eine in der fiktiven Welt ‚tatsächlich' existierende Besiedlung auf einer Insel im Eis danach antrifft, eher weniger poe-isch – ganz zu schweigen von dem sehr sachlichen Referat, das Pym zu Beginn jenes Kapitels gibt, in dem er die faktualen Berichte von Vorstößen in die Antarktis, darunter derjenigen Cooks, zusammenstellt (vgl. Poe, *The Narrative of Arthur Gordon Pym*, Kap. xvi, S. 1125–27).

274 [Marra], *Journal*, S. 111.

275 Coleridge, „The Rime of the Ancyent Marinere", vv. 57–60, diesmal mit dem Titel in der archaisierenden Schreibweise, weil die Fassung der 2. Ausgabe der *Lyrical Ballads* (von 1800) zitiert wird, um nicht den schwierigen letzten Vers des Zitats in anderen Fassungen diskutieren zu müssen: „Like noises of a swound" (vorher: in der Erstausgabe der *Lyrical Ballads*, 1798) bzw. „Like noises in a swound" (spätere Ausgaben, u. a. in der hier sonst zitierten Ausgabe letzter Hand).

weil die Eisberge „totally innumerable" seien –, hält Cook trocken fest: „Ninety
Seven Ice hills were distinctly seen within the feild".[276]

Dennoch, oder gerade deswegen, stellt Cook an dieser Stelle Überlegungen
an, die für die Frage nach dem potentiell abenteuerlichen Charakter der Reise
besonders wichtig sind, weil sie vom Umgang mit einer sehr gefährlichen
und eben, soweit bekannt, noch nie zuvor überschrittenen Grenze handeln.
„The outer or Northern edge of this immence Ice field was compose[d] of
loose or broken ice so close packed together that nothing could enter it" (J
II, 321), notiert Cook in einer Fassung seines Tagebuchs; „so that it was not
possible for any thing to enter it" (J II, 323), variiert er das Ende des ansonsten
nahezu wortidentischen Satzes in einer anderen. Noch im weiteren Verlauf
des gleichen, anders als in der gedruckten *Voyage* (vgl. V I, 264) durch keine
Absätze strukturierten Eintrags scheint er sich jedoch zunächst zu korrigieren:
„I will not say it was impossible any where to in among this Ice, but I will assert
that the bare attempting of it would be a very dangerous enterprise and what
I believe no man in my situation would have thought of." (J II, 322) Wäre es
also doch nicht ganz unmöglich gewesen, weiter vorzudringen und hat er nur
gekniffen? In einer der Fassungen folgt darauf unmittelbar der vielzitierte Satz:

> I whose ambition leads me not only farther than any other man has been before
> me, but as far as I think it possible for man to go, was not sorry at meeting with
> this interruption, as it in some measure relieved us from the dangers and hard-
> ships, inseparable with the Navigation of the Southern Polar regions. (J II, 322)

In der anderen Fassung lautet er:

Abb. 8[277]

---

276 J II, 322 in der Fassung Ms 27888, im Widerspruch zum dort von Beaglehole (J II, 321,
     Anm. 3, zur entsprechenden Stelle in der Fassung Ms 27886) zitierten Logbuch Clerkes.
     (Beaglehole druckt angesichts der Wichtigkeit dieses Eintrags ausnahmsweise zwei
     Fassungen des Tagebuchs ab, Ms 27886 und Ms 27888).

277 Ms 27888, Bl. 163 v: „I, who had Ambition not only to go farther than any one had done
     before, but as far as it was possible for man to go, was not sorry at meeting with this inter-
     ruption as it in some measure relieved us, at least shortned the dangers and hardships
     inseparable with the Navigation of the Southern Polar Rigions." (J II, 323). Die Fassung
     in V I, 264 f, weicht davon nur in Orthographie, Zeichensetzung sowie der Präposition

In einer zu schnellen Lektüre könnte man Cook nun einen zweiten Selbst-widerspruch vorwerfen, weil er doch den eigenen Anspruch behauptet, nicht nur so weit vorzudringen wie niemand vor ihm, sondern so weit wie möglich, und es ja nach seiner eigenen Aussage vielleicht doch möglich wäre, weiter vor-zudringen. Hat er, wie das Imperfekt „I who had ambition" der zweiten Fassung nahelegt, seinen Ehrgeiz (*ambition*) jetzt aufgegeben, und liegt in dieser Auf-gabe die ‚Erleichterung' („relieved us"), von der er schreibt? Die erste der beiden Varianten widerspricht dieser Lektüre, insofern sie diese *ambition* im Präsens beibehält. Eher grenzt sich Cook hier ausdrücklich von einem *adventurer* ab, oder – vorsichtiger formuliert, insofern er dieses Wort rückblickend doch noch benutzen wird –:[278] Er bestimmt das angemessene Verhalten eines *adventurers* so um, dass dieser bei allem Ehrgeiz auf die größtmögliche Überschreitung ein „dangerous and rash enterprise" bewusst genau nicht eingehe. Insofern Cooks *ambition* darin besteht, die *ganze* Expedition möglichst gut durchzu-führen, gehört dazu unter Umständen die Vermeidung von *einzelnen* Grenz-überschreitungen, bei denen allzu große Gefahren drohten. Wenngleich die Minimierung von Risiken in Einzelschritten zur Abnahme von Teil-Abenteuern führt, ist sie womöglich ein notwendiger Bestandteil des Abenteuers im Ganzen, im Unterschied zu einer bloß draufgängerischen Unternehmung.

Jedenfalls der anonyme Verfasser der *Second Voyage* spricht Cook, als die *Resolution* schon wieder auf dem Rückweg ist, „unbounded resolution in preserving thro' all obstacles in the pursuit of the object of his instructions" zu und präzisiert damit das im Namen des ersten Schiffes sedimentierte Schlüssel-wort: Es bedeutet nicht einfach ‚Entschlusskraft in der Überschreitung aller Grenzen', sondern ‚Entschlusskraft in der Durchführung eines Unter-nehmens, zu dem gegebenenfalls der Verzicht auf allzu waghalsige Grenz-überschreitungen gehört'.[279] Darum lässt sich hier endlich an das Element (4) der eingangs eingeführten Minimaldefinition des Abenteuers in ihrer vollständigen Version („eine Erzählinstanz, die den Zusammenhang herstellt, in dem [eine gefährliche] Kontingenz *sich als Probe oder Prüfung erweist*") anknüpfen, allerdings wohl anders, als diese Bestimmung gemeint ist: Cook sorgt für eine Erzählinstanz, die den Zusammenhang herstellt, in dem sich gefährliche Kontingenzen als Probe oder Prüfung darauf erweisen, ob man sich unter Umständen entschließen kann, vor ihnen auszuweichen.

„inseparable *from*" ab. In beiden Fassungen sind aber, anders als im Ms 27886, zwischen den beiden oben zitierten Sätzen Spekulationen über ein wohl nicht mehr weit ent-ferntes Land eingeschaltet.

278 Vgl. V I, xx (und dazu oben, II. 1).

279 Anonymus, *A Second Voyage*, S. 60.

Die philologische Analyse der *Voyages* als Reisebeschreibungen kommt damit – fast möchte ich ‚leider' hinzufügen – für das Abenteuer als Erzählschema zu einem sehr ähnlichen Befund wie Angsters historiographische Analyse der entsprechenden *Voyages* als Reisen, wonach diese als Ereignistyp nur mit großen Einschränkungen abenteuerlich gewesen seien. Mit einem Eintrag aus diesem Ausschnitt in William Wales' Logbuch:

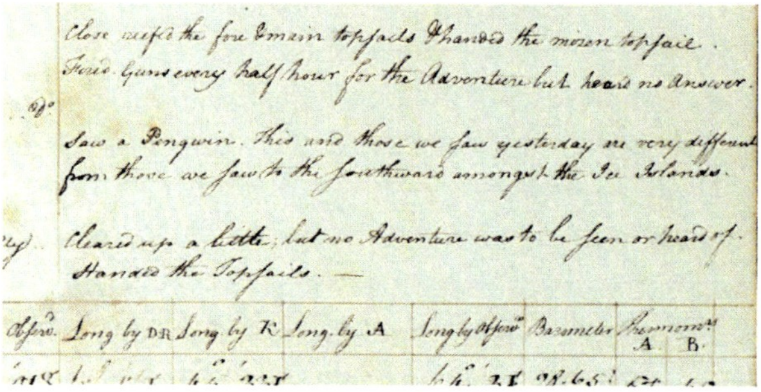
Close reefed the fore & main topsails & handed the mizen topsail.
Fired Guns every half hour for the Adventure but heard no Answer.

Saw a Penguin. This and those we saw yesterday are very different from those we saw to the Southward amongst the Ice Islands.

Cleared up a little; but no Adventure was to be seen or heard of.
Handed the Topsails. —

Abb. 9

„Cleared up a little; but no Adventure was to be seen or heard of."[280] Das letzte Wort zum Thema ist gleichwohl noch nicht geschrieben. Zweierlei bleibt vielmehr noch genauer zu beschreiben: wie ein potentiell ‚abenteuerlich' anmutendes Ereignis abgespalten wird, als bloßer Vorfall oder Unfall, der sich im Rahmen des faktualen Reiseberichts kaum auch nur erzählen lässt, und wie ein fiktionaler Text dies dann doch unternimmt.

5. „Abenteuer des Furneaux"? Die Schrift und drei Köpfe

a) *Auseinandertretende Perspektiven von Rasterung und Abenteuer*

„Abenteuer des Furneaux" notiert Jens Baggesen in dem „Entwurf" zur unausgeführten Fortsetzung seines fragmentarischen Epos *Oceania* –[281] in dessen ausgeführten Teilen das Wort *Abenteuer* nicht vorkommt. Vielleicht ist auch hier dieses Wort vom Namen des entsprechenden Schiffes inspiriert, das in den ausgeführten Teilen nicht erwähnt wird; sehr wahrscheinlich ist jedoch ein Vorfall gemeint, der sich im Dezember 1773 während des zweiten (und letzten) Aufenthalts der *Adventure* im Queen Charlotte's Sound (an der Nordspitze der südlichen Hauptinsel Neu-Seelands) ereignete, zu einem Zeitpunkt,

---

280 William Wales, *Log book*, Bl. 26 r (8.2.1773). – Natürlich meint Wales das Schiff, das zu diesem Zeitpunkt zum ersten Mal aus dem Blickfeld der *Resolution* gerät.

281 Baggesen, *Oceania*, S. 381.

an dem die *Resolution* dort schon wieder abgelegt hatte.[282] Schwerlich lässt sich dieses Ereignis als Abenteuer im Sinne eines Erzählschemas gestalten; immerhin nahm der Versuch zu ergründen, was denn nun eigentlich passiert sei, fast ein ganzes Jahr später – nämlich als die *Resolution* (im Oktober 1774) zum dritten Mal in den Sound kam – Züge einer Detektivgeschichte an.

Interessiert man sich, wie aus philologischer Perspektive unvermeidlich, für die Gestalt, in der dieser Vorfall dargestellt werden kann, mindestens ebenso wie für ihn selbst, ist man hier mit einem spezifischen Problem der *dispositio* konfrontiert, weil der Vorfall eben eine zu diesem Zeitpunkt auf sich allein gestellte *Adventure* betraf. Wird zwar auch in einem Bericht wie demjenigen Georg Forsters die chronologische Anordnung durch mannigfaltige Exkurse gestört, so führt dort doch das Wiedereinlenken in den Modus der „Erzählung" immer in die gesicherte Erzählperspektive der *Resolution* zurück. Solange die beiden Schiffe in Sichtweite voneinander segelten, konnten dabei auch Informationen über das Zweitschiff (wie etwa die über den dortigen besorgniserregenden Gesundheitsstand) regelmäßig an das Erstschiff und dessen dominante Erzählperspektive gemeldet werden. In den beiden Phasen der Trennung muss jedoch zwischen zwei Erzählperspektiven gewechselt werden – ein Paralleldruck, der etwa die Ereignisse auf der *Resolution* auf der linken, die jeweils gleichzeitigen auf der *Adventure* auf der rechten Seite präsentierte, ist bis heute nicht veranstaltet worden.[283]

In Journalen, die an Bord der *Resolution* geführt wurden – unter den gedruckten also in allen außer demjenigen James Burneys und dem bisher nur auszugsweise gedruckten Tobias Furneaux' – kann das die *Adventure* betreffende Ereignis vom Dezember 1773 erst zu einem Zeitpunkt eingeschaltet werden, als die Schiffsinsassen davon durch einen schriftlichen Bericht Furneaux' erfahren, frühestens also zu Beginn der Rückreise in der Table Bay, dem europäisch besetzten Außenposten in Südafrika, im April 1775. In den nachträglich überarbeiteten und schon von den Zeitgenossen zum Druck bestimmten Berichten, die allesamt aus der dominanten Perspektive der *Resolution* verfasst sind, müssen diese Ereignisse irgendwie und irgendwo in die Chronologie eingeschaltet werden. Die Varianten des Umgangs mit diesem Problem sind zahlreich; Narratologen, die sich für Pro- und Analepsen – Vorwegnahmen und Rückblenden des *discours*, der Erzählung selbst, im Verhältnis

---

282   Vgl. a. dazu die obige topologische Skizze, Abb. 4, oben, II. 2 e.

283   In der Forster-Forschung etwa kommt die *Adventure*, bei allen Elogen des Multiperspektivismus, fast überhaupt nicht vor. May beispielsweise schreibt ihren Kapitän, den er nur zweimal *en passant* nennt (*Georg Forsters literarische Weltreise*, S. 190 u. 194), bezeichnenderweise falsch (*Fourneaux*).

zur *histoire*, dem zeitlichen Ablauf des erzählten Geschehens – begeistern, treffen hier ein reichhaltiges Angebot an mehr oder weniger misslungenen Lösungsvorschlägen an. In Cooks offizieller Reisebeschreibung werden die Ereignisse, unter Einsetzung gleich zweier anderer Erzählinstanzen, erst an der Stelle eingeschaltet, an welcher Cook davon erfährt. In der Kompilation, in der für die viel umfangreicheren, auf die *Resolution* fokussierten Teile John Marras Journal verwendet wird, wird ein wesentlich kürzerer Bericht eines Mitglieds der *Adventure*-Crew jeweils anlässlich der Trennungen der beiden Schiffe eingeschaltet und läuft beide Male der Zeit auf der *Resolution* voraus; beim zweiten Mal, wo gleich bis zur Rückkehr des Zweitschiffes nach England durcherzählt wird, beträgt der Vorlauf über sieben Monate, bis der Kompilator zurückschaltet: „Thus having traced the track of the Adventure [...], the reader will no doubt be impatient till we resume the thread of our narrative with respect to the Resolution, which we left safely moored in Charlotte Sound."[284]

In den Haupttext ohne Veränderung der Erzählinstanz integriert sind die Ereignisse nur in Georg Forsters *Reise um die Welt*. In deren *Zweyundzwanzigste[m] Hauptstück* (von 26)[285] berichtet Forster zunächst recht ausführlich von den Befragungen der Neu-Seeländer nach dem Schicksal der *Adventure*, welche die *Resolution*-Mitglieder bei ihrem dritten Aufenthalt im Queen Charlotte's Sound durchführen – um dann jedoch die Spannung aufzulösen, nicht ohne sich zuvor einigermaßen gewunden dafür zu entschuldigen:

> Hoffentlich wird es meinen Lesern nicht zuwider seyn, von diesem traurigen Vorfall etwas bestimmteres zu vernehmen; ich will also das, was ich, bey meiner Rückkunft nach England, von den Leuten der *Adventure* in Erfahrung gebracht, mit demjenigen, was die *Neu-Seeländer* davon erzählt haben, verbinden. (III, 348)[286]

‚Verbunden' werden in dieser Pro-Analepse nicht weniger als drei Zeitmomente, an denen der Autor verschiedene Informationen besaß: An dem Punkt der Erzählung, an dem er sich zum dritten Mal im Queen Charlotte's Sound befindet (also dem auf dem Zeitpfeil zweiten dieser Momente: Oktober 1774), greift er voraus auf die ausführlicheren Informationen, die ihm erst bei der Rückkehr nach London zugänglich wurden (im dritten Moment: Juli 1775), und die wiederum von einem längst vergangenen Zeitpunkt berichten, an dem

---

284   Vgl. [Marra], S. 11–18 sowie 85–99 (dort das Zitat). Der Autor des hier verwendeten Journals von der *Adventure* ist meines Wissens bisher nicht identifiziert.

285   In der *Voyage* entspricht dem das Kapitel iv. des dritten (und letzten) Buches.

286   Der englische Text weist hier die Quellen weniger detailliert aus: „Some account of this melancholy event will, I hope, not be unwelcome to my readers, as I shall occasionally compare the story of the natives with the reports of our fellow-voyagers." (R I, 593).

sich die *Adventure* zum zweiten Mal im Queen Charlotte's Sound befunden hatte (dem ersten Moment: Dezember 1773).

Hoffentlich wird es meinen Lesern nicht zuwider sein, von diesem traurigen Vorfall erst gegen Ende dieses Kapitels etwas Bestimmteres zu vernehmen; ich will also das, was ich aus Dokumenten von den Leuten der *Adventure* in Erfahrung gebracht, mit demjenigen, was die Neu-Seeländer Mitgliedern der *Resolution* davon erzählt haben, zunächst einmal nicht verbinden. Und dies nicht nur, um etwas Spannung, vielleicht keiner Abenteuer-, aber immerhin einer Detektivgeschichte, aufrechtzuerhalten, sondern auch um die hier eingesetzten Wissensprozeduren genauer zu beschreiben, die mit Kopplungen von Schiff und Schrift experimentieren. Es kommt zu „Medienabenteuern",[287] in denen die Dichotomie der Ausgangssituation –permanent schreibende Schiffscrews einerseits, schriftlose Gesellschaften andererseits – wohl nicht überwunden, aber ausgetestet wird: mit Papier ohne Buchstaben, Buchstaben ohne Papier ...

Leere, unbeschnittene Blätter Papier kommen bereits in einer der allerersten Szenen der Begegnung zwischen Südseebewohnern und der *Resolution* zum Einsatz – nämlich auf deren Hinreise, in der ebenfalls auf Neu-Seeland, allerdings südlich vom Queen Charlotte's Sound gelegenen Dusky Bay. Als sich dort eine aus Cook, den Forsters, Sparrman sowie dem Zeichner William Hodges bestehende Gruppe einem „Indianer" annäherte, der darauf zunächst zögerlich, ja offenbar abwehrend reagierte, reichte „der Capitain" diesem – nachdem er ihm zunächst Schnupftücher hingeworfen hatte, die dieser jedoch nicht aufgehoben hatte – „etliche Bogen weiß Papier". „Der gute Kerl zitterte nunmehro sichtbarer Weise über und über, nahm aber endlich, wiewohl noch immer mit vielen deutlichen Merkmalen von Furcht, das Papier hin." (R II, 133)[288] – „Was das ‚bedeutet', wissen wir nicht", kommentiert Klaus Scherpe:

---

287   Vgl. Jahraus, *Medienabenteuer*, dort insb. S. 8 und 11 f zur Bestimmung des Begriffs (freilich nicht ganz nach der Minimaldefinition).

288   Ausführlich diskutiert wird die Szene mit dem „gute[n] Kerl" (englisch schlicht „man", R I, 93) bereits bei Berman, *Enlightenment or Empire*, S. 23–40, wobei in ihr angeblich der von Berman konstruierte Gegensatz zwischen Forsters ‚deutscher', einfühlsamer „emancipatory reason" und Cooks ‚englischer', bloß kartierender „instrumental rationality" (S. 40) deutlich werde. Bermans Behauptung, wonach sich ausgerechnet in dieser schematischen Aufspaltung zweier Momente die Dialektik der Aufklärung ‚entfalte' („unfolding of the dialectic of Enlightenment", ebd.), beruht auf einem sehr reduzierten Begriff von ‚Dialektik' und einem wohl nur als ‚auslandsgermanistisch' beschreibbaren Anliegen, empire-lose Deutsche gegen imperialistische Engländer auszuspielen. Zur weiteren Kritik des Buches vgl. Young, „Postcolonialism's straw man".

> Eine raffinierte schrift- und zivilisationskritische Interpretation dieser Handlung
> bietet sich an: Cook erfaßt den Fremden, den er [im Folgenden] freundschaftlich
> umarmt, zugleich als Gegenstand der Verschriftlichung: Der Eingeborene wird
> zur Metonymie des weißen Papiers, ein unbeschriebenes Blatt, das, geschichts-
> und kulturlos, der Beschriftung harrt ...[289]

An dieser Stelle jedoch unterbricht sich Scherpe – die ‚Undsoweiter'-Punkte
stehen im Zitat – mit dem bewusst pragmatischen Einwand, Cook habe
offenbar bei dieser Expedition schlicht keinen jener (eisenhaltigen oder zum
Schmuck bestimmten) Artikel mit sich geführt, die üblicherweise dafür vorgesehen waren, die Südseebewohner zum Tausch günstig zu stimmen;[290]
er habe dem Neu-Seeländer also einfach angeboten, was er, als „unverzichtbare mediale Ausrüstung", ohnehin dabei hatte.[291] Tatsächlich erwähnt Cook
in seinem eigenen Bericht von der Szene weder Schnupftücher noch Papier,
sondern schreibt nur summarisch: „[I] presented him with such articles as
I had about me" (J II, 116). Gerade als Gegenstand, der hier nicht mit einer
spezifischen Intention eingesetzt wird, markiert das Papier die Grenze
zwischen dem „Capitain" und dem „gute[n] Kerl" umso deutlicher. Dahingestellt bleibe, ob wirklich gerade dieser Gegenstand dazu führte, den Neu-
Seeländer noch stärker zu beunruhigen, statt ihn zu beruhigen – wenn Georg
Forster jedoch eben diesen Zusammenhang syntaktisch herstellt, ohne eine
Erklärung desselben zu versuchen, verstärkt er die Lesart, die Angst hänge
mit dem medialen *a priori* der Schrift als solchem zusammen, ohne dass es
auch nur seiner konkreten Operationalisierung bedürfe.[292] Dank seiner „First-
Contact-Routine" gelingt es Cook übrigens in der Folge, die Angst des „Native"
erst, aber immerhin, zu überwinden, als er ihm mit der diesem vertrauten
Begrüßungsgeste des ‚Nasens' begegnet: „Capt Cook shook hands with him, &

---

289   Scherpe, „First-Contact-Szenen", S. 60.

290   Vgl. die Liste solcher Artikel sowie die Anweisung der Admiralität zum Umgang mit ihnen
       J II, 923 f (im Appendix), a. zitiert bei Agnew, „Exchange Strategies", S. 171 f.

291   Scherpe, „First-Contact-Szenen", S. 60.

292   J. R. Forster (*Journal*, Bd. II, S. 248) beschreibt den Ablauf der Szene mit denselben Gegen-
       ständen, aber mit einigen Abweichungen im Detail; unter anderem legt der „Native"
       dort das Papier, nachdem er es entgegengenommen hat, vor sich auf einen Felsen. Vgl.
       zu weiteren Unterschieden von Details: Görbert, „Textgeflecht Dusky Bay", S. 90 f, der
       dabei bemerkenswerterweise einerseits annimmt, *Georgs* Darstellung sei die „präzisere"
       (S. 90), andererseits bei der Wiedergabe der Reihenfolge der Geschenke („erst Papier,
       dann Schnupftücher", S. 91) unausgewiesen der (nach seinen eigenen Prämissen weniger
       präzisen) Variante *Johann Reinhold* Forsters folgt.

lastly went up to him & nosed him, which is the mark of friendship among these people."[293]

b)   *Kartographische Koproduktionen*

In anderen Situationen jedoch werden die Südseebewohner immerhin ansatzweise in den Umgang mit Schriftstücken und Schreibmaterialien einbezogen, und einige davon lassen sich als Umgang mit Karten beschreiben. So auch die Szene vom Oktober 1774, in der die Besatzung der *Resolution* von den Neu-Seeländern in Erfahrung zu bringen versucht, was dort im Jahr zuvor mit der *Adventure* geschehen ist. Die Einwohner des Queen Charlotte's Sound scheinen zwar zu bestätigen, dass die *Adventure* in der Zwischenzeit dort gelandet war und bestreiten, dass dem Schiff etwas zugestoßen sei, machen jedoch widersprüchliche und rätselhafte Andeutungen – bis sie schließlich überhaupt nichts mehr sagen wollen:

> Es habe nemlich, sagten sie, vor einiger Zeit ein fremdes Schiff allhier vor Anker gelegen, dessen ganze Mannschaft, in einem Treffen mit den Einwohnern, erschlagen und gefressen worden wäre! Diese Nachricht klang fürchterlich genug, um uns zu erschrecken, zumahl da wir befürchten mußten, daß die *Adventure* damit gemeynt sey. Um mehr Licht davon zu bekommen, fragten wir die Wilden nach verschiedenen einzelnen Umständen und entdeckten bald dies, bald jenes, wodurch unsre Vermuthung immer mehr ausser Zweifel gesetzt ward. Endlich merkten sie, daß dieser Gegenstand uns ganz besonders am Herzen liegen müsse, weil wir gar nicht aufhörten sie darüber auszufragen; sie weigerten sich also auf einmal, ein mehreres davon zu sagen, und stopften sogar einem ihrer Landsleute, durch Drohungen, den Mund, da er eben im Begriff war uns den ganzen Verlauf nochmals im Zusammenhange zu erzählen. (R III, 347; vgl. J II, 572–77)

Im Weiteren scheinen sie zu leugnen, dass sich dieses Geschehen auf die *Adventure* beziehe; um nun zu klären, ob diese wirklich wieder abgelegt habe, wird die Reihenfolge der Vorgänge, laut Georg Forsters Bericht, auf dem Papier nachgestellt:

---

293   J. R. Forster, *Journal*, Bd. II, S. 248; der Ausdruck *to nose each other* bürgert sich in den englischsprachigen Texten von der Reise ein, und G. Forster schlägt in R II, 196 die deutsche Übersetzung *sich untereinander nasen* vor. Falls sich jemand an ‚Eskimos' erinnert fühlen sollte: Schon Sparrman, *Voyage* [II], S. 33, notiert, dass ihm die selbe Geste von Ureinwohnern des nördlichen Polarkreises bekannt ist. – Scherpes Ausdruck „First-Contact-Routine" („First-Contact-Szenen", S. 58) ist einerseits griffig, tendiert andererseits aber zu einem Oxymoron: *Dass* Cook diese Geste bereits routiniert einsetzen kann, weil er sie von seiner ersten Reise her kennt, impliziert ja auch, dass es sich hier nicht mehr um eine „First-Contact-Szene" im emphatischen Sinne der Erstbegegnung mit einer ganzen anderen ‚Kultur' handelt.

Diesen Endzweck zu erreichen schnitten wir zwey Stückchen Papier in Gestalt zweyer Schiffe aus, davon das eine die *Resolution*, das andere die *Adventure* vorstellen sollte. Alsdann zeichneten wir den Plan des Havens auf einem größeren Papier, zogen hierauf die Schiffe so vielmal in- und aus den Haven, als wir wirklich darinn geankert hatten, und wieder abgesegelt waren, bis zu unsrer letzten Abreise im November [1773]. Nun hielten wir eine Zeitlang ein; und fiengen sodann an, *Unser* Schiff nochmals hereinzuziehn; hier unterbrachen uns aber die Wilden, schoben *unser* Schiff zurück und zogen *das* Papier, welches die *Adventure* vorstellte, in den Haven und wiederum heraus, wobey sie zugleich an den Fingern zählten, seit wie viel Monden dieses Schiff abgesegelt sey. (R III, 347)[294]

Offensichtlich handelt es bei diesem Schiffchen-Verschiebe-Spiel um ein Verfahren der graphischen Repräsentation räumlicher Beziehungen, also um ein kartographisches Verfahren im nicht allzu weiten Sinne des Wortes. Wie bei der Cook'schen Karte, in welche die Routen von Schiffen eingezeichnet sind, werden auch hier neben klassifikatorischen Elementen (in Gestalt des Hafens) sujethaltige (in Gestalt des Ankerns und Ablegens verschiedener Schiffe in diesem Hafen) repräsentiert. Allerdings scheint das Experiment ohne Beschriftung auszukommen: Der Hafen auf dem großen Blatt Papier ist nach Forsters Bericht durch eine bloße Zeichnung hinlänglich identifizierbar; die beiden Schiffe erhalten ihre Form durch bloße Beschneidung des Materials (wobei Forster leider keine Angaben dazu macht, wie dabei *Resolution* und *Adventure* voneinander unterschieden wurden – an der Größe der Papierstückchen oder womöglich doch durch die Buchstaben *R* und *A*?). Zur Debatte steht dabei nicht zuletzt, inwiefern solche Verfahren ohne ausdrückliche Einübung in die ihnen zugrunde liegenden medialen Prämissen – also potentiell ‚universell' – praktiziert werden können: Wie vertraut sind die Bewohner derjenigen Regionen, denen die europäischen Verfahren der Kerbung auf Cooks Reisen gelten, mit diesen Verfahren selbst?

Forster freut sich über das aus seiner Sicht erfolgreich verlaufene Rekonstruktion-Experiment ausdrücklich doppelt, insofern es nicht nur zur – wie sich zeigen wird: voreiligen – Beruhigung über den Gang der Ereignisse geführt, sondern auch die ethnographische Neugierde nach dem „Grad von Scharfsinn" befriedigt habe, welche den Neu-Seeländern zuzusprechen sei: „Auf solche Art erfuhren wir, mit zwiefachem Vergnügen, nicht nur, daß unsre ehemalige Reisegefährten *gewiß* von hier abgesegelt wären, sondern auch, daß die Einwohner mit einem Grad von Scharfsinn begabt sind, der bey weiterer

---

294   Kleine Unterschiede zur englischen Fassung (vgl. R I, 592) sind offenbar vom Bemühen geprägt, den Verlauf der Szene deutlicher zu machen. Zu dieser Szene gibt es kein Äquivalent in den Journalen Cooks oder J. R. Forsters.

Ausbildung alles mögliche erwarten läßt." (R III, 347 f)[295] Ähnlich beglückt
hatte er bereits auf eine andere Szene des Umgangs mit kartographischen
Repräsentationen reagiert, die sich nach seinem Bericht auf Tahiti zugetragen
habe:

> Als *Tuahau* mit Erzählung dieser Staatsgeschichte fertig war, nahmen wir die
> Charte von *O-Tahiti* zur Hand, die zu Kapitän *Cook's* voriger Reisebeschreibung
> in Kupfer gestochen worden, und legten ihm solche vor, ohne zu sagen was es
> sey. Er war aber ein viel zu erfahrner Pilote, als daß ers nicht sogleich sollte aus-
> fündig gemacht haben. Voller Freuden eine Abbildung seines Vaterlandes zu
> sehn, zeigte er uns sogleich mit der Spitze des Fingers die Lage aller *Whennua's*
> oder Districte, und nannte sie in derselben Ordnung her, als sie auf der Charte
> geschrieben waren. (R II, 253)[296]

Die Szene legt nahe, dass eine gute Kenntnis von auf der Karte *dargestellten*
Geländemerkmalen, über welche Tuahau als „erfahrner Pilote" verfüge, allein
ausreiche, um diese auch „an ihrer Form auf dem Papier leicht [zu] erkennen"
(R II, 253), dass ihm also die Konventionen der *Darstellung* selbst, in welcher
diese Geländemerkmale im Aufriss wiedergegeben sind, unmittelbar verständlich seien.[297] Dies wiederum versteht sich nicht unmittelbar von selbst, wenngleich kartographische Dispositive im Pazifik in zwei Momenten nicht ganz
fehlen. Denn erstens existieren zwar empirische Belege für die dortige Verbreitung vergleichbarer Konventionen: aus Stäben zusammengesetzte Karten
von den Marshall-Inseln, die 1862 erstmals beschrieben wurden, inzwischen
in vielen ethnologischen Museen zu besichtigen sind und auf diesen Inseln
noch heute, wenngleich offenbar nur noch für touristische Zwecke, hergestellt
werden.[298] Doch sind diese Karten eben nur für genau dieses mikronesische
Atoll belegt, das von Tahiti aus gesehen sehr weit im Nord-Osten liegt, und
überdies weichen die Abbildungs-Konventionen, die diesen Karten zugrunde

---

295 Der Zusatz zur zukünftigen „weitere[n] Ausbildung" fehlt in R I, 592.

296 Auch diese Szene berichtet ausschließlich Georg Forster.

297 Die zitierte Anmerkung hat Forster in der deutschen Fassung hinzugefügt. – Im Einzelnen ließe sich spekulieren, ob ein solcher Effekt der Wiedererkennung vielleicht auf einer
Insel wie Tahiti leichter möglich ist, weil Tuahau dort immerhin einmal auf einen Berg
gestiegen sein kann, von dem aus er die Insel in einer Gestalt gesehen haben mag, die
der auf der Karte abgebildeten Gestalt immerhin ähnelt – wohingegen die Umrechnung
aus der horizontalen in die (näherungsweise) vertikale Perspektive einer Karte auf einem
flachen Atoll von keiner Anschauung unterstützt werden könnte. Die Frage, ob die von
Forster berichtete, vielleicht ja nur erfundene, Szene wahrnehmungspsychologisch
plausibel ist, bleibe jedoch hier, als nicht philologisch beantwortbare, außen vor.

298 Vgl. Finney, „Nautical Cartography and Traditional Navigation in Oceania", S. 475–92
(mit vielen Abbildungen, ausführlichen Beschreibungen und einem Verzeichnis der
erhaltenen Objekte in Museen).

liegen, von denjenigen ab, die Karten des ptolemaischen Typs regieren. Denn der Akzent der Stabkarten liegt auf Wind- und Strömungsverhältnissen, und ihr Zweck besteht darin, eine vektorielle Navigation zwischen den Inseln zu unterstützen. Die gemeinsam betrachtete Karte von Tahiti hingegen repräsentiert Lageverhältnisse *einer* Insel in einer Form, die von Bewegungen im Gelände abstrahiert.

Gut bezeugt, und in zwei Varianten sogar überliefert, ist zwar, zweitens, eine bereits im Rahmen von Cooks erster Reise erstellte Karte im engeren Sinne des ptolemaischen Modells, an deren Verfertigung der aus Raiatea (nahe Tahiti) stammende Tupaia (auch als Tupaya, Tupia oder Tobia[299] geschrieben) einen wesentlichen Anteil hatte. Johann Reinhold Forster, der eine „Copie dieser Charte [...] von Hrn. Lieutenant Pickersgill"[300] erhalten haben will, welcher bereits auf der *Endeavour* dabei gewesen war und dann zusammen mit den Forsters auf der *Resolution* segelte, hat die Karte in einer von ihm selbst überarbeiteten Gestalt in seinen *Observations* publiziert, kommentiert sowie ihre Entstehung rekapituliert:

> Da [Tupaia] auf dem englischen Schiffe die Beschaffenheit und den Nutzen der Seecharten sehr bald einsehen lernte, so gab er seinen europäischen Reise-gefährten Anleitung, nach seinen Angaben, eine Charte von allen um seine Heimath ihm bekannt gewordenen Inseln zu verfertigen.[301]

Während also Georg Forster annimmt, dass die Bewohner von Tahiti bzw. Neu-Seeland das kartographische Medium ‚spontan', ohne vorherige Einübung in seine Konventionen verstünden, betont Johann Reinhold hier eben diese Einübung: Tupaia, „unstreitig der einsichtsvollste und erfahrenste Mann den europäische Seefahrer bisher in jenen Inseln angetroffen haben",[302] habe die „Beschaffenheit und den Nutzen" dieses Dispositivs zunächst einmal an Bord der *Endeavour* „einsehen lern[en]" müssen.

Soweit rekonstruierbar, hatte Tupaia schon an Bord des Schiffes, auf dem er bei der Erkundung des südwestlichen Pazifik (besonders Neu-Seelands sowie der Ostküste Neu-Hollands) mitfuhr, eine große Zahl von Inselnamen genannt, deren ungefähre Lage er auf einem Blatt Papier andeutete, und die

---

299   So u. a. bei Burney und bei Tobias Furneaux, in dessen Manuskript Cook einmal hinein-korrigiert, indem er das dem Namen des Autors unheimlich nah kommende *Tobia* in *Tupia* ändert (J II, 738).

300   J. R. Forster, *Bemerkungen*, S. 443.

301   J. R. Forster, *Bemerkungen*, S. 442. Zu einer Reproduktion der von Forster überarbeiteten und zum Druck beförderten Karte vgl. u. a.: ders., *Journal*, Bd. II, nach S. 358 [Fig. 18], ders., *Observations*, S. 304 f.

302   J. R. Forster, *Bemerkungen*, S. 442.

darauf von „seinen europäischen Reisegefährten", möglicherweise von Cook selbst, an den entsprechenden Stellen notiert wurden.[303] In J. R. Forsters Interpretation erstreckt sich das Areal, in welches die Inseln eingetragen wurden, vom 130. bis zum 170. Grad westlich von Greenwich, sowie vom 7. bis zum 27. Grad südlicher Breite,[304] umfasst also (in heutiger Nomenklatur) ganz Französisch-Polynesien sowie die Cook-Inseln. Forster gibt im Folgenden eine Liste von 84 Inseln mit dazugehörigen Informationen von sehr verschiedener Ausführlichkeit und bemüht sich, sie mit denjenigen abzugleichen, die bereits von europäischen Reisenden, darunter vor allem von „uns", also der Reisegesellschaft der *Resolution*, gesichtet wurden. So notiert er beispielsweise: „28. O-Tàh, kommt, der Lage nach, mit dem von uns 1773 gesehenen Adventures Eiland überein."[305]

Auch diese Liste wird, ähnlich wie es Georg Forster bei dem Schiffchen-Verschiebe-Spiel unternimmt, nach einem geographischen und einem ethnographischen Kriterium ausgewertet: nach ‚tatsächlichen' Begebenheiten bzw. Lageverhältnissen einerseits, nach der Kompetenz der Südseebewohner zu deren Darstellung andererseits. Bei der Liste von Inselnamen verschiebt sich allerdings der Akzent bereits in dem kurzen Zeitraum zwischen der Erhebung der Daten auf Cooks erster Reise und ihrer Kommentierung in Johann Reinhold Forsters *Observations* nach Vollendung der zweiten Reise. Bei der Erhebung lag das Hauptinteresse offensichtlich daran, möglichst viele Informationen zu Inseln in diesem Areal zu sammeln, so dass Tupaia vor allem als Informant für *geo*graphisches Wissen in Dienst genommen wurde. Bereits bei Forster wird dieses Interesse jedoch von demjenigen daran überblendet, über welche geographische Kenntnisse die Südseebewohner selbst verfügen, so dass Tupaias Wissen seinerseits zum Gegenstand eines *ethno*graphischen Wissens wird. Die von Forster zum Druck beförderte Karte beansprucht keine Funktion für weitere Erkundungen der entsprechenden Regionen; in ihrem Titel „A Chart representing the Isles of the South-Sea [...]" liegt der Akzent auf dem Zusatz

---

303 Vgl. zu einer ausführlichen Darstellung der Entstehung, den dabei offenbar wirksamen Missverständnissen sowie Abbildungen zweier Fassungen der Karte: Finney, „Nautical Cartography and Traditional Navigation in Oceania", S. 446–451.

304 Vgl. J. R. Forster, *Bemerkungen*, S. 444.

305 J. R. Forster, *Bemerkungen*, S. 445–455 (das Zitat: 450). Tupaias Namensvorschlag für das heute Motutunga genannte Atoll hat die Geschichte also ebenso wenig überdauert wie derjenige Cooks. – Übrigens ist dieser Eintrag eines von vielen Indizien, dass auch Johann Reinhold Forster bei der Abfassung der *Observations* (ebenso wie Georg bei der Abfassung der *Voyage*) eine weitere Überarbeitung des Cook'schen Journals gekannt haben muss, da das Toponym ja noch nicht in dessen an Bord geführter Fassung enthalten war. – Unter den 84 Inseln sind fünf, die Forster „nicht in die Charte gesetzt [hat], weil ich ihre Lage nicht wußte." (S. 455).

„according to the Notions of the Inhabitants of o-Taheitee"; sie soll nicht mehr
so sehr ‚Die Welt rund um Tahiti' denn vielmehr ‚Das Weltbild der Tahitier'
zeigen: „Die Charte habe ich als ein Denkmal, sowol von der Geschicklichkeit
als von der geographischen Kenntniß der Insulaner auf den Societätsinseln,
und insbesondre des Tupaya, in Kupfer stechen lassen".[306]

Das damit beförderte ethno*graphische* Wissen ist allerdings fast notwendigerweise ein ethno*zentrisch* überformtes, da damit nahezu automatisch der Vergleich zwischen einem vorgeblich nicht perspektivierten
‚Wie es sich wirklich verhält' (zu dessen Kenntnis man etwa seinerzeit Cooks
Karte konsultierte), und einem perspektivierten ‚Wie die Südseebewohner es
sehen', angeregt wird. Unterschiede werden dabei als erklärungsbedürftige
Abweichungen des Letzteren vom Ersteren ausgewertet. Entsprechend herab-
lassend kommentiert die Karte Georg Forster, der an der vermeintlichen
Universalität des ptolemaisch-kartographischen Dispositivs (vom Typ der
Tahiti-Karte) keinen Zweifel lässt, obwohl ihm, zu Recht, zugeschrieben wird,
in anderen Zusammenhängen den eigenen Ethnozentrismus relativieren zu
können.[307] Als er auf Raiatea (am 10./11. September 1773) mit widersprüchlichen
Aussagen verschiedener Informanten über benachbarte Inseln konfrontiert
wird, nimmt er dies zum Anlass, auf die nach Tupaias Informationen erstellte
Karte einzugehen, und kommt dabei zu einem sehr viel weniger vorteilhaften
Ergebnis als sein Vater:

> Diese [Karte] schien in gewisser Absicht glaubwürdig genug zu seyn, denn
> wir fanden alle vorerwähnte Namen, nur allein *Uborruh* und *Tubuaï* nicht, auf
> derselben anzeigt; dagegen konnten die Größen und Lagen der Inseln unmög-
> lich richtig angegeben seyn, denn wenn sie das gewesen wären, so hätten wir,
> auf unserer nachmaligen Fahrt, schlechterdings mehrere derselben berühren
> müssen, welches gleichwohl nicht geschahe. Es ist daher sehr wahrscheinlich,
> dass *Tupaia*, um sich das Ansehen einer größern Einsicht und Wissenschaft zu
> geben, diese Karte der Südsee blos aus der Fantasie entworfen und vielleicht
> manche Namen erdichtet habe, denn er hatte deren mehr als funfzig angezeigt.
> (R II 322; etwas weniger ausführlich in R I, 233)

Indem derart die eigene Erkundung als unanzweifelbarer Maßstab des
‚Richtigen' supponiert wird, erscheint das davon Abweichende als Produkt
einer „Fantasie", die in diesem Fall auf die Eitelkeit (*vanity* in der englischen
Fassung) des Informanten zurückgeführt wird.

In unzureichend reflektierter Form regiert dieser Ethnozentrismus,
strukturell, jedoch auch noch die gutgemeinte, nämlich als anti-eurozentristisch

---

306   J. R. Forster, *Bemerkungen*, S. 444.
307   Vgl. z. B. May, *Georg Forsters literarische Weltreise*, S. 225 u. passim.

intendierte Lesart, der Karte ließen sich die bemerkenswert umfangreichen geographischen Kenntnisse der Südseebewohner entnehmen. Anne Salmond, eine neuseeländische Anthropologin und Historikerin, stützt sich entsprechend dankbar auf eine Anmerkung ihres Landsmannes Beaglehole, der Tupaias Liste von Inselnamen auf ein Areal bezieht, das Johann Reinhold Forsters Interpretation noch erweitert, und unter anderem zwei Namen mit den beiden Hauptinseln von – Neuseeland identifiziert.[308] Nur in einer eigenen Anmerkung, in der sie auf jüngere Untersuchungen von Tupaias Karte eingeht, räumt Salmond ein, dass es sich bei dieser um ein stark vermitteltes Zeugnis handelt.[309] Offensichtlich wurde Tupaias Wissen, das man sich vielleicht (mit Deleuze/Guattari) als dasjenige einer eher vektoriellen Navigation vorstellen kann, durch seine Übertragung in den ptolemaischen Punktraum so überformt, dass schon diese Herstellung der Vergleichbarkeit zwischen ‚Tupaias' Karte und etwa derjenigen Cooks das hier entscheidende Moment der Unvergleichbarkeit zum Verschwinden bringt.[310]

Um es einmal methodologisch mit aktuell etablierten Schlagworten zu formulieren: Kein postkolonialer Impetus vermöchte ohne eine medientheoretische Reflexion der Verfahren zur Kopplung von Schiff und Schrift zu greifen, die im (und noch lange nach dem) Kolonialismus verwendet wurden. Allenfalls auf der Grundlage einer solchen Reflexion lässt sich das ethnozentristische Quasi-Transzendental der europäischen Kerbung wohl noch immer nicht überwinden – noch die hier tentativ eingesetzte Dichotomie von Vektoren- und Punkt-Raum ist ja eine ihrerseits ‚europäische' –, aber immerhin als solches benennen. Aus philologischer Perspektive kann Tupaia daher nicht nur nicht als Informant für *geo-*, sondern nicht einmal als solcher für *ethno*graphisches Wissen in Dienst genommen werden; eine Kritik des Eurozentrismus kann hier daher nicht die Gestalt einer Gegenerzählung annehmen, sondern nur, aber immerhin, die *Un*möglichkeitsbedingungen einer solchen Gegenerzählung festhalten. Bestenfalls lässt sich die Szene, in der von der Indienstnahme dieses Wissens erzählt wird, auf die darin tätigen Operationen

---

308 Vgl. Salmond, *Trial*, S. 110 (vgl. Beagleholes Anmerkung, J I, 294). Dass hier *Neuseeland* und das entsprechende Adjektiv ausnahmsweise ohne Bindestrich geschrieben werden, ist selbstverständlich Absicht.

309 Vgl. Salmond, *Trial*, S. 460, Anm. 8.

310 Vgl. zu dieser „Cartographic *Méconnaissance*": Turnbull, „Cook and Tupaia" (Zitat schon aus dem Untertitel), insb. S. 131 (wenngleich nicht in der Terminologie Deleuze/Guattaris). Ausführlich zur Navigation von Pazifikbewohnern: Finney, „Nautical Cartography and Traditional Navigation in Oceania", S. 454–475.

zu dessen Überformung hin lesen.[311] Auf Cooks zweiter Reise dient Omai als Subjekt solcher Überformungen, auf die daher ebenfalls einzugehen ist.

c)   *Omais Alphabetisierung*

Während Tupaia bereits auf dem Rückweg von Cooks erster Reise in Batavia starb, schaffte es Omai, der im September 1773 auf Huaheine (ebenfalls nahe Tahiti) an Bord zunächst der *Resolution*, dann der *Adventure* aufgenommen wurde, bis nach Europa, und dann sogar, auf Cooks dritter Reise, wieder zurück. Mit Tupaia eint ihn seine Funktion als geographischer Informant. James Burney hat ihn in seinem Tagebuch kaum mit vielen positiven Eigenschaften eingeführt, als er schon hinzusetzt: „from this man I gather all my intelligence concerning these Islands". Weil Omai sich vor allem auch als „great traveller" ausgibt, „having been at most of the Islands within their knowledge", wird er flugs dazu gebracht, gleich „2 Draughts of them" anzufertigen, „to see how they agreed". Der Auftraggeber dieser offenbar quasi-kartographischen, in ihrer konkreten Gestalt allerdings nicht genauer beschriebenen Skizzen ist also bedachtsam genug, sie nicht mit denen von Europäern zu vergleichen, sondern beide untereinander – dementsprechend ist das Ergebnis dieses einigermaßen hinterhältigen Experiments eher ethno- als geographisch interessant: „he put down nearly the same number in each & gave the same names – but in respect of situation they would not bear comparison".[312]

Omai habe, berichtet Burney im selben Zusammenhang, ihm einige seiner „adventures"[313] erzählt – ein Wort, das auch in diesem Journal sonst nur als Names des Schiffes vorkommt, auf dem es überwiegend spielt, nicht jedoch in Beziehung auf die Reise oder den Reisebericht der Europäer. Die, nach Kriterien der räumlichen Entfernung, größte von Omais Grenzüberschreitungen stellte natürlich eben seine Fahrt nach Europa dar, mit der London sein Gegenstück zu Bougainvilles Auturo in Paris erhielt.[314] Aus philologischer Perspektive noch entscheidender ist aber die damit zusammenhängende Überschreitung der Grenze zwischen einer schrift-, oder vorsichtiger alphabetlosen Gesellschaft in eine alphabetische. Omai versuchte nämlich schon während der Fahrt, diese mediale Grenze auch mit der Aneignung der entsprechenden Praxis zu

---

311   Alles dafür methodisch Relevante wird bereits in Jacques Derridas Relektüre einer ‚Schreibszene' bei Lévi-Strauss entwickelt (vgl. *De la grammatologie*, S. 149–202).

312   Alle Zitate: Burney, *Journal*, S. 70 f.

313   Burney, *Journal*, S. 71.

314   Bitterli, *Die ‚Wilden' und die Zivilisierten*, macht in seinem Überblick über „Eingeborene auf Besuch" (S. 180–203, hier: 186) den typischen Fehler, das Omai nach England transportierende Schiff [falsch *Resolution* statt richtig *Adventure*] und damit sein Ankunftsjahr in England [falsch 1775 statt richtig 1774] zu verwechseln.

überschreiten – ohne dass ihm dies, wiederum nach Burneys Bericht, recht gelungen ist: „[he] determined to learn to write & began with very good will, but so many people gave him paper, pens etc and set him copies & tasks that in a weeks time the poor fellow's head was bothered – too many Cooks spoilt the Broth – ".[315]

Der Tag, an dem Omai den Entschluss, schreiben zu lernen, gefasst haben soll, war – um wieder einmal an den Queen Charlotte's Sound zurückzukehren, der insofern eigentlich in diesem ganzen Kapitel nie verlassen wird, als all die darin umkreisten Spannungen, als ungelöste, sich an jenem Ort gewaltsam entluden – der 30. November 1773. An jenem Tag ankerte die *Adventure*, nachdem sie auf der Fahrt von Tahiti nach Neu-Seeland die *Resolution* erneut aus den Augen verloren hatte, im Sound, traf dort jedoch das Begleitschiff, anders als nach der ersten Trennung beim ersten Aufenthalt im Sound, nicht wieder. Alles, was die Besatzung der *Adventure* fand, war „a Large Tank of Wood on the Top of which was carved LOOK UNDERNEATH", sowie, darunter, in einer Flasche, ein Brief von Cook, in dem dieser berichtet, dass die *Resolution* sechs Tage zuvor wieder abgelegt hatte, und keine sicheren Zusagen zu weiteren Aufenthaltsorten macht, also auch keine weiteren Anweisungen an Furneaux trifft.[316]

Niemand anderes als Omai sei – so habe er es Georg Forster später in London erzählt – „der erste gewesen, der die Innschrift am Baume entdeckt hätte, an dessen Fuß die Flasche mit der Nachricht von unserer Abreise verscharrt worden war. Er zeigte die Innschrift dem Capitain, der gleich nachgraben ließ, und die Flasche nebst dem darin verschlossenen Briefe fand." (R III, 348) Hatten also Blätter Papier ohne Buchstaben, beim ersten Aufenthalt der *Resolution* in Neu-Seeland, einen Analphabeten in Furcht gesetzt, so entdeckt jetzt ein anderer Analphabet, beim zweiten Aufenthalt der *Adventure* in Neu-Seeland, als erster die Buchstaben ohne Papier, bis dann wiederum andere Analphabeten, beim dritten Aufenthalt der *Resolution* in Neu-Seeland, im Umgang mit Papier ohne Buchstaben einen „Scharfsinn" beweisen, „der bey weiterer Ausbildung alles mögliche erwarten läßt" (R III, 347 f). Fast skizziert Forster hier, wenngleich mit verschiedenen Protagonisten aus unterschiedlichen Teilregionen,

---

315 Burney, *Journal*, S. 89. – So sehr der Versuchung zu widerstehen ist, bei jeder Nennung eines Kochs in einem englischsprachigen Bericht von den Cook'schen Expeditionen ein Wortspiel mit dem Namen ihres Kapitäns zu vermuten, so unmöglich erscheint mir dies hier, wo dieser Name im Plural der auch im Deutschen gängigen Redewendung ‚Zu viele Köche verderben den Brei' erscheint und dabei auf eben jene Kopplung von Schiff und Schrift bezogen wird, als deren oberster Gewährsmann James Cook bei seinen Reisen fungierte.

316 Burney, *Journal*, S. 88. Vgl. „Furneaux's Narrative", in: J II, 743.

eine kleine Bildungsgeschichte und -perspektive des Südseebewohners dank europäischer Kontakte. Nur wird die Szene leider von keinem der beiden anderen erhaltenen Augenzeugenberichte über die Auffindung der Flasche in dieser Form bestätigt. Immerhin wird Omais Anwesenheit in dieser Szene von Burney bestätigt: „Omy present at digging for Captⁿ Cooks Letter – his disbelief & surprize afterwards on finding it – ";[317] und an eben dieser Stelle folgt der bereits zitierte Bericht zum Entschluss Omais, schreiben zu lernen.

d)   Zwei Buchstaben und die „Menschenfressungen"

Nicht überliefert ist, ob es die Buchstaben T und H waren, die Omai als erste lernte – jedenfalls hätte er diesen schon auf der Adventure immer wieder begegnen können, und zwar ebenfalls nicht auf Papier. Zu ihrer Kontextualisierung ist an dieser Stelle der Nacherzählung von Medienabenteuern endlich ein Thema einzuführen, das bisher bewusst noch nicht berührt wurde: die „Menschenfressungen".[318]

Geschichten über Anthropophagie gibt es in Europa mindestens so lange wie schriftliche Überlieferung; unter dem Wort Kannibalismus (bzw. seinen nur an die morphologischen Gesetze der jeweiligen Sprachen angepassten Äquivalente in anderen Sprachen) wird das Phänomen behandelt, seit Colón seine delirante Signifikantenkette im Ausgang von der Phantasie entwickelt hatte, die Inseln, die er als erster nachweisbarer Europäer betrat, gehörten zum Einflussbereich des Herrschers über China, also eines Khan – so dass überdies das noch heute übliche Toponym für die Region, in der diese Inseln liegen (Karibik), damit pseudo-etymologisch verwandt ist, und natürlich auch Shakespeare mit seinem Caliban die Immutier- und Transmutierbarkeit dieses Signifikantenkerns nützte.[319]

Im Vergleich zu Amerika – wo seit Vespucci vor allem auch die Bewohner des heutigen Brasilien in den Blickpunkt entsprechender Vermutungen

---

317   Burney, Journal, S. 88. Nicht erwähnt wird Omai im Bericht von derselben Szene in „Furneaux's Narrative" (J II, 743).

318   Baggesen, Oceania, S. 381 (als Stichwort für einen leider nicht ausgeführten Teil seines Epos).

319   Die von Obeyesekere, Cannibal Talk, S. 2, vorgeschlagene terminologische Unterscheidung zwischen anthropophagy (als dem anthropologischen Faktum einer sogar nach seiner skeptischen Position in verschiedenen menschlichen Gesellschaften existierenden Praxis) und cannibalism (als diskursiv hergestellter „European projection of the Other") erscheint mir praktikabel, gerade weil Obeyesekere ausdrücklich einräumt, dass sie nicht immer trennscharf zu ziehen sei (S. 15). Ich übernehme diese Unterscheidung daher ansatzweise – wobei ich jedoch in allen Zweifelsfällen bei Kannibalismus bleibe, weil sich meine philologischen Kompetenzen strenggenommen nur auf diesen, nicht auf Anthropophagie beziehen können.

traten –[320] sind jedoch Berichte über Kannibalismus aus dem pazifischen Bereich lange Zeit spärlich, vielleicht aber nur, weil eben Berichte aus dem pazifischen Bereich überhaupt lange Zeit spärlich sind. In der Nähe des Queen Charlotte's Sound wurden zehn Mitglieder der Expedition von Abel Tasman 1642 durch Eingeborene getötet, so dass Tasman den Schauplatz des Geschehens *Murderers Bay* nannte – wovon die Mannschaft der *Resolution* in Dalrymples *Historical Collection* nachlesen konnte, und Cook scheint den Ort wiedererkannt zu haben.[321] Eine anthropophagische Tätigkeit hat Tasman jedoch weder beobachtet noch auch nur vermutet, so dass die Annahme, die Neu-Seeländer wüssten „schon seit 1642, wie das Fleisch eines Europäers schmeckt", keineswegs so „unstreitig" ist, wie Georg Forster behauptet (R III, 351).

Während Cooks erster Reise hingegen häufen sich die Indizien für diese Hypothese: Einige Neu-Seeländer betonen ausdrücklich, dass sie Menschenfleisch zu essen gewohnt seien und verbergen nicht die menschlichen Leichenteile, unter denen eines Bissspuren aufweist; Cook notiert apodiktisch: „There was not one of us that had the least doubt but that this people were Canabals" (J I, 296 f). Dennoch bleiben einige Berichterstatter noch auf Cooks zweiter Reise gegenüber der Kannibalismus-Unterstellung genauso vorsichtig wie gegenüber der Vermutung der Existenz einer größeren *terra australis*. William Wales etwa greift die geltende Ansicht ironisch auf und antizipiert damit schon diejenigen Kulturwissenschaftler aus dem späten 20. Jahrhundert, welche die Anthropophagie *tout court* als europäische Projektion zu entlarven versuchten:[322]

> Being going to leave this land of Canibals, as it is now generally thought to be, it may be expected that I should record what bloody Massacres I have been a witness of; how many human Carcases I have seen roasted and eaten; or at least relate such Facts as have fallen within the Compass of my Observation tending to confirm the Opinion, now almost universally believed, that the New Zeelanders are guilty of this most destetable Practice.

---

320   Vgl. aus der umfangreichen Literatur zur europäischen Konstruktion des Kannibalismus, für die ersten ungefähr hundert Jahre, also von Colón bis Montaigne, und daher orientiert an der Karibik und Brasilien: Kiening, *Das wilde Subjekt*, S. 111–162.

321   Vgl. Dalrymple, *Historical Collection*, Bd. II, S. 72 f, mit J II, 142.

322   Die These, derzufolge die Anthropophagie in Gänze eine Erfindung der europäischen Ethnologie sei, wurde besonders von William Arens (*The Man-Eating Myth*, 1979) vertreten. Zu einer kritischen Auseinandersetzung damit vgl. Moser, *Kannibalische Katharsis*, S. 23–35.

Um dem unmittelbar entgegenzuhalten: „Truth, notwithstanding, obliges me to declare, however unpopular it may be, that I have not seen the least signs of any such custom being amongst them either in Dusky Bay or Charlotte sound" (beide Zitate: J II, 790).

Weil die Indizien für anthropohagische Praktiken gleichwohl zahlreich waren, geht damit eine Begierde danach einher, deren Augenzeuge zu werden: „being desireous of being an eye witness" (J II, 293), nennt sich sogar der von der Existenz dieser Praktiken eigentlich ohnehin überzeugte Cook. Besonders deutlich wird dies anlässlich des Umgangs mit dem, in der Reihenfolge der Ereignisse, zweiten von insgesamt drei im Queen Charlotte's Sound angetroffenen menschlichen Köpfen, die von den ihnen zugehörigen Rümpfen abgeschlagen sind.

Über den ersten dieser Köpfe stolpert die Besatzung der zu diesem Zeitpunkt erstmals von der *Resolution* getrennten und bereits vor dieser im Sound angekommenen *Adventure* eher, als dass er auf der gezielten Suche nach Indizien gefunden würde. Zufällig erblicken einige Besatzungsmitglieder in einem Kanu einen Kopf, „which by its bleeding seemed to be fresh cut off; our men expressing a desire to be more particularly satisfied, the Indians that remained in the canoe, with surprising dexterity, instantly conveyed it out of sight".[323] Furneaux vermutet, die Neu-Seeländer hätten den Kopf so schnell versteckt, weil Cook ihnen gegenüber bereits beim Besuch auf der ersten Reise seinen Abscheu gegenüber anthropophagischen Praktiken erklärt habe.[324] Wales, der von dieser Entdeckung durch einen Bericht erfährt, bleibt gleichwohl skeptisch: David habe Goliaths Haupt ja auch nicht abgeschlagen und es Saul vorgezeigt, um es dann zu essen (vgl. J II, 791).

Der zweite dieser Köpfe dient als (wie man in der Rhetorik sagen würde) a-technisches, also nicht der Rede selbst angehörendes, sondern von dem Redner her-gestelltes Überzeugungsmittel im Rahmen einer inszenierten Wahrheitsprozedur oder „Versuchsanordnung"[325]. Lieutenant Pickersgill hatte sich am 23. November 1773 für einen Nagel (oder zwei Nägel?)[326] den

---

323 [Marra], *Journal*, S. 16 (aus dem dort eingeschalteten Tagebuch eines anonymen Mitglieds der Mannschaft der *Adventure*). Das ‚Begehren unserer Männer, genauer befriedigt zu werden' bezieht sich wohl auf deren Neugierde; die Formulierung ist gleichwohl bemerkenswert.

324 Vgl. „Furneaux's Narrative", J II, 738: „[Cook] expressed his great abhorrence to this unnatural act"; vgl. Burney, *Journal*, S. 49 f (ohne große Unterschiede hinsichtlich des Beobachteten, aber auch ohne die Erklärung für das Verbergen des Kopfes).

325 Vgl. Mosers so überschriebene Analyse der gleichen Szene, *Kannibalische Katharsis*, S. 35–55.

326 Vgl. R II, 403: *ein* Nagel vs. „Wales's Journal" (J II, 818): *zwei* Nägel. Pickersgill hatte zuvor (wie Moser, *Kannibalische Katharsis*, S. 48 f, betont) ausdrücklich ein Geschenk

stark beschädigten Kopf eines Neu-Seeländers eingehandelt, auf dem sich noch „animal inhabitants of the hair" befunden haben sollen.[327] Als er zur *Resolution* zurückkommt, befinden sich andere Neu-Seeländer an Bord. Diese nun scheuen gar nicht die europäischen Vorurteile, sondern „bezeugten [...] ein großes Verlangen nach [dem Kopf], und gaben durch Zeichen deutlich zu verstehen, daß das Fleisch von vortrefflichem Geschmack sey". Pickersgill, der den Kopf eigentlich gekauft hatte, um ihn „zum Andenken dieser Reise mit nach England zu nehmen", schneidet widerwillig ein „Stück von der Backe" aus ihm heraus, das die Neu-Seeländer allerdings nicht roh essen wollen, so dass der Koch es, seinerseits widerwillig, grillen muss.[328] Das fertig gebratene Fleisch „verschlungen [...] die Neu-Seeländer vor unseren Augen mit der größten Gierigkeit." Damit jedoch nicht genug: Weil Cook, Vater Forster und Wales erst jetzt von einem Landausflug zurückkommen, „wiederholten die Neu-Seeländer das Experiment noch einmal in Gegenwart der ganzen Schiffgesellschaft" (alle Zitate: R II, 403; in der englischen Fassung, R I, 403, fehlen wenige Details). Pickersgill muss „another Steake" von ‚seinem' Kopf opfern, auch dieses wird gebraten, und erneut isst, Wales zufolge, einer der Anwesenden das Fleisch „with an avidity that amazed me" (J II, 818).

Jetzt ist sogar Wales „convinced beyond the possibility of a doubt that the New-Zeelanders are Cannibals" (J II, 818). Viele Diaristen tragen noch unter dem gleichen Datum Reflexionen über die Praxis der Anthropophagie im Allgemeinen ein: Wales etwa eine kurzgefasste, aus vier Punkten bestehende Theorie derselben (J II, 819), Cook unter anderem eine Spekulation über deren zukünftige Abschaffung auf dem Weg zu einer höheren Zivilisationsstufe (J II, 294); Johann Reinhold Forster nimmt die Reaktion des ebenfalls anwesenden Maheine, der von den Vorgängen nachgerade körperlich schockiert war, während die Europäer sie mit dem Habitus szientifischer Neutralität beobachteten, zum Anlass für Überlegungen zum Verhältnis von Humanität und Zivilisation.[329] In den nachträglich ausgearbeiteten Berichten werden an dieser Stelle ausführliche Exkurse zur Geschichte der Anthropophagie

---

(eines Stücks der Lunge) zurückgewiesen, um die Untersuchung von vornherein auf einen ‚europäischen' Handel statt auf einen ‚pazifischen' Austausch von Geschenken zu gründen.

327   Anonymus, *A Second Voyage*, S. 55. (Die Läuse werden nur in diesem Bericht vermerkt).

328   Das Murren des Koches ist, soweit ich sehe, nur bei Sparrman, *A Voyage Round the World*, S. 105, belegt. Das englische Verbum für den Zubereitungsvorgang lautet meist *to broil* (vgl. u. a. J II, 293 [Cook selbst] und 818 [Wales]); bei [Marra], *Journal*, S. 275 ist (nicht im gleichen Kontext, aber für die gleiche Praxis) aber auch *to barbique* belegt. – Zum weiteren Schicksal des Kopf-Restes vgl. R II, 403, Anm., aber a. Moser, *Kannibalische Katharsis*, S. 49–51, insb. Anm. 86.

329   Vgl. J. R. Forster, *Journal*, Bd. III, S. 427; R II, 404 folgt dem nahezu wörtlich.

eingeschaltet, wobei Georg Forster unter anderem ethnologische Berichte aus
Brasilien miteinbezieht (vgl. R II, 406), Sparrman sogar bis in die europäische
Antike zurückgeht.[330]

Niemand jedoch reflektiert auf die Zurichtung des Vorgangs zu einem
Experiment – obwohl Georg Forster das Wort ausdrücklich verwendet und
dieses gut motiviert, wenn er es gerade an dem Punkt einführt, an dem der Vorgang des Bratens und Essens für weitere hinzukommende Zuschauer wiederholt wird.[331] Nicht umsonst wurde dem wissenschaftlichen Team an Bord der
Resolution von den Matrosen der Sammelausdruck *Experimental Gentlemen*
verliehen.[332] Als typischer Angehöriger des empirisch-szientifischen
Dispositivs – besonders, aber nicht nur Englands, besonders, aber nicht nur des
18. Jahrhunderts – ist nicht einmal Wales, bei all seiner zuvor gezeigten Vorsicht
gegenüber dem *Diskurs* des Kannibalismus, in der Lage, das *Experiment* kritisch
auf dessen Anordnung zu befragen und etwa zu erwägen, ob das Ergebnis von
diesem nicht eher produziert als verifiziert wurde.[333] Unreflektiert bleibt, dass
diese kannibalistische Kostprobe im Wortsinn aus ihrem „kulturellen Kontext
herausgerissen"[334] und in eine Labor- oder Kochshow-Situation transponiert
ist. Irreführend ist dabei Forsters Formulierung, derzufolge die Neu-Seeländer
selbst das Experiment wiederholt hätten: Cook weist vielmehr aus, dass er
selbst bei der Rückkehr an Bord, als er vom ersten Versuch erfuhr, ihn zu wieder-
holen befohlen habe, und zwar motiviert durch seine schon zitierte Begierde
nach Augenzeugenschaft (vgl. J II, 293). Die Neu-Seeländer besaßen dabei den
Status von Versuchspersonen – dass sie sich dafür offenbar bereitwillig zur Verfügung stellten, begründen die vorhandenen Berichte nur mit ihrem Appetit

---

330 Vgl. Sparrman, *A Voyage Round the World*, S. 106–09.

331 Vgl. aber Moser, *Kannibalische Katharsis*, S. 38 ff. Salmond, *The Trial of the Cannibal Dog*,
     S. 223, nennt die Szene „mock barbecue"; Obeyesekere, *Cannibal Talk*, S. 32, wendet dem-
     gegenüber zurecht ein, dass es den Experimentatoren mit ihrer epistemischen Neugier
     durchaus Ernst gewesen sein dürfte – wofür eben auch das Merkmal der Wiederholbar-
     keit spricht.

332 Vgl. J. R. Forster, *Journal*, Bd. II, S. 310 (im gleichen Zusammenhang, in dem er auch
     von den Ausdrücken *experimental beer* und *experimental beef* spricht, vgl. oben, II. 1);
     Sparrman, *A Voyage Round the World*, S. 9. Die englische Übersetzung enthält an dieser
     Stelle den alternativen Ausdruck „gentlemen of adventure", der jedoch sinnentstellend
     ist (und hier deshalb trotz seiner vermeintlichen Einschlägigkeit ausgeschlossen werden
     muss): Im schwedischen Originaltext (*Resa*, Bd. II. i, S. 25) hatte Sparrman den Ausdruck
     „experimental gentleman" im Original (und dementsprechend in Antiqua) angeführt und
     ihn als „Herrar på försök" (‚Die Herren für die Forschung', nun wiederum in Fraktur) ins
     Schwedische übersetzt.

333 Vgl. Cottom, *Cannibals & Philosophers*, S. 154.

334 Moser, *Kannibalische Katharsis*, S. 42.

auf das Fleisch, und so wenig plausibel mir dieses Motiv erscheint, steht es doch nicht in meiner Kompetenz, ein plausibleres vorzuschlagen.

Der dritte dieser vom Rumpf getrennten Köpfe schlägt wiederum, nur gut drei Wochen später, der Besatzung der *Adventure* entgegen, und zwar in engster Nachbarschaft zu Buchstaben ohne Papier. Zum zweiten Mal von der *Resolution* getrennt, zum zweiten Mal im Queen Charlotte's Sound angekommen, will Furneaux, nach dem Fund der Nachricht von der nur kurz zuvor wieder abgesegelten *Resolution,* gleich wieder ablegen, um ihr hinterher zu fahren. Er stellt jedoch fest, dass große Teile der Brotvorräte verdorben sind, die daher in einem eigens dafür an den Strand transportierten Ofen aufgebacken werden müssen, was einige Zeit beansprucht. Während des Wartens denkt Furneaux dann sogar noch, in treuer Erinnerung an Cooks sommerliche Mahnungen, an die Mittel zur Vorbeugung gegen Skorbut, sendet also am 17. Dezember eine aus zehn Mann bestehende Expedition an Land (den Grass Cove auf der östlichen Seite des Sound), die dort ‚wilden Sellerie' und „Scurvy grass" sammeln soll, wild wachsendes Löffelkraut, dessen Name sich davon ableitet, dass ihm heilende Wirkung gegen den Skorbut zugeschrieben wurde.

Die diätetische Vorsorge wird allen zehn zum Verhängnis. Als sie nicht wiederkommen, sendet Furneaux am Folgetag einen Suchtrupp aus, unter der Leitung des musikalischen James Burney. Was der Suchtrupp findet, hält Burney nicht in seinem privaten, für Freunde geschriebenen, Bericht fest,[335] sondern nur in einem offiziellen für die Admiralität:

> a great many baskets (about 20) laying on the beach tied up, we cut them open, some were full of roasted flesh & some of fern root which serves them for bread – on further search we found more shoes & a hand (J II, 750; vgl. V II, 257)

An Bord bringen sie schließlich:

> 2 Hands [...] & the head of the Capt^ns Servant [...] none of their Arms or Cloaths except part of a pair of Trowsers, a Frock & 6 shoes – no 2 of them being fellows – (J II, 750; vgl. V II, 260)[336]

---

335   Dort ist nur von einem „melancholy Account" die Rede; Burney (*Journal*, S. 92) gibt also noch nicht einmal zu erkennen, dass er selbst bei der Suche nicht nur dabei war, sondern sie sogar leitete.

336   Theoretisch könnte es sich bei den Schuhen um eine Überbietung eines berühmten Intertextes handeln: „I never saw them afterwards or any sign of them, except three of their hats, one cap, and two shoes that were not fellows." (Der Titelheld über seine Gefährten nach dem Schiffbruch, in: Defoe, *The Life and Strange Surprizing Adventures of Robinson Crusoe,* S. 58).

Diese Relikte, darunter gerade auch die einzelnen, jeder Paarbildung ent-
rissenen Schuhe, legen die Beschreibung nahe, hier sei es zu einer Wiederkehr
des in der Experimentalanordnung der *Resolution* vermeintlich Gezähmten
gekommen: einer Wiederkehr des hinsichtlich seiner lebensbedrohlichen
Implikationen Verworfenen im Realen.[337] Es ist jedoch noch unheimlicher,
weil in einem der Körbe ein symbolisches Element mitherumliegt. Burney
wollte das Fleisch noch als dasjenige von Hunden identifizieren, „for I still
doubted their being Cannibals" (J II, 750) – von dem Experiment auf der
Resolution kann er, weil Cook es in seiner Flaschenpost nicht mitgeteilt hatte,
noch nichts wissen –, da findet er eine Hand, die nicht nur unmittelbar als
menschliche, sondern überdies, durch ihre Beschriftung, ebenso unmittelbar
als diejenige eines bestimmten Menschen identifizierbar ist:

> a hand which we immediately knew to have belong'd to Thos Hill one of our
> Forecastlemen, it being markd T.H. which he had got done at Otaheite with a
> tattow instrument (J II, 750; vgl. V II, 256 f)[338]

Bei dieser „very remarkable"[339] Beschriftung dürfte es sich – nicht nur angesichts der derzeit so erstaunlichen Verbreitung dieses graphischen Verfahrens

---

337   ,Das Reale' wird hier im Lacan'schen Sinne des Nicht-Symbolisierbaren verwendet, muss
      also nicht mit demjenigen identifiziert werden, was sich ,faktisch' ereignet hat. Immer-
      hin zweifelt nicht einmal Obeyesekere, *Cannibal Talk*, diese Berichte grundsätzlich an:
      „The evidence for anthropophagy was compelling" (S. 33; vgl. a. S. 120); im Folgenden
      beschränkt er sich auf den Nachweis, dass die Berichte in Details divergieren (S. 33). –
      Während es mir notwendig erscheint, wie Obeyesekeres den diskursiven Zusammenhang
      dieser Berichte zu betonen (den ja auch schon William Wales zu reflektieren vermochte),
      so erscheint mir sein Anspruch problematisch, durch Lektüren nur eben dieser Berichte –
      andere Aussagen stehen ja auch ihm nicht zur Verfügung – im Modus von Konjekturen
      und Spekulationen dann doch herauszubringen, ,wie es wirklich gewesen ist'. Beispiels-
      weise unterstellt Obeyesekere, die Maori (die im Rahmen seiner epistemischen Prämissen
      jetzt doch so heißen müssen) hätten den Europäern unterstellt, ihrerseits anthropo-
      phagischen Praktiken nachzugehen (vgl. S. 35) und seien von der Begegnung mit jenen
      überhaupt erst dazu inspiriert worden seien, diesen Praktiken in größerem Umfang nach-
      zugehen (vgl. S. 70 u. 263 f).
338   G. Forster (vgl. R III, 350) erwähnt in seiner Wiedergabe diese Hand nicht (sondern nur
      die andere gefundene, die an einer Verletzung identifiziert wurde).
339   So der anonyme Verfasser eines Artikels im *Morning Chronicle and London Advertiser* –
      wo (am 16.7.1774) der Bericht von den Ereignissen, offenbar von Südafrika aus auf einem
      anderen Schiff als der nahezu gleichzeitig eintreffenden *Adventure* transportiert, in ent-
      stellter Form wiedergegeben wurde – zu genau diesem Arm, der dort, offenbar um die
      Pointe zu überspitzen, als „the only tolerable remains of distinction" ausgegeben wird.
      Vgl. den Abdruck des Artikels in: Bertelsen (Hg.), *The Travels of Hildebrand Bowman*,
      S. 185 f (das Zitat: 186).

unter Fußballspielern und Zugbegleitern, sondern auch angesichts seiner zuvor schon besonders starken Verbreitung unter Seeleuten ist daran zu erinnern – um eine der ersten Tätowierungen eines Europäers seit Jahrhunderten handeln, zugleich vielleicht um eine der ersten Tätowierungen unter Verwendung alphabetischer Zeichen überhaupt. Denn mag es auch bereits zu Ötzis Zeiten tätowierte Europäer gegeben haben, mögen auch einige Kreuzritter tätowiert gewesen sein, so begegneten Europäer dieser Praxis doch erst im Pazifik wieder – erst damit kam sie ja auch zu ihrer noch heute gebräuchlichen, auf der Grundlage eines polynesischen Wortes gebildeten Bezeichnung; und die Einritzung der fünf geraden Striche, aus denen die Buchstaben *T* und *H* bestehen (einmal angenommen, dass sie serifenlos eingeritzt wurden), lässt sich nur als Umsetzung von Thomas Hills Anweisungen durch einen Tahitier erklären, bezeugt also einen fortgeschrittenen Stand der Arbeitsteilung, wie er erst durch wiederholte und längere Aufenthalte von Europäern auf Tahiti in damals jüngster Zeit erreicht werden konnte. Kaum also ist ein interkulturelles Hybrid aus pazifischen Kerbungsverfahren und einem europäischen Symbolsystem entstanden, wird es auch schon, in einem anderen Bereich des gleichen Ozeans, abgehackt.

Entsprechend schwer ist diese Episode in die dominante Erzählperspektive der *Resolution* zu integrieren. Trotz des Schiffchen-Verschiebe-Spiels findet deren Besatzung ja auch beim dritten Besuch im Queen Charlotte's Sound nicht heraus, was der *Adventure* dort knapp ein Jahr zuvor zugestoßen war.[340] Noch während des dortigen Aufenthalts kommt Cook zu freundlichen Bewertungen der Neu-Seeländer: „Notwithstanding they are Cannibals, they are naturally of a good disposition, and have not a little humanity." (J II, 578) Als John Marra

---

340 Yomb May bewertet den Rekonstruktions-Versuch mit den ausgeschnittenen Schiffchen gleichwohl uneingeschränkt als gelingende „kommunikative Meisterleistung" und „Ausdruck der interkulturellen Kompetenz" (*Georg Forsters literarische Weltreise*, S. 191), stellt also die zehn in diesem Spiel *nicht* dargestellten gegessenen Leichen seinerseits mit keinem Wort dar – und dies obwohl ja gerade G. Forster, auf dessen Bericht May sich nahezu ausschließlich bezieht, unmittelbar nach der Szene mit den Schiffchen, ohne auch nur einen neuen Absatz zu beginnen, einschaltet, was er, „bey [s]einer Rückkunft nach England, von den Leuten der *Adventure* in Erfahrung gebracht." (R III, 348; vgl. oben, II. 5 a). Offenbar handelt es sich dabei um eine notwendige Verdrängung in einem Versuch, einen Bericht von europäischen ‚Entdeckungsreisen' – und sei es auch denjenigen Forsters, also zweifellos einen der reflektiertesten unter ihnen – gar zu optimistisch als „Werkzeugkasten zur Entschlüsselung der Herausforderungen unserer Zeit", gerade auch hinsichtlich der aktuellen „interkulturellen Konflikte" zu lesen (S. 2). – Den einzigen, offenbar stark beschädigten, Kopf der Getöteten, den die Abordnung der *Adventure* am Strand fand (und den Forster, R III, 350, nicht nennt), identifizierte Furneaux übrigens als „the head of my servant by the high forehead he being a Negroe" (J II, 744).

wieder einmal unerlaubt von Bord verschwindet – diesmal nach seiner Auskunft nicht, um dauerhaft im Pazifik zu bleiben, sondern nur um sich mal kurz
mit mindestens einer von „seven or eight young red painted blue-lip'd cannibal
ladies"[341] zu treffen –, soll Cook zwar bemerkt haben, dass er Marra hätte gehen
haben lassen, wenn er sich nicht sicher gewesen wäre, dass jener dort gegessen
worden wäre.[342] Aber dies klingt ungefähr so ernst gemeint wie Marras eigener
Ausdruck „cannibal ladies", der zum Themenbereich „Wollüstige Scenen"[343]
gehört. Und sogar noch, als er in der Table Bay endlich die Details erfährt,
reagiert Cook eigentümlich desinteressiert:

> I had forgot to mention that on my arrival here, I found a letter from Captain
> Furneaux wherein was confirmed the loss of Ten of his best Men, together with
> a boat in Queen Charlottes Sound and that this together with the finding a great
> part of his Bread damaged was the reason he could not follow me in the rout I
> had proposed to take. (J II, 658)

Auch als ihm Julien Marie Crozet, während des gleichen Aufenthalts am
Kap, von den schon im Juni 1772, auf der Nordinsel Neu-Seelands, getöteten
und vermutlich gegessenen Mitgliedern der französischen *Mascarin* (einschließlich ihres Kapitäns Marion du Fresne) erzählt, notiert Cook dies in
einem Nebensatz – während er in den Hauptsätzen Crozets Erhebungen
von Koordinaten verschiedener Inseln mit seinen eigenen abzugleichen
versucht.[344]

In Beagleholes Ausgabe von Cooks Tagebüchern können die Geschehnisse auf der *Adventure* nur Gegenstand von Dokumenten sein, die in einem
Appendix abgedruckt werden. Doch auch die zum Druck überarbeitete
Fassung der *Voyage* behandelt sie nicht wesentlich anders, sondern schaltet
nur ein Kapitel (als achtes von elf des zweiten Bandes) mit den Berichten von

---

341   [Marra], *Journal*, S. 305.

342   Vgl. Elliott, „Memoirs", S. 36, a. zitiert in: J II, 574, Anm. 2.

343   Baggesen, *Oceania*, S. 381 (als Stichwort für einen glücklicherweise nicht ausgeführten Teil
      seines Epos).

344   Vgl. J II, 656; sehr ähnlich V II, 266. Salmond, *The Trial of the Cannibal Dog*, S. 291, schreibt,
      Crozet habe Cook bei dieser Gelegenheit ein „graphic account" von dem Geschehen
      gegeben, weist aber die Quelle dieser Information nicht aus. Möglicherweise meint sie
      einen anderen Bericht, den Crozet bei gleicher Gelegenheit gegenüber einem der Forsters
      (wohl Georg, vgl. R III, 351 f) sowie Sparrman (vgl. *A Voyage Round the World*, S. 180–82)
      erstattet haben soll, bei dem jedoch Cook offenbar nicht als Zuhörer dabei war (Georg
      Forster nennt nur sich selbst als Zuhörer, Sparrman einen „Mr. Forster" und sich selbst).
      Zu einem (unkritischen) Referat der vorliegenden Berichte von diesen Ereignissen vgl.
      Moon, *This Horrid Practice*, Kap. 11. Die Angaben zur Zahl der Getöteten schwanken; nach
      R III, 351 handelte es sich um 28.

Furneaux und Burney als einen Fremdkörper ein, auf den im Haupttext nirgends verwiesen wird und der keine Rückwirkungen auf diesen zeitigt. Noch in der *Voyage* bleibt es bei der Aussage über die Neu-Seeländer: „Notwithstanding they are cannibals, they are naturally of a good disposition, and have not a little humanity." (V II, 160) Sie haben sich einige Mitglieder der *Adventure* inkorporiert; in Cooks Text werden deren Leichen nicht inkorporiert.[345]

e)   *Epilog in Bowmania*

Dies alles schreit natürlich nach einem Roman, der das Verworfene, welches nur Körperteile und einzelne, nicht mehr zu Paaren rekonfigurierbare Schuhe als Reste hinterlassen hat, in ein abenteuerliches Erzählschema reintegriert. Frances (,Fanny') Burney, James' Schwester, deren spätere Romane noch heute einen Platz in englischen Literaturgeschichten besitzen, hat ihn nicht geschrieben. In ihrem Tagebuch berichtet sie zwar, dass ihr Bruder ihr von dem Vorfall erzählt habe, hebt auch an zu dokumentieren, was der von ihm geleitete Suchtrupp nach der vergeblichen Suche an zwei anderen Orten gefunden habe:

> At the 3d place – it is almost too terrible to mention – they found –

Es ist aber offenbar nicht nur *fast* zu schrecklich zu erwähnen: An dieser Stelle lässt Frances Burney eine halbe Seite leer und geht danach zu einem anderen Thema über.[346]

Es gibt diesen Roman dennoch: die *Travels of Hildebrand Bowman*, die im Jahr nach Cooks offiziellem Reisebericht und Wales/Baylys Tabellen astronomischer Beobachtungen im gleichen Verlag wie diese erschienen (1778, bei Strahan & Cadell). Der anonyme Verfasser kann angesichts seiner Fähigkeiten, auf Defoe und Swift nicht nur durchgängig anzuspielen, sondern sie bis hinein in die Sprachgestalt zu imitieren, schwerlich der bloße „Midshipman" auf der *Adventure* gewesen sein, als der er sich ausgibt.[347] Die

---

345   Vgl. aber zu Cooks erneutem Besuch (während seiner dritten Reise im Februar 1777) am Ort dieser „melancholy affair" in entsprechend gespannter Atmosphäre und zu den bei dieser Gelegenheit von den Neu-Seeländern erzählten Details der Vorgänge: Cook/King, *A Voyage to the Pacific Ocean*, Bd. I, S. 120–35 (Zitat: 120).

346   Wiedergegeben und in der graphischen Gestalt beschrieben in: Bertelsen (Hg.), *The Travels of Hildebrand Bowman*, S. 186 f (das Zitat: S. 187).

347   Vgl. Anonymus, *The Travels of Hildebrand Bowman*, schon auf dem Titelblatt; zu seiner Funktion auf dem Schiff: S. 10. Zu den Versuchen, den Autor zu identifizieren, vgl. das Vorwort zu einer Neuausgabe des Romans, die auch eine Vielzahl von Quellen und Paratexten enthält (deren zwei hier bereits nach dieser Ausgabe zitiert wurden): Bertelsen, „Introduction", S. 35–38. (Leider ist wohl nicht James Burney selbst der Verfasser, und

genaue Stelle, an der Fakten und Fingiertes voneinander abzweigen, markiert er mit einer fiktionalen Korrektur der faktualen Berichte. Denn bis zum Aufenthalt im Queen Charlotte's Sound stimmen die Reisedaten, einschließlich der zweimaligen Trennung zwischen *Adventure* und *Resolution*, mit denen des offiziellen Berichts überein – als jedoch das Boot der *Adventure* auf der Suche nach anti-skorbutischen Kräutern an Land geht, flicht der homodiegetische Erzähler ein, dass Furneaux in seiner Nachricht an Cook zu seiner Verwunderung nicht den *elften* Teilnehmer dieser Expedition genannt habe: eben ihn selbst, der dem Mord und seiner Verspeisung entkommen sei, weil er sich von den anderen kurz entfernt habe, um zu jagen, und dann die Ereignisse aus geschützter Ferne habe beobachten können.[348] Die winzige Abweichung (elf statt zehn Personen auf einem Boot) besteht also zunächst einmal in der Erfindung einer Erzählinstanz, die für den Zusammenhang sorgen kann:

> But, good God! what a horrid spectacle appeared! all our men lying dead on the place, and surrounded by some hundreds of savages, of both sexes and of all ages. I was at first tempted to fire among them; but considering that by so doing I should put them on searching for me, and it would be impossible to escape, I restrained my resentment; but continued sometime longer in my lurking-place, to observe their actions. But how shall I relate the horrid feast which was prepared for that multitude? the fire was kindled, and the mangled limbs of my poor countrymen and shipmates, were put on it to broil for their unnatural repast; nay even some parts I saw devoured. I could stand it no longer, horror seized me! my whole frame was in the most dreadful tremour! and scarcely able to support me in withdrawing into the woods: I staggered about without knowing what I did, or meant to do; excepting only the getting at a distance from those vile cannibals.[349]

Zugleich ist diese winzige Abweichung jedoch der Verzweigungspunkt zur größtmöglichen: Behauptet der Roman doch in der Folge die Existenz von großen Inseln, die Cook nicht entdeckt hatte, ja desjenigen großen südlichen Kontinents, dessen endgültige Widerlegung die erklärte und erfolgreich durchgeführte Absicht eben dieser Reise war. *The Travels of Hildebrand Bowman* bevölkern diese Weltgegend mit vielen kleinen und mittelgroßen

---

auch die Hypothese, es könne sich um den hier gelegentlich schon zitierten Midshipman auf der *Resolution* John Elliott handeln, muss sich den paratextuellen Indizien beugen, die auf einen Robert Home deuten, der ,doch gar nicht dabei war'.) – Zitate aus dem Roman selbst werden im Folgenden trotz der Existenz dieser vorbildlichen Neuausgabe nach der Erstausgabe belegt, weil diese *online* zugänglich ist.

348 Anonymus, *The Travels of Hildebrand Bowman*, S. 14, kurzgefasst schon in der Inhaltsangabe auf dem Titelblatt.

349 Anonymus, *The Travels of Hildebrand Bowman*, S. 16 f.

Gesellschaften. Großzügig überlässt der Erzähler der Nachwelt, ob diese den von ihm entdeckten Kontinent nach seinem Vor- oder seinem Nachnamen benennen sollte, „but if they will allow me to give my opinion, I think BOWMANIA would be softer".[350]

Die Anlehnung an *Gulliver's Travels* ist offensichtlich, zumal einige dieser Gesellschaften leicht erkennbare satirische Zerrbilder der englischen sind. Von Swifts Vorlage weicht der Roman allerdings schon durch den in der Zwischenzeit deutlich veränderten Stand der Kerbung des Pazifik ab: Konnten die von Gulliver bereisten Länder zumindest theoretisch noch konfliktfrei in eine Karte eingetragen werden, die auch anderen als literarischen Zwecken dient,[351] so widersprechen die Koordinatenangaben bei *Bowman* schlicht den inzwischen erhobenen geographischen Gegebenheiten.[352] Dennoch hält sich *Bowman* enger als Swift an Details tatsächlich durchgeführter Entdeckungsreisen; der Protagonist schlägt sich beispielsweise noch im Landesinneren Neu-Seelands passabel mit seiner Kenntnis des Tahitischen durch, das er von Omai auf der *Adventure* gelernt haben will.[353] Und schließlich beruhen die von *Bowman* ,entdeckten' Länder, anders als bei Swift, auf einer systematischen Grundlage: der Theorie der Zivilisationsstadien, wie sie von Lord Kames (Henry Home) und anderen schottischen Aufklärern entworfen und bereits von Johann Reinhold Forster ansatzweise auf den Pazifik ausgedehnt wurde.[354]

Trotz dieses teils allegorischen, teils satirischen Anliegens hat der Roman keine Probleme mit dem Wort *adventure*. Die Lektüre von Cooks erster Reise habe in ihm das Begehren erweckt, einer dieser *adventurer* zu sein – das Wort wird hier also, wie sonst nicht häufig, auf das Dispositiv der wissenschaftlichen Entdeckungsreise ausgedehnt. Mehrfach bezieht sich *adventure* auf das Erzählschema, nämlich vor allem dann, wenn Bowman der jeweils jüngst angetroffenen Gesellschaft erzählt, was er bei den zuvor angetroffenen erlebt

---

350 Anonymus, *The Travels of Hildebrand Bowman*, S. 399 f.

351 Vgl. Case, „The Geography and Chronology of Gulliver's Travels", sowie, im Anschluss daran, Stockhammer, *Kartierung der Erde*, S. 90–94.

352 Unter Zugrundelegung seiner *Chart of the Southern Hemisphere* hätte Cook auf seiner ersten Reise Bonhommica (zu den Koordinaten: Anonymus, *The Travels of Hildebrand Bowman*, S. 210) antreffen müssen und Mirovolante, die Hauptstadt von Luxo-Volupto, auf der zweiten (Koordinaten: S. 253; vgl. a. die Erklärung, das Land nehme die Gestalt einer Wolke an, so dass Cook und Furneaux es übersehen hätten: S. 208).

353 Vgl. Anonymus, *The Travels of Hildebrand Bowman*, S. 79 f. Dass sich Neu-Seeländer und Bewohner Tahitis wechselseitig verstanden, wird auch in faktualen Berichten der zweiten Reise Cooks vermerkt.

354 Vgl. Bertelsen, „Introduction", S. 17–26 (zu Bowman) und Thomas, „On the Varieties of Human Species", S. xxxiii-xxvi (zu J. R. Forster).

hatte.[355] Wie bei Forster Maheine, so figuriert jetzt er als Nachfahre des
Odysseus hinsichtlich seiner Funktion als Binnenerzähler.[356] Als Rahmen-
erzähler, der er zugleich ist, indem er noch von seinen eigenen Binnenerzählungen erzählt, konstruiert er dabei einmal sogar eine Situation, die
es ihm erlaubt, *beide* Schiffsnamen in einen narrativen Kotext zu bringen:
Als die Königin eines der besuchten Staaten ihn dazu auffordert, von seinen
adventures zu berichten, bedürfe es, um die Hemmungen angesichts seiner
Ehrfurcht gegenüber der Herrscherin zu überwinden, einiger *resolution*.[357]

---

355   Vgl. etwa Anonymus, *The Travels of Hildebrand Bowman*, S. 153: „Venerante [...] desired
      one day to hear my adventures".

356   Sein Name erinnert übrigens zugleich an David Bowman, den Protagonisten aus *2001:
      A Space Odyssey*. Um von David Bowie, der eines seiner Alben *Space Oddity* genannt hat,
      zu schweigen.

357   Anonymus, *The Travels of Hildebrand Bowman*, S. 175.

TEIL III

Melville-Korpus

1.   Im US-amerikanischen Pazifik: Walfänger, Robbenkeuler, eine Expedition und das Werk Herman Melvilles

> For many years past the whale-ship has been the pioneer in ferreting out the remotest and least known parts of the earth. She has explored seas and archipelagoes which had no chart, where no Cook or Vancouver had ever sailed. If American and European men-of-war now peacefully ride in once savage harbours, let them fire salutes to the honor and the glory of the whale-ship, which originally showed them the way, and first interpreted between them and the savages. They may celebrate as they will the heroes of Exploring Expeditions, your Cookes, your Krusensterns; but I say that scores of anonymous captains have sailed out of Nantucket, that were as great, and greater than your Cooke and your Krusenstern. For in their succorless empty-handedness, they, in the heathenish sharked waters, and by the beaches of unrecorded, javelin islands, battled with virgin wonders and terrors that Cooke with all his marines and muskets would not willingly have dared.

Dieses Lob der Walschiffe, die zur Erschließung der Erde weit mehr beigetragen hätten als die ‚Helden von Forschungsexpeditionen‘, steht in Herman Melvilles Romans *Moby-Dick; or, The Whale* (MD xxiv. 120 f). Der Name des berühmtesten britischen Entdeckers fungiert in dieser Passage gleich viermal als *pars pro toto* für Entdeckungsreisende im Allgemeinen: einmal zusammen mit seinem Landsmann George Vancouver (der bereits auf der zweiten und dritten Reise Cooks dabei war und 1790–95 eine Weltumseglung mit einem Schwerpunkt auf Nordwestamerika leitete), zweimal zusammen mit dem Russen Adam Johann Krusenstern (Leiter einer Weltumseglung von 1803–06, in deren Rahmen er die Marquesas-Inseln besuchte), einmal allein.

Dreimal jedoch scheint Melville diesen von ihm zuvor schon sehr oft geschriebenen Namen nicht mehr richtig schreiben zu können, sondern fügt ihm ein *e* hinzu (zweimal im Singular, einmal in der Pluralform, welche den Status von Cook als *pars pro toto* grammatisch betont). Falls es sich dabei nicht, wie die Northwestern-Newberry-Edition annimmt,[358] um einen bloßen Druckfehler handelt, falls vielmehr auch von diesem Eigennamen wie vom

---

[358]   Vgl. zur Emendation des *e*: Melville, *Moby-Dick; or, The Whale*, in: *The Writings of Herman Melville*, hg. von Harrison Hayford u. a. Evanston/Chicago: Northwestern UP, 1968 ff, Bd. VI, S. 911.

englischen Wort *whale* gelten sollte, dass hier ein einziger Buchstabe „almost alone maketh up the signification of the word",[359] darf kurz spekuliert werden, was mit diesem *e* angezeigt werden soll. Will Melville den Eigennamen vor dem Wortspiel mit dem englischen Wort für ‚Koch‘ bewahren oder ein neues Wortspiel machen, weil er ihn jetzt (zumindest wenn man das *e* ausspricht) an dasjenige für ‚Keks‘ annähert? Rächt er sich mit der Falschschreibung an der Überschätzung der Helden von Entdeckungsreisen, die sich auf Kosten all jener anonymen Kapitäne („scores of anonymous captains") vollzieht, deren Namen nicht einmal falsch geschrieben werden können? Oder nähert er sich (weiterhin angenommen, das *e* wäre auszusprechen) der polynesischen zwei-silbigen Aussprache von Cook als *Tootee*?[360]

Eine sehr ähnliche, allerdings mit einem richtig geschriebenen Cook operierende, Überbietung von Entdeckungsreisenden durch Kapitäne von Schiffen, die im ökonomischen Auftrag unterwegs sind, findet sich in *The Sea Lions; or, the Lost Sealers*, dem vorletzten Roman des seinerzeit berühmtesten – nicht nur für seine ‚Lederstrumpf‘-, sondern auch für seine auf See spielenden Romane berühmten – US-amerikanischen Schriftstellers, James Fenimore Cooper. In diesem Roman, den Melville in seinem Erscheinungsjahr 1849 (freundlich, aber nicht enthusiastisch) rezensierte, zweifelt der spätere Schiffskapitän Roswell Gardiner den Bericht eines Diakons von einer Reise an, die zu einer sehr weit im Süden liegenden Insel geführt haben soll: „That's a high latitude, deacon, to carry a craft into. Cook, himself, fell short of *that*, somewhat!" Gardiner spielt damit, auch mit dem das Misslingen ein-schränkenden *somewhat*, selbstverständlich darauf an, dass Cook bei seiner zweiten Reise zwar in sehr hohe südliche Breitengrade vorgedrungen war, dann jedoch entschieden hatte, nicht in die immer dichteren Eisfelder hinein-zusegeln. Aber der Diakon antwortet: „Never mind Cook – he was a king's navigator – my man was an American sealer".[361] Und tatsächlich überschreitet Gardiners Schiff auf der Suche nach Robben später „Cook's ‚Ne Plus Ultra,‘ at that time the great boundary of antarctic navigation."[362]

---

359   MD, „Etymology", n.p. (S. ix), mit einem Zitat von Hakluyt über das notwendige *h* in *whale*. Insofern *wale* im Englischen (unter anderem) ein obsoletes Wort für ‚Wahl‘ ist, bildet das Differenzkriterium *h* im Wortpaar *whale/wale* übrigens eine exakte Inversion der Unterscheidung zwischen *Wal* und *Wahl* im Deutschen.

360   Diese ist ihm bekannt; vgl. Ma xxxi. 447 und dazu unten, III. 4 c. Zum obigen Absatz, aber auch zu weiteren einzelnen Elementen des ganzen Teils III vgl. Stockhammer, „Savage Navigation" (im Folgenden ohne weitere Hinweise auf Selbstplagiate).

361   Beide Zitate: Cooper, *The Sea Lions*, Kap. vi, Pos. 167132.

362   Cooper, *The Sea Lions*, Kap. xiv, Pos. 168798.

Robben – hier als ungefähr dem englischen *seals* entsprechender Überbegriff, der auch die ganze Gruppe der terramorph benannten See-Tiere:
-bären, -elephanten, -hunde und -löwen umfasst – und Wale waren zwar von
verschiedensten Gruppen von Menschen zu verschiedensten Zeiten gejagt
worden; ihre industriell durchgeführte Tötung jedoch setzte gegen Ende
des 18. Jahrhunderts ein. „Das 19. Jahrhundert war derjenige Zeitabschnitt
der Weltgeschichte, in dem Expansion und Extensivierung von Ressourcen-
erschließung ihr Maximum erreichten."[363] Und zu diesen Ressourcen gehörten
eben auch tierische, zumal im Meer oder an dessen Stränden lebende. Mit
einem ergänzten Satz aus einem Text, dessen erste englische Übersetzung,
drei Jahre nach der deutschen Originalausgabe, im gleichen Jahr wie *Moby-
Dick* erschien: „Das Bedürfnis nach einem stets ausgedehnteren Absatz für ihre
Produkte" nicht nur, sondern schon jenes nach diesen Produkten selbst „jagt
die Bourgeoisie über die ganze Erdkugel."[364]

Die Gebiete der Robbenjagd waren besonders starken konjunkturellen
Schwankungen unterworfen, gerade weil diese Tiere so leicht zu töten waren.
Noch das Wortfeld um *Jagd* ist ein Euphemismus für ein bloßes Abkeulen
(*clubbing*[365]) von Tieren, die in großen Herden an Stränden liegend anzutreffen waren und teilweise offenbar noch nicht einmal Fluchtreflexe ausgebildet hatten. Ein „graphic account" von diesem Abkeulen steht in *The Sea
Lions*:

> A man might walk in their [the seals'] midst without giving the smallest alarm.
> In a word, all that a gang of good hands would have to do, would be to kill, and
> skin, and secure the oil. It would be like picking up dollars on a sea-beach.[366]

Entsprechend schnell waren die Populationen in bestimmten Arealen aus-
gerottet, so dass die Robbenkeuler neue Fanggründe suchen mussten. Bereits
Cooks zweite Reise hatte, vermutlich unbeabsichtigt, die Ausdehnung der
Abkeulgebiete in den hohen Süden inspiriert. Als die *Resolution* bereits auf
dem Rückweg, nicht lange vor der Wiederannäherung ans Kap der Guten
Hoffnung, eine als *Isle de St. Pierre* vage bekannte Insel genauer erforschte und
Cook sie, angeblich auf den Rat von Johann Reinhold Forster, *South Georgia*

---

363   Osterhammel, *Die Verwandlung der Welt*, S. 563.

364   Marx/Engels, *Manifest der kommunistischen Partei*, S. 27.

365   „We must club the seals,' I announced, when convinced of my poor marksmanship. ‚I have
      heard the sealers talk about clubbing them.' / ‚They are so pretty,' she objected. ‚I cannot
      bear to think of it being done. It is so directly brutal, you know; so different from shooting
      them.'" (London, *The Sea-Wolf*, Kap. xxx, Pos. 9679).

366   Cooper, *The Sea-Lions*, Kap. iii, Pos. 166551.

nannte (vgl. R III, 399), hielt Georg Forster zwar bereits fest, dass das „Thran-Öl [von Seebären und Seelöwen] ein Handels-Artikel ist", konnte sich aber noch nicht vorstellen, dass sich jemand wegen dieser Produkte so weit in den Süden vorwagen würde, zumal solche doch in etwas gemäßigteren Breiten „mit weit minder Gefahr zu bekommen" seien: „Wenn also *Süd-Georgien* dem menschlichen Geschlechte schon in der Folge einmal wichtig werden könnte; so ist dieser Zeitpunkt vorjetzt doch noch sehr weit entfernt" (alle Zitate: R III, 404) –

Wenige Jahrzehnte später waren die Robben auf South Georgia ausgerottet,[367] und die Robbenkeuler drangen noch weiter gen Süden vor; die ersten Menschen, die jemals (um 1820) den antarktischen Kontinent betraten, waren offenbar Besatzungsmitglieder des Robbenschiffes *Huron* mit dem Heimathafen New Haven.[368] Als Zulieferer einer der „Industrien, die nicht mehr einheimische Rohstoffe, sondern den entlegensten Zonen angehörige Rohstoffe verarbeiten",[369] verkauften die *sealers* ihre Felle an Firmen wie die interkontinental, vor allem auch transpazifisch, nämlich im Handel mit China, operierende *American Fur Company*, gegründet von John Jacob Astor und zeitweise die größte US-amerikanische Firma überhaupt.[370]

„Consider Whaling as FRONTIER, and INDUSTRY":[371] Der Walfang, dessen Hochkonjunktur mit Annäherung an die Mitte des 19. Jahrhunderts erreicht wurde, drang zwar im Regelfall nicht ganz so weit in den Süden (oder den komplementären Norden) wie die Robbenkeulung vor, wurde aber auch in potentiell allen Regionen dazwischen betrieben. Das Interesse an Walen überschnitt sich mit dem an Robben in einem entscheidenden Produkt: dem aus ihrem Fett gewonnenen Öl, das vor allem als Leuchtmittel für Lampen und Schmiermittel für Maschinen verwendet wurde (weshalb der Walfang in eine Krise geriet, als 1859 Petroleum entdeckt wurde).

Wie die Robbenkeulung und der Fellhandel wurde auch der Walfang, zumal gegen die Jahrhundertmitte, von US-amerikanischen Akteuren dominiert: „[W]e whalemen of America now outnumber all the rest of the banded whalemen in the world", schreibt Melville und fügt gleich einige große Zahlen hinzu, etwa $ 20.000.000 für den Gesamtwert aller amerikanischen Walschiffe (MD xxiv. 120). Wenn von neun Schiffen, denen die Pequod, das Schiff der Protagonisten in *Moby-Dick*, im Lauf ihrer Fahrt in den Pazifik begegnet, deren sechs, also (einschließlich ihrer selbst) 70 % der Walfangschiffe aus den USA stammen,

---

367 Vgl. Dickinson, *Seal Fisheries*, S. 67.
368 Vgl. Stanton, *The Great United States Exploring Expedition*, S. 1 f (sowie S. 383, Anm. 1, zu den dort ausgewerteten Quellen und Forschungsbeiträgen).
369 Marx/Engels, *Manifest der kommunistischen Partei*, S. 27.
370 Vgl. Osterhammel, *Die Verwandlung der Welt*, S. 555.
371 Olson, *Call me Ishmael*, S. 21.

so ist dieses Verhältnis im Vergleich zu den aus dem Jahr 1846 kolportierten Zahlen von über 80 % sogar noch leicht unterrepräsentiert.[372]

Melville „was long-eyed enough to understand the Pacific as part of our geography, another West, prefigured in the Plains, antithetical."[373] Dies schrieb der US-amerikanische Dichter und Essayist Charles Olson in einem schmalen, oberflächlich *Moby-Dick* gewidmeten und daher nach dem ersten Satz dieses Romans *Call me Ishmael* betitelten Buch 1947. Also, wahlweise, entweder sechs Jahre nach dem japanischen Luftangriff auf einen US-amerikanischen Truppenstützpunkt in Pearl Harbor, Oahu (Hawai'i), welcher der USA kaum noch eine andere Chance ließ, als in den Zweiten Weltkrieg einzutreten. Oder zwei Jahre nachdem die *Enola Gay* von der seinerzeit längsten Flugzeugpiste der Welt auf der Marianeninsel Tinian – „Süß ists, zu irren / In heiliger Wildniß"[374] – startete, um eine Atombombe auf Hiroshima abzuwerfen.

Tatsächlich beschränkte sich jedoch bereits im Laufe des 19. Jahrhunderts die Präsenz US-amerikanischer Akteure im Pazifik keineswegs ausschließlich auf Schiffe, die im unmittelbar ökonomischen Auftrag unterwegs waren; vielmehr wurden diese von staatlicher Seite flankiert mit dem Anspruch auf geographische Kontrolle über weite Teile des Ozeans.[375] Manifestiert wurde dieser Anspruch mit Marineschiffen wie der United States, auf der Melville aus dem Pazifik an die US-amerikanische Ostküste zurücksegelte, besonders jedoch mit der *United States Exploring Expedition*, einer großangelegten Expedition, die Charles Wilkes 1838–42 leitete. Mit dieser Unternehmung, der ersten „fitted out by national munificence for scientific objects, that has ever left our

---

372 Vgl. Olson, *Call me Ishmael*, S. 18 f (735 von 900), oder Osterhammel, *Die Verwandlung der Welt*, S. 557 (722 von 900).

373 Olson, *Call me Ishmael*, S. 12 f.

374 Friedrich Hölderlin, „Tinian" (Fragment), zitiert nach und diskutiert bei Honold, „Die Erdumlaufbahn des Meeres" (Zitat: S. 313), der auch rekonstruiert, dass die Popularität dieser Insel um 1800 ausnahmsweise nicht auf Cook, sondern auf dessen Vorgänger George Anson zurückzuführen ist, der auch kurz erwähnt, dass die Insel „für einige Jahrzehnte unter deutsche Treuhand-Verwaltung" (S. 311) gelangte, der auch ein *Pacific Island Handbook 1944* [!] zitiert (ebd.)... – der aber so diskret ist, die *Enola Gay* nicht zu erwähnen.

375 Für einige prägnante zusammenfassende Formulierungen vgl. Eperjesi, *The Imperialist Imaginary*, S. 15. Dieses Buch beschränkt sich jedoch leider weitgehend auf die Analyse von Texten, die nur lose mit nicht-symbolischen Praktiken verknüpft sind, so dass aus ihm (wie es freilich schon der Titel verspricht) mehr über das Imaginäre dieser Praktiken als über diese selbst zu erfahren ist. So fehlt etwa jede Erwähnung von Wilkes' Expedition – noch seltsamer ist, dass auch jede Referenz auf Olsons Buch fehlt, das ja die Grundthesen von Eperjesi vorwegnimmt.

shores",[376] vollzieht sich die *translatio expeditionis*, also eine Nachahmung der britischen Expeditionen vom Typ der Cook'schen. Und wie sich dies für eine US-amerikanische Unternehmung gehört, überbietet (‚outnumbers') sie jene zugleich, hinsichtlich beider Aspekte der Kopplung von Schiff und Schrift: Von der in fünf, statt zwei, Schiffen durchgeführten Expedition, berichtet das von Wilkes persönlich signierte *Narrative* in fünf, statt zwei, Bänden, die 1845 erschienen.[377]

Wilkes' Expedition führte, teilweise mit getrennten Schiffen, kreuz und quer durch die Ozeane, zwischendrin auch mal um die ganze Erde; der eindeutige Schwerpunkt aber lag im mehrfach durchkreuzten Pazifik. Nicht allein hinsichtlich seines wichtigsten Schauplatzes, sondern auch in vielen Details liest sich Wilkes' Bericht wie eine Überschreibung desjenigen Cooks. Besonders offensichtlich gilt dies für einen langen Aufenthalt auf jener Inselgruppe, die Cook die Sandwich Inseln genannt hatte, und die Wilkes Hawaii nennt:[378] Man darf die Hypothese riskieren, dass damit weniger den Ureinwohnern Respekt gezollt als vielmehr der Name eines britischen Adligen, John Montagu, vierter Graf von Sandwich, überschrieben werden sollte – auch wenn es noch ein gutes Jahrhundert dauern wird, bis aus der Inselgruppe der 50. Staat der USA wird. Zu den Cook-Emulationen gehört aber auch ein Vorstoß in den Süden, bei dem die *United States Exploring Expedition*, als eine der ersten Entdeckungsunternehmungen,[379] 1840 jenen Kontinent sichtete, dessen Existenz Cook geahnt hatte, zu dem er jedoch vor allem deswegen nicht ganz vorgedrungen war, weil er, aus kontingenten Gründen, die Vorstöße in den Süden an Längengraden unternahm, an denen die Küsten dieses Kontinents in besonders hohen Breitengraden liegen. Die noch heute *Wilkes Land* genannte Region südlich von Australien ragt hingegen an einigen Stellen über den Polarkreis

---

376   Wilkes, *Narrative*, Bd. I, S. xiii. Vgl. Stanton, *The Great United States Exploring Expedition*, auch zur Vorgeschichte und Vorbereitung der Expedition.

377   Zu den fünf Textbänden kommen ein Atlas (zu Ausschnitten daraus vgl. unten, noch in diesem Abschnitt, und III.3) sowie 23 weitere Bände, welche zwar nicht zu Wilkes' *Narrative* gehören, aber ebenfalls die Expedition dokumetieren (Angabe nach: Lyons, „Lines of fright", S. 258, Anm. 22).

378   Vgl. Wilkes, *Narrative*, große Teile von Bd. IV.

379   Ein Erstentdecker der Antarktis ist nicht eindeutig auszumachen, zumal die Fahrten von *sealers*, die dort ökonomische Interessen verfolgten und deshalb ja gerade daran interessiert waren, ihre Entdeckungen *nicht* öffentlich zu machen, schlecht belegt sind. Ziemlich gleichzeitig mit Wilkes waren, teilweise sogar in den gleichen Regionen, Dumont d'Urville und James Clarke Ross unterwegs, mit denen Wilkes in seinem *Narrative*, Bd. II, S. 297 f, ein Prioritätsscharmützel führt. Vgl. dazu Stanton, *The Great United States Exploring Expedition*, S. 311–13.

hinaus, liegt also in deutlich niedrigeren Breiten als die von Cook an anderen Stellen aufgesuchten. Wilkes' Vergleich der Eisberge mit Ruinen menschlicher Bebauung erinnert unter allen Berichten der Cook-Expedition am meisten an denjenigen Marras:

> The flight of birds passing in and out of these caverns, recalled the recollection of ruined abbeys, castles, and caves, while here and there a bold projecting bluff, crowned with pinnacles and turrets, resembled some Gothic keep. [...] These tabular bergs are like masses of beautiful alabaster; a verbal description of them can do little to convey the reality to the imagination of one who has not been among them. If an immense city of ruined alabaster palaces can be imagined, of every variety of shape and tint, and composed of huge piles of buildings grouped together, with long lanes or streets winding irregularly through them, some faint idea may be formed of the grandeur and beauty of the spectacle.[380]

Auch andere Motive erscheinen kaum verändert. In der Konfrontation mit dem Kannibalismus etwa führt Wilkes auf den – einst von Tasman entdeckten, von den Reisenden des 18. Jahrhunderts vor William Bligh jedoch allenfalls gestreiften – Fiji-Inseln nachgerade ein Re-enactment der experimentell hergestellten Augenzeugenschaft nach dem Modell von Cooks zweiter Reise durch. Auch in diesem Fall essen Pazifikbewohner ebenso begierig wie demonstrativ von einem Kopf, den sie den Anglo-Amerikanern eigentlich schon verkauft hatten und dessen abgenagter Rest bei den letzteren im Museum landen wird. Unter den vom Vorbild abweichenden Details sei hier nur angeführt, dass es auf den Fiji-Inseln zu einem „ocular proof of their canibal propensities" im Doppelsinn kommt, weil hier nämlich menschliche Augen sehen, wie gar noch menschliche Augen gegessen werden.[381]

Die Unterschiede seien dennoch nicht verschliffen. Nicht nur wird der Pazifik inzwischen sehr viel mehr von Amerikanern und Europäern aufgesucht; vor allem auch orientiert sich Wilkes enger als einst Cook an den ökonomischen Interessen, die dabei im Spiel sind. Bereits der erste Satz der Instruktionen für Wilkes' Expedition hält dies in einer Offenheit fest, welche sich die britischen Auftraggeber von Cooks Reisen siebzig Jahre zuvor versagt hatten:

---

380 Wilkes, *Narrative*, Bd. III, S. 315; *berg* ist eine Kurzform für das inzwischen zur Verfügung stehende und z. B. auf der Seite davor verwendete *iceberg*. Cooper, *The Sea Lions*, Kap. xix, insb. Pos. 169951, gibt eine, wie schon Melville in seiner Rezension („Cooper's New Novel") vermerkt, offensichtlich von Wilkes inspirierte Beschreibung.

381 Wilkes, *Narrative*, Bd. III, S. 234. Vgl. ein langes Zitat und eine Analyse der Szene bei Lyons, „Lines of fright", S. 134–38.

Sir,
The Congress of the United States, having in view the important interests of our
commerce embarked in the whale-fisheries, and other adventures in the great
Southern Ocean, by an Act of the 18th of May, 1836, authorized an Expedition to
be fitted out for the purpose of exploring and surveying that sea [...][382]

Will man die Fahrten der Robben- und Walschiffe zu den deterritorialisierenden
Kräften des Kapitalismus rechnen,[383] so sorgt die staatlich geförderte Entdeckungsreise, zusammen mit der Präsenz von Militärschiffen, für deren
Komplement der Reterritorialisierung: der Arrondierung und Kerbung
des Raums, in dem sich die anderen Schiffe bewegen. Noch ganz am Ende
bekräftigt Wilkes, dass seine Expedition den Walfang unterstützen solle, denn:
„The whaling interest, taking into consideration the extent to which it has been
carried by our countrymen, may be almost claimed as peculiarly American."[384]
    Trotz dieser Unterschiede dürften die Ergebnisse einer genaueren Unter-
suchung von Wilkes *Narrative* hinsichtlich ihrer Abenteuerlichkeit nicht sehr
stark von denen abweichen, die anhand der Berichte über Cooks zweite Reise
gewonnen wurden. Darum wird für den zweiten Teil dieser Studie ein Wechsel
des Textkorpus vorgenommen, unter Beibehaltung der Fragestellung ebenso
wie des zentralen Schauplatzes. „I have swam through libraries and sailed
through oceans" (MD xxxii. 147) – bei aller Vorsicht mit autobiographischen
Deutungen von Sätzen aus Romanen gilt dies für Herman Melville ebenso wie
für denjenigen, der Ishmael genannt werden will. Einerseits reiste Melville von
New Bedford aus fast vier Jahre lang (3. Januar 1841 – 3. Oktober 1844) zum, im
und zurück aus dem Pazifik, wobei er auf drei verschiedenen Walfangschiffen,
mit längeren Zwischenaufenthalten auf einer der Marquesas-Inseln, auf Tahiti
und auf Oahu (Hawai'i), sowie zuletzt eben (für die ganze Rückreise von
Hawai'i nach Boston unter Umrundung des Kap Horn) auf einem Marineschiff
unterwegs war. Mit dem häufigen Wechsel des Fahrzeugs näherte sich Melvilles
Reise einer Individualreise an, wie sie zu diesem Zeitpunkt im Pazifik, wo noch
kein Passagierverkehr existierte, nur unter Verletzung von Arbeitsverträgen
möglich war. Andererseits las Melville viele Bücher über den Pazifik, deren
einige er sogar für die eigene Bibliothek erwarb: Die sechs Bände von Wilkes'
Narrative (also einschließlich des Atlas) etwa kaufte er sich am 17. April 1847 in

---

382   Wilkes, *Narrative*, Bd. I, S. xxv.
383   Vgl. Eperjesi, *The Imperialist Imaginary*, S. 34 (mit Deleuze/Guattari, *Mille Plateaux*, S. 565
      f bzw. *Tausend Plateaus*, S. 627 f).
384   Wilkes, *Narrative*, Bd. V, S. 484.

schafsleder-gebundener Ausgabe für den stolzen Preis von $ 21.[385] In dem dazugehörigen Atlas konnte er, in engster Nachbarschaft zu (von Osten aus gesehen) Resolution, Doubtful, einer verschriebenen „Ferneaux" sowie Adventure Island, die auf der Karte immerhin noch als Alternativnamen zu den inzwischen erhobenen ‚einheimischen' Namen geführt werden, „Tekukota or Melville I." finden:

Abb. 10[386]

Melvilles Pazifik-Bücher entstanden auf der Grundlage nicht nur seiner eigenen Reise, deren Ereignisse er teils relativ unvermittelt, teils in hochgradiger Vermittlung verarbeitete, sondern auch in der Auseinandersetzung mit Entdeckungsreisen, unter denen er sich an denjenigen, inzwischen ‚klassischen', James Cooks nachgerade obsessiv abarbeitete. Eine vollständige Liste seiner mindestens teilweise im Pazifik spielenden Texte würde auch *White-Jacket* (1850), den von der Rückreise auf dem Kriegsschiff inspirierten Roman, sowie „Benito Cereno" und „The Encantadas", zwei Erzählungen aus der Sammlung *Piazza Tales* (1856), umfassen. Ich beschränke mich hier jedoch aus pragmatischen Gründen auf vier Bücher, unter denen die drei ersten – zugleich Melvilles erste überhaupt – ausschließlich in jenem Ozean spielen. Darunter bildet, um das Ergebnis hier sehr verkürzt vorwegzunehmen, *Typee* (1846) das Modell eines einigermaßen abenteuerlichen faktualen Reiseberichts, wohingegen Abenteuerlichkeit in dessen Fortsetzung *Omoo* (1847) auf der Ebene des Ereignistyps, in dem Roman *Mardi* (1849) auf derjenigen

---

385 Zum Vergleich: Charles Darwins am 1. August desselben Jahres erstandener Bericht von dessen Reise mit der Beagle kostete Melville ganze 72 Cent. Alle Angaben nach: Davis, *Melville's ‚Mardi'*, S. 51, a. Anm. 7 f.

386 Namensgeber ist natürlich leider nicht Herman, sondern wieder einmal ein Oberster der Admiralität (Robert Dundas, 2nd Viscount Melville).– Tekukota ist ‚eigentlich' der Name der im Atlas Tekareka genannten, von Cook Doubtful Island genannten Insel (vgl. Beagleholes Anmerkung in J II, 194, Anm. 2, bei ihm Tekokoto, heute Tekokota). Die Lage der im Atlas Tekukota or Melville Island genannten Insel wiederum entspricht dem heutigen Hikueru, das früher auch Te Karena genannt wurde, so dass es sich offenbar um eine Verwechslung der beiden Inseln handelt.

des Erzählschemas abgebaut wird.[387] Zum Schluss wird die bisher erstaunlich selten gestellte Frage diskutiert, ob Melvilles berühmtester Roman *Moby-Dick* (1851), der erst gegen Ende in den Pazifik führt, aber endlich das lange aufgeschobene Thema des Walfangs behandelt, als Abenteuerroman bezeichnet werden kann.

2.   *Typee* – „real adventure"?

a)   *Der faktuale Reisebericht und die verleugnete Intertextualität*
Typee: A Peep at Polynesian Life. During a Four Months' Residence in A Valley of the Marquesas with Notices of the French Occupation of Tahiti and the Provisional Cession of the Sandwich Islands to Lord Paulet – im März 1846 unter diesem Titel in der US-amerikanischen Erstausgabe publiziert, nachdem im Februar des gleichen Jahres bereits eine britische Ausgabe unter dem Titel *Narrative of a Four Months' Residence among the Natives of a Valley of the Marquesas Islands; or, A Peep at Polynesian Life* erschienen war – war zu Herman Melvilles Lebenzeiten dessen erfolgreichstes Buch.

Der Bericht spielt überwiegend auf der Insel Nukuheva (heute: Nuku Hiva), der größten Insel der Marquesas, einer Inselgruppe, die 1842 von den Franzosen annektiert wurde und heute Teil von Französisch-Polynesien ist (neben Tahiti, Teil der im „Preface" ebenfalls genannten, seinerzeit so bezeichneten ‚Society Islands'); auf einer benachbarten Insel des gleichen Archipels (Hiva Oa) befinden sich – was etwa auch Laura Dekker bei ihrer Landung nicht zu erwähnen vergisst (vgl. Em 132) – die Grabstätten von Paul Gauguin und Jacques Brel. Die Marquesas liegen, mit den ungefähren Koordinaten 140° W, 10° S, im Osten Polynesiens, etwas östlich von der Mitte des Pazifiks, also dort, von wo aus in Richtung Amerika über Tausende von Kilometern fast überhaupt keine Inseln mehr liegen. Wenn die Annektion der Marquesas und Tahitis durch die Franzosen auch „in America" Beachtung gefunden haben – worauf schon der Untertitel der US-amerikanischen Ausgabe sowie das „Preface" anspielen (T 10) –, so indiziert dies das von der USA in der Mitte des 19. Jahrhunderts entwickelte geostrategische Interesse am Pazifik.

---

387   Zitate aus diesen drei Büchern werden im Folgenden nach der Ausgabe *Typee, Omoo, Mardi* mit den Siglen (T, O, Ma), Kapitelnummern in kleinen römischen Zahlen (soweit vorhanden und nicht ohnehin aus dem Kotext ersichtlich) sowie Seitenzahl im fortlaufenden Text zitiert. Da die meisten Kapitel relativ kurz sind, lassen sich die Zitate so auch in anderen Ausgaben nicht allzu schwer auffinden.

Typee ist ein *faktualer* Reisebericht. Damit sei wohlverstanden nicht behauptet, es habe sich alles *faktisch* so zugetragen, wie es dort berichtet wird, sondern nur, aber eben immerhin, dass er behauptet, es habe sich alles so zugetragen, wie es dort berichtet wird.[388] Noch im Vorwort zu *Mardi. And a Voyage Thither* (1849), dem nach *Typee* und *Omoo* dritten im Pazifik spielenden Buch, wird Melville retrospektiv, und dann *ex negativo*, an diesem Faktualitätsanspruch der ersten beiden Bücher festhalten: „Not long ago, having published two narratives of voyages in the Pacific, which, in many quarters, were received with incredulity [...]." (Ma 661) Damit reagiert er auch auf die schon in den ersten Rezensionen von *Typee* vorgebrachten Zweifel an der Faktizität der Beschreibung. Die spätere Forschung hat diese Zweifel bestätigt: Offenbar ,stimmt' vieles nicht, angefangen mit dem Sachverhalt,

---

388   Mir ist nicht klar, wie die Literaturwissenschaft ohne die Unterscheidung zwischen den Unterscheidungen von faktual vs. fiktional für den Textstatus einerseits, faktisch vs. fiktiv für den referentiellen Gehalt der in den Texten dargestellten Ereignisse andererseits, auskommen will, die ja auch jeder Literaturwissenschaftler als Zeitungsleser oder Erziehungsberechtigter selbstverständlich voraussetzt, insofern er der Wirklichkeit nicht entsprechende Aussagen von Trump oder seinem Kind im Regelfall nicht mit der Lizenz zur Fiktion rechtfertigen wird. Ich bleibe deshalb ein strikter Anhänger der scharfen Trennung dieser Unterscheidungen in der von Gérard Genette vorgebildeten, am deutlichsten und unermüdlichsten von Matías Martínez formulierten Gestalt (z. B. in: „Erzählen", S. 8–10) – gerade auch, um auf dieser Grundlage Grenzfälle und den historischen Wandel des Status von Texten kotrolliert diskutierbar zu machen. Ich teile deshalb auch die Kritik der Wuppertaler Schule an einer in der Literaturwissenschaft grassierenden Tendenz zum ,Panfiktionalismus' (einmal von der barbarisch griechisch-lateinischen Hybridbildung dieses Neologismus abgesehen), also zur Aufhebung der Unterscheidung von fiktionalen und faktualen Texten, mit der zwangsläufig diejenige von Fiktion und Lüge einhergeht (so wenig diese eigentlich mit dem ersten Schritt beabsichtigt ist), so dass der frivol-revoluzzerhafte Gestus bei der Aufhebung dieser Unterscheidung sich im zweiten Schritt als bloße Schlampigkeit erweist. – Ich teile nur nicht die Behauptung (z. B. bei Konrad, „Panfiktionalismus", S. 242 f), dass diese Tendenz etwas mit der Dekonstruktion zu tun habe und kann kein einziges Zitat bei Jacques Derrida oder Paul de Man finden, das diesen Befund bestätigen würde. An einigen berühmten Stellen ist dort vielleicht etwas wie ein Pan*text*ualismus zu finden, der aber gerade nach den Prämissen der Wuppertaler vom Pan*fiktion*alismus zu entkoppeln ist: *Gerade wenn* es, einmal angenommen, kein Außerhalb des Textes geben sollte, so kann es ja in diesem Innerhalb sehr wohl unterscheidbare faktuale und fiktionale Texte geben, und dies wiederum *gerade wenn* diese Unterscheidung nicht von ihrem Bezug auf ein Außerhalb des Textes abhängig gemacht wird. Dieser Pan*text*ualismus hängt also nicht zwingend mit fiktionstheoretischen Überlegungen zusammen, und zu *seiner* Diskussion liegt im gegebenen Kotext kein Anlass vor. Ein Zusammenhang zwischen Dekonstruktion und Pan*fiktion*alismus jedoch besteht allenfalls über das Scharnier einer vulgären entstellenden Rezeption der ersteren im Rahmen dessen, was ,postmoderne Beliebigkeit' genannt (und am Ende gar noch für den Aufstieg Trumps mitverantwortlich gemacht) wird.

dass Melville sich auf der Insel offenbar nur ungefähr einen Monat aufhielt, in den Titeln beider, in anderen Details voneinander abweichenden, Erstausgaben (der englischen und der amerikanischen) jedoch eine „Four Month's Residence" des Berichterstatters behauptet wird.[389]

Noch 2003 widmete sich eine ganze, teilweise auf Nuku Hiva ausgerichtete, Tagung der Frage nach der Faktizität von *Typee*, wobei der Marquesische Archäologe Robert C. Suggs Melville dessen zu überführen versuchte, „that [...] he created an alternative version of reality":[390] Die von Melville nach diesem Bericht zurückgelegte Strecke könne ihn unmöglich so viel Zeit gekostet haben; einen Sturz vom Baum aus angegebener Höhe könne er aufgrund der dabei erreichten Geschwindigkeit unmöglich ohne schwere Verletzungen überlebt haben usw.[391] Auf dieser Tagung war jedoch bemerkenswerterweise nicht nur strittig, wie wichtig die Frage nach seiner Faktizität für eine Beschäftigung mit dem Text ist, sondern John Bryant widersprach Suggs sogar hinsichtlich der Befunde selbst: Ein Physiker habe für ihn nachgerechnet, dass die Fallgeschwindigkeit eines durchschnittlichen männlichen Körpers nicht so hoch sei wie Suggs behaupte, und der Weg zu dem von Melville besuchten Tal könnte deshalb so weit gewesen sein, weil das Schiff, von dem er geflüchtet sei, an einem anderen Hafen geankert hatte als dem seinerzeit dafür gewöhnlich aufgesuchten usw.[392]

So kurios solche Auseinandersetzungen heute anmuten mögen – weshalb sich auch die Mehrzahl der Tagungsteilnehmer an ihnen nicht beteiligen wollte – und so bewusst ich bei der Beantragung des Forschungsprojekts, in dessen Rahmen die vorliegende Studie entstand, darauf verzichtet habe, die Erstattung der Kosten für eine Südsee-Reise mitzubeantragen, um meinerseits die Angaben vor Ort zu überprüfen: Wie auch immer es sich mit der Fakt*izität* der dargestellten Ereignisse und räumlichen Gegebenheiten verhält, so bleibt es jedenfalls beim fakt*ualen* Charakter dieses Textes zum Zeitpunkt seines Erscheinens. Darauf legte schon Melvilles Londoner Verleger John Murray größten Wert, um die Aufnahme von *Typee* in seine *Home and Colonial Library Series* zu rechtfertigen.[393] Zwar konnte der Text später als fiktionaler gelesen werden; „modern readers probably set it down as outright fiction", räumte Charles Roberts Anderson, der als erster den Faktizitätsgehalt von Melvilles

---

389   Vgl. Anderson, *Melville in the South Seas*, S. 192, im Rahmen eines ausführlichen Abgleichs von „Truth and Fiction in *Typee*", S. 179–195.

390   Suggs, „Melville's Flight to Taipi", S. 47.

391   Vgl. Suggs, „Melville's Flight to Taipi", S. 63 und 68.

392   Vgl. Bryant, „Taipi, Tipii, *Typee*", S. 156 f sowie die Zusammenfassung der Diskussion bei Thompson, „Introduction", S. 33–37.

393   Vgl. Ruland, „Melville and the Fortunate Fall", S. 315.

im Pazifik spielenden Büchern im Detail zu eruieren versuchte, schon 1939 ein.[394] Dies aber musste sich in der Rezeptionsgeschichte erst durchsetzen. Weil *romance*, nicht etwa *novel* oder *fiction*, bereits in den ersten skeptischen Rezensionen das Wort war, mit dem Zweifel an der Faktizität des Textes geäußert wurden,[395] reagierte eine Ausgabe von *Typee* aus dem ausgehenden 19. Jahrhundert darauf mit dem vor diesem Hintergrund oxymorontischen Untertitel *A Real Romance of the South Seas*; erst wiederum später konnte das Buch dann mit dem unabgetönten Untertitel *A Romance of the South Seas* versehen werden, bei dessen Anblick sich Melville im Grabe umgedreht hätte.[396] Aus diskursanalytischen Gründen ist es gleichwohl angemessen, dem faktualen Anspruch des Textes als solchem gerecht zu werden.

Dieser faktuale Charakter des Textes ist keineswegs seinerseits mit einem Fiktionssignal versehen – wenn heute der Autorname *Melville*, als Signatur von überwiegend fiktionalen Texten, als solches anmuten mag, so war dies zum Erscheinungszeitpunkt von *Typee* ja noch nicht der Fall. *Typee* gehört also auch nicht in die Tradition zweier berühmter Berichte aus dem frühen 18. Jahrhundert, Swifts *Gulliver's Travels* und Defoes *The Life and Strange Surprizing Adventures of Robinson* Crusoe, die offenbar schon von den meisten Zeitgenossen als fiktionale Texte gelesen werden konnten – obwohl sie eben noch dies fingieren, dass sie faktuale Texte seien, etwa indem sie Strategien wie geographische Koordinatenangaben einsetzen und den ,objektiven' Stil der Berichterstattung imitieren, der am zeitgenössischen Ideal der *Royal Society* geschult ist, und obwohl keiner dieser beiden Texte paratextuelle oder gattungskonventionelle Fiktionssignale enthält.[397] Davon wiederum unterscheidet sich Melvilles Text, trotz eines ausgewiesenen Rekurses auf die

---

394   Anderson, *Melville in the South Seas*, S. 117.

395   Vgl. die Zitate bei Thompson, „Being There", S. 15–17; zur *romance/novel*-Unterscheidung vgl. unten, I. 4 b.

396   Vgl. die Ausgaben der Hg. Arthur Stedman, Boston (Page) 1892 sowie Sterling Andrus Leonard, New York (Harcourt, Brace and Company) 1920. In der noch heute erhältlichen *kindle*-Fassung der ersteren Ausgabe ist das *Real* im Untertitel wieder weggefallen.

397   Der Unterschied zwischen den beiden Texten sei damit nicht nivelliert: Selbstverständlich können, in einem Schritt, der in einer fiktionstheoretischen Analyse jedoch zwingend als *zweiter* zu markieren ist, auch dargestellte *Sachverhalte* als Fiktionssignale funktionieren, und da diese Sachverhalte in *Gulliver's Travels* vor der Folie zeitgenössischer Annahmen über die Wirklichkeit offensichtlich unwahrscheinlicher waren als diejenigen in *Robinson Crusoe*, war der erste Text leichter als ein fiktionaler zu werten als der zweite. Möglicherweise wäre hier eine Unterscheidung zwischen Fiktions*signalen* (die auf der Ebene der Aussage selbst ausgemacht werden können) und *-indizien* (die den Bereich des Ausgesagten betreffen) praktikabel. Eine ähnliche, aber nicht ganz deckungsgleiche Unterscheidung (zwischen Fiktions*signalen* und *-merkmalen*) skizziert Hempfer, „Zu einigen Problemen einer Fiktionstheorie", S. 120–22.

Fußspur-Szene in *Robinson Crusoe* (T vii. 58), insofern er eine solche ‚Objektivi-tät' gar nicht erst simuliert, sondern nur Sachverhalte mitteilt, die sein Autor als wenig geschulter Beobachter plausiblerweise erhoben haben kann.

Entsprechend wird hier bewusst darauf verzichtet, die Erzählinstanz mit dem in der Forschung meist verwendeten Namen *Tommo* zu bezeichnen. Und dies nicht nur, weil es sich dabei um einen der Eigennamen von Protagonisten aller hier behandelten Texte Melvilles handelt, die nicht deren ‚wirkliche' sind: Einer gibt sich den Namen selbst (Omoo in *Omoo*), ein weiterer wird sich einen Namen selbst zu geben aufgefordert (Taji in *Mardi*), ein wiederum anderer fordert den Leser auf, ihm einen Namen zu geben (Ishmael in *Moby-Dick*); in diesem Fall wird ihm der Name von den Bewohnern Typees verliehen. *Tommo* sei die Erzählinstanz vielmehr schon deshalb nicht genannt, weil diese nach den Konventionen von faktualen Texten mit dem Autor zu identifizieren ist. Damit sei selbstverständlich nicht das Gemachtsein des Textes und dessen Analysierbarkeit bestritten.[398] Die allermeisten literarischen Verfahren, die etwa in der Rhetorik verhandelt werden, können in fiktionalen und faktualen Texten Verwendung finden, darunter auch die *narratio*, so dass es keinen Widerspruch darstellt, gleichwohl von einem ‚Erzähler' in Melvilles Text zu sprechen.[399]

Zählt eine Inspektion des realen Schauplatzes nicht zu den spezifischen Kompetenzen der Philologie, so erschließt sich der philologischen Analyse immerhin, im Vergleich des Textes mit anderen, dass Melville Passagen hinzu-gefügt hat, von denen sich konjizieren lässt, dass er sie nicht eigener Erfahrung, sondern anderen Berichten entnommen hat. Um diese Hinzufügungen hat der

---

398   Wenn etwa Korte, *Der englische Reisebericht*, nach einer klaren Abgrenzung von faktualen Reiseberichten gegenüber Romanen einigermaßen unvermittelt behauptet, auch erstere seien von „grundsätzliche[r] Fiktionalität" geprägt (S. 14), so kann ich diese Zurücknahme der Unterscheidung nur damit erklären, dass *Fiktionalität* in diesem Fall, recht missver-ständlich, dieses Gemachtsein bedeuten soll, also den Sachverhalt, dass „Reiseberichte nicht unverstellte autobiographisch-subjektive oder landeskundlich-objektive Wahr-heit" bieten und „sich das Reisen nicht ohne mehr oder minder originelle und kreative Gestaltung in den Reisetext" übersetzt (wie Pfister in seiner Rezension des Buches, S. 273, umzuformulieren empfiehlt).

399   Vgl. zur *narratio* z. B. Quintilian, *Institutio Oratoria*, IV. 2. Deshalb spricht nichts dagegen, etwa das Vokabular der Narratologie auf faktuale Texte anzuwenden – wenngleich es Unterschiede im Detail gibt, insofern beispielsweise bei einer Null-Fokalisierung im faktualen Text eine Plausibilisierung dessen erwartet wird, woher der Erzähler weiß, was er erzählt. Vgl. z. B. Klein/Martínez (Hg.), *Wirklichkeitserzählungen* – wobei ich allerdings nicht den Untertitel mitunterschreiben würde, der nahelegt, es handle sich bei faktualen Texten zwingend um „nicht-literarische" (vgl. zu diesem Widerspruch auch Kablitz, „Literatur, Fiktion und Erzählung"): Der zweite Nobelpreis für Literatur etwa wurde Theodor Mommsen für dessen *Römische Geschichte* verliehen, und dies, ohne dass damit suggeriert werden sollte, es handle sich dabei ‚in Wahrheit' um einen fiktionalen Text.

Verleger Murray den Autor gerade gebeten, *damit* der Text möglichst faktual erscheint.[400] Nun ist Melville zwar auf den ersten Blick vom Verdacht der „negierten Intertextualität"[401] freizusprechen, insofern er den bereits im ersten Kapitel präsentierten Überblick über die Geschichte der europäischen Entdeckung der Marquesas seit Mendaña (1595; vgl. T i. 13) in eine kommentierte Auswahlbibliographie übergehen lässt. Wenn in diesem Rahmen auch die erste Nennung von James Cook erfolgt, auf den sich alle vier hier behandelten Bücher leitmotivisch beziehen, so bemerkenswerterweise, obwohl oder weil dieser *nicht* besonders zur Erforschung dieser Inselgruppe beigetragen hat: „Cook, in his repeated circumnavigations of the globe, barely touched at their shores." (T i. 14) Cook ist eine so wichtige Instanz, dass in Bezug auf ihn sogar ein Negativbefund ausdrücklich erhoben wird. Unter den dann genannten Büchern ist jedoch eines (David Porters *Journal of a Cruise Made to the Pacific Ocean*, vgl. T i. 14), das Melville ausdrücklich *nicht* gelesen zu haben behauptet, das er jedoch offenbar sehr wohl verwendet hat, so dass hier sogar ein Fall von ausdrücklich verleugneter Intertextualität vorliegt (um den Ausdruck ‚Plagiat' zu vermeiden).[402] Den faktualen Anspruch des Textes verletzt jedoch ein Plagiat weniger, als es mit freien Erfindungen geschähe.

b)   *Überschreitung (und Verunklarung) von Grenzen*
Gegenüber dem typischen Bericht von einer wissenschaftlichen Entdeckungsreise des Cook-Typs, der das abenteuerliche Moment teils neutralisiert, teils von sich abspaltet, weicht derjenige Melvilles allerdings auch darin ab, die Abenteuerlichkeit der Reise zu betonen. Und für *dieses* Verständnis von Abenteuerlichkeit ist der faktuale Anspruch des Textes konstitutiv, *gerade weil* ein hoher Grad an Abenteuerlichkeit den Zweifel an dessen Faktizität nährt. Jack London, der sich nach eigener Aussage von *Typee* dazu inspirieren ließ, eine eigene Pazifik-Reise zu unternehmen, schreibt etwa von seinem fiktiven Schriftstellerkollegen (oder *alter ego*) Martin Eden: „He had entitled the story ‚Adventure', and it was the apotheosis of adventure – not of the adventure of the story-books, but of real adventure".[403] Melville wie London müssen eine doppelte Abgrenzung vollziehen, die sich umschreiben ließe: ‚In Berichten

---

400   Vgl. Ruland, „Melville and the Fortunate Fall", S. 315.

401   Vgl. Pfister, „Intertextuelles Reisen", S. 110–116.

402   Vgl. Anderson, *Melville in the South Seas*, S. 118 ff zu deutlichen Indizien für die Verwendung Porters. In Pfisters Inventar steht für eine solche ausdrückliche Negation des Einflusses eines *bestimmten* genannten Textes kein eigener Terminus bereit, weshalb ich hier ‚verleugnete Intertextualität' vorschlage.

403   London, *Martin Eden*, Kap. xiv, S. 126. Zur Pazifik-Expedition Jack und Charmian Londons auf ihrem Schiff mit dem Lewis Carroll entlehnten Namen *Snark* vgl. Eperjesi, *The Imperialist Imaginary*, S. 113–120.

von wissenschaftlichen Entdeckungsreisen gibt es keine Abenteuer mehr, in der gängigen Abenteuerliteratur sind sie erfunden – nur hier gibt es noch wirklich welche.'

Typee enthält 22 Belege für das Wortfeld *adventur** einschließlich Plural und Adjektiv,[404] mit einem markanten Übergewicht am Anfang (allein deren sechs im „Preface" sowie dem ersten von 34 Kapiteln, und davon wiederum gleich drei im allerersten Absatz des „Preface"). Eine Analyse dieses Wortgebrauchs führt für diesen Text so wenig wie für irgendeinen anderen hier untersuchten zu einer kotextfrei definitorisch verwendbaren Nomenklatur – so wird etwa ein und dieselbe eingeschaltete Begebenheit im Resümee des ersten Kapitels als *adventure*, in der durchgeführten Erzählung selbst als *incident* bezeichnet (vgl. T 11 vs. 14). Immerhin jedoch ist die Verwendung des Wortes nicht ganz beliebig. In den ersten beiden Instanzen wird das Wort, im Kollektivsingular, mit den Adjektiven *stirring* und *curious* versehen und damit von den ökonomischen Konnotationen entkoppelt, welche etwa in der Instruktion für Wilkes' Expedition dominieren, vielmehr denen des ‚Abenteuers um seiner selbst willen' angenähert. Nicht eben konsistent damit erscheint, dass Melville es zugleich einer Berufsklasse zuordnet: „Sailors are the only class of men who now-a-days see anything like stirring adventure." (T 9) Einerseits ist dies ein Widerspruch gegen die Diagnose, Reisen in ferne Regionen hätten jede Abenteuerlichkeit eingebüßt, wie sie Melville etwa schon in *Wilhelm Meisters Wanderjahre* hätte lesen können – ein Widerspruch, der diese Diagnose selbst mitaufruft, insofern das „now-a-days" als ‚noch' zu verstehen ist, ganz wie heute im Motto der Zeitschrift *Freemen's World*: „Abenteuer gibt es noch". Eingeräumt wird dabei andererseits auch, dass es ein solches nur ‚noch' unter ganz bestimmten Bedingungen gebe – und dies soll nach Melville ausgerechnet von einem *Arbeits*umfeld gelten, in Gestalt von Unternehmungen wie dem Walfang, so dass dieser ökonomische Kontext wiederum doch aufgerufen wird, freilich eben als Kontext.

Das erste Kapitel scheint zunächst in einem krassen Missverhältnis zu dieser Aussage zu stehen, insofern dort gerade die entsetzliche Langeweile einer Schifffahrt beschrieben wird, gar einer auf dem Pazifik, und gar auf einem Walfangschiff, das sehr selten Häfen ansteuert: „Six Months at Sea!" (T 11) Die Pequod, auf der große Teile von *Moby-Dick* spielen, wird sogar während ihrer gesamten, erst in den Gewässern vor Japan gewaltsam abgebrochenen Weltumseglung keinen einzigen Hafen ansteuern; gerade im Vergleich zwischen *Typee* und dem nur fünf Jahre später erschienenen Roman fällt jedoch auf, dass Melville im frühen Reisebericht noch kaum Anstrengungen

---

404   Das Verb *to adventure* wird nirgends verwendet.

unternimmt, das Leben auf dem Schiff erzählenswert erscheinen zu lassen – die einzigen Ausnahmen sind eine kurze Episode im 1. Kapitel über die ‚Alte Dame' (das Schiff, auf dem sich der Ich-Erzähler befindet und dessen Name Dolly erst später nachgereicht wird), die sich ihrerseits nach dem Land sehne, sowie eine Beschreibung der narkotisierenden Stimmung des Dahingleitens bei schwachem Wind im 2. Kapitel, deren Faszination gerade in der Ereignislosigkeit besteht.

Doch wird die Vertrautheit der Seeleute mit Abenteuern („the familiarity of sailors with all sorts of curious adventures", T 9) im „Preface" nur im ersten Schritt darüber plausibilisiert, dass sie solche selbst erlebten, im Folgenden vielmehr darüber, dass sie einander solche erzählten. Die niedergeschriebenen Geschehnisse („the incidents recorded", T 9) sollen ihrerseits schon als *yarn*, als ‚Seemannsgarn', gedient haben. Damit geht *adventure* als Ereignistyp in *adventure* als intradiegetisches (Binnen-)Erzählschema über: *Als bereits erzählte* vertreiben Abenteuer die Langeweile („relieve the weariness", T 9) des Alltags an Bord. Freilich passt diese Beschreibung nicht sonderlich gut zum faktualen Anspruch auch des extradiegetischen (Rahmen-)Berichts, der damit in Verdacht gerät, seinerseits in dem Maße *yarn* zu sein, in dem er abenteuerlich zu sein beansprucht.

Ähnlich spannungsreich verhält es sich, wenn Melville im „Preface" einerseits Abenteuer mit der ganzen Klasse der Seeleute assoziiert, andererseits gerade seine Individualreise als abenteuerliche charakterisiert. Denn gerade der erste seiner konkreten Akte, den er *adventure* nennt (T 42, im Inhaltsverzeichnis des Kap. v, dann nochmal 45), besteht darin, dass er das Schiff heimlich („clandestinely", T v. 42) verlässt und damit eine vertraglich vereinbarte Kollektivreise in eine Individualreise umfunktioniert. Er überschreitet damit eine Grenze nicht mit dem Schiff, auch nicht einfach die des Schiffs selbst – denn den Landurlaub immerhin hat der Kapitän, wenngleich widerstrebend (vgl. T vi. 47), erteilt –, denn vielmehr der Schiffsgemeinschaft, und zwar mit einem illegitimen Akt, der eine schwere Strafe nach sich ziehen müsste, wenn er dabei ertappt würde. Zwar motiviert er die Flucht damit, dass schon der Kapitän des Schiffes seine vertraglichen Pflichten verletzt und damit zu unerträglichen Bedingungen an Bord geführt habe (vgl. T iv. 30 f). Doch würde diese Ausrede, wonach sich sein eigener Vertragsbruch komplementär zu demjenigen des Kapitäns verhalte, vor einem Seegericht schwerlich zu seiner Entschuldung führen.

Weil er und Toby, der sich ihm anschließt, also keinesfalls entdeckt werden dürfen, bevor das Schiff seine Reise wiederaufnimmt, bildete beider Handlung ein ‚Abenteuer', zugespitzt formuliert, auch dann, wenn sie sich in den Gassen von Cuxhaven verdrückten. Die spezifischen Bedingungen auf der

Insel Nukuheva machen allerdings eine zweite Grenzüberschreitung notwendig, diejenige von dem Hafenort, wo die Meuterer allzu leicht entdeckt
werden könnten, in das von einem Gebirgszug verborgene und von Europäern
noch kaum erschlossene Hinterland. Dieses wiederum erscheint einerseits
aufgrund seiner geologischen und botanischen Bedingungen abweisend, so
dass drei Kapitel (vii-ix) den Anteil von Klettereien und extremem Nahrungs-
mangel an diesem „adventure" (T vii. 57) behandeln. Die zu überwindenden
Hindernisse – Gestrüpp, Wasserfälle, Klippen – folgen einander dabei in
einer kaum strukturierbaren, kaum abschließbaren Reihe.

Andererseits wird die Insel einer binären Struktur unterworfen, insofern
die Ausreißer zu wissen glauben, sie sei in die Gebiete der untereinander ver-
feindeten Gruppen der Happar und der Typee geteilt, von denen die ersteren
,gut' und gastfreundlich, die letzteren hingegen ,böse', nämlich Kannibalen
seien. Nur können sich die Flüchtenden, als sie zu Beginn des 8. Kapitels an
einem Scheideweg stehen und von einer Anhöhe über das Hinterland der
Insel blicken, nicht darüber einig werden, in welcher Richtung welche der
beiden Hemisphären liegt: „The question now was as to which of those two
places we were looking down upon. Toby insisted that it was the abode of the
Happars, and I that it was tenanted by their enemies the ferocious Typees."
(T viii. 66) Schon bei topologisch vergleichbaren Szenen in mittelalterlichen
Ritterromanen ist keineswegs immer klar, worauf man sich nun eigentlich
vorzubereiten habe, wenn man sich für die eine oder andere Richtung entscheidet.[405] Die Protagonisten von *Typee* sind mit einer Situation konfrontiert,
die zwischen *obscuritas* und *ambiguitas* changiert – um eine Unterscheidung
zu verwenden, die Augustinus anhand einer von ihm imaginierten vergleichbaren Szene trifft: Liegt die Verzweigung mehrerer Wege im Nebel, sind also
nicht einmal deren verschiedene Verlaufsbahnen auszumachen, so handle
es sich um Dunkelheit; hat sich die Lage aufgeklärt und zeigt sich, wohin die
Wege führen, handle es sich um einen Fall von Mehrdeutigkeit.[406] In *Typee*
setzen die Protagonisten zwar eine binäre Teilung der Insel voraus (was der
ambiguitas entspräche), können sich jedoch nicht darüber einig werden, in
welcher Richtung welche der beiden Hemisphären liegt, weil etwas wie ein
Wegweiser fehlt (und damit die *obscuritas* insistiert).

---

405 Harms, *Homo viator in bivio*, diskutiert die ganze Variationsbreite; karikiert werden solche
     Szenen schon bei Cervantes (vgl. *Don Quijote*, I. 4, wo nicht weniger als vier mögliche
     Wege offenstehen).

406 Augustinus, *De dialectica*, Kap. viii. („Dilucescente autem caelo quantum oculis satis
     sit iam omnium viarum deductio clara est, sed qua sit pergendum non obscuritate sed
     ambiguitate dubitatur.")

Wohin immer die Protagonisten gehen, befinden sie sich *entweder* bei den Typees *oder* bei den Happars – letztlich ist aber noch dies ohnehin egal, weil diese Dichotomie bereits zuvor nicht nur entfaltet, sondern zugleich auch schon dekonstruiert worden war: Ist doch das Wort *Typee* ein *pars pro toto* für „a lover of human flesh", das *als* ein solches *pars pro toto* zugleich in die Irre führt, „inasmuch as the natives of *all* this group are irreclaimable cannibals" (T iv. 35; Hvh. R. St.). Die Typees sind solche im Doppelsinn eines Stammesnamens und einer Speisegewohnheit – die vermeintlichen Nicht-Typees (darunter die Happars) sind jedoch im letzteren Sinne auch Typees, wenngleich „they disclaimed all cannibal propensities on their own part, while they denounced their enemies – the Typees – as inveterate gormandizers of human flesh" (T iv. 35). Insofern der Ich-Erzähler beider Unterscheidung nicht ernst nimmt – er bezeichnet sie ausdrücklich als „quite amusing" (T iv. 35) –, ist damit die Scheideweg-Szene vorab ironisiert.

Fest steht für die Protagonisten nur, aber immerhin, dass sie nicht zurückgehen dürfen – und dieses Verbot wird in eben jenem achten Kapitel nicht mehr pragmatisch damit begründet, dass sie derart Gefahr liefen, von dem Kapitän des Schiffes entdeckt und für ihre unerlaubte Flucht bestraft zu werden, sondern mit einer ‚existentialen' Verachtung der Rückkehr überhöht: Nichts scheue „a man [...] in difficulties" (T 70) so sehr wie den Rückweg („a systematic going over of the already trodden ground", T 71). Der Zusatz, dies gelte „especially if he has a love of adventure" (T 71), konzipiert ihr Unterfangen als autoteleologisches ‚Abenteuer um seiner selbst willen' im Maximalsinn, das nicht mehr mit zweckrationalen Motiven wie dem Entkommen aus unangenehmen Umständen begründet werden muss oder kann.

Allerdings verbindet *Typee* abenteuerliche Momente in charakteristischer Weise mit komödiantischen. Dies geschieht eben in einem flexiblen Umgang mit binären Oppositionen, die abwechselnd vorausgesetzt und in Frage gestellt werden (so wie die Typee/Happar-Unterscheidung einerseits längst ironisiert wurde, andererseits dann in der Scheideweg-Situation doch wieder ernst genommen wird). Ausagiert wird dies besonders mit dem Wort *mortarkee*, das ‚gut' bedeute und das der Ich-Erzähler schon zu kennen behauptet, als Toby und er im zehnten Kapitel auf zwei Inselbewohner stoßen, die sie nun umstandslos dem „Typee or Happar"-Test zu unterziehen versuchen. Statt jedoch eine Frage vom Typ „Happar?" mit auf die beiden Männer deutendem Finger zu stellen, bilden sie eine Frage mit den beiden Bestandteilen „Happar" und „Mortarkee", und als die Inselbewohner diese Frage bejahen, *scheint* ihre Identität geklärt (vgl. T 88) – so als könnte nicht beispielsweise auch ich Wessi die Frage ‚Ossis – gut?' bejahen, weil ich mich an der Ossi-Schelte nicht beteiligen will. Irgendwie bleiben dem Ich-Erzähler aber doch Zweifel an dieser Lösung, und so entschließt er sich in dem Dorf, in welches die beiden Inselbewohner Toby und den Ich-Erzähler geleiten, unvermittelt zu der gegenläufigen Verbindung „Typee mortarkee." (T 90) Die spontane Umbesetzung der zuvor angelernten Opposition funktioniert; die Protagonisten sind tatsächlich auf Typees gestoßen und sichern sich deren Wohlwollen, indem sie die Neubesetzung einüben: „To be sure our panegyrics were somewhat laconic, consisting in the repetition of that name, united with the potent adjective ‚mortarkee'. But this was sufficient [...]." (T 90)

c)   *Abenteuer und Ethnologie (**Kannibalismus; Konstruktion und**Überschreitung einer ‚Welt')*

Die nun folgenden Kapitel xi-xxxi können nur in einem eingeschränkten Sinne als ‚abenteuerlich' bezeichnet werden; auch das Wort verliert sich weitgehend: Es fällt einmal noch in der Inhaltsangabe des zwölften Kapitels; die beiden Instanzen in den beiden folgenden Kapiteln beziehen sich auf die sich verzweigende Geschichte von Toby, der aufbricht, um aus dem Hafenort Hilfe für den erkrankten Ich-Erzähler zu holen, aber bis zum Ende von dessen Aufenthalt unter den Typees nicht wiederkehren wird; danach wird das Wort bis zum 29. Kapitel gar nicht mehr, und erst im vorletzten Absatz des ganzen Buches noch einmal mit Bezug auf das *adventure* des Ich-Erzählers verwendet. In diesem langen Abschnitt, der knapp zwei Drittel des Buches ausmacht, überwiegt vielmehr der (in Lotmans Sinn) ‚sujetlose', ‚klassifikatorische' Charakter eines ethnographischen Berichts. Der Leser lernt etwa die verschiedenen Arten der Zubereitung von Brotfrüchten (T xv), die Verfertigung eines Baumwollstoffes (T xix) und die Verfahren der Tätowierung kennen (T xxx). Zwar werden diese Beschreibungen skandiert von kurzen, nachgerade leitmotivisch eingesetzten Passagen über den gesundheitlichen Zustand des Ich-Erzählers und seine vergeblichen, meist freilich eher zaghaften Versuche, dem Tal zu entfliehen. Noch die meisten seiner eigenen Handlungen – etwa das häufige Baden, mit dem ihm als Diener zur Verfügung gestellten Kory-Kory oder mit der wunderschönen Fayaway – werden jedoch durch die Wiederholung zu alltäglichen, die ein Leben eher beschreiben als von ihm erzählen. Ausdrücklich hält Melville nicht nur die Ereignislosigkeit des *Beschriebenen* fest: „Nothing can be more uniform and undiversified than the life of the Typees; one tranquil day of ease and happiness follows another in quiet succession; and with these unsophisticated savages the history of a day is the history of a life." (T xx. 178) Überdies ersucht er den Leser um Verständnis für die Ereignislosigkeit seiner *Beschreibung*: „Sadly discursive as I have already been, I must still further entreat the reader's patience [...]" (T xxxi. 263).

Doch ist der ethnographische Bericht keineswegs das unverbundene Gegenteil des Abenteuerlichen. Vielmehr ist er, zum einen, dessen notwendiges Komplement. Ist ein Ereignis im mittel-emphatischen Sinne etwas, was die Grenzen einer Welt überschreitet – mit Lotman, der übrigens selbst das Wort мир (‚Welt') im Rahmen dieser Überlegungen nachgerade inflationär verwendet –,[407] so muss natürlich diese Welt selbst mindestens so bekannt sein, dass der Moment und die genaue Bewegung der Überschreitung erkennbar wird. Und je weniger beim Leser vorausgesetzt werden kann, dass er diese Welt schon kennt, desto umfangreicher müssen sujetlose Textelemente sein, denn: „Der sujethaltige Text wird auf der Basis des sujetlosen errichtet als dessen Negation."[408] Es mag Welten geben, bei denen vorausgesetzt werden kann, dass sie hinlänglich bekannt sind – sei es, dass dieses Wissen sich aus der Alltagserfahrung, sei es, dass es sich aus der Kenntnis anderer genrerelevanter Texte speist.[409] Weniger eingespielte Welten hingegen müssen so detailliert beschrieben werden, dass sogar in Texten, die gemeinhin als ‚Abenteuerromane' gelten, wie etwa in Jules Vernes *Vingt-mille lieues sous les mers*, die klassifikatorischen Passagen die sujethaltigen um ein Vielfaches überwiegen.[410] Für die Welt einer pazifischen Insel können nur sehr eingeschränkte Kenntnisse vorausgesetzt werden, zumal *Typee* zu den frühesten Texten zählt, mit denen eine Beschreibung ‚von innen' erfolgt, die sich also dem Modus dessen nähert, was der Verfasser der *Argonauts of the Western Pacific* achtzig Jahre später ‚teilnehmende Beobachtung' nennen wird.[411]

---

407 Vgl. insb. Lotman, *Die Struktur literarischer Texte*, S. 336 f (S. 286 f im russischen Original).

408 Lotman, *Die Struktur literarischer Texte*, S. 338 (S. 287 im russischen Original).

409 „Drachen könnt Ihr Euch ja vorstellen", sagte einmal zurecht ein Student bei der Präsentation seiner Masterarbeit.

410 *Meine* Lust bei der Lektüre solcher Texte – die sich freilich auch nicht immer einstellt – richtet sich häufig sogar mehr auf die klassifikatorischen Elemente; *ich* würde meine Lektüre deshalb eher als ‚reading for a world' denn als *Reading for the Plot* (mit dem Titel des Buches von Peter Brooks) beschreiben. Ich konnte aber mit meinen Kollegen bisher allenfalls den Kompromiss erreichen, wonach – mit einer prägnanten mündlichen Überlegung Martin von Koppenfels' – diejenige Kombination von *plot* und *world-making* eine besondere Attraktionskraft besitze, bei der ‚Welt' mit vervielfältigten, untereinander mehr oder weniger lose verknüpften *plots* (wie in *Orlando Furioso* oder *A Song of Ice and Fire*) erzählt-und-zugleich-konstruiert wird. Aber dazu wird ein auktorialer oder zumindest polyperspektivischer Erzähler gebraucht, der in einem faktualen Reisebericht natürlich nicht glaubhaft vorkommen kann; diese Überlegungen sind deshalb anhand von *Moby-Dick* fortzuführen (vgl. unten, III. 5 b).

411 Auf *Typee* wird Malinowskis Ausdruck von Herbert, „Facts, Fictions, and Wisdom in Melville's *Typee*", S. 96, angewendet.

Die Ähnlichkeit mit Malinowski sei nicht überbetont, insofern Melville keine ethnographische Methodenreflexion unternimmt. Immerhin setzt er sich kritisch mit vorhandenen Beschreibungen auseinander, darunter vor allem mit denjenigen, die den Pazifikbewohnern etwas wie eine in sich kohärente Religion unterstellten: „there is a vast deal of unintentional humbuggery in some of the accounts we have from scientific men concerning the religious institutions of Polynesia." (T xxiv. 201) Der auch hier unvermeidliche Bezug auf „the illustrious Cook", „this prince of navigators", neigt ausnahmsweise, bei aller Ambivalenz, zur Zustimmung: Wenn Melville nämlich schreibt, Cook habe trotz des Einsatzes von Dolmetschern keine klare Einsicht in die Glaubensvorstellungen der Pazifikbewohner gewonnen („he still frankly acknowledges that he was at a loss to obtain anything like a clear insight into the puzzling arcana of their faith.", T xxiv. 209), so kritisiert er damit weniger dessen epistemisches Scheitern, als er vielmehr die Einbekenntnis dieses Scheiterns honoriert. Melville folgt diesem Verfahren, indem er Deutungsversuche bewusst verweigert: „I saw everything, but could comprehend nothing." (T xxiv. 210) Zugleich verstärkt gerade diese Insistenz auf dem Sicht-, wenngleich nicht Deutbaren den faktualen Anspruch des Textes, weil sie nahelegt, dass der Verfasser etwas Unverständliches wirklich gesehen habe, statt sich etwas verständlich Erscheinendes zusammenzureimen.

Zum anderen dient die ethnographische Beobachtung, wie immer dilettantisch und improvisiert sie sein mag, der Abwehr der Gefahren, oder zumindest der Einschätzung dessen, wie groß diese sind. Zwar legt sich die Angst davor, selbst getötet – und gegessen – zu werden. Zu Beginn des Aufenthaltes hatte Toby noch „by the soul of Captain Cook!" geschworen, dass es sich bei dem Fleisch, das den beiden Gästen gereicht wird, um dasjenige nicht eines Kalbs, sondern eines Menschen handle (vgl. T xii. 117). Zunehmend jedoch wird das Wort *cannibal* erst ausdrücklich mit der vermeintlichen *contradictio in adiecto* „humane, gentlemanly" (T xiii. 119) assoziiert, dann ironisch-spielerisch in harmlose Verbindungen gestellt (vgl. z. B. „highly respectable cannibal education", T xiv. 136). Noch der Kannibalismus ist bei Melville nicht das Radikal-Abhorreszierte, als das er aus europäischer Perspektive so häufig erscheint, sondern wird bei ihm zum einen ausdrücklich relativiert (vgl. T xxvii. 240 f), zum anderen in die komödiantische Schicht des Berichts mitaufgenommen.

Erst als der Erzähler zu Beginn des drittletzten Kapitels entdeckt, dass sich unter den Relikten menschlicher Körper, welche die Typees aufbewahren, auch der Kopf eines Europäers befindet, wird seine Todesangst nachvollziehbarerweise wieder ausgelöst: „Was the same doom reserved for me?" (T xxxii. 270) Er wird jedoch im Folgenden nur mit „Taboo! taboo!"-Warnungen vom Mitessen abgehalten, nicht selbst gegessen (T xxxii. 276). Der hohe Affektgehalt dieser Passagen ist nicht nur auf die eigene Bedrohung, sondern vor allem auch auf die theoretische Neugierde des Beobachters zurückzuführen: Wie dereinst Cook ist auch Melville „desireous of being an eye witness" (J II, 293). Und wie die Pazifik-Reisenden des 18. Jahrhunderts flicht Melville an dieser Stelle des Berichts einen Exkurs über die Forschungsgeschichte der Anthropophagie ein, wobei er eine bisher selten überschrittene epistemische Grenze markiert: „It is a singular fact, that in all our accounts of cannibal tribes we have seldom received the testimony of an eye-witness to the revolting practice." (T xxxii. 271) Noch im Queen Charlotte's Sound war dies ja nur im Rahmen einer sehr konstruierten Versuchsanordnung gelungen – wohingegen ein Augenzeuge für die Verspeisung von Mitgliedern der *Adventure* im fiktionalen Text erfunden werden musste.

Prompt stellt sich in *Typee* zwar keines dieser Ereignisse während Cooks zweiter Reise ein, aber ein anderes, weit berühmteres und mutmaßlich ebenfalls kannibalistisches Ereignis ein: dessen Tod während seiner dritten Reise. Melville spekuliert jetzt über Cooks körperliche Überreste und erzählt eine Anekdote, derzufolge ein Bewohner Hawai'is sich dessen gebrüstet habe, einen von Cooks großen Zehen gegessen zu haben (vgl. T xxxii. 271). Im Kontrast zu der bei Melville sonst dominierenden Tendenz, am „Prinzen der Seefahrer" eher herumzukritteln, erscheint diese, in den Moment höchster Bedrohung einmontierte Digression fast wie eine phantasmatische Identifikation mit dem berühmtesten jemals (mutmaßlich) gegessenen Europäer: als eine textuelle ‚Einverleibung', welche dessen angenommene reale Einverleibung wiederholt. Aber jetzt – zurück in der Zeitachse des Berichteten – gilt es eben nicht nur, die eigene Haut zu retten, sondern auch, die epistemische Grenze zu überschreiten, um damit einen (mit dem Untertitel) „Peep at Polynesian Life" auch hinsichtlich des Kannibalismus zu erhaschen. Es gelingt: „But the slight glimpse sufficed: my eyes fell upon the disordered members of a human skeleton, the bones still fresh with moisture, and with particles of flesh clinging to them here and there!" (T xxxii. 276)

Im Rest des Buches geht es dann wieder um die Gefährdung des Erzählers selbst, der im vorletzten Kapitel an der Flucht gehindert wird; im letzten gelingt sie ihm dann doch, weil ihn die Typees diesmal nicht mit allem Nachdruck daran hindern, offenbar auch untereinander uneinig sind, wie nachdrücklich sie ihn hindern sollen. Unter strenger Anwendung einer strukturalen Definition von ‚Abenteuer', welche eine scharf gezogene Grenze voraussetzt (Element 2), müsste das Fazit daher lauten, dass diese Kapitel zwar vielleicht ‚spannend' sind, nicht jedoch von ‚Abenteuern' erzählen; und der Ausdruck ‚spannend' bezöge sich dabei auf den nicht zuletzt hermeneutischen Prozess, in dessen Verlauf der Erzähler die Durchlässigkeit der Grenzen, und damit den Grad der ihm drohenden Gefahr herauszufinden versucht. Personifiziert wird diese Auslotung der Durchlässigkeit mit der *trickster*-Figur des Marnoo, der sich nicht nur, als ‚tabuisierter', frei zwischen den verschiedenen Stämmen der Insel bewegen, sondern auch ausreichend Englisch sprechen kann, um dem Erzähler schon dadurch vage Hoffnungen auf dessen Entkommen zu suggerieren: „Ah! me taboo, – me go Nukuheva, – me go Tior, – me go Typee, – me go every where, – nobody harm me, – me taboo." (T xviii. 166). Daraus ist jedoch, so wenig wie aus all den anderen (insgesamt 68) Verwendungen des Wortes *taboo*, das dem Erzähler permanent entgegengerufen wird, kein kohärentes Konzept abzuleiten. So behauptet etwa der gleiche Marnoo, auch der Erzähler gelte als *taboo*; bei ihm jedoch wird damit gerade begründet, dass er *nirgendwohin* gehen dürfe: „Kannaka no let you go no where", sagt er zu ihm, „you taboo." (T xxxiii. 278). Es würde Melvilles Insistieren auf der Unverständlichkeit des Sichtbaren konterkarieren, wenn man versuchte, eine in sich konsistente Theorie des Tabu aus späteren religionswissenschaftlichen oder psychoanalytischen Studien auf diese Passagen zurückzuprojizieren.

Angesichts dieser Unschärfen wäre eine Nacherzählung, derzufolge der Ich-Erzähler am Ende ‚den Kannibalen entkommen sei', wohl zu plan, weil sie zum einen vereindeutigte, dass ihm seine eigene Tötung und Verspeisung wirklich drohte, und zum anderen suggerierte, dass die Typees ihn mit allen Mitteln zurückzuhalten versuchten. Konjizieren lässt sich allenfalls, dass er keine Chance zu entkommen gehabt hätte, wenn sie es konsequent darauf angelegt hätten, ihn gefangen zu halten, zu töten und zu verspeisen. Erst ganz am Ende, als er sich bereits mit Hilfe von Besatzungsmitgliedeers eines australischen Walfangschiffes an Bord von dessen Beiboot befindet und damit eine Chance besitzt, noch gegen den entschiedenen Widerstand der Typees zu fliehen, kommt es zu einem Kampf auf Leben und Tod (vgl. T xxxiv. 291).

Eine dritte Schicht des Textes in *Typee* kann weder ‚abenteuerlich' noch ‚ethnographisch' genannt werden; sie tendiert vielmehr zu einem allgemeinen zivilisationskritischen Räsonnieren und bezieht sich dafür auf Geschehnisse und Zustände jenseits der Marquesas, typischerweise solchen auf den zu diesem Zeitpunkt bereits relativ gut erforschten und stark missionierten Inseln Tahiti und Hawai'i. Melville folgt dabei keiner programmatischen, vielmehr einer pragmatischen Tendenz; so unterscheidet er etwa eine *civilisation* mit kleinem *c*, die das Leben der Bewohner der unwirtlichen Terra-del-Fuego erleichten könne, von einer *Civilisation* mit großem *C*, die zur Zerstörung der pazifischen Gesellschaften führe, welche dank der sehr viel günstigeren klimatischen Bedingungen keiner Hilfe von außen bedürften (vgl. T xvii. 149) – dies folgt in beiden Aspekten Georg Forster, der ebenfalls je nach den konkret angetroffenen Gegebenheiten zwischen einer ‚anti-rousseauistischen‘ und einer ‚rousseauistischen‘ Tendenz schwankt (vgl. oben, II. 2 c). Recht eindeutig ausgeprägt ist jedoch Melvilles Kritik an der christlichen Mission – so eindeutig, dass der amerikanische Verleger ihn schon kurz nach Erscheinen der Erstausgabe um eine Überarbeitung bat, bei der besonders die missionskritischen Digressionen gekürzt wurden, welche auf einigen Widerstand gestoßen waren.[412] Melville führt die gewünschte Selbstzensur nicht nur durch, sondern selbstzensiert noch den Grund dafür, indem er die Streichungen in einem zweiten, der Neuausgabe hinzugefügten „Preface" stattdessen mit poetologischen Gründen rechtfertigt. Dabei verwendet er in einem kaum 15 Zeilen umfassenden Passus drei weitere Male das Wort *adventure*:

> And as the interest of the book chiefly consists in its being the history of a remarkable adventure, in revising it, several passages, wholly unconnected with that adventure, have been rejected as irrelevant. [...] Thus revised, the book is simply a record of the adventure, interspersed with accounts of the islanders, and occasional reflections naturally connected with the subject.[413]

Betont wird damit *adventure* als erzählerisch-formale Einheit, bemerkenswerterweise singularisch für ‚das ganze Abenteuer dieser Reise‘. Offenbar befürchtet Melville nicht mehr, diese Verwendung könnte den Verdacht verstärken, es handle sich dabei um „adventure of the story-book" statt um „real adventure".

3. *Omoo* – Abbau des Abenteuers als Ereignistyp

Omoo, das Titelwort der schon im Folgejahr 1847 erschienenen Fortsetzung von *Typee*, sei nach Melvilles bereits im Vorwort gegebenen Auskunft, deren Wahrheitsgehalt noch zu diskutieren ist, ein Wort aus dem „dialect of the Marquesas Islands" und bedeute unter anderem „a rover, or rather, a person wandering from one island to another" (O 326). Offensichtlich will damit der Autor sich selbst bezeichnen – die Formulierung ‚will damit der Erzähler den Protagonisten bezeichnen‘ würde verschleiern, dass auch *Omoo* „correct

---

412 Die autoritative Northwestern-Newberry Edition von *Typee* (*The Writings of Herman Melville*, hg. *von* Harrison Hayford u. a. Evanston/Chicago: Northwestern UP, 1968 ff, Bd. I), der die hier zitierte Ausgabe folgt, übernimmt *diese* Änderungen nicht, allerdings solche, die Melville beim gleichen Überarbeitungsvorgang vorgenommen hat, ohne dass sie, aus Sicht der Herausgeber, auf den Druck des Verlegers zurückzuführen wären.

413 Zitiert in: Melville, *Typee, Omoo, Mardi*, „notes" S. 1326 (dort, S. 1326–29, a. andere Abweichungen der revidierten Ausgabe).

observations" verspricht und von einem „earnest desire for truth" geleitet zu sein behauptet (O 325), also ein faktualer Text ist. Denn er hat sich beim Anheuern auf dem australischen Walfangschiff Julia,[414] das ihn auf Nukuheva aufgegabelt hat, ausdrücklich ausbedungen, am nächsten Hafen wieder abheuern zu dürfen, wenn ihm danach sein sollte (vgl. O i. 330). Er nähert sich damit dem im Roman an anderen Stellen ausdrücklich genannten Typus des *beachcomber* an, dem er sich zwar nicht ausdrücklich zurechnet, der aber in einer Fußnote mit eben den Merkmalen versehen wird, die er sich selbst zuschreibt:

> This is a term much in vogue among sailors in the Pacific. It is applied to certain roving characters, who, without attaching themselves permanently to any vessel, ship now and then for a short cruise in a whaler; but upon the condition only of being honourably discharged the very next time the anchor takes hold of the bottom; no matter where. They are, mostly, a reckless, rollicking set, wedded to the Pacific, and never dreaming of ever doubling Cape Horn again on a homeward-bound passage. Hence their reputation is a bad one. (O xxi. 411, Anm. *)

Abgesehen von dem einen Unterschied, dass Melville das Kap Horn auf dem Rückweg nach Nordostamerika dann doch noch einmal umsegelt hat, ist *Omoo* schwerlich mehr als ein Euphemismus für den *beachcomber*,[415] eine Art Vorläufer desjenigen Typs von Rucksacktouristen, die sich mit sehr wenig Geld möglichst lange in klimatisch günstigen Gegenden aufzuhalten versuchen. Man muss nur wenig gegen den Strich lesen, um die Rechtfertigungen, die Melville für Verhaltensweisen wie den Diebstahl von Schweinen gibt (vgl. O li. 524), als faule Ausreden zu enttarnen. Den schlechten Ruf des *beachcomber* verzeichnet etwa auch Wilkes, der zwar das Wort nicht verwendet, diesen Typus aber offensichtlich meint, wenn er von den „deserters from vessels", spricht, die sich als „outcasts and refuse of every maritime nation" auf den Südseeinseln tummeln und, „addicted to every description of vice",[416] die Moral ihrer Bewohner verderben. Anders als Wilkes' Beschreibung nahelegt, waren die Seefahrer-Nationen unter den *beachcombers* allerdings nicht gleich vertreten, sondern es befanden sich überdurchschnittlich viele britische und US-amerikanische unter ihnen. Zumindest auf den Marquesas haben die genervten Bewohner anscheinend auch deshalb keinen Widerstand gegen die

---

414   Faktisch hieß das Schiff, auf dem Melville 1842 von den Marquesas nach Tahiti segelte, *Lucy Ann*.

415   Vgl. schon Anderson, *Melville in the South Seas*, S. 284 f.

416   Alle Zitate: Wilkes, *Narrative*, Bd. II, S. 13.

Besatzung durch die Franzosen geleistet, weil diese versprachen, sie vor diesen Typen zu schützen.[417]

Um 1840, gut siebzig Jahre nach Bogainville und Cook, ist also die Präsenz von Europäern (hier wie im Folgenden im weiteren Sinn, der europäisch-stämmige US-Amerikaner und Australier mitumfasst) in der Südsee nicht nur exponentiell angestiegen, sondern hat sich auch so stark ausdifferenziert, dass sich dort die verschiedensten, auch untereinander in Konflikten stehenden Teilgruppen ausmachen lassen – und dies besonders deutlich auf Tahiti, „by far the most famous island in the South Seas" und „almost classic" (O xviii. 18), wo große Teile von *Omoo* spielen. Der Ruf der Insel und ihrer Bewohnerinnen ist so gut etabliert, dass es gesucht originell klingt, wenn etwa Wilkes schreibt, beim ersten Anblick der Insel enttäuscht gewesen zu sein und die Frauen so schön gar nicht seien –[418] ungefähr so, als behauptete jemand, Venedig habe ihn enttäuscht und die italienischen Frauen würden ihrem Ruf nicht gerecht. Neben den Missionaren gleich zweier, miteinander rivalisierender, christlicher Kirchen haben sich auf Tahiti britische, französische und US-amerikanische Konsuln niedergelassen, die sich mit den *adventurers*[419] beschäftigen indem sie einerseits „adventurous whalers" (O ix. 362), die als integrale Crews eine Zwischenstation einlegen, unterstützen, andererseits sich jedoch mit meuternden Aussteigern herumschlagen müssen.

Die Idee, auf der Insel ein Festival zu Ehren von Kapitän Cook zu gründen (vgl. O lxv. 573), erscheint naheliegend, steht doch ganz Tahiti im Banne des Prinzen der Seefahrer. Cooks Name fällt dementsprechend in *Omoo* noch häufiger als in *Typee*, nämlich zwölfmal, und dies nicht nur als Name eines für die Insel besonders wichtigen Entdeckers, sondern als *pars pro toto* für eine ganze Epoche („Cook's time", O xxxi. 449, xli. 486 und lxi. 562), auf die sich die Inselbewohner nostalgisch zurückbeziehen, um sich bei den Touristen einzuschmeicheln:

> I asked him [einen Tahitier] one day how old he was. „Olee?" he exclaimed, looking very profound in consequence of thoroughly understanding so subtile a question – „Oh! very olee – 'tousand ‚ear – more – big man when Capin Tootee (Captain Cook) heavey in sight" (in sea parlance, came into view).

---

417 Vgl. Suggs, „Melville's Flight to Taipi", S. 73.

418 Vgl. Wilkes, *Narrative*, Bd. II, S. 3 u. 23.

419 Das Wort für den personalen Agenten von Abenteuern wird in *Omoo* markant häufiger verwendet als in *Typee*: *Omoo* enthält 19 Belege für das Wortfeld *adventur** einschließlich Plural und Adjektiv (wobei das Verb *to adventure* auch hier nicht verwendet wird), also insignifikant weniger als *Typee*, darunter aber signifikant mehr von solchen, die sich auf den personalen Agenten *adventurer[s]* beziehen (zweimal im Singular, viermal im Plural – wohingegen diese Form in *Typee* nur einmal, im *Appendix*, vorkommt).

This was a thing impossible; but adapting my discourse to the man, I rejoined –
„Ah! you see Capin Tootee – well, how you like him?"
  „Oh! he maitai (good) friend of me, and know my wife."
  On my assuring him strongly, that he could not have been born at the time,
he explained himself by saying, that he was speaking of his father, all the while.
This, indeed, might very well have been. (O xxxi. 447)

Entsprechend viel ist über die Insel schon geschrieben, und Melville ist in
diesem Fall keine Verleugnung eines Intertextes nachzuweisen, zumal sich
dies kaum lohnte, weil kaum noch *ein* bestimmter Text auszumachen wäre,
der spezifische Informationen enthielte. „It has been deemed advisable to
quote previous voyagers", schreibt er bereits im Vorwort (O 325); später gibt er
einen Überblick über die Reisenden der ‚klassischen' Zeit einschließlich eines
Bougainville-Zitats über die paradiesische Anmutung der Insel und eines Hin-
weises auf die legendäre Meuterei auf der Bounty (vgl. O xviii. 394); ebenso
wenig fehlt der Verweis auf die ausführlichen Kapitel bei Wilkes, der nur drei
Jahre vor Melville auf Tahiti weilte (vgl. O il. 518, Anm. *).
  Von einem in Tahiti lokalisierten Reisebericht gilt daher inzwischen,
was Forster gut fünfzig Jahre zuvor von einem in Südafrika lokalisierten
geschrieben hatte: Wo so viel „sattsam bekannt" ist, kann ein weiterer Bericht
an Neuem, außer einigen wenigen deskriptiven Details, nur noch „die persönlichen Abentheuer des Reisenden" enthalten.[420] Diejenigen, die *Omoo* schon
mit seinem Untertitel *A Narrative of Adventures in the South Seas* verspricht,
stehen im irreduziblen Plural. Konnte Melville den *plot* von *Typee* noch als
das Abenteuer eines *Four Months' Residence among the Natives of a Valley of
the Marquesas Islands* zusammenfassen, so beschreibt das Partizip *roving*, mit
dem er in *Omoo* nicht nur den *beachcomber* charakterisiert, sondern das er
schon im Vorwort auch sich selbst verleiht („roving sailor"; O 325), nicht zuletzt
das Erzählschema eines ‚umherschweifenden' Textes. Dieser nähert sich zwar
dem Modell des serialisierten Abenteuer-Textes an, erhebt jedoch keine hohen
Ansprüche auf die Abenteuerlichkeit der einzelnen Episoden. Die Minimaldefinition des hier verwendeten Begriffs von *adventure* wäre ungefähr: ‚Erlebnisse eines Alternativtouristen im Feld von prekären Arbeitsbedingungen und
unklaren politischen Ordnungen, und was einem beim Herumstreifen durch
eine noch irgendwie, aber längst nicht mehr radikal andersartig anmutende
Gesellschaft sonst noch so zustößt.' Ausdrücklich *adventure* genannt wird
etwa, fast schon im Jargon von Reiseprospekten, der Besuch einer ‚heid-
nischen' Zeremonie (O lxiii. 568) oder (gleich zweimal) das zweifellos selt-
same und nervige, aber weder gefährliche noch auch besonders spannende

---

420 Forster, *Rezensionen*, S. 191.

Zusammentreffen mit einem offenbar nicht ganz zurechnungsfähigen und außerordentlich aufdringlichen Tahitier, der sich geheimnisvoll gibt, aber letztlich nur eine alte Hose gegen Tabak eintauschen will (O lxiv. 572 u. lxv. 573).

Die unterschiedlichen Konzeptionen von ‚Abenteuer' in *Typee* und *Omoo* werden bereits in den jeweiligen „Prefaces" durch die verschiedenen, dem Wort *adventure* syntaktisch beigeordneten Bestimmungen markiert: Hatte das „Preface" von *Typee* das Substantiv mit den Adjektiven *curious* und *stirring* verbunden, so verspricht dasjenige von *Omoo* dem Leser eine „circumstantial history of adventures *befalling* the author." (O 325, Hvh. R.St.) Ein *beachcomber* zieht nicht einmal mehr nach Abenteuern aus, plant nicht einmal konkrete Grenzüberschreitungen, sondern lässt noch dies kontingent sein, welche Kontingenzen ihn jeweils ‚befallen'. Seine ‚Abenteuer' sind nur schwache Kerbungen auf einem glatten Zeitstrahl an einem Ort, an dem es keine Jahreszeit zu geben und die Tide sich eigentümlich un-newtonisch zu verhalten scheint, insofern sie genau zwölf Stunden beträgt, Ebbe und Flut also immer zur jeweils gleichen Tageszeit eintreten.[421] Der *beachcomber* kerbt diese gleichförmig verlaufende Zeit auch nicht selbst, sondern führt etwa programmatisch *kein* Tagebuch.[422]

Dem Modell des serialisierten Abenteuer-Textes nähert sich *Omoo* auch deshalb nur an, weil das Buch dafür zu viele deskriptive Passagen enthält, die sich – anders als in *Typee*, wo sie halbwegs gebündelt sind – mit den sujethaltigen abwechseln. Exkurse einleitende Formeln vom Typ „Before we proceed further, a word or two concerning [...]" (Beginn von O liv. 536) und Exkurse abschließende Formeln vom Typ „We will now return to the narrative" (Beginn von O l. 520) könnten noch viel häufiger im Text stehen als sie es tun. Anders als in *Typee* können diese deskriptiven Passagen schwerlich mehr *ethnologisch* genannt werden, jedenfalls nicht im traditionellen Sinne des Wortes, also in seiner Verwendung für die Beschreibung von ‚Primitiven', meist Angehörigen schriftloser Gesellschaften.[423] Die hier beschriebene Gesellschaft ist vielmehr eine aus Südseebewohnern und Europäern gemischte, in der auch die Europäisierung der ersteren schon einen bemerkenswert fortgeschrittenen Stand erreicht hat. Wilkes stellt ein Inventar der auf Tahiti bereits eingerichteten Institutionen europäischer Herkunft zusammen und hebt etwa

---

421 Vgl. O lxvi. 579 u. xxvii. 430, Anm. *, und dazu: Sugden, „Different Time Zones".

422 Vgl. O 326 u. T 9 (dort: „the author lost all knowledge of the days of the week").

423 Wenngleich inzwischen selbstverständlich längst eine ‚Europäische Ethnologie' existiert und Feldforschungen auch im Prenzlauer Berg durchgeführt werden, sei diese erweiterte Verwendung nicht auf das 19. Jahrhundert zurückprojiziert.

auch mehrfach hervor, wieviele Tahitier bereits alphabetisiert seien.[424] Und
Melville konzediert bei aller, gegenüber der ersten Fassung von *Typee* wiederholten und hier nur etwas vorsichtiger formulierten Kritik der Missionare, dass
es ihnen gelungen sei, nicht nur eine Übersetzung der Bibel in die Sprache der
Insel anzufertigen, sondern sie auch einigen beigebracht haben „to read it with
facility." (O xlviii. 511)

Die Implantation europäischer Kulturtechniken in Polynesien geht einher
mit der Appropriation der polynesischen. Davon zeugt schon Wort und Sache
der Tattoos: Die erste Person, die in *Omoo* als tätowierte beschrieben wird, ist
ein „white man" (O vii. 353), und dieser erzählt, dass man auf La Dominica
daraus bereits eine ganze touristische Industrie gemacht habe (vgl. das ganze
Kapitel viii). In *Omoo* beginnt diese Appropriation mit dem Titelwort: War
auch *Typee* ein vorgeblich polynesisches Wort, so immerhin noch ein Eigen-
name für ‚Andere'; *omoo* hingegen wird von Melville als Selbstbezeichnung
übernommen – und sollte dieses Wort erfunden sein,[425] so änderte dies nichts
an der aneignenden Geste. Immerhin hat der Tauschhandel zu einer ansatzweise symmetrischen Aneignung geführt. So beherbergt der „royal court" der
tahitischen Herrscherfamilie ein wahres Museum der Globalisierung, ein
„incongrous assemblage of the most costly objects from all quarters of the
globe" (O lxxxi. 639):

> Superb writing-desks of rose-wood, inlad with silver and mother-of-pearl, [...]
> sets of globes and mathematical instruments; the finest porcelain; [...] numer-
> ous other matters of European manufacture, were strewn about among [...] the
> ordinary furniture of a Tahitian dwelling [...] and a folio volume of Hogarth
> (O lxxxi. 640).

Dieses „museum of curiosites" (O lxxxi. 640) mutet wie ein früher Vorläufer
des Louvre in Abu Dhabi an, oder, um einen Vergleich aus Melvilles Kontext zu
wählen: wie ein pazifisches Gegenstück des Kuriositätenkabinetts in Nathaniel
Hawthornes Erzählung „A Virtuoso's Collection" –[426] aber eben mit einem noch
größeren globalen Radius, da sich das von Hawthorne erfundene, vom Ewigen

---

424   Vgl. Wilkes, *Narrative*, Bd. I, Kap. 1 f passim, z. B. S. 18 zu den juristischen Institutionen,
       S. 9 zum Singen des „A B C song" in der Schule.
425   Vgl. die Anmerkung bei Melville, *Typee/Omoo/Mardi*, S. 1329: „this word [...] has not been
       located in Polynesian glossaries"; Melville könnte sich aber damit verteidigen, dass die
       polynesischen Wörterbücher sicher nicht alle Wörter in allen Varietäten, die auf einer der
       Inseln gesprochen wurden, erfasst haben.
426   Melvilles späterer Freund nahm diese Erzählung in seine ein Jahr vor *Omoo* erschienene
       Mosses from an Old Manse auf, denen Melville eine berühmte Rezension widmete

Juden geführte Museum in Neu-England auf Exponate aus längst etablierten Schriftkulturen beschränkt, diese im tahitischen hingegen inmitten von polynesischen Dingen liegen.

Wird die Grenze zwischen ‚Eigenem' und ‚Anderem' in so vielfältiger Weise verwischt, gerät das zweite Element der Minimaldefinition von Abenteuern in einer für Pazifik-Reisen zuvor konstitutiven Dimension in Mitleidenschaft: Man kann dann nicht mehr an einer einigermaßer präzis lokalisierbaren Stelle – wie dem Strand bei Cooks Reisen oder dem letzten Bergrücken in *Typee* – das Territorium ‚des Anderen' betreten, sondern hat es an den verschiedensten Stellen mit kontingent anmutenden Mischungsverhältnissen von ‚Eigenem' und mehr oder weniger ‚Anderem' zu tun, das in instabiler Balance ist. ‚Mehr oder weniger anders' ist das jeweils Angetroffene, insofern ja aus US-amerikanischer Perspektive auch Europäer (jetzt im engeren Sinne), zumindest in politischer Hinsicht, einem ‚Anderen' angehören. Und die Europäer wiederum werden binnendifferenziert. Den Franzosen, die sich auch auf Tahiti zum Zeitpunkt von Melvilles Aufenthalt anschicken, die Regierungsgewalt zu übernehmen (vgl. O xix. 396), wird ein nicht nur in sprachlicher Hinsicht höherer Grad von Andersheit zugeschrieben als den Engländern; in einem eigenen Kapitel (xxix) macht sich Melville über das Kriegsschiff *Reine Blanche* und die französische Schifffahrt im Allgemeinen lustig und grenzt diese dabei nicht nur gegen die US-amerikanische, sondern auch gegen die britische ab.

Nicht einmal der Kannibalismus kann in dieser Konstellation noch die ernsthafte Bedrohung darstellen, die er für die Südsee-Reisenden um 1770 zumindest punktuell noch war und als die er in *Typee* immerhin noch passagenweise modelliert werden konnte. Vom Hörensagen soll es ihn zu diesem Zeitpunkt noch auf einigen Atollen des zwischen den Marquesas und Tahiti liegenden Paumotu-Archipels geben (denn dieses Sammeltoponym für Bougainvilles *Isles dangereux*, also den heutigen Tuamotu-Archipel, hatte sich im 19. Jahrhundert eingebürgert). Wilkes glaubt die Kannibalen sogar so trennscharf territorialisieren zu können, dass er eine Grenze zwischen ihnen und den Nicht-Kannibalen in seine Karte einzieht – wobei die ersteren allerdings nur östlich der Adventure, Furneaux, Doubtful, Melville und Resolution Islands anzutreffen wären (Abb. 11, vgl. Abb. 10 zu einem vergrößerten Ausschnitt aus der gleichen Karte).

(„Hawthorne and His Mosses"); zu der Erzählung vgl. Stockhammer, „Der unverständliche Unendliche", S. 151–57.

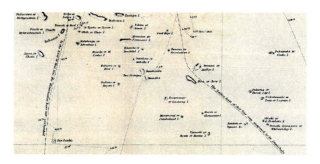

Abb. 11[427]

Aber die Fiji-Inseln, auf denen Wilkes seine Erfahrungen mit Kannibalen machte, sind von Tahiti ungefähr so weit entfernt wie Tamanrasset von München, und die neuseeländischen, deren Bewohner nach Wilkes' Bericht ebenfalls, trotz der Bemühungen der Missionare, „still cannibals" seien,[428] noch weiter.

In den Bereich von *Omoo* tritt Neuseeland nur in Gestalt eines *Mowree* (so Melvilles Schreibweise für den inzwischen gebräuchlichen ethnologischen Fachterminus *Maori*) namens Bembo ein, der als Harpunier auf der Julia tätig ist und dort, nachdem der Kapitän das Schiff verlassen hat, unter bemerkenswerter Neutralisierung der auf dem Lande geltenden *race*-Hierarchien zum interimistischen Kommandeur aufsteigt – denn „so far as mere seamanship was concerned, he was as competent to command as any one" (vgl. O xix. 398). Bembo wird zwar dreimal mit dem (in *Omoo* insgesamt nur sechsmal verwendeten) Signifikanten *cannibal* assoziiert: einmal pauschal aufgrund seiner Herkunft („True, he came from a race of cannibals; but that was all that was known to a certainty"; O xix. 399), einmal, adjektivisch und metonymisch, in einer kreolisierten Verbindung mit einem europäischen Substantiv, bei der Beschreibung seiner nächtlichen Tänze („occasionally he waked all hands up of a dark night dancing some cannibal fandango[429] all by himself on the forecastle"; O iii. 338), sowie schließlich im Rahmen einer Szene, in welcher er sich mit einem anderen Mitglied der Mannschaft prügelt und danach regungslos auf Deck liegt („Cowed, as they supposed he was, from his attitude,

---

427   Vgl. Wilkes, *Narrative*, Bd. I, S. 359 zum Hinweis auf diese Linie, sowie O xvii zur Durchfahrt durch die bei Melville *Pomotu* geschriebene Gruppe von „Coral Islands" (so der Kapiteltitel), dort S. 391 zum Ruf der Einwohner als Kannibalen.

428   Wilkes, *Narrative*, Bd. II, S. 423.

429   Dabei handelt es sich um einen „exuberant Spanish courtship dance and a genre of Spanish folk song. The dance, probably of Moorish origin, was popular in Europe in the 18th century and survives in the 20th century as a folk dance in Spain, Portugal, southern France, and Latin America." („fandango", in: *Encyclopædia Britannica*).

the men, rejoiced at seeing him thus humbled, left him; after rating him, in sailor style, for a cannibal and a coward"; O xxiii. 417). Und in der Folge wird Bembo der Mannschaft zwar tatsächlich gefährlich, indem er das Schiff in einer Mondscheinnacht offenbar absichtlich auf ein Riff zusteuert, was nur haarscharf, als die Mannschaft es endlich merkt, vereitelt wird (vgl. O xxiii). In diesem Zusammenhang unterbleibt jedoch jeder weitere Rekurs auf seine ‚kannibalische' Abstammung; als Motiv wird vielmehr das individualpsychologische angegeben, er habe sich für eine zuvor erlittene Beleidigung rächen wollen (vgl. O xxiv. 421). Die Bedrohung durch einen ausgerasteten Interims-Kapitän, sei dieser auch Maori, lässt sich nicht mehr in das Register des Kannibalismus eintragen.

Wer noch ins räumlich, nicht nur zeitlich, Ungekerbte will, muss die Insel, die seit der Beobachtung des Venusdurchgangs[430] nachgerade ein *pars pro toto* für avancierte Kerbungsverfahren ist, verlassen und „into the immense blank of the Western Pacific" (O ix. 360) segeln, aus dem Melville in der Anordnung des Erzählten gekommen war. Einerseits lässt sich noch halbwegs plausibel behaupten, dass „considerable portions still remain wholly unexplored" (O ix. 362), so dass dort vielleicht die eine oder andere ungekerbte Nische aufzufinden ist. Andererseits – und vor allem – lässt sich eine gezielte Wiederglättung des Raumes betreiben, indem die Verfahren der Positionbestimmung außer Kraft gesetzt werden, mit welchen sich abgleichen ließe, ob man sich gerade im Erforschten oder Unerforschten befindet. Die Protagonistin von *Omoo*, das bei seinem Namen *Julia* bzw. der Verniedlichungsform *Little Jule* sechzigmal genannte Walfangschiff, wird deshalb sehr nachdrücklich in die Tradition der *Adventure* gestellt – soweit sich diese als Gegenentwurf zur *Resolution* karikieren lässt. Ihr Steuermann Jermin hantiert mit einem Quadranten, „so odd-looking that it might have belonged to an astrologer" und sucht mit Blick durch das Instrument die sich dem unbewahrten Blick jederzeit darbietende Sonne. Erscheint es Melville schon rätselhaft, wie derart auch nur der Breitengrad bestimmt werden könne, so ist ganz unklar, wie er einen Längenggrad ermittelt haben will. Zwar verfügt die *Julia* über einen Chronometer, der die Greenwicher Zeit *hätte* treu bewahren können, nur: „it stood stock-still; and by that means, no doubt, the true Greenwich time – at the period of its stopping, at least – was preserved to a second." Bisweilen beteiligen sich auch noch der Maat und der Doktor an den Versuchen, die Koordinaten zu bestimmen (diesmal mit Monddistanzen), verhalten sich dabei aber „comical enough" (alle Zitate: O xvii. 389).

---

430   Melville vergisst diesen nicht zu erwähnen: „Here the famous Transit of Venus was observed, in 1769" (O xviii. 394).

Auf der Ebene der erzählten Reise erscheint dies dilettantisch; für die Ebene der *voyage* als Reiseerzählung[431] ist es offensichtlich Absicht, motiviert Melville doch damit einen Bruch mit dem Modell des ans Logbuch angelehnten Tage-buchs, dessen ‚nahezu klassisches' Beispiel Cooks *Voyage* darstellt. Nicht nur hat Melville ja nach eigener Angabe während seiner „wanderings in the South Sea" kein Tagebuch geführt, sondern vor allem auch die Angabe von Koordinaten ist angesichts dieser wilden Navigation natürlich unmöglich:

> How far we sailed to the westward after leaving the Marquesas, or what might have been our latitude and longitude at any particular time, or how many leagues we voyaged on our passage to Tahiti, are matters about which, I am sorry to say, I cannot with any accuracy enlighten the reader. Jermin, as navigator, kept our reckoning; and, as hinted before, kept it all to himself. (O xvii. 389)

Mit faktualen Reiseberichten kommt man von hier offenbar nicht mehr weiter.

4. *Mardi* – Abbau des Abenteuers als Erzählschema

a) *Vom faktualen zum fiktionalen Abenteuer*

Unter den Lesern von *Mardi, and a Voyage Thither* (1849) besteht, von den ersten Rezensenten bis hin zu heutigen Literaturwissenschaftlern, weitgehende Einigkeit darüber, dass es sich bei diesem Buch um ein gründlich misslungenes handle – und die günstigste Einschätzung ließe sich auf die Formel ‚aber immerhin interessant misslungen' bringen. Von der enthusiastischen Wieder-entdeckung des *Moby-Dick* seit den 1920er Jahren vermochte *Mardi* allenfalls insofern profitieren, als es nun einmal vom gleichen Autor geschrieben wurde, und, in thematischen Details, aber auch hinsichtlich des Experimentierens mit einer Vielfalt von Schreibweisen innerhalb des gleichen Buches, den nur zwei Jahre später erschienenen Roman antizipiert: „Mardi ist noch nicht Moby Dick. Aber es ist, den Höhenflug probend, die mitreißende und bewegende Reise dorthin." So Brigitte Kronauer in einer Rezension der ersten deutschen Übersetzung des Romans, die erst 1997 im Umfang von gut tausend Seiten in einem Kleinverlag erschien.[432]

Die Entstehungsgeschichte von *Mardi* ist im gegebenen Zusammenhang jedoch nicht so sehr darum relevant, um den Roman als Vorbereitung von *Moby-Dick* in eine retrospektive Teleologie zu rücken – weshalb im Folgenden

---

431 In dieser Bedeutung wird das Wort in *Omoo* mindestens einmal verwendet: „[...] in old voyages we read of [...]" (xxxix. 480).

432 Zitiert nach dem Buchrücken der Taschenbuchausgabe von 2000.

auf Vorgriffe auf diesen, selbst bei mehr oder weniger offensichtlichen Ähnlichkeiten, verzichtet wird –, sondern weil sich in diesem Fall ausnahmsweise die Genese des Textes als Einstieg in eine Beschreibung seiner Gestalt eignet. Vor allem überschreitet Melville dabei sehr bewusst die Scheidelinie zwischen faktualen und fiktionalen Texten. Der Abschnitt (a) des vorliegenden Kapitels über *Mardi* vollzieht deshalb den Weg von den faktualen Pazifik-Büchern zum fiktionalen nach, was (b) einen kurzen gattungtheoretischen Exkurs nötig macht; der längste Abschnitt (c) handelt dann vom zunehmenden Abbau des Abenteuers als Erzählschema in *Mardi*.

Geplant hatte Melville einen dritten Reisebericht für Murrays *Home and Colonial Library Series*; als thematischer Fokus lag die Beschreibung des Walfangs nahe, welche in *Omoo* nur angedeutet worden war.[433] Melville nennt das ursprüngliche Vorhaben in einem langen, etwas redundanten Brief an Murray (vom 25.3.1848) – noch war der englische Verleger in der Entstehungsphase als Ansprechpartner wichtiger als der US-amerikanische – einmal „a bonafide narrative of my adventures in the Pacific, continued from ‚Omoo‘", einmal „narrative of *facts*".[434] Unter diesen Formulierungen gibt die erste eine genauere Bestimmung des faktualen Textes als die zweite: Ob die Erzählung aus Fakten besteht oder nicht, ist für ihre Zugehörigkeit zu dieser Textgruppe nicht so entscheidend wie dies, dass der Leser das Erzählte ‚guten Glaubens‘ als etwas lesen soll, was sich tatsächlich genau so ereignet habe.

Doch steht das Vorhaben schon hier im Imperfekt, als eines, das Melville in einem früheren Brief (vom 29. Oktober 1847) im Blick *hatte*. Inzwischen jedoch sei es zu einer Wende gekommen,

> a change in my determinations. To be blunt: the work I shall next publish will be downright & out a „Romance of Polynesian Adventure".

Längst habe er gedacht, dass Polynesien „a gre[a]t deal of rich poetic material" bereitstelle, welches er jetzt endlich auszuschöpfen gedenke – zumal man ihm ohnehin wiederholt unterstellt habe, ein „romancer in disguise" zu sein. Melvilles im weiteren Verlauf des Briefwechsels zunehmend pampig formulierter Entschluss ließe sich ungefähr reformulieren: ‚Wenn Ihr, meine Rezensenten ebenso wie mein Verleger, mir nicht glaubt, dass ich bisher die Wahrheit und nichts als die Wahrheit geschrieben habe, dann schreibe ich doch jetzt lieber gleich einen Roman.‘ *Ex negativo*, „by the sheer force

---

433 Vgl. Davis, *Melville's* Mardi, S. 50.

434 Melville, *Correspondence*, S. 105 f, dort auch alle weiteren Zitate aus diesem Brief; vgl. Davis, *Melville's* Mardi, S. 60–78, zu einer Rekonstruktion des Vorgangs, mit Abdruck des Briefes (S. 214–16).

of contrast", werde sich rückwirkend „the strongest evidence of the truth of
Typee & Omoo" erweisen, also ungefähr: ‚Wenn ich etwas total Unplausibles
schreibe, dann glaubt man mir nachträglich das etwas weniger Unplausible.'
Ähnlich, ergänzt nur um den ebenso hypothetischen wie noch unwahrschein-
licheren Zusatz, die Rezeption könnte diesmal genau umgekehrt ausfallen, der
fiktionale Text könnte als faktualer gelesen werden, heißt es dann (wie schon
teilweise zitiert) im Vorwort zu *Mardi*, das aus eben diesem Grund *nicht* in
Murrays Verlag erschien:

> Not long ago, having published two narratives of voyages in the Pacific, which,
> in many quarters, were received with incredulity, the thought occurred to me,
> of indeed writing a romance of Polynesian adventure, and publishing it as such;
> to see whether, the fiction might not, possibly, be received for a verity: in some
> degree the reverse of my previous experience. This thought was the germ of oth-
> ers, which have resulted in Mardi. (Ma 661)

Hinsichtlich des „reichen poetischen Materials" und seiner Gestaltung vollzieht sich der Bruch weniger *mit* denn vielmehr *in* dem Buch, insofern der
Beginn von *Mardi* noch als Bestandteil eines faktualen Textes hätte durch-
gehen können: „It opens like a true narrative – like Omoo for example, on
ship board".[435] Einigermaßen unproblematisch gilt dies jedoch nur für die
ersten acht – von nicht weniger als 195, allerdings überwiegend recht kurzen –
Kapitel, die an Bord des Walfängers Arcturion spielen, „and, for the student
seeking clues for Melville's itinerary in the South Seas, it may be characterized
as a good whaling story gone wrong."[436] Denn danach wechseln nicht nur die
Schauplätze mit einer Häufigkeit, dass noch der Gliederungsvorschlag, das
Buch bestehe eigentlich aus drei Büchern,[437] zwar textgenetisch plausibel,
aber für eine Strukturbeschreibung zu weitmaschig ist. Der häufige Wechsel
betrifft vor allem auch die Gattungen, oder vorsichtiger: die textuellen Register
(was hier als heuristischer Überbegriff für Kategorien wie faktual/fiktional,
novel/romance, Allegorie, Satire, Parodie und andere dienen möge).

Bereits ab dem neunten Kapitel weicht der Text nicht nur vom faktischen
Verlauf von Melvilles Reise ab, sondern erschwert auch die vom Autor hypothetisch vorgeschlagene Lektüre des Buches als eines faktualen Textes durch
einen hohen Grad von Unwahrscheinlichkeit: Der zu diesem Zeitpunkt
des Romans noch namenlose Protagonist und autodiegetische Erzähler

---

435   Vgl. Anderson, *Melville in the South Seas*, S. 327: „[T]he first fifty pages of this otherwise
        fanciful romance have the ring of actuality."
436   Anderson, *Melville in the South Seas*, S. 327.
437   Vgl. Davis, *Melville's* Mardi, S. 45 (der damit seinerseits die Zahl 2 bei Anderson, *Melville in
        the South Seas*, S. 327, überbot).

desertiert zusammen mit einem anderen Matrosen, dem von den (‚Alten') Hebriden stammenden Jarl, auf hoher See mit einem Walfang*boot* (oder einer ‚Schaluppe', wie es einmal genannt wird, vgl. Ma xxxix. 786). Der Grad an „Polynesian Adventure" in diesen Passagen ist entsprechend hoch anzusetzen, zumal im Kontrast mit der Zeit auf dem Walfang*schiff*, die in den Begriffen des Erzählers kaum von *events* (‚Ereignissen') geprägt, sondern nahezu aus-schließlich von *incidents* (‚Begebenheiten') gegliedert war (vgl. Ma i. 667 sowie 663). Noch werden relativ präzise Koordinaten angegeben: Zu dem Zeit-punkt, als in dem Ich-Erzähler der Entschluss reift, das Schiff zu verlassen, befindet sich dieses mehr als 60° westlich von den Galapagos-Inseln auf dem gleichen Breitengrad, also ungefähr am Äquator und ungefähr dort, wo sich die Christmas-Inseln befinden, die allerdings nicht genannt werden, vielleicht weil sonst ausgewiesen werden müsste, dass sie zu den Entdeckungen zählen, die James Cook auf seiner dritten Reise gemacht hat.[438] Von dort aus wiederum, nach Angabe des Erzählers, in tausend Meilen, in Wahrheit noch deutlich weiter entfernt westlich liegen die immerhin ebenfalls schon seinerzeit karto-graphisch verbürgten Kingsmill und Ellice's Islands (vgl. Ma iii. 671). Und eben dorthin soll die Reise führen.[439]

Die für Abenteuer konstitutiven Faktoren der Gefahr und der Kontingenz sind hier offensichtlich gegeben. Verständlicherweise überfällt den Ich-Erzähler in der offenen, kaum über dem Wasserspiegel liegenden Schaluppe namens Chamois (einer „sea-chamois", also ‚Meeresgemse') „a sense of peril so intense [...] that it could hardly have been aggravated by the completest solitude" (Ma xii. 697): Es drohen Gefahren durch Stürme und Haie (vgl. Ma xiii. 700); fast noch bedrohlicher erscheinen jedoch die im Pazifik, *nomen est omen*, nicht eben seltenen Flauten, weil es dabei unerträglich heiß und durch das langsame Vorankommen besonders deutlich wird, dass die Vorräte endlich sind und nach ihrer Erschöpfung das Verdursten oder Verhungern bevorsteht (vgl. Ma xvi). Und von einem Kontingenzgrad, für den sich der terrestrische Vergleich mit der Nadel im Heuhaufen schwer vermeiden lässt, ist schließlich das Zusammentreffen mit einem anderen Schiff im insellosen,

---

438   Vgl. Cook/King, *A Voyage to the Pacific Ocean*, Bd. II, S. 179–89.

439   Nach heutigen Grenzen führt die Reise also durch das ganze riesige Territorium von Kiribati, dessen Staatsgrenze für die prägnante, mehrfach gezackte Beule verantwort-lich ist, welche die Datumsgrenze im Osten ausbildet. Am östlichem Rand des Staates liegt das heutige Kiritimati (‚Christmas' in polynesischer Transkription), an dessen west-lichem Rand die ehemals Kingsmill Islands genannten Inseln, darunter Tarawa, wo die meisten Einwohner des Staates leben. *Noch* heute wohnen sie dort – angesichts dessen, dass nahezu alle diese Inseln sich nur sehr wenig über den Meeresgrund erheben, wird der Staat vermutlich in einigen Jahrzehnten verschwunden sind.

„most unfrequented" (Ma iii. 671) Nirgendwo. Auch die Kontaktaufnahme mit diesem Schiff erscheint nicht ungefährlich, handelt es sich bei ihm doch um eine Brigantine, wie sie gern von Piraten gesteuert wird. Doch erweist sich, dass die ganze Besatzung aus zwei „Islander[s]" besteht, unter ihnen „lo! a woman" (Ma xxi. 726), die ihrerseits vor den Euro-Amerikanern Angst haben – der Rest der Besatzung hatte die in Hawai'i zusammengezimmerte („miserably cobbled together with planks of native wood", Ma xxii. 728) und nach einem Hawai'ischen Häuptling benannte Parki nach verschiedenen Auseinandersetzungen verlassen. Hatte schon die Schaluppe mit dem Ich-Erzähler und Jarl das *beachcomber*-Wesen, also die sich von vertraglich organisierten Schiffgemeinschaften lösende Individualreise, vom Strand auf hohe See verlagert, so treffen die beiden jetzt mit der Besatzung der Brigantine eine weitere solch bemerkenswert kleine, *ad hoc* zusammengesetzte und schwerlich zweckmäßige Fahrgemeinschaft an. Wäre der Roman ein Film und spielte er an Land, wäre er in diesen Passagen ein Road-Movie.

Die Frau braucht Melville fast nur, um eines seiner Lieblingsthemen, die Wiederglättung des Raumes durch Zerstörung der Navigationsgeräte, in einer ebenso detailreich ausfabulierten wie komischen Variante durchzuspielen. Die kleptomanische Annatoo macht aus der Brigantine eine Art radikalisierte Julia, indem sie vom Schiff einsammelt oder abbaut, was nicht niet- und nagelfest montiert ist, um es in einem eigenen Versteck zu horten, darunter offenbar mit besonderem Vergnügen nautische Instrumente und Dokumente – Log, Quadrant, Logbuch (vgl. Ma xxix. 754 f), schließlich gar den Kompass (vgl. Ma xxxv. 774 f) –, die sie dann in irreparabler Weise zerlegt oder gleich ganz wegwirft. Die im buchstäblichen Sinne des Wortes lebendige Frau, die auf einem Schiff sonst nichts zu suchen hat – unter den Bedingungen des englischen *genus* gerät ihre dortige Anwesenheit in den Geruch eines lesbischen Verhältnisses –, befreit damit die im übertragenen Sinne ebenfalls lebendige Schiffin

> – To a seaman, a ship is no piece of mechanism merely; but a creature of thoughts and fancies, instinct with life. Standing at her vibrating helm, you feel her beating pulse. I have loved ships, as I have loved men (Ma xxxvii. 780) –

von ihrem Dienst als Verkehrsmittel zum Zurücklegen halbwegs berechenbarer Wege. Melville konzipiert Annatoo – nicht als Abenteurerin, sondern als, sich ihrer Rolle selbst freilich nicht bewusste, Muse des Abenteuers. Denn *mit* Navigationsinstrumenten hätte sein Protagonist ja niemals den Hauptschauplatz des Romans erreicht: „With compass and the lead, we had not found these Mardian Isles." (Ma clxix. 1213) Anatoo hat für den Übertritt über die

Meta-Grenze zwischen ansatzweise gekerbtem und zumindestens vorgeblich ungekerbtem Raum gesorgt, die exakt zwischen einem Längengrad, der 60° westlich von den Galapagos-Inseln liegt – und einem nicht genannten Längengrad zu ver- oder entorten ist. Nach getaner Zerstörungsarbeit kann Annatoo im nächsten Sturm ihrerseits versenkt werden (vgl. Ma xxxvi. 778) – zumal bald darauf schon die nächste Frau ins Spiel kommt, und gleich deren zwei wären dann doch entschieden zu viele.

Einiges weiteres „roving" bzw. „hovering about" (Ma xlvi. 806 f), nun wieder im Walboot, das jetzt ausdrücklich „adventurous Chamois" genannt wird (Ma xlv. 804), ist vor allem notwendig, um sich endgültig ins Ungekerbte zu verirren. Bald danach, in Sichtweite einer weiteren Insel, trifft der Protagonist auf („lo!") eine weitere Frau in einem Wasserfahrzeug (diesmal einem Kanu), die er aus der Gefangenschaft rettet.

b) romance ‚vs.' novel (*gattungstheoretischer Exkurs*)

...„& the romance & poetry of the thing thence grow continuously, till it becomes a story wild enough I assure you & with a meaning too."[440] Spätestens mit der sich aus dieser Rettung natürlich zwangsläufig ergebenden Liebesaffäre sind so ziemlich alle Aspekte dessen versammelt, was nicht nur einen fiktionalen Text von einem faktualen unterscheidet, sondern, innerhalb der Gruppe der ersteren, spezifischer eine *romance* ausmacht – und tatsächlich verwendet Melville in der mittleren Passage des Briefes an Murray auf wenig mehr als einer Großoktav-Seite des Drucks neunmal das Wort *romance* (davon mehrfach in Großschreibung bzw. unterstrichen) für sein geplantes Buch sowie zweimal *romancer* (auch dies einmal groß geschrieben) für sich selbst als dessen Autor. Da der *romance* eine gewisse Affinität zu Abenteuern unterstellt wird, Melville eben auch beide Wörter zweimal in eine genitivische Beziehung bringt, erscheint ein kurzer gattungstheoretischer Exkurs notwendig.

Die in England im 18. Jahrhundert entwickelte Unterscheidung zwischen *romance* und *novel* als zwei Untergattungen des Romans ist schwerlich so stabil zu definieren, wie es die Merkformel Clara Reeves von 1785 nahelegt: „The Romance is an heroic fable, which treats of fabulous persons and things. The Novel is a picture of real life and manners, and of the time in which it is written."[441] Mehr als ein halbes Jahrhundert später drängt sich als poetologischer Referenztext für diese Unterscheidung aus Melvilles engstem Umkreis das Vorwort zu *The House of the Seven Gables* auf, in dem Nathaniel

---

440 Melville, *Correspondence*, S. 106 (Brief an Murray, 25.3.1848).
441 Clara Reeve, *The Progress of Romance*, zitiert nach: Williams (Hg.), „Introduction", S. 6.

Hawthorne 1851 seinen Roman ausdrücklich als *romance* ausgibt. Doch
ist dieser Rekurs weniger ergiebig, als zu erwarten wäre. Zwar lassen sich
mindestens zwei von Hawthorne genannte Lizenzen der *romance* auch auf
Mardi beziehen: die zum Einbezug des Wunderbaren und die zur Entkopplung
von nachprüfbaren Schauplätzen. Sogar diese beiden Merkmale müssen aber
leicht konjiziert werden, da Hawthorne die Lizenz „to mingle the Marvellous"
nur einführt, um sie zugleich einzuschränken, und die Entkopplung von einer
„actual locality" nur als ein Verfahren nennt, das er in dem Roman, dem dieses
Vorwort voransteht – der aber durchaus in einem halbwegs wiedererkenn-
baren New England spielt – gern vermieden *hätte*.[442]

Darüber hinaus dürften weitere Faktoren eine Rolle spielen, so eben die
romance als Ereignistyp der Liebesaffäre (wenn denn im Bereich der Liebe
irgendetwas ‚Ereignistyp' sein kann, was nicht je schon Erzählschema war).
Gerade die Geschichte des Wortes *romance* lässt an dieser Möglichkeit
zweifeln, insofern es ja zunächst ein, ursprünglich in einem romanischen
Idiom – also nicht auf Latein – verfasstes, Erzählschema bedeutete und erst
danach metonymisch auf einen darin häufig geschilderten Ereignistyp übertragen wurde (ähnlich wie das deutsche Wort *Romanze*, das freilich mit
einer anderen literarischen Gattung identisch ist, nämlich derjenigen, die im
Spanischen romance heißt). Zu rechnen ist jedenfalls mit Rückkopplungen
zwischen Erzählschema und Ereignistyp. Als besonders ‚romantisch' erscheint
in *Mardi* zweifellos auch der exotische Schauplatz und die ihm entsprechende
Objektwahl.[443] Nicht umsonst konnte sogar *Typee*, gegen allen ursprünglichen
Anspruch auf die Geltung als faktualer Text, eine Weile lang mit dem Untertitel *Romance of the South Seas* gedruckt werden. Zu denken ist schließlich
an die unheimlichen, schauererregenden Momente dessen, was gelegentlich
‚schwarze Romantik' genannt wurde: Wäre doch die *gothic novel* nach der
Gattungsdefinition eines ihrer Autoren (eben der oben zitierten Reeves) sehr
viel eher *gothic romance* zu nennen; und dies dürfte nicht nur bei Hawthornes
Entscheidung mitschwingen, *The House of the Seven Gables* der *romance* zuzu-
rechnen, sondern ließe sich auch an einigen Spuren in *Mardi* ablesen (wenn
etwa die Parki, deren Zweimensch-Besatzung sich zunächst vor den Insassen
der Chamois versteckt, als Geisterschiff anmutet; vgl. Ma xix).

---

442 Vgl. Hawthorne, *The House of the Seven Gables*, S. 1 und 3.

443 Das englische Wort *romantic* scheint schon früh die Unschärfe ausgebildet zu haben, die
     es, wie sein deutsches Äquivalent, heute besitzt; vgl. z. B. die Belege für *romantic*, 4. im
     Oxford English Dictionary (verfügbar unter: https://www.oed.com/), unter denen sich
     einige auf Schauplätze (wie „romantique castle") beziehen.

Große Vorsicht ist jedoch gegenüber der Erzählung angebracht, derzufolge die *romance* im 19. Jahrhundert *das* Modell des US-amerikanischen Romans geliefert habe. Bemerkenswerterweise hatte schon Henry James das Oppositionspaar als „clumsy separation" verworfen und sich in seiner Studie über Hawthorne sogar gegen dessen eigene Gattungsbezeichnung hinweggesetzt, vielmehr *The House of the Seven Gables* umstandslos als *novel* bezeichnet.[444] Die Kurzbeschreibung des Romans auf dem Rücken der hier zitierten Penguin-Ausgabe beginnt in, vielleicht weiser, Verwirrung: „Of all of Nathaniel Hawthorne's romances, this enduring novel of crime and retribution [...]".

Zu *der* US-amerikanischen narrativen Gattung wurde die *romance* erst, vor allem retrospektiv für das 19. Jahrhundert, nach dem Zweiten Weltkrieg, in einer von Lionel Trilling angeregten und vor allem von Richard Chase und Perry Miller ausformulierten Erzählung. Aus drei Gründen besonders relevant ist hier die Fassung des letzteren: weil sie von eben dem oben zitierten Brief Melvilles an Murray vom 25.3.1848 ihren Ausgang nimmt,[445] zumindest in Seitenbemerkungen die Kategorie des Abenteuers ins Spiel bringt und schließlich auch eine These zu *Moby-Dick* skizziert, die in der Diskussion dieses Romans wiederaufzugreifen ist. Da die Kategorie der *Romance* (die Miller durchgängig und ausdrücklich groß schreibt) in der überlieferten Gestalt zwar intuitiv plausibel auf *Mardi*, schwerlich jedoch ebenso plausibel auf Romane James Fenimore Coopers oder Mark Twains anzuwenden ist, muss Miller sie stark mit Momenten überformen, die man eher dem gegenüberliegenden Pol der *novel* zurechnen würde: denen einer durchaus kontrollierten Imagination sowie der Wahrscheinlichkeit (*vraisemblance* im englischen Text).[446] Als Bindeglied wird hier Walter Scott in Anspruch genommen, der seine Romane zwar im Mittelalter ansiedelte, sich dabei aber an realhistorische Fakten gehalten habe.[447] Die Instanz, die diese Versöhnung von Imagination und Wahrscheinlichkeit gewährleiste, nennt Miller, mit einem wiederum ausdrücklich groß geschriebenen Wort, *Nature*, „meaning both universal human nature and natural landscape"[448] – und weil es von der letzteren in Amerika besonders

---

444 James, „The Art of Fiction", S. 35; vgl. James, *Hawthorne*, S. 104.

445 Vgl. Miller, „The Romance and the Novel", S. 241. Auch im Auftakt zu dem Aufsatz „Melville and Transcendentalism", S. 184, zitiert Miller aus dem gleichen Brief.

446 Vgl. Miller, „The Romance and the Novel", S. 242 (zur Großschreibung von *Romance*), 246 (zur gezügelten *imagination*), 247 und 260 zur *vraisemblance*.

447 Miller, „The Romance and the Novel", S. 247 („he documented his plots with authentic facts and actual scenes"); inwiefern dies stimmt, muss Mediävisten zu beurteilen überlassen bleiben.

448 Miller, „The Romance and the Novel", S. 247.

viel gebe (der Sammelband, in dem Millers Aufsatz nachzulesen ist, trägt den Titel *Nature's Nation*), sei das Scott'sche Modell nirgendwo besser als dort fort-zuführen. ‚In Amerika' bedeutet hier, wie es Miller in einem anderen Aufsatz noch deutlicher macht, zwar vielleicht unter Anknüpfung an Sc(h)ott-Land, aber grundsätzlich genau nicht in Europa: „In America, the romance vindicated nature's nation, land of Natty Bumppo [J. F. Coopers ‚Lederstrumpf'], against the artificiality of Europe."[449]

Trotz der Annäherung der *Romance* an Merkmale, die man eher mit dem realistischen Roman verbindet, *gegen* den Miller gleichwohl seine These entwickelt, soll jene erstaunlicherweise mit Abenteuern kompatibel sein; Scott, Cooper und andere *romancers* seien nämlich „not so much for their adventurous plots as for the amount of thruthful and accurate detail by which they made their adventures plausible" geschätzt worden.[450] Damit kommt Miller der von Melville hergestellten genitivischen Beziehung von *romance* und *adventure* nahe. Doch verzerrt gerade die Unterstellung, Melville habe mit der Verwendung von *romance* sich gegen *novel* entschieden, den Kontext des Briefes stark. Denn Miller muss, um sein Argument zu stratifizieren, behaupten, Melville habe, als er das ursprünglich als Fortsetzung von *Typee* und *Omoo* geplante „bona-fide narrative" aufgegeben habe, eine *novel* aufgegeben (ein Wort, das er in dem Brief gar nicht benutzt), habe also einen Wechsel zwischen zwei verschiedenen Spielarten *fiktionaler* narrativer Formen vollzogen – als hätte der an faktualen Reiseberichten interessierte Murray auch ‚nur' eine *novel* akzeptiert.[451]

Michael Davitt Bell hält demgegenüber, seinerseits ausgehend von einem zwar wörtlich variierten, aber bedeutungsgleichen Zitat aus dem selben Brief Melvilles an Murray, fest, dass das Wort *Romance* in sehr vielen Verwendungen schlicht fiktionale im Gegensatz zu faktualen narrativen Texten bezeichnet.[452]

---

449   Miller, „Melville and Transcendentalism", S. 185 (ja, dort mit klein geschriebenem *romance*).

450   Miller, „The Romance and the Novel", S. 247. Die negativ bewertete Kontrastfolie, die Miller mit keinem real existierenden Text konkretisiert (zumal er sogar Émile Zola, der sich als Beispiel aufzudrängen scheint, noch als *Romancer* wider Willen beschreibt, vgl. S. 277), lautet „[to] simply produce a daguerreotype" (S. 260).

451   Miller, „The Romance and the Novel", S. 242 („The ‚thing' he abandoned was a novel").

452   Vgl. Bell, *The Development of American Romance*, S. 9 (unter anderem mit Bestimmungen von, ausgerechnet, Walter Scott sowie von Charles Brockden Brown, dem ersten US-amerikanischen Autor, der, um 1800, mehrere Romane verfasst hat); der von ihm zitierte Satz aus dem Brief lautet „My *instinct* is to out with [that is, to openly reveal] the Romance" (Melville, *Correspondence*, S. 106, Hvh. dort, die Bedeutungserklärung in eckigen Klammern im Zitat bei Bell, S. xii). – Bell bricht ausdrücklich mit Millers Modell (vgl. schon S. xi, und dann die konzise Kritik auf S. 161) und hält am Wort *Romance* im

Und dies ist offensichtlich der Fall bei Melvilles Verwendung in den Briefen an Murray und im Vorwort zu *Mardi*. Allenfalls könnte man noch, im fiktionstheoretischen Interesse, konjizieren, dass Melville nicht *novel*, sondern *romance* verwende, um die Fiktionalität des veränderten Unterfangens besonders nachdrücklich zu betonen, insofern dieses letztere Wort den fiktionalen Status eines Textes deutlicher markiert als das erstere.[453]

c) *Abenteuer und Allegorie*

Obwohl nun *Mardi* zweifellos die versprochene *romance* ist, obwohl Perry Miller dieser optimistisch eine prinzipielle Vereinbarkeit mit Abenteuern bescheinigt, löst das Buch nur sehr bedingt den anderen Teil von Melvilles Versprechen ein, demzufolge es eine „romance of adventure" sei. Im Prinzip könnte also das Kapitel über *Mardi* an dieser Stelle enden, obwohl noch kaum das erste Viertel von Melvilles Roman bilanziert ist, weil es des Abenteuerlichen nicht mehr viel zu vermelden gibt. Es bleiben gleichwohl die Gründe für diese Fehlanzeige zusammenzustellen. Denn diese sind ganz andere als in *Omoo*. Erschöpfte sich die Abenteuerlichkeit in diesem faktualen Text auf der Ebene des Ereignistyps – mit der Veralltäglichung von nur noch hinsichtlich des exotischen Schauplatzes vage außeralltäglichen Begebenheiten im Leben von Rucksacktouristen –, so wird sie im fiktionalen *Mardi* aus der Dynamik der Erzählschemata heraus abgebaut. Und diese Dynamik ist charakteristisch vielleicht nicht für *den* modernen Roman im Allgemeinen, aber doch für jene durchaus einflussreiche Variante, bei welcher der Ausdruck ‚modern' eine Radikalisierung des Mischungsverhältnisses bezeichnet, mit der etwa Friedrich Schlegel die (Nicht-)Gattung definiert: „Ja, ich kann mir einen Roman kaum anders denken als gemischt aus Erzählung, Gesang und anderen Formen."

Im Fall von *Mardi* befinden sich unter den „anderen Formen", ohne Anspruch auf Vollständigkeit, navigatorische und zoologische Exkurse, parodistische, allegorische, satirische Elemente, bibliographische Listen sowie – nicht zu vergessen – die Selbstreflexion des Romans.[454] Eine direkte Wirkung von Friedrich Schlegels romantheoretischen Überlegungen auf Melville lässt sich,

---

Titel seiner Studie nur fest, weil es sich eben um das von vielen amerikanischen Schriftstellern der ersten Hälfte des 19. Jahrhunderts verwendete Wort handle (vgl S. xii).

453 Vgl. Bell, *The Development of American Romance*, S. xii: „The avowed ‚romancer' admitted or proclaimed what the ‚novelist' strove to conceal or deny: that his fiction was a figment of imagination."

454 Der für das letzte Element einschlägige Referenztext F. Schlegels wäre das Athenäumsfragment 116; der zuvor zitierte Satz stammt aus: „Gespräch über die Poesie", S. 333.

trotz des zeitgenössischen Interesses an der *German Romance*[455] im englischsprachigen Raum, nicht nachweisen, zumal gerade Friedrich Schlegel zu den am wenigsten übersetzten Autoren aus dem Kreis der deutschen ‚Romantiker' zählte. Üblicherweise werden die Einflussketten von Deutschland über England in die USA eher mit vagen Vorstellungen von ‚Unendlichem', ‚Übersinnlichem' oder ‚Transzendentem' belegt, von denen vielleicht die Ideengeschichtler selbst verstehen, was an ihnen spezifisch ‚romantisch' zu nennen sei. Immerhin erscheint es nicht ganz abwegig, wenn Melvilles Freund Evert Duyckinck einen von dessen Romanen vorsichtig mit denen desjenigen Autors assoziiert, von dessen Verteidigung Schlegel (genau genommen: der Antonio seines „Gesprächs über die Poesie") ausgeht: „Something of a parallel may be found in Jean Paul's German tales."[456]

Ob von solchen Einflüssen abhängig oder nicht: Melvilles Selbstbeschreibung ist auch in ihren letzten beiden Teilen – „[...] till it becomes a story wild enough I assure you & with a meaning too" – griffig. Ab dem zweiten Viertel erscheint *Mardi*, untertrieben formuliert, „wild enough", also so durchgeknallt, dass die Beschreibungen kaum noch als im engeren Sinne fiktionale zu verstehen sind, sondern höchstens noch als Parodie, Allegorie und Satire ‚Sinn machen' („with a meaning too").

Aber Schritt für Schritt. Im 52. Kapitel ist endlich der Supplement-Titel des Romans *and a Voyage Thither* abgegolten, weil darin der Ich-Erzähler, die von ihm befreite und hinsichtlich ihrer Herkunft geheimnisvolle Yillah, der Hebride Yarl und der „Islander" Samoa (von der Brigantine) die Insel des Archipels erreichen, das dem Roman seinen Haupt-Titel verleiht. Hier nun kommt auch der Ich-Erzähler endlich zu seinem Titel. Tatsächlich handelt es sich eher um einen Titel als um einen Namen, und noch diesen nimmt er nicht aus eigenem Entschluss an, sondern lässt sich dazu von Samoa drängen: Er solle sich, rät ihm dieser, als Taji ausgeben, eine Art von Halbgott, für den schon so mancher erster weißhäutiger Besucher „among some barbarians" gehalten worden sei. Dass damit auf James Cook angespielt wird, machen die sich sofort anschließenden Bedenken des Ich-Erzählers deutlich: „yet this has not exempted the celestial visitants from peril [...]. The sad fate of an eminent navigator is a well-known

---

455   So der Titel einer von Carlyle herausgegebenen Sammlung, die Germanisten bekannt
       ist, weil Goethe sie rezensierte. Melville hat sie sich (leider erst im Sommer 1850) von
       Duyckinck ausgeliehen (vgl. Miller, „Melville and Transcendentalism", S. 189).
456   Zitiert nach: Miller, „Melville and Transcendentalism", S. 188. Leider bezieht sich dies
       nicht auf *Mardi* (wo ich die Parallele besser erkennen würde), sondern auf *Moby-Dick*,
       und leider hat sich Melville auch erst im Februar 1850 eine englische Übersetzung eines
       Jean Paul-Bandes von Duyckinck ausgeliehen (vgl. Miller, S. 189).

illustration of this unaccountable waywardness."[457] Gemeint ist wieder die Tötung Cooks während dessen dritter Reise auf Hawai'i, die Melville schon in *Omoo* mit schrägen Anekdoten umspielt hatte – wobei Cook jetzt jedoch *nicht* genannt wird. Ausgerechnet in dem einzigen der vier hier behandelten Texte Melvilles, in dem Cook (fast) nicht namentlich vorkommt, spielt er also eine umso entscheidendere Rolle, nämlich die eines Vorbildes, dem Der-sich-Taji-Nennende folgt. Der angenommene Name dieser Figur (die ab jetzt auch im Referat vereinfachend Taji genannt wird) ist vielleicht auf einen tahitischen König namens Tajo zurückzuführen;[458] er besitzt aber auch Ähnlichkeiten mit dem Cook selbst von den Polynesiern verliehenen Namen, der meist *Tootee* [*tuti* gesprochen] lautete, wie es ja auch Melville in *Omoo* festhält (vgl. oben, III.3) und womit *Taji* immerhin hinsichtlich seiner Zweisilbigkeit sowie im ersten und letzten Phonem identisch ist.

Diese *emulatio* Cooks trägt deutlich parodistische Züge, schon weil von den damit verbundenen Gefahren bald kaum noch die Rede ist. Vielmehr führt Taji im Folgenden eine Art fiktionale Ethnographie durch, in deren Verlauf er den ganzen Archipel Mardi bereist. Diese Reise motiviert der Text zwar auch in seiner Gestalt als *romance*, indem er bald nach der Ankunft auf der zuerst angetroffenen Insel Odo die Geliebte ebenso plötzlich wie spurlos verschwinden lässt (vgl. Ma lx). Damit *könnte* jetzt eine veritable *quest* beginnen, also eine ebenso zielgerichtete wie permanent von ihrem Ziel durch Hindernisse blockierte Suche. Doch erweist sich diese Motivation sehr bald als bloßer Vorwand für eine *sightseeing tour*, in deren Verlauf Taji die angeblich so unsterblich geliebte Yillah bald vergisst.

Mehr noch: Auch die damit begonnene fiktionale Ethnographie resultiert nur vordergründig in der Erfindung einer ,Neuen Welt'. Zwar wird Mardi scheinbar als ,Welt' im emphatischen Sinne eines *„in sich geschlossene[n] bezirk[s]"* entworfen, *„der in seiner eigenständigkeit und eigengesetzlichkeit gleichsam ein*

---

457 Beide Zitate: Ma liii. 826; letzteres wird wiederaufgenommen in Ma lvii. 836. Cooks ,Apotheose' und Tod auf Hawai'i sind Gegenstand einer ebenso berühmten wie hitzigen Debatte zwischen Marshall Sahlins, der beides (in *Islands of History*) detailliert rekonstruierte und Gananath Obeyesekere, der dieses Unterfangen (in *The Apotheosis of Captain Cook*) als europäische Mythenproduktionen zu entlarven beanspruchte – worauf Sahlins seinerseits in Buchlänge antwortete (*How ,Natives' Think*) und was wiederum Obeyesekere so wenig in Ruhe ließ, dass er noch in *Cannibal Talk* darauf zurückkommt. Dort diskutiert er (S. 20–23) eben die hier referierten Passagen aus *Mardi*, um nahezulegen, dass Melville mit seiner parodistischen Reprise dieser Interpretation auch diese selbst in Frage gestellt habe (was ich für eine gewitzte, aber doch etwas unwahrscheinliche zusätzliche Schraubendrehung halte).

458 Vgl. die Anmerkung in der deutschen Übersetzung von *Mardi*, S. 1039.

all im kleinen darstellt":[459] „World ho!" (in überbietender Anspielung auf ‚Land ho!', ‚Land in Sicht') lautet schon der Titel des Kapitels, in dem der Archipel erstmals gesichtet wird (lii); wenig später ist von einer „little round world by itself" (Ma lxiii. 852) die Rede, mehrfach von einer „new world" (Ma cxlvi. 1128; clxix. 1213). Diese Welt als solche ist sogar kartierbar – was umso mehr auffällt, als der Erzähler ja betont, dass er sie nur habe erreichen können, weil er *ohne* Karte gereist sei („chartless voyaged"; Ma clxix. 1213): Eine „rude map" des ganzen Archipels wird bereits zu Beginn seiner Erkundung von Media, dem Herrscher Odos, skizziert (Ma lxv. 860), und später begegnet Taji einem Bewohner, der sich eine solche Karte auf den Bauch tätowieren hat lassen (vgl. Ma cxlvii. 1132). Fast bedürfte es nicht der weiteren Fährte, dass gar eine Insel des Archipels den Namen Tupia trägt (vgl. Ma xciii. 940), um dies alles als Rekonfiguration der Schriftpraktiken zu verstehen, von denen hier im Rahmen von Cooks Reisen berichtet wurde (II. 5). Allerdings beherrschen die Polynesier aus Mardi all diese Praktiken längst, unabhängig von Kontakten mit Europäern: Tajis Reisegesellschaft besteht, außer aus Media, aus dem Historiker Mohi, dem Philosophen Babbalanja sowie dem Dichter Yoomy (vgl. Ma lxv zur Einführung dieser Figuren); der Philologe Oh-Oh herrscht über ein gigantisches Archiv von Manuskripten, dessen Beschreibung zu mehr als der Hälfte aus der bloßen Nennung von Titeln besteht (vgl. Ma cxxiii).

Eine andere Aussage über Karten ist deshalb doppeldeutig: „[T]o the people of the Archipelago the map of Mardi was the map of the world." (Ma lvii. 838) Einerseits ist damit natürlich gemeint, dass die Bewohner des Archipels, von wenigen nahegelegenen weiteren Inseln abgesehen, nur eben diesen kennen, er für sie also die ‚ganze Welt' ausmache. Für eine Erzähler- oder vielleicht sogar Autoren-Instanz ‚ist' jedoch andererseits die Karte von Mardi diejenige der (‚restlichen') Welt, insofern im Roman jene für diese *einsteht*. Deshalb ist diese Welt eben doch kaum ‚eigenständig und eigengesetzlich'; ebenso wenig ist sie sonderlich pazifisch. Ließe sich immerhin hypothetisch eine ethnographische Textschicht, noch in der fiktionalen Variante dessen, was in *Typee* im Modus des faktualen Textes durchgeführt wird, prinzipiell mit Abenteuern vereinbaren, insofern sie deren Aktionsfelder absteckte,[460] so liegt in *Mardi* kaum noch ein ernstgemeinter ethnographischer Impetus vor. Zwar hat sich Melville auch für sein drittes Buch aus denjenigen Quellen bedient, welche er schon zur Absicherung und Auffüllung seiner ersten beiden benutzt hatte; „but

---

459 Erben, „Welt", Bedeutung VIII.

460 Dies ist ja das Modell von vielen Büchern, z. B. Jugendbüchern, die nordamerikanische Ureinwohner ‚richtiger' zu beschreiben beanspruchen als sie bei Karl May beschrieben werden, und gleichwohl ‚spannend' sein wollen.

in the main he selected the most bizarre materials he could lay his hands on [...
so] that the major part of this book has only the most superficial connection
with the islands of the Pacific."[461]

Mit einem Wortspiel, das Melville zwar nicht anstellt, das jedoch in beiden
Signifikanten-Elementen im Roman vorliegt: Die (geographischen) Tropen
gerinnen zunehmend zu (rhetorischen) Tropen.[462] Und diese Tropen sind
eher Allegorien als Synekdochen. Zwar könnte eine fiktional konstruierte
Welt noch als groß angelegtes *pars pro toto* verstanden werden, wenn sie zum
einen, wie der Ausdruck ja bereits voraussetzt, Teil des damit darzustellenden
Ganzen wäre und wenn zum anderen noch eine Bemühung um eine in sich
konsistente, in sich plausible Konstruktion des tropologischen Vehikels (in
diesem Fall: Mardi) erkennbar wäre. Keines von beiden jedoch ist im weiteren
Verlauf von *Mardi* noch gegeben: Die ‚Neue Welt' von Mardi steht nicht für die
ganze, sondern soll „the world of mind" sein (Ma clxix. 1214) und gerade damit
auf die ‚Alte' verweisen, also ihre Komplementärmenge. Und ihre Elemente
werden zunehmend nicht aus einer *„eigengesetzlichkeit"* heraus, nicht im
Interesse an einer, wie immer auch fiktiven, so doch für sich stehenden
Assemblage von Räumen und Figuren, sondern im Schielen auf eine andere
Bedeutung erfunden und zusammengestellt.

‚Allegorisch' ist dieses Verfahren auch nach einer zur Dichotomie
zugerüsteten Terminologie des 19., ja teilweise noch des 20. Jahrhunderts, die
vor allem von Goethe geprägt worden war; im englischsprachigen Raum war sie
in der Fassung Coleridges verbreitet, welche in Details von derjenigen Goethes
abweicht, ihr in den Grundzügen sowie vor allem auch hinsichtlich der damit
einhergehenden ästhetischen Wertung jedoch äquivalent ist. Bei Coleridge und
Goethe wird das Gegenteil der Allegorie – und anders als in der rhetorischen
Reflexion auf diese Trope gibt es hier genau *ein* Gegenteil – mit einem *nicht*
der rhetorischen Tradition entlehnten Wort, *Symbol* genannt, wobei Allegorie
„als der finstere Fond abgestimmt war, gegen den die Welt des Symbols hell
sich abheben sollte."[463] Schwerlich ist *Mardi* nach *diesen* Kriterien ins Helle zu

---

461   Anderson, *Melville in the South Seas*, S. 343.
462   Die geographische Bezeichnung *Tropics* wird naheliegenderweise mehrfach verwendet
      (erstmals Ma i. 667); auf den einmaligen Einsatz des rhetorischen Begriff *tropes* ist gleich
      zurückzukommen. – Das im Deutschen natürlich noch besser funktionierende Wortspiel
      hat Robert Müller in seinem Roman *Tropen* ausgeschlachtet (vgl. dort insb. S. 303).
463   Benjamin, *Ursprung des deutschen Trauerspiels*, S. 337. Zu Coleridges Theorie des Symbols
      und dessen struktureller Äquivalenz zur Synekdoche vgl. de Man, „The Rhetoric of
      Temporality", S. 191 f. Melville kannte mindestens Coleridges *Biographia Litteraria*, die er
      sich am 8.2.1848 gekauft hatte (vgl. Davis, *Melville's ‚Mardi'*, S. 62, Anm. 6) und wo die, in
      The Stateman's Manual ausgeführte, Theorie immerhin ansatzweise nachzulesen ist. Zu

bringen. Michael Davitt Bell versucht zwar, einen ,symbolisch' verfahrenden
Melville gegen einen ,allegorisch' verfahrenden Hawthorne abzusetzen und
dabei noch *Mardi* unter dem Kapiteltitel „Symbolism and Romance" abzu-
handeln, verwendet aber häufiger, und weit plausibler, den (nach Maßgabe
dieser Dichotomie) ,gegenteiligen' Begriff für eben dieses Buch.[464]

Mardi rutscht also bald nach der Ankunft des Protagonisten auf dem titel-
gebenden Archipel in die Tradition von *Gulliver's Travels* oder *Hildebrandt
Bowman*, wobei Melville teilweise noch direkter auf konkrete historische
Details anspielt, deren einige sogar erlauben, den *terminus post quem* seines
eigenen Schreibens monatsgenau zu datieren. (So kann etwa das Entstehungs-
jahr 1848 durchaus mit dem Datum eines allgemein bekannten Ereignisses in
Europa assoziiert werden: mit der „terrific Eruption" auf der Insel Franko; vgl.
cliii.[465]) Getreu der Swift'schen Tradition besitzt die allegorische Darstellung
einen satirischen Akzent, etwa in der Beschreibung Vivenzas, der Allegorie der
USA (vgl. u. a. Ma cxlvi und xlviii).

Gelegentlich schlägt die Satire in die Groteske um, was sich – wie vielleicht
das ganze Modell einer Verbindung von *quest* und *sight-seeing tour* – auf
Melvilles Rabelais-Lektüre zurückführen lässt.[466] Zum einen betrifft dies Dargestelltes wie Saufgelage (vgl. Ma lxxxiv) oder groteske Körper (etwa in der
auf H. G. Wells' *Island of Doctor Moreau* vorausverweisenden Binnenerzählung
von dem Mann, dem ein Schweinehirn implantiert wurde; vgl. Ma xcviii. 959);
eine der wenigen noch ausdrücklich als *adventure* bezeichneten (Binnen-)
Erzählungen handelt von einem Mann, der im Reich der Schatten seinen Kopf
abnimmt, weil er dies für eine höfliche Begrüßungsgeste hält, ihn danach
aber nicht wieder aufsetzen kann (vgl. Ma lxxxi. 907 f). Zum anderen betrifft

---

            einem weiteren Indiz für Melvilles Kenntnis der Allegorie/Symbol-Dichotomie vgl. unten,
            III. 5 c.

464   Bell, *The Development of American Romance*, S. 143–45 vs. S. 204, 206 u. ö. Bells Versuch ist
            weniger naiv, als es in dieser kurzen Zusammenfassung klingt, insofern er einen scharfen
            Blick auf die Implikationen des Gegensatzpaars richtet, obwohl er de Mans einschlägigen
            Aufsatz ebenso wenig ausweist wie Benjamins *Ursprung des deutschen Trauerspiels*. Wie
            letzterer (vgl. S. 336), so thematisiert auch Bell die theologischen Residuen des Begriffs-
            paars (vgl. S. 150).

465   Davis, *Melville's ,Mardi'*, baut daher die Erläuterungen dieses und ähnlicher Kapitel bereits
            in die Passagen ein, in denen er die genaue Entstehungszeit des Romans rekonstruiert
            (vgl. S. 81 ff).

466   Vgl. Davis, *Melville's ,Mardi'*, zu Melvilles Ausleihe von Rabelais aus der Bibliothek
            Duyckinck zu Beginn des Jahres 1848 (S. 64), zu Rabelais als mögliche Quelle für den
            ganzen Aufriss des Buches ab der Ankunft in Mardi (S. 76); letzteres auch schon bei
            Anderson, *Melville in the South Seas*, S. 344, dort auch der Verweis auf die ebenfalls von
            Rabelais inspirierten „certain new stylistic devices".

dies – was den Roman je nach Vorliebe des Lesers entweder noch nerviger oder dann doch in einer Schicht vergnüglich macht – groteske Sprachkörper auf der Ebene der Darstellung. Ein typisches Beispiel dafür bietet die Beschreibung einer Insel der Fossilien, bei der die Stadien der Ablagerung, unter exuberanter Verwendung geo- und zoologischen Vokabulars, als Geschichte der Herstellung von Sandwiches erzählt werden (vgl. Ma cxxxii) – womit nebenbei John Montagu, der vierte Graf von Sandwich, für die sich auch in Melvilles einschlägigen Texten abzeichnende Aberkennung ‚seiner‘ Inseln mit dem noch heute nach ihm benannten Imbiss entschädigt wird.[467] Um wenigstens mit einem Beispiel Rainer G. Schmidts kongeniale Übersetzung zu würdigen:

> Als nächstes das Kreide- oder Korallensandwich: trotz des Namens keine trockene Kost, sondern aus reichhaltigen Beigerichten bestehend: Eozän, Miozän und Pliozän. Ersteres bot Wildbret für das Leckermaul: Zwerglerchen, Brachvögel, Wachteln und Kleine Säger, mit ein bißchen Pilaw gereicht; dann: Kapaune, Hühnchen, Regenpfeifer, garniert mit Sturmvogeleiern. Sehr köstlich, edler Herr. Das zweite Beigericht, Miozän, tanzte aus der Reihe – Fleisch nach Geflügel: Meeressäuger, Seehunde, Tümmler und Wale, mit Tang auf den Flanken serviert; Herz und Nieren höllisch scharf, Flossen und Paddel als Frikassee. Alles sehr hübsch, edler Herr. Das dritte Beigericht, das Pliozän, tischte am tollsten auf: am Stück gegrillte Elefanten, Nashörner und Flußpferde, gefüllt mit gesottenen Straussen, Kondoren, Kasuaren, Putern. Auch Mastodonten und Megatherien vom Rost, mit Tannen im Maul angerichtet, die Schwänze aufgebockt. (Ma cxxxii. dt. 645 f, engl. 1074)

Gegen Ende kippt die *romance* in wiederum andere textuelle Register: in eine wirre Überhöhung ins Geisterhafte zunächst,[468] in eine aus Mardi zurück in den offenen Pazifik führende Verfolgungsjagd ganz zum Schluss. Diese werden jedoch nur noch genannt, nicht mehr ausfabuliert, so dass kein abenteuerliches Erzählschema mehr entstehen kann. Deshalb seien hier abschließend jene Elemente bilanziert, mit denen der Roman, vor der Folie von Ricardous Begriffspaar, vom ‚Schreiben eines Abenteuers‘ in das ‚Abenteuer eines Schreibens‘ umschlägt und dabei dieses letztere thematisiert. Mehrfach

---

467 In *Typee* heißen die heute als Hawai'i bekannten Inseln noch durchgängig Sandwich Islands, in *Omoo* noch überwiegend ebenso, aber dort wird *Hawaii* schon ausdrücklich als „native name to the well-known cluster named by Cook in honour of Lord Sandwich" eingeführt (O liv. 537); in *Mardi* schließlich kommen *Hawaiian[s]* viermal (als Inseln oder Bewohner) vor – während sich unter den zehn Belegen für S/*sandwich* nur noch einer auf die Inseln bezieht.

468 Im Gegensatz zu mir sieht sich R. G. Schmidt in der Lage, den *plot* sogar noch dieser Passagen nachzuerzählen (vgl. „Atoll-Tollheiten", S. 1063–65).

nämlich bezieht *Mardi* sich einerseits auf sich selbst zurück, andererseits auf die Textsorte der Reisebeschreibung, von der sich der Roman verabschiedet.

Ein offensichtliches *mise-en-abyme* seiner selbst und seiner antizierbaren Rezeption bietet der Roman mit dem mardischen Nationalepos *Koztanza* an, das die gelehrte Reisegesellschaft kontrovers diskutiert, wobei immerhin weitgehende Einigkeit darüber besteht, es sei „incoherent", „lacks cohesion; it is wild, unconnected, all episode." Worauf sich folgende Diskussion zwischen dem Philosophen Babbalanja und zwei Herrschern von mardischen Teilkönigreichen entspinnt:

> BABBALANJA. – And so is Mardi itself; – nothing but episodes; valleys and hills; rivers, digressing from plains; vines, roving all over; boulders and diamonds; flowers and thistles; forests and thickets; and, here and there, fens and moors. And so, the world in the Koztanza.
> ABRAZZA. – Ay, plenty of dead-desert chapters there; horrible sands to wade through.
> MEDIA. – Now, Babbalanja, away with your tropes; (alle Zitate: Ma clxxx. 1258)

Selbstverständlich ließe sich der erste Satz von Babbalanjas Entgegnung, in der dafür heute üblichen Schriftformatierung, „And so [unconnected] is *Mardi* itself" schreiben, und selbstverständlich folgt dieses Buch der Aufforderung „away with your tropes" nicht, sondern verdoppelt gar die Verweisstruktur: Nicht nur entspricht ja die distlige und dickichte mimetische Darstellung den dargestellten Disteln und Dickichte auf Mardi, sondern diese sollen ihrerseits allegorisch ‚der' distligen und dickichten Welt außerhalb Mardis entsprechen.

Überdies unterlässt es Melville nicht, seine Querelen mit Murray und seinen Rezensenten über die ihm abgesprochene Faktizität der ersten beiden Reiseberichte, auf die er schon im Vorwort von *Mardi* Bezug nimmt, im Haupttext fortzuspinnen. Die dabei verwendeten Strategien sind ihrerseits inkohärent. Einerseits behauptet Melvilles Erzähler einigermaßen unvermittelt, dass sehr viel weniger Reiseschriftsteller lügten, als gemeinhin angenommen werde; sogar der vielgescholtene Mandeville – man nehme aus diesem Namen *and* heraus und füge nach dem ersten *e* ein *l* ein – sei gar nicht selbst schuld an den Monströsitäten in seinem Bericht, die vielmehr „his villainous transcriber" erst dort eingefügt habe (Ma xcviii. 959).[469] Andererseits berichtet ein Kapitel von einem Herrscher, der sich ganze fünfzig Berichte von einer einzigen Insel habe anfertigen lassen, „none of which wholly agreed" (Ma lxxxii. 910) – und dies, ohne dass sich ein ganz richtiger oder ein ganz falscher ausmachen ließe (vgl. 911). Beide gegenstrebigen Gesten lassen sich wohl in der These vermitteln,

---

469   Vgl. R. G. Schmidt, „Atoll-Tollheiten", S. 1068.

dass alle Reiseberichte Verzählungen sind, selbst wenn sie keine gezielten Verfälschungen vornehmen.

Wenngleich schließlich auf James Cook zwar in dem Roman mindestens zweimal angespielt, sein Name aber nicht direkt genannt wird, taucht doch auch dieser letztere in einem offensichtlichen Wortspiel auf. Die lange Liste von „ancient and curious manuscripts", die sich im Archiv des Philologen Oh-Oh befinden (Ma cxxiii. 1039), enthält nämlich mehrere Unterkategorien, darunter „long and tedious romances with short and easy titles" und, unmittelbar darauf folgend, „books of voyages". Für beide dieser Kategorien werden je drei Beispiele angeführt, unter den Reiseberichten als erstes: „A Sojourn among the Anthropophagi, by One whose Hand was eaten off at Tiffin among the Savages." Wenngleich dies noch nicht unbedingt auf die mit T. H. tätowierte Hand aus dem Queen Charlotte's Sound anspielen muss, so häufen sich doch die kotextuellen Indizien. Denn das letzte Buch innerhalb der Gruppe der „long and tedious romances", das dementsprechend unmittelbar *über* der folgenden Kategorie „books of voyages" steht, trägt den Titel: „The King and the Cook, or the Cook and the King." (Ma cxxiii. 1041) Wäre die Nennung eines Koches im Englischen allein vielleicht noch kein ausreichendes Indiz für ein Wortspiel mit dem Eigennamen Cook, so ergibt sich dieses doch ziemlich unabweisbar in der Verbindung mit dem vorgeblichen König: James King war Kapitän der *Resolution* nach Cooks Tod auf dessen dritter Reise und wurde dementsprechend auch als Mitautor des Berichts von dieser Reise genannt. Dieser Bericht also wird in Melvilles langer und zäher *romance* zu den langen und zähen *romances* gerechnet.

5. *Moby-Dick* – ein Abenteuerroman?

a)   „*a romance of adventure*" und *quest* (konkretisierte Fragestellung, Forschungslage, Verfahren)

Die großen kapitalistischen Unternehmungen des 19. Jahrhunderts, welche die Ozeane durchquerten, wurden einigermaßen formelhaft mit dem Wortfeld um *adventure* bezeichnet, wobei die ökonomische Bedeutung und die evidentermaßen überdurchschnittlichen Gefahren bei der Hochseeschiffahrt zusammentraten. Cooper nennt die Robbenkeuler in seinem Roman *The Lost Sealers* durchgängig *adventurers*; in der bereits zitierten Instruktion für Wilkes' *Exploring Expedition* ist von „whale-fisheries, and other adventures in the great Southern Ocean"[470] die Rede; vom interpazifischen Fellhandel heißt

---

470   Wilkes, *Narrative*, Bd. I, S. xxv.

es in einer *Astoria* betitelten Eloge, die sich der Begründer der *American Fur Company* von dem seinerzeit sehr angesehenen Washington Irving schreiben ließ, er sei „as wandering and adventurous a commerce on the water as did the traders and trappers on land."[471]

Im Detail sind zweifellos Unterschiede auszumachen: Handelsschiffe verkehren typischerweise zwischen vorab definierten Orten, so dass ‚Abenteuer' hier nur im Modus von unerwünschten Hindernissen emergieren können; Robbenkeulschiffe gehen ihren Aufgaben ebenfalls erst am Zielort nach, der typischerweise in besonders gefährlichen Breitengraden liegt – wo dann das Abkeulen von am Strand dösenden Robben selbst jedoch kaum Gefahren birgt; Walschiffe hingegen durchkreuzen die Meere auf der Suche nach beweglichen Objekten – die auf kleinen Booten mit Harpunen zu jagen ziemlich gefährlich ist. Unter den beiden zu Beginn dieses Teils (vgl. oben, III. 1) zitierten Cook-Überbietungen handelt diejenige Melvilles nicht umsonst von weit entfernten und wenig bekannten Erdregionen im Allgemeinen, wohingegen Cooper sich auf *eine* gerichtete Grenzüberschreitung in einem spezifischen Terrain konzentriert, eben in der Antarktis. Diese Grenzüberschreitung *könnte* mit einer einzigen Koordinate (des Breitengrads) angegeben werden, wenn Cooper sich nicht den Spaß machen würde, die angeblich von seinen Figuren permanent genannten und auf ihren Karten eingetragenen Längen- und Breitengrade aus vorgeblichen Gründen notwendiger Geheimhaltung zu unterdrücken.[472]

Die Zuschreibung „[they are] adventurously pushing their quest along solitary latitudes" (MD xli. 196) gälte daher für die *sealers* noch mehr als für die *whalers* – sie wird jedoch von Melville, als er mit dem Roman *Moby Dick; or, the Whale* 1851 endlich das in *Omoo* nur anskizzierte, in *Mardi* kurz angerissene, dann aber abgebrochene und in *The White-Jacket* übersprungene Thema gestaltet, auf „whale-cruisers" gemünzt. Es ist dies zugleich der einzige adverbiale unter nur 16 Belegen für *adventur** in dem Roman (darunter deren elf für das Substantiv – fünfmal im Singular, sechsmal im Plural – sowie fünf für das Adjektiv); noch an einer weiteren Stelle wird jedoch das Adjektiv mit dem Walfänger nahezu wie ein Epitheton gekoppelt („adventurous whaleman"; xii. 71).

---

471   Zitiert nach Eperjesi, *The Imperialist Imaginary*, S. 32 (dort, S. 31–33, a. weitere Informationen über Astor und *Astoria*).

472   Ein Einfluss auf Robert Louis Stevensons *Treasure Island* wäre selbst dann nicht zu übersehen, wenn *The Sea Lions* neben der Robbenjagd nicht auch noch eine Schatzsuche einbauten.

Nicht nur wird hier die Abenteuerlichkeit des Stoffes nachgerade formelhaft abgerufen. Schon während der Entstehung des Romans hatte Melville (im Sommer 1850) erneut einem englischen Verleger – jetzt Richard Bentley, der Murray nach dessen Ablehnung von *Mardi* abgelöst hatte – „a romance of adventure" versprochen und damit, wie aus der weiteren Beschreibung hervorgeht („founded upon certain wild legends in the Southern Sperm Whale Fisheries, and illustrated by the author's own personal experience, of two years & more, as a harponeer"), eindeutig *Moby-Dick* gemeint.[473] Wenngleich dieser Selbstaussage kein großes Gewicht beizulegen ist, fällt doch auf, wie selten sie von der einschlägigen Forschung zitiert wird, die sich sonst auf Proklamationen von Autoren routinemäßig stützt. In den gigantischen Regalen der *Moby-Dick*-Forschung gibt es keine einzige Untersuchung, welche mit einiger Arbeit am Begriff die Frage stellte, ob der Roman als Abenteuerroman zu bezeichnen ist.[474]

Der Grund für diese erstaunliche Fehlanzeige dürfte in der Rezeptionsgeschichte des Romans liegen.[475] Als Herman Melville 1891 starb, war er fast nur noch als Autor seiner ersten beiden Reiseberichte bekannt, die ihn als ‚Abenteurer' im vagen Sinne eines Reisenden in exotischen Regionen zu charakterisieren schienen. Als der zu Melvilles Lebzeiten auf dem Buchmarkt wenig erfolgreiche *Moby-Dick* in den 1920er Jahren wiederentdeckt wurde, geschah dies hingegen im Kontext des *modernism*, also der ‚Klassischen Moderne' (T. S. Eliot, James Joyce, Virginia Woolf), die nicht zuletzt vor der Kontrastfolie einer inzwischen auch im englischsprachigen Raum als trivial empfundenen Abenteuerliteratur (Rudyard Kipling, Jack London, Robert Luis Stevenson) abgehoben wurde.[476] Als retrospektiv zum Wegbereiter des

---

473 Melville, *Correspondence*, S. 163 (Brief an Richard Bentley, 27.6.1850).

474 Die größte Enttäuschung bereitet eine Studie, welche größte Einschlägigkeit verspricht: Terzo verwendet den Ausdruck *Retorica dell'avventura* im Titel sowie noch einmal im Titel des zweiten Teils seiner Studie; das gelegentlich unspezifisch verwendete Wort (z. B. S. 28 für Ishaels ganzes Unternehmen) wird jedoch im ganzen Buch nicht begrifflich diskutiert; die wenigen brauchbaren Anregungen werden im Folgenden an Ort und Stelle ausgewiesen.

475 Ich danke Klaus Benesch für diese Hypothese.

476 Dies ist der Ausgangsbefund des von Tobias Döring geleiteten Forschungsprojekts zu *Transformationen viktorianischer Abenteuerliteratur* (verfügbar unter: https://www. abenteuer.fak13.uni-muenchen.de/forschung/tp_foerderphase1/projekt-doering/index. html), welches es unternimmt, eben diese Dichotomie in Frage zu stellen, die etwa Jameson, „Modernism and Imperialism", in einer postkolonial interessierten Perspektive weiterentwickelt. (Joseph Conrad wäre dabei, wie Jameson *en passant* einräumt, derjenige, der die Dichotomie am deutlichsten in Frage stellt). – Der deutsche, natürlich erst aus der Retrospektive gebildete Ausdruck ‚Klassische Moderne' wird hier nur verwendet,

modernism avant la lettre erklärter Roman durfte *Moby-Dick* dementsprechend mit ‚Abenteuern' wenig zu tun haben. Noch 1991 hat Martin Green in keiner einzigen der sieben von ihm unterschiedenen Abenteuer-Klassen Platz für *Moby-Dick*, sondern unterstellt, Melville habe den „split between adventure and literature-or-art" gefühlt und das Erzählschema des Abenteuers allenfalls als Maskerade verwendet.[477]

Gänzlich ignoriert wurde die Frage nach der Abenteuerlichkeit des Romans freilich nicht. Mitthematisiert, wenngleich meist eher implizit, wird sie vor allem aufgrund ihrer assoziativen Nähe zu zwei häufig diskutierten Themen: dem Verhältnis des Romans zur Tradition der *quest* – also der hindernisreichen Suche nach etwas, was nur schwer und nur von sehr wenigen Auserwählten erreichbar ist und das man sich zum Beispiel als Heiligen Gral vorstellen kann –, sowie der schon angesprochenen Gattungsfrage unter dem Stichwort *romance*. Lässt sich das Abenteuer unter dem ersten Aspekt, wenngleich nur heuristisch, als Ereignistyp behandeln, so kommt es unter dem zweiten Aspekt eindeutig als Erzählschema ins Spiel.

Wurden mehrere Romane Melvilles bereits häufig auf die Folie der *quest* bezogen,[478] so diskutiert doch erst Dieter Schulz die zugleich integrale *und* potentiell gegenstrebige Funktion von Abenteuern in diesem Modell. Integral ist diese Funktion, weil das vollständige Schema der *quest* zwischen Aufbruch und Rückkehr des Helden „in der mittleren Phase [...] eine Reihe von Abenteuern" vorsieht, „in denen seine physische und moralische Stärke auf die Probe gestellt wird."[479] Zugleich gegenstrebig jedoch ist die Rolle von Abenteuern, insofern diese durch eben ihre Funktionalisierung als zu überwindendes Hindernis um die Autoteleologie gebracht werden, welche in der Maximaldefinition des Abenteuers formuliert ist, es müsse ‚um seiner selbst willen' aufgesucht werden.

Schulz zufolge lässt sich der Grenzwert des Selbstzwecks an einem Roman veranschaulichen, den Melville unzweifelhaft kannte, auf den hier schon gelegentlich Seitenblicke geworfen wurden, und der sich einer ausführlichen Diskussion im gegebenen Rahmen nur deshalb entzieht, weil er dummerweise im Atlantik spielt: Edgar Allan Poes Roman *The Narrative of Arthur Gordon*

---

um den Allerweltssignifikanten *Moderne* zu präzisieren, was im Englischen durch die Endung *-ism* (im Unterschied zu *-ity*) halbwegs gegeben ist.

477 M. Green, *Seven Types of Adventure Tale*, S. 114; vgl. S. 115: „his calling to write symbolic and poetic narratives under cover of sea adventures, as he did in *Mardi* and *Moby Dick*."

478 Vgl. die Hinweise bei Schulz, *Suche und Abenteuer*, S. 317 f, Anm. 9.

479 Schulz, *Suche und Abenteuer* (eine konzentriert argumentierte, sich auf eine beeindruckend umfassende Kenntnis der englischsprachigen Literatur zwischen 1786 und 1852 stützende Studie), S. 8.

Pym of Nantucket, der bereits in seinem ‚barocken' Untertitel „incredible adventures and discoveries" verspricht. Gerade weil dieser Roman „in einem wichtigen Punkt, dem der Zielorientierung, den Kriterien der Quest nicht genügt",[480] können in ihm potentiell beliebig viele Abenteuer aufeinander folgen: ein präludierender Schiffbruch als Initiationserlebnis, Pym als fast verdurstender blinder Passagier, endloses Treiben in Stürmen auf einem Wrack mit Kannibalismus unter der Besatzung, dann wieder eine gezielte Fahrt zum Südpol, gefährliche Begegnungen mit sinistren Antarktis-Bewohnern ... Die Formel „Abenteuer und kein Ende", die für einen Späthegelianer wie Lukács nur als ‚schlechte Unendlichkeit' pejorativ bewertet werden kann, beschreibt für den autoteleologischen Abenteuer-Maximalisten das Paradies.[481]

Der geographische Pedant wendet dagegen ein, dass Pym am Ende des Romans durchaus an ein Ende kommt, an dem es kaum noch weitergehen kann, insofern er nach dem „eighty-fourth parallel of southern latitude" zwar „still farther south"[482] vorgedrungen ist, mehr als sechs Grad aber selbst unter Verwendung von Poes sonstigen phantastischen Lizenzen beim besten Willen nicht mehr bleiben (und die von Breitengraden umzirkelten Regionen gegen Annäherung an den Pol natürlich immer kleiner werden). Und dieser Hinweis auf geographische Bedingungen lässt sich in seiner ganzen Banalität auf eine griffige These von Schulz selbst zum Status der *quest* im US-amerikanischen 19. Jahrhundert stützen: Hatte sich in der englischen Romantik, mit dem Titel eines Aufsatzes von Harold Bloom, „The Internalization of Quest-Romance" vollzogen, so konnte diese Internalisierung in Nordamerika aufgehalten werden, weil schlicht noch genügend Platz da war – auf dem Land bis zur ‚Schließung' der *frontier,* auf der See noch länger.[483] Charles Olsons berühmte

---

480 Schulz, *Suche und Abenteuer,* S. 22.

481 Schulz, *Suche und Abenteuer,* S. 233 zu der von Hellmuth Petriconi übernommenen Formel; vgl. a. S. 229 zu einem einschlägigen Abenteuer-despektierlichen Zitat aus Lukács' *Theorie des Romans.* – Möglicherweise referiere ich Schulz in einer etwas zugespitzten Version, die von Gesprächen mit Martin von Koppenfels beeinflusst ist.

482 Beide Zitate wiederum schon aus dem langen Untertitel.

483 Vgl. Schulz, *Suche und Abenteuer,* S. 17. Bloom selbst vollzieht diesen Schritt an anderer Stelle, unter Anspielung auf das oben gleich folgende Olson-Zitat: „Emerson did not need to transcend *space,* which for him as for Whitman, Melville and Charles Olson was the central fact about America." (*Agon,* S. 167) – Schulz nimmt ausgerechnet Poe von seiner eigenen These aus, weil dieser an der *frontier*-Thematik auffallend uninteressiert gewesen sei (vgl. S. 217 f) und sich sehr viel mehr für die nur metaphorisch zu verstehenden ‚Grenzen des Menschen' interessiert habe (vgl. S. 232 u.ö.). Eine solche ‚englische' Internalisierung der *quest* jedoch ließe sich wiederum schlecht mit der Autoteleologie des Abenteuers vereinbaren. Warum also nicht die Antarktis buchstäblicher als, freilich ins Meer verlagerte *frontier* verstehen? (Zu diesem Konzept und zugleich ihrem Ende vgl. Turner, „The Significance of the Frontier").

Devise „I take SPACE to be the central fact to man born in America"[484] ließe sich auch als anti-psychologische lesen: Amerikanische Menschen (vermutlich denkt Olson nur an Männer) müssen sich nicht ständig mit sich selbst beschäftigen, weil sie einfach mal drauflosfahren oder -segeln können. Ziemlich genau dies sagt ja, um so viel vorwegzunehmen, Ishmael ganz zu Beginn von *Moby-Dick*.

Blooms Kompositum *Quest-Romance* erinnert daran, dass die Isolation eines Ereignistyps *quest* aus dem Erzählschema *romance* nur in heuristischer Absicht gerechtfertigt ist, weil das erstere nachgerade konstitutiv an das letztere gekoppelt ist. Der Widerstand gegen die Psychologisierung von Bewegungen im Raum wäre dann (bei aller, oben, III. 4 b, schon begründeten, Skepsis gegenüber der These des US-amerikanischen *romance*-Sonderwegs) in der literarischen Produktion der USA im 19. Jahrhundert stärker ausgeprägt als in derjenigen Europas. Vorsichtiger formuliert: Nicht-internalisierte Abenteuer werden in den USA erst später als in Europa, vielleicht erst um die Wende zum 20. Jahrhundert, als Kennzeichen trivialer Literatur gewertet. Trotz der tendenziellen Gegenstrebigkeit von *quest* und *adventure* bliebe dann auch die Kopplung von *romance* und *adventure* bestehen, mit der Melville in kurzen Abständen gleich zwei seiner Romane anpreist.[485]

„The secret of *Moby-Dick* – or rather the innermost secret behind the myriad lesser secrets – is that it pushes the Romance to extremities which exhaust the form."[486] Perry Millers These klingt dialektisch, bleibt jedoch aufgrund ihrer mangelnden Ausführung sibyllinisch. Auf Anhieb leichter nachzuvollziehen ist die Beschreibung, wonach der Roman die Elemente der *quest* multipliziert, zumal indem er sie verschiedenen Figuren zuteilt.[487]

In die Versuchsanordnung der vorliegenden Studie übersetzt bedeutet dies, dass mehrere Figuren als identifizierbare Akteure in Frage kommen, die von Element (1) der Minimaldefinition für Abenteuer gefordert werden.

---

484 Olson, *Call me Ishmael*, S. 11.

485 Vgl. oben, III. 4 b, zu den einschlägigen Formulierungen Perry Millers oder Terzo, *Retorica dell'avventura*, der die *romance* als Gattung bestimmt, die „predilige una trama avventurosamente aperta" (S. 14).

486 Miller, „The Romance and the Novel", S. 246. Von eben dieser Bestimmung nimmt Schulz, *Suche und Abenteuer*, seinen „Ausgangspunkt" (wie er ausdrücklich schon im ersten Satz, S. 5, erklärt). Vgl. die Formulierungsvarianten bei Miller, „Melville and Transcendentalism": „Yet we know that Melville, unlike Cooper, employed the pattern of the romance to explode the Romantic thesis." (S. 185) Und: „Emerson therefore gave over reading romances as a waste of time, but Melville had no recourse but to write romances that would destroy romance." (S. 189)

487 Vgl. McIntosh, „The Mariner's Multiple Quest". Das Wort *quest* tritt in *Moby-Dick* zehnmal auf, einschließlich von fünf Instanzen des formelhaften *in quest of*.

Die Frage danach, ob es sich bei *Moby-Dick* um einen Abenteuerroman handelt, wird daher im Folgenden anhand einer Orientierung an den dafür in Frage kommenden Figuren durchgetestet. Dies allerdings birgt mehrere, miteinander zusammenhängende methodische Gefahren. Die Orientierung an Figuren verführt zur Rekonstruktion oder Konjektur ihrer vorgeblichen psychischen Strukturen – sei's psychologisch in der Orientierung an *common sense*-Annahmen, sei's -analytisch nach Maßgabe ausgearbeiteter Theorien – und tendiert damit zur Verwechslung von Literatur mit Fallgeschichten. Im gegebenen Zusammenhang wäre dies besonders kontraproduktiv, weil den Figuren damit eine ‚Tiefe' unterlegt (oder diese zumindest betont) würde, die sich schlecht mit Abenteuern verträgt, insofern diese damit doch wieder im Modus der englischen Romantik weg-internalisiert würden. Überdies besteht die Gefahr, dass dabei der Ereignistyp so behandelt wird, als gäbe es ihn unabhängig von dem Erzählschema. („Leider besitzen wir", schrieb einmal ein Student in einer Hausarbeit, „von den Ereignissen auf der Pequod nur Ishmaels offensichtlich tendenziösen Bericht.")

Die ersteren Gefahren werden im Folgenden fortlaufend mitreflektiert, der letzteren ist am besten damit zu begegnen, mit der Figur zu beginnen, die als Protagonist *und* (mit Element 4 der Minimaldefinition) als Erzählinstanz möglicher Abenteuer in Frage kommt.

b)   *Ishmael*

Derjenige, der Ishmael genannt werden will (und im Folgenden wieder, philologisch unkorrekt, aber in höflicher Befolgung seiner Aufforderung, Ishmael genannt wird),[488] lässt sich, zur ersten Orientierung, als „Ich-Erzähler vom geistigen Format eines auktorialen Erzählers" bestimmen.[489] Er beginnt und operiert in der Folge immer wieder als homodiegetisch vokalisierender, intern fokalisierender Erzähler, der *ich*-sagend nur erzählen kann, was er entweder selbst macht und denkt oder mit seinen eigenen Sinnesorganen wahrnimmt. Darum muss er offenbar den Schiffbruch der Pequod, von deren Reise er berichtet, als einziges Mitglied der Crew überleben; das Zitat aus dem Buch Hiob, das dem „Epilogue" zum Roman voransteht, betont diesen kausalen Zusammenhang zwischen Erzählen und Überlebthaben: „And I only am escaped alone to tell thee.'" (MD 635)[490] Wenn sich von der weit

---

488   Zu einem philologisch korrekten Umgang damit vgl. Schestag, „Call me Ishmael.".

489   Stanzel, *Typische Formen des Romans*, S. 37 (a. zitiert in: Schulz, *Suche und Abenteuer*, S. 328).

490   Vgl. Hiob 1.15–18 (viermal wiederholt). Weil das letzte nummerierte Kapitel mit dem Untergang der Pequod endet und in der englischen Erstausgabe der „Epilogue" vergessen wurde, bemängelte ein Rezensent verständlicherweise, es sei unlogisch, dass die

überwiegenden Mehrzahl fiktionaler Abenteuer-Erzählungen sagen lässt, dass sie zumindest in dem rudimentären Moment ‚gut ausgehen‘, als ein Akteur seine Abenteuer überlebt, und wenn Ishmael als Ich-Erzähler *und zugleich* Akteur einer Abenteuer-Erzählung zu begreifen ist, wäre dieser ‚gute Ausgang‘ nicht nur ein Moment, sondern zugleich Bedingung des Erzählschemas.

Gelegentlich betont Ishmael seine Standortgebundenheit, etwa wenn er so lange warten muss, bis sich der lange Zeit in seiner Kabine verborgene Kapitän Ahab (vgl. MD xxi. 112) endlich auf Deck blicken lässt („Reality outran apprehension", MD xxviii. 135), oder wenn er dessen heimlich an Bord gebrachte, von der restlichen Mannschaft abgeschottete Privatcrew erst sieht, wenn sie an Deck kommt (vgl. im Umbruch von MD xlvii zu xlviii, 240). Häufig genug jedoch werden die Grenzen der Ich-Erzählung sowohl in Hinsicht auf Fokalisierung (‚Auge‘) als auch auf Vokalisierung (‚Stimme‘) transzendiert. Dies gilt zumal gegen Ende des Romans, wo der Kampf mit Moby Dick und der Untergang der Pequod null-fokalisiert erzählt werden, also ohne Rück-schlüsse auf den Standort des Erzählers zu erlauben; das Personalpronomen der ersten Person wird nicht nur seltener, sondern bezieht sich dann fast nur noch auf die erzählende Instanz, nicht mehr auf die erzählte Figur (vgl. Formulierungen wie „I have forgotten to say", „I opine", „I partly surmise", alle am Beginn von Absätzen, MD xcii. 456 f). Aber bereits zuvor weiß der Erzähler zunehmend mehr über Ahab, als die Figur Ishmael von ihm mitbekommen kann, und zwar nicht nur über seine psychische Struktur (die sich irgendwie konjizieren ließe), sondern auch über konkrete Tätigkeiten, denen er allein in seiner Kabine nachgeht, in die Ishmael einzutreten nicht erlaubt ist: „*Had* you followed Captain Ahab down into the cabin [...], you *would have seen* [...]", beginnt das „The Chart" betitelte Kapitel (MD xliv. 218; Hvh. R. St.).

Wiederum unmittelbar zuvor war es bereits zu einer Multiplikation von Reden gekommen, die nicht auf ‚direkte‘, vom Ich-Erzähler gehörte und dann transkribierte Reden zurückgeführt werden können (wie sie innerhalb der homodiegetischen Erzählsituation zu legitimieren wären) und dem-entsprechend auch nicht in Anführungsstriche gesetzt werden: Monologe, gesprochene oder ‚innere‘, von Ahab, dem ersten Offizier Starbuck und dem zweiten Stubb (vgl. MD xxxvii-xxxix) sowie, gleich darauf, ein kleines ‚Drama‘, im Sinne der Gattungskonvention, die Namen der Sprecher, nämlich sehr vieler weiterer Mitglieder der Besatzung, mit KAPITÄLCHEN auszuzeichnen und den Kotext, in dem sie sprechen, im Modus grammatisch unvollständiger Sätze

---

Erzählung überhaupt vorliegen könne (vgl. den Kommentar in: Melville, *Moby-Dick; or, The Whale* hg. v. Luther S. Mansfield u. Howard P. Vincent. New York: Hendricks House, 1952, S. 831).

anzugeben, als handle es sich um Regieanweisungen (vgl. MD xl, beginnend mit dem Titel „Midnight, Forecastle"). Zwar tritt das Ich unmittelbar nach dieser Serie mit besonderer Betonung wieder ein, so betont, dass der Erzähler sogar zu vergessen scheint, dass er nicht ‚wirklich' Ishmael heißt, sondern nur so genannt werden will: „I, Ishmael, was one of that crew" (MD xli. 196); später wird sein eigener Standort jedoch nur noch selten ausgewiesen (markant in MD xcvi. 471: „So seemed it to me, as I stood at her [the Pequod's] helm").

Noch viel häufiger als dem Erzähler das Ich, kommt dem Ich das Erzählen abhanden. In der englischen Ausgabe wurde das Buch unter dem einfachen Titel *The Whale* publiziert und verleitete damit vielleicht den einen oder anderen Käufer zur Annahme, es handle sich dabei um ein cetologisches Sachbuch, also um eines über die Klasse der im Meer lebenden Säugetiere, oder, mit Ishmaels kursiv gedruckter Definition: über die Fische mit horizontaler Schwanzflosse (vgl. MD xxxii. 148). Ein solcher Käufer hätte sich, etwas Aufgeschlossenheit gegenüber teilweise narrativierten Darstellungsformen vorausgesetzt, noch nicht einmal zwingend getäuscht sehen müssen. Der Wal als Objekt der Biologie, der Malerei, der mythischen Erzählungen, vor allem aber natürlich des Fangs und der darauf folgenden Verarbeitung zu Stufenfabrikaten[491]: Die Kapitel darüber nehmen einen so großen Anteil des Buches ein, dass noch die häufig geäußerte Behauptung, in Jugendbuch-Bearbeitungen würden sie gestrichen, nicht ganz stimmen kann, weil schlicht zu wenig übrigbliebe.[492] „So far as what there may be of a narrative in this book", kommentiert Ishmael einmal selbstironisch seine Tendenz zu sujetlosen Texten (MD xlv. 224).

Handelt es sich bei solchen Kapiteln, wie etwa dem zu Beginn dieses Teils schon zitierten mit dem Lob des Walfangs, zumal des US-amerikanischen, um ‚klassifikatorische' Textelemente in Lotmans Begrifflichkeit, so ist eines dieser Kapitel ‚klassifikatorisch' sogar im engeren, allgemein verbreiteten Sinne zu nennen: das ausdrücklich „Cetology" betitelte, in dem die Arten der Wale nach ihrer Größe rubriziert werden (vgl. MD xxxii). *Moby-Dick* unternimmt, mit Lotmans Unterscheidung, mindestens ebenso sehr die ‚sujetlose' Konstruktion einer Welt wie deren ‚sujethaltige' Überschreitung. Weil diese Konstruktion einer Welt über die *I*-Perspektive – *I* als ‚ich', aber auch als homophones *eye*, ‚Auge', sowie als erster Buchstabe von Ishmaels angenommenem Namen – hinausstrebt, muss die Position des teilnehmenden Beobachters, auf

---

491 Der Ausdruck *Rohmaterialen* wäre irreführend. Vgl. Marx, *Das Kapital*, Bd. I, S. 197.

492 Um auch nur auf 264 nicht besonders eng bedruckte Seiten zu kommen, müssen etwa in der von Günter Sachse übersetzten Ausgabe (Hamburg: Dressler, 1992) cetologische Kapitel mit Überschriften wie „Der Wal wird verarbeitet" oder „Ein wenig Anatomie" enthalten sein; das beigefügte Glossar erklärt nautisches Fachvokabular wie *Gangspill, gissen* oder *Saling*.

die sich die frühen faktualen Reiseberichte beschränkten (vgl. oben, III. 2 a), transzendiert werden.

Der angenommene Leser, der das Buch wohlwollend als Sachbuch liest, könnte dafür etwa noch die leitmotivisch in den Text eingebauten Begegnungen mit anderen Walfängern auswerten, deren es insgesamt neun gibt und unter denen die letzten sechs bereits durch den wiederkehrenden Titel „The Pequod Meets the [Schiffsname]" als Serie ausgewiesen sind. Damit bedient sich das Buch ansatzweise der Technik des *entrelacement*, also der Verflechtung mehrerer Handlungen,[493] mit der auf den Sachverhalt verwiesen wird, dass die geplante – freilich irgendwo zwischen Tinian und Mardi gewaltsam abgebrochene – Weltumseglung der Pequod eben nur *eine* innerhalb eines Netzwerks von vielen Weltumseglungen („incessant belt of circumnavigations", MD xiv. 70) darstellt. In einer sujetorientierten Lektüre könnten einige dieser neun Kapitel als Binnenerzählungen mit potentiell abenteuerlichem Verlauf aufgefasst werden – auffallenderweise jedoch wird das in den früheren Büchern häufig gerade auf kurze Binnenerzählungen angewendete Wort *adventure* in keinem einzigen dieser Kapitel über die angetroffenen Schiffe benutzt. Mindestens ebenso sind diese Kapitel „repräsentative Anekdoten",[494] mit denen das Sachbuch *The Whale* das ganze Spektrum des Walfangs charakterisiert. Dass sich die nicht-amerikanischen Kapitäne von Walfängern dabei tendenziell doof anstellen – am doofsten derjenige der *Jungfrau* aus Bremen (vgl. MD lxxxi) –, ist vermutlich ebenfalls als typisches Merkmal gemeint. Insofern sie sich jedoch alle, mehr oder weniger erfolgreich, auf ökonomische Absichten konzentrieren und deshalb möglichst viele, aber nicht individuelle Wale jagen, dienen sie zugleich als Folie, vor der sich Ahabs Suche nach einem bestimmten Wal abzeichnet.

Der hohe Anteil von Be*schreib*ung im Verhältnis zur Erzählung besitzt mediale Implikationen, die schon vom ersten dieser Wörter angezeigt werden. Wird der ‚Sprech‘akt einer Erzählinstanz gewöhnlich sogar dann, wenn es sich um konstitutiv schriftliche Textsorten wie den Roman handelt, irgendwie noch als mündlicher vorgestellt (was sich in Ausdrücken wie ‚Stimme‘ oder ‚Erzählzeit‘ indiziert),[495] so lässt Ishmael selten einen Zweifel daran, dass er *schreibt*.

---

493 Beecroft, „On the Tropes of Literary Ecology", S. 199 ff, wendet diesen ursprünglich für Renaissance-Epen vom Typus Ariosts geprägten Terminus auf neuere Romane und Filme (z. B. *Babel*) an, in denen Globalisierungsprozesse durch die Verkettung von weit auseinander liegenden Schauplätzen dargestellt werden. Vgl. demnächst Stockhammer, „Tropes and A-Tropes of Globalization", für einen terminologischen Alternativvorschlag.

494 Zu diesem Ausdruck: Burke, „Four Master Tropes", insb. S. 510.

495 Vgl. zu dieser Kritik: Weimar, „Wo und was ist der Erzähler?", insb. S. 499, sowie (als Kritik des narratologischen Phonozentrismus auf Derrida'scher Grundlage) Gibson, *Towards a Postmodern Theory of Narrative*, insb. S. 166–72.

Nicht umsonst beginnt das Buch mit Reihen von Zitaten, erst einigen wenigen aus Wörterbüchern („Etymology"), dann vielen aus Texten aller Gattungen, in denen der damit angeblich beauftragte „Sub-Sub-Librarian" Nennungen des Wals finden konnte („Extracts"). Und wenn Ishmael die Arten der Wale in Analogie zu Buchformaten, absteigend von Folio bis Duodez, klassifiziert, betont er damit nicht nur allgemein die kulturelle Überformung der Natur, sondern vollzieht auch konkret die Schriftlichkeit dieses Vorgangs mimetisch nach.[496]

Gelegentlich legt er überdies nahe, die Niederschrift des Buches erfolge schon an Bord der Pequod, etwa wenn er behauptet, eine Beschreibung abbrechen zu müssen, weil dringend ein Ereignis einzuflechten sei, oder wenn umgekehrt im Verlauf des Erzählten alles so gut eingerichtet sei, dass er zu einem Exkurs über den Walfang im Allgemeinen (dem „Advocate"-Kapitel) Zeit finde.[497] Fast könnte man sich deshalb einen Epilog vorstellen, in dem von der Rettung nicht des Erzählers, sondern der des Textes berichtet würde, etwa als „M[anu]S[cript] Found in a Bottle" (mit dem Titel einer Erzählung von Poe) – fast, nicht nur weil es sich dabei um eine ziemlich große Flasche handeln müsste, sondern vor allem auch, weil der Text zu viele Vorausdeutungen auf das Ende des Geschehens enthält, welches die Erzählinstanz ja erst danach aufgezeichnet haben kann. Zudem gibt es ein Kapitel – das längste des Romans und das einzige von Melville zum separaten Druck ausgekoppelte –, in dem Ishmael zu einem späteren Zeitpunkt auftritt, und zwar ausgerechnet als Erzähler: der Geschichte der Town-Ho, die er während der Fahrt auf der Pequod von deren Kapitän hört, die er jedoch wiedergibt, indem er davon erzählt, wie er sie in Lima erzählt habe (MD liv). Der odysseische Zusammenhang von Überlebthaben und Erzählenkönnen wird damit in einem mise-en-abyme noch einmal betont, also, mit einer nur leicht umakzentuierten Übersetzung des Hiob-Zitats: „Nur um zu erzählen, habe ich allein überlebt."

„I try all things", schreibt Ishmael über seine unablässigen, sogar Grenzwissenschaften wie Physiognomie und Phrenologie einbeziehenden Bemühungen um die Erfassung des Wals im Allgemeinen und Moby Dick im Besonderen; „I achieve what I can." (MD lxxix. 384) Die nicht weiter

---

496 Vgl. Armstrong, *What Animals Mean in the Fiction of Modernity*, S. 111 bzw. Gasché, „The Scene of Writing".

497 „It must be born in mind that all this time we have a Sperm Whale's prodigious head hanging to the Pequod's side. But we must let it conitnue hanging there a while till we can get a chance to attend to it. For the present other matters press, and the best we can do now for the head, is to pray heaven the tackles may hold." (MD lxxiii. 360) Oder: „As Queequeg and I are now fairly embarked in this business of whaling; and as this business of whaling has somehow come to be regarded among landsmen as a rather unpoetical and disreputable pursuit; therefore, I am all anxiety to convince ye, ye landsmen, of the injustice hereby done to us hunters of whales." (MD xxiv. 118).

begründete Behauptung, derzufolge er das Abenteuer um dessen selbst willen verfolge,[498] würde er vermutlich als Beleidigung seiner epistemischen Begierde auffassen, obwohl sie anscheinend nicht als Kritik, sondern als abenteuer-maximalistisches Lob gemeint ist. An keiner Stelle bezieht Ishmael das Wort *adventure* auf sich selbst als Akteur eines solchen. Gewiss: Er unternimmt (Element 2 der Definition) grenzüberschreitende Bewegungen im Raum, wobei sich konkret-geographische Grenzen im glatten Raum der Ozeane zwar selten eintragen lassen – zumal die Pequod nicht in besonders hohe Breitengrade vordringt –, immerhin aber einmal bei der Durchquerung der von Piraten belagerten Straße von Sunda (zwischen Sumatra und Java; vgl. MD lxxxvii. 423). Und es ist (Element 3) weitgehend kontingent, welche Wale wo angetroffen werden; die Begegnung mit ihnen kann, jedenfalls bei ihrer Jagd im Walboot, immer gefährlich sein, und schon die erste erlebt Ishmael als so lebensgefährlich, dass er danach sein Testament aufsetzt und von sich selbst als einem sich selbst Überlebenden spricht („I survived myself", MD il. 254).

Aber wie gezielt geht Ishmael (mit Element 1 in der von Teuber erweiterten Bestimmung) den Gefahren entgegen? Immerhin sucht er – wie er bereits im ersten Kapitel festhält, in dem er die Motive zu seinem Entschluss zusammenstellt, auf einem Walfänger anzuheuern – offenbar bewusst die damit typischerweise verbundenen Gefahren im Allgemeinen, „the undeliverable, nameless perils of the whale" (MD i. 6). Etwas wie eine Neigung zum Abenteuer („mentally adventurous"[499]) ließe sich hieraus erschließen –. Von der besonderen Gefahr, die damit einhergeht, ausgerechnet auf einem Schiff zu landen, dessen Kapitän es mit Moby Dick aufzunehmen beschlossen hat, konnte er beim Anheuern auf der Pequod jedoch noch nicht wissen. Für einen gestischen Anspruch auf eine gewisse Abenteuerlichkeit spricht innerhalb Ishmaels extrem heterogenen Aussagen ein gelegentlich verwendetes Pathos der Riskanz: „I love to sail forbidden seas" (MD i. 6), schreibt er etwa einmal, ohne dass der Roman auf irgendein verbotenes Meer zurückkäme. Gegen einen ,Sinn für Abenteuer' sprechen jedoch seine sehr pragmatischen Ausführungen zu konkreten Details der geplanten Reise: etwa dass er lieber als Matrose denn als Passagier an Bord gehe, weil er in dieser Funktion nicht zahlen müsse, sondern sogar dafür bezahlt werde (vgl. MD i. 5).

Bereits im ersten Absatz dieses ersten Kapitels weist er zudem ein selbsttherapeutisches Anliegen aus: Von einem „spleen" oder „hypos" (MD i. 1),

---

498 Eperjesi, *The Imperialist Imaginary*, S. 48 („Ishmael pursues adventure for the sake of adventure").

499 McIntosh, „The Mariner's Multiple Quest", S. 33.

also von (ohne Anspruch auf klinische Diagnose) melancholischen oder
depressiven Zuständen geplagt, brächten viele sich um, er aber begebe sich
einfach auf ein Schiff – ‚SPACE is the central solution for man born in America‘,
ließe sich Olsons Satz variieren. Schulz nennt dies die ‚melancholische Quest‘,
der allerdings die „konkrete Zielorientierung" fehle;[500] mir erscheint das Wort
quest damit jedoch so weit über seinen Begriffshorizont ausgedehnt zu werden,
dass ich Ishmael darin folgen würde, es ebenso wenig wie *adventure* jemals
auf sich selbst zu beziehen. Wenngleich der Mangel an Zielorientierung sein
Handeln an ein Abenteuer annähert, so widerspricht dessen therapeutische
Motivierung jedenfalls dem Anspruch, es müsse um seiner selbst willen unternommen werden.

Die Brauchbarkeit des Abenteuerschemas zur Beschreibung von Ishmaels
Handlungen wird überdies dadurch eingeschränkt, dass er mehrfach das
Erklärungsmodell der Vorsehung ins Spiel bringt (vgl. oben, I. 1 c). Auch
dies geschieht erstmals bereits im ersten Kapitel, wo er gegen Ende erklärt:
„And, doubtless, my going on this whaling voyage, formed part of the grand
programme of Providence that was drawn up a long time ago." (MD i. 6) Ja,
er antizipiert sogar den naheliegenden Einwand, *diese* Motivation lasse sich
nicht einfach zu den zuvor genannten hinzuaddieren, insofern alle anderen
Beweggründe im Lichte der alles bestimmenden Vorsehung zu bloß schein-
baren degradiert werden: Zum Programm der Vorsehung, entgegnet Ishmael
darauf, gehöre noch dies, dass alle ihr Unterworfenen sich einbildeten, ihr
nicht unterworfen zu sein, also einen freien Willen zu besitzen („cajoling me
into the delusion that it was a choice resulting from my own unbiased freewill
and discriminating judgement", MD i. 6). Wie ernst es Ishmael mit diesem
Erklärungsmodell meint, ist nicht leicht zu entscheiden. In dieser Passage
spricht die formale Struktur, mit der er diese Vor-Schrift (*pro-gramme*) ausfabuliert, eher dafür, dass er es nicht besonders ernst meint. Er imaginiert
nämlich ein Buch der Vorsehung, das mit Zeitungsschlagzeilen gegliedert ist
und dabei überdies Ereignisse von kollektivem und individuellem Charakter in
einer Weise montiert, die an einen Tagebucheintrag Kafkas erinnert:[501]

„*Grand Contested Election for the Presidency of the United States*"
„WHALING VOYAGE BY ONE ISHMAEL"
„BLOODY BATTLE IN AFFGHANISTAN" (MD i. 6)

---

500 Schulz, *Suche und Abenteuer*, S. 310 u. 312.
501 „2. [August 1914]. Deutschland hat Rußland den Krieg erklärt. – Nachmittag
     Schwimmschule."

Im weiteren Verlauf jedoch schüttelt Ishmael den Verdacht, es sei alles schon vor-geschrieben, nicht mehr so formal-humoristisch ab. Dies gilt besonders für den Umgang mit dem „Propheten" („The Prophet" ist die Überschrift von Kapitel xix), der prompt auch noch Elijah zu heißen behauptet und der der Pequod ein nicht genauer spezifiziertes Unheil vorhersagt. So verrückt oder einfach nur „impertinent" (MD xxi. 109) er, zumal bei seinem wiederholten Auftreten, erscheint, so vermag er Ishmael offenbar doch zu verunsichern. Und wie die Prophetie als zentraler Sprechakt der Providenz, so wird auch deren nicht-sprachliches Äquivalent, das Omen als Zeichen eines vorherbestimmten Verlaufs, trotz Ahabs hochmütiger Verachtung dieses Zeichentyps (vgl. MD cxxxiii. 610), in mindestens einer Szene durchaus ernst genommen. Der tödliche Unfall eines Matrosen sei, laut Ishmael, von der Crew falsch interpretiert worden, „not as a foreshadowing of evil in the future, but as the fulfilment of an evil already presaged." (MD cxxvi. 578) In der Nacht zuvor nämlich war ein seltsames Kreischen („wild shrieks") zu hören gewesen – und jetzt sei der Tod eines Einzelnen als das von diesen Schreien Bezeichnete miss-, statt als weiteres Zeichen für ein noch viel schlimmeres Ereignis in der Zukunft verstanden worden.

Nun könnte man für einen Roman des 19. Jahrhunderts, in dem das Modell der Vorsehung ja keine unbestrittene Geltung mehr besitzt, dieses mit Eberhard Lämmert zu einer „Bauform des Erzählens" säkularisieren, also die Prophetien und Omina als (halbwegs) „zukunftsgewisse Vorausdeutungen" auf den schlechten Ausgang erklären, die zum Bauplan nicht Gottes, sondern des Romanciers gehören.[502] So sehr dies jedoch für den Roman als Erzählschema gilt, so hebt dies nicht den Sachverhalt auf, dass noch sein Erzähler, der vom Protagonisten nicht trennscharf zu unterscheiden ist, offensichtlich vom Modell der Vorsehung affiziert ist. Dieses jedoch schließt Kontingenzen aus, also Situationen, in denen jemand mit Geschick oder Glück einen besseren Ausgang erzielen könnte als ohne. Was deshalb gegen eine vorbehaltlose Rede von ‚Abenteuern' schon in Bezug auf die *Odyssee* spricht (vgl. oben, I. 1 c), wäre entsprechend gegen die Abenteuerlichkeit von *Moby-Dick* einzuwenden – jedenfalls solange man die Perspektive des Erzählers nicht ihrerseits in Frage stellt.

---

502 Vgl. Lämmert, *Bauformen des Erzählens*, S. 139–194. Lämmert selbst rechnet bemerkenswerterweise Prophetien in fiktionalen Texten zu den „zukunfts*un*gewissenen Vorausdeutungen" (Hvh. R. St.), weil er von ‚modernen' Lesern ausgeht, die ihnen misstrauen (vgl. S. 178–85).

Selbst wenn jedoch Ishmael als Akteur eines Abenteuers aufzufassen wäre, und wenngleich er zweifellos als Erzählinstanz dient, die *einen bestimmten* Zusammenhang stiftet – noch dann bliebe fraglich, ob dieser Zusammenhang einer ist, in dem er *selbst* als Akteur eines Abenteuers figurierte: Er könnte ja auch Akteur eines Abenteuers sein, von dem er nicht erzählt, und zugleich von einem anderen Akteur eines Abenteuers erzählen. Weil „the overwhelming idea of the great whale himself" (MD i. 6), die er im vorletzten Absatz des ersten Kapitels als sein allerwichtigstes („chief") Motiv bezeichnet, vor allem eine epistemische Antriebskraft ist,[503] generiert sie so viele Kapitel, die Wissen, nicht Handlungen aufzuzeichnen versuchen. In Ishmaels Erklärung „I have swam through libraries and sailed through oceans" (MD xxxii. 147) stehen kaum zufällig die Bibliotheken noch vor den Ozeanen. Aber eines der Kapitel, in denen er sich mit der Unvor- und Undarstellbarkeit des Wales beschäftigt, endet mit dem Resümée:

> So there is no earthly way of finding out precisely what the whale really looks like. And the only mode in which you can derive even a tolerable idea of his living contour, is by going a whaling yourself; but by so doing, you run no small risk of being eternally stove and sunk by him. (MD lv. 298)

Beim Wort genommen, folgt daraus, dass noch Ishmaels Beteiligung am Walfang als Versuch zu werten sei, eine ‚Idee' des Wales zu erlangen. Die abgedroschene Metapher vom ‚Abenteuer der Forschung'[504] ließe sich dafür angesichts der Gefährlichkeit solcher Forschungsmethoden zweifellos besser motivieren als in den meisten Anträgen auf öffentliche Förderung wissenschaftlicher Vorhaben – und bliebe nach strengen Kriterien der Abenteuer-Forschung doch eine Metapher.

c) *Ahab*

Damit ist nicht ausgeschlossen, dass dieselbe Erzählinstanz einen Zusammenhang für das Abenteuer eines anderen Akteurs des gleichen Buches leisten könnte, etwa für dasjenige des Kapitäns Ahab. Es handelt sich allerdings, wie schon beschrieben, nicht ohne weiteres mehr um ‚dieselbe' Erzählinstanz, wenn sich die Geschichte dem Kulminationspunkt annähert, Ahab also ins nicht mehr nur imaginäre, sondern nun auch ausfabulierte Zentrum des

---

503   Laut Terzo, *Retorica dell'avventura*, S. 105, entwickle Ishamel in diesen Passagen eine „natura epistemologica dell'avventura"; die Studie beschränkt sich jedoch leider auf einen Interlinearkommentar der ersten beiden Viertel dieses ersten Kapitels.

504   Vgl. Griem, „Wissenschaft als Abenteuer?"

Romans rückt: Gegen Ende verwandelt sich der homodiegetisch vokalisierte, intern fokalisierte Erzählmodus zunehmend in einen heterodiegetisch-nullfokalisierten; die klassifikatorischen Kapitel werden seltener; cetologisches, zunehmend auch nautisches Sachwissen wird jetzt miterzählt, also nur noch eingeflochten, wo es zum Verständnis der Handlung notwendig ist. In der Erzählung wie im Erzählten nimmt die *quest* Fahrt auf.

Denn dass Ahabs Unterfangen, Moby Dick zu finden und zu töten, als *quest* bezeichnet werden kann, hält schon der Roman selbst, bereits an relativ früher Stelle fest, indem er das Wort ausdrücklich Ahab zuordnet. Nach einer ersten eher beiläufigen Verwendung in Bezug auf ihn (vgl. MD xliv. 222) wird es nachgerade begrifflich bestimmt, nämlich in seinem Gegensatz zum ‚normalen‘ Walfang. Dieser wird mit dem ersten Maat Starbuck personifiziert, der nachgerade als Kontrastfolie dient, vor der sich Abenteuerlichkeit abzeichnen könnte. Sein Psychogramm liest sich streckenweise wie eine Paraphrase desjenigen Cooks, als dieser entschied, in einem Eisfeld umzukehren, obwohl theoretisch ein weiteres Vordringen noch möglich erschien (vgl. oben, II. 4): Wie Cook ist Starbuck mutig zwar, aber eben nicht draufgängerisch, „no crusader after perils", sondern mit einer „most reliable and useful courage" ausgestattet, „which arises from the fair estimation of the encountered peril" (alle Zitate: MD xxvi. 126).

Dementsprechend heißt es von Starbuck in dem „Surmises" überschriebenen Kapitel, er „abhorred his captain's quest" (MD xlvi. 235). Zwar kommt es zu diesem Zeitpunkt noch nicht zur offenen Konfrontation, weil Ahab bei all seiner Monomanie – *monomania* sowie das dazu gebildete Verb *monomaniac* werden nachgerade monomanisch (nämlich 15-mal) auf Ahab angewendet – noch bereit ist, nach anderen Walen jagen zu lassen. Noch also ist der ökonomische Zweck der Fahrt nicht gefährdet, wenngleich es sich dabei aus Ahabs Sicht nur noch um einen Kollateralnutzen seiner *quest* handelt („collateral prosecution of the voyage"; MD xlvi. 235). Ishmael vergleicht beide Aspekte dieses Unternehmens mit den vormodernen Vorbildern jeder *quest*: Hätten doch auch die Kreuzritter bei aller Orientierung am „final and romantic object", dem heiligen Grab, nicht vergessen, unterwegs genügend zu erplündern, um sich bei Laune zu erhalten – ebenso sei Ahab geschickt genug, seiner Crew einerseits „a certain generous knight-errantism", andererseits schlicht „cash" zu versprechen (alle Zitate: MD xlvi. 236).

Besteht Ahabs *quest* aber wirklich ‚nur‘ darin, sich an einem Wal dafür rächen zu wollen, dass dieser ihm bei einer früheren Gelegenheit ein Bein abgebissen hat – wie die relativ früh entwickelte, an einer Psychologie des *common sense* orientierte Lesart in einer Szene lautet, die retrospektiv „announcement of his quest" genannt wird (MD xlvi. 236, mit Rekurs auf MD xxxvi. 180)? Oder ist Moby Dick ein Symbol „or still worse and more detestable, a hideous and intolerable allegory" (MD xlv. 227) für etwas anderes? Und wenn ja, wofür?[505] Ist Ahab etwa ein Gnostiker, der mit der Tötung des Weißen Wals ein Wissen zu erlangen versucht, das sich auf anderem Wege nicht erlangen lässt („There's a riddle", sagt er im vorletzten Kapitel, „*I'll, I'll* solve it, though!"; MD cxxxiv. 621)?[506] Geht es um Begehren und zugleich Abwehr des Weißen als eines Unbeschriebenen, Nicht-Symbolisierbaren, „a colorless, all-color of atheism from which we shrink" (MD xlii. 216)?[507] Handelt es sich um eine politische Allegorie?[508]

Ein sehr großer Teil der *Moby-Dick*-Forschung hält diese Fragen für die wesentlichen. Will man jedoch die Abenteuerlichkeit des Romans verteidigen, so sind, wie schon *ex negativo* an *Mardi* gezeigt wurde, symbolistische Lesarten, schlimmer noch und verabscheuungswürdiger allegorische, grässlich und untolerierbar. Allerdings sind die permanenten Intentionen auf ‚dahinter' liegende, ‚tiefere' Bedeutungen im Roman so unbestreitbar, dass dessen ‚Rettung' vor symbolistischen oder gar allegorischen Lektüren nur, aber immerhin, durch den Hinweis auf eben die Multiplikation solcher Intentionen auf Bedeutung erfolgen kann. Allerorten ‚lauern' Bedeutungen; das im *Moby-Dick* überhaupt sehr häufig verwendete Verb *to lurk*[509] wird mehrfach ausdrücklich mit *meaning* (MD ix. 46; „allegorical meaning": MD xc. 447) bzw. *significance* in Verbindung gebracht: „And some certain significance lurks in all things" (MD xcix. 478). Ahabs Monomanie, stellvertretend für die vieler *Moby-Dick*-Interpreten, lässt sich so umschreiben, dass er der latenten Bedeutungen habhaft werden, sie ans Licht zerren will: „to interpret for himself in some monomaniac way whatever significance might lurk in them[510]." (MD xcix. 478)

---

505   Vgl. schon D. H. Lawrence, *Studies in Classic American Literature*, S. 138: „Of course he is a symbol. / Of what? / I doubt if even Melville knew exactly. That's the best of it."

506   Vgl. Dillingham, „Ahab's Heresy", und Bloom, „Introduction".

507   Vgl. stellvertretend für psychoanalytische *Moby-Dick*-Lektüren: Porath, „Das Weiße begehren".

508   Zu einem Überblick über entsprechende Interpretationsansätze: Armstrong, *What Animals Mean in the Fiction of Modernity*, S. 101.

509   Mit dreißig Instanzen liegt der Roman weit über jedem anderen Text, der in der DVD *English and American Literature* enthalten ist, so weit, dass der große Umfang des Romans allein dafür nicht verantwortlich ist, er beispielsweise noch die ähnlich dicken Romane Ann Radcliffes deutlich abhängt, obwohl diese ja davon geprägt sind, dass hinter jeder Ecke Gefahren ‚lauern'.

510   Das *them* bezieht sich auf die „strange figures and inscription" auf der ecuadorianischen Goldmünze, die Ahab als Preis für denjenigen ausgesetzt hat, der Moby Dick zuerst sichtet; da der oben zuerst zitierte Satz aber im Roman unmittelbar auf den hier zitierten folgt, kann der Bezug des Pronomens auf „all things" ausgedehnt werden.

Ishmael teilt einerseits Ahabs Interpretationsbegehren, vermag dieses jedoch andererseits – „also interested, unlike Ahab, in the meaning of the quest of meaning"[511] – als solches aus der Halbdistanz des Semiotikers zu reflektieren.

Wo so viel Bedeut*samkeit* produziert wird, ohne dass diese sich in bestimmten Bedeutungen auskristallisierte, kann es zur semantischen Ausnüchterung beitragen, sich auf den *sensus litteralis* zu konzentrieren und die konkreten räumlichen Bedingungen von Ahabs *quest* nach Moby Dick zu rekonstruieren. Eine ihrer Besonderheiten liegt in der Beweglichkeit ihres Ziels. Mag etwa auch der Gral schwer zu finden sein, so wird dies jedenfalls nicht ausdrücklich darauf zurückgeführt, dass er seine Position ändern könnte. Moby Dick hingegen zeichnet sich dadurch aus, sich überall befinden zu können, wörtlich „ubiquitous" in der mythisch überhöhten Berichterstattung von Walfängern, die ihn zum gleichen Zeitpunkt in entgegengesetzten Breitengraden gesichtet zu haben berichten (MD xli. 200). Über lange Phasen hinweg erscheint kein Aufenthaltsort wahrscheinlicher als ein anderer; und doch ist es narrativ ebenso glaubwürdig wie statistisch unwahrscheinlich,[512] dass er schließlich gefunden wird.

Der Spannungsbogen bis zu seiner Sichtung, also die Stiftung des Zusammenhangs von kontingenten Sachverhalten, wird, im Modus von Wiederholung und Variation, mit den verschiedenen Antworten strukturiert, die Ahab auf seine Frage „Have ye seen the White Whale?" (MD lii. 263) erhält, die er sechsmal, mit minimalen Abweichungen nur in Verbform und Pronomen, wiederholt („Hast thou seen ...?" in MD lxxi. 351, „have ye seen ...?" in MD xci. 450, von da an kürzestmöglich „Hast seen ...?", in MD c. 485, cxv. 548, cxxviii. 584 und cxxxi. 595). Beim ersten Mal – schon bei der ersten Begegnung mit einem anderen Schiff, also kurz nach dem Eintritt in den Indischen Ozean – kommt es zu gar keiner Antwort, weil dem Kapitän der Goney, vielleicht vor Schreck, die „trumpet" (wohl eine Art Megaphon) aus der Hand fällt (vgl. MD lii. 263). Der Kapitän der Bouton-de-Rose hat von Moby Dick noch nie gehört (vgl. MD xci. 450); derjenige der Bachelor hat zwar von ihm gehört, aber ihn nie gesehen (vgl.MD cxv. 548); den Kapitän der Jungfrau (vgl. MD lxxxi) fragt Ahab gar nicht erst, wohl weil er einen so dilettantischen Eindruck macht, dass von ihm kein Hinweis zu erhoffen ist. Aber auch positive Antworten helfen nicht zwingend bei der Suche. Schon die als zweites Schiff überhaupt angetroffene

---

511   Bell, *The Development of American Romance*, S. 130.

512   Durchgerechnet ist die Wahrscheinlichkeit bei Krajewksi, „Kapitel 44: The Chart", S. 50. – Aber schon bei Aristoteles (vgl. *Poetik*, 25 u. passim) ist bekanntlich – wenngleich oft ungenau referiert – nicht das (probabilistische) *eikós*, sondern das *pithanón* (das ,zur Überredung Geeignete', also ,Glaubwürdige') die poetologisch entscheidende Kategorie, gerade auch wenn beide Kategorien in Konflikt zueinander treten.

Town-Ho etwa hatte zwar mit Moby Dick zu tun, aber zu einem viel früheren Zeitpunkt, so dass diese Begegnung nichts über seinen gegenwärtigen Aufenthaltsort aussagt (vgl. MD liv. 269); dasselbe gilt für die Jeroboam (vgl. MD lxxi. 352) und die Enderby (vgl. MD c. 485).

Wenn sich die Annahme verdichtet, das Objekt der Suche müsse sich im Pazifik befinden, wenn dieser später gar „the White Whale's own peculiar ground" genannt wird (MD cxxvi. 578), so erscheint dies eher poeto- als cetologisch motiviert: als sei nur der größte Ozean groß genug für den größten Wal. Dem Eintritt in den offenen Pazifik – nach Durchquerung des durch mehrere großen Inseln teilweise eingehegten Südchinesischen Meers – wird ein eigenes kurzes Kapitel gewidmet, in dem Ishmael eben von der Erfüllung seines Jugendtraums berichtet, den Pazifik zu sichten (vgl. MD cxi. 535, was zugleich die, abgesehen vom Epilog, letzte Passage mit einem starken Erzähler-Ich bildet).

Bald kommt es zur willentlichen Wiederglättung noch des ohnehin nur schwer kerbbaren Raumes –„the sea [...] will permit no records" (MD xiii. 66) – durch Zerstörung der Navigationsinstrumente. Hatte Melville dieses Thema mit der Julia aus *Omoo* angedeutet und dafür in *Mardi* eine kleptomanische Südsee-Bewohnerin eingeführt, die den Kompass und andere Instrumente unbrauchbar macht, so vollzieht in *Moby-Dick* den ersten Schritt dazu der Kapitän des Schiffs. Während der Fahrt im Atlantik hatte Ahab sich noch in Karten vertieft, sie zu optimieren versucht, hätte zweifellos auch die für den Walfang optimierten Karten Matthew Fontaine Maurys konsultiert, die seinerzeit jedoch erst in Entstehung begriffen waren (worauf eine nachträglich in den Roman eingefügte Fußnote hinweist[513]). Noch hatte auch in dieser Hinsicht kein Konflikt mit dem ebenfalls kerbungsaffinen Starbuck bestanden, der schon bei seiner ersten Vorstellung mit einem Chronometer verglichen wird, welcher bei jedem Wetter seinen unbeirrten Gang gehe (vgl. MD xxvi. 125).

Doch hätten selbst Maurys optimierte Karten vielleicht die Suche nach möglichst vielen beliebigen Walen, kaum jedoch die nach einem bestimmten unterstützt. Mehr noch: Bei einer ‚monomanischen' Suche nach einem Objekt interessiert nur noch dessen Ort in Relation zum Ort des suchenden Subjekts, nur noch der Vektor zwischen diesen beiden Punkten, und die Frage, ob und gegebenenfalls an welchen Stellen diese Punkte in ein allen Bewegungen zugrunde liegendes Koordinatennetz eingetragen werden könnten, wird irrelevant. Als Ahab sich, bemerkenswerterweise erst im Pazifik, deutlich macht, dass die Bestimmung seines eigenen Aufenthaltsortes keine Rückschlüsse auf denjenigen Moby Dicks ermöglicht, zerbricht er den Quadranten mit dem

---

513   Vgl. MD xliv. 220, Anm. *, dazu Stockhammer, *Kartierung der Erde*, S. 193–99.

Fluch: „Science! Curse thee, thou vain toy" (MD cxviii. 553). Jetzt scheinen
ihm die Elementarkräfte der Natur oder des Zufalls zu folgen: Ein Blitzschlag
dreht die magnetische Ausrichtung des Kompasses (vgl. MD cxxiv. 570) und
die Logleine reißt (vgl. MD cxxv. 575). „"I crush the quadrant, the thunder turns
the needles, and now the mad sea parts the log-line'", fasst Ahab zusammen;
wenn er jedoch ergänzt, er könne all dies wieder reparieren („But Ahab can
mend it all."', MD cxxv. 575), trügt er über seine eigene Einsicht hinweg, dass
im quasi-transzendentalen Vektorraum gerade der Verlust der Möglichkeit,
sich selbst zu orten, die Bedingung dafür ist, Moby Dick zu sichten. Die von
ihm überschrittene Grenze ist, ähnlich wie in *Mardi* – hier jedoch ohne dass
damit eine Verschiebung in eine allegorische Region einherginge – die Meta-
Grenze zwischen einem Punkt- und einem Vektorraum. Erst die Kapitäne der
in diesem Raum angetroffenen Rachel und Delight können die Frage „Hast
seen the White Whale?" bejahen (vgl. MD cxxviii. 584 und cxxxi. 595) – und
kurz danach sichtet ihn auch Ahab (vgl. MD cxxxiii. 602).

Dagegen, den weiteren Verlauf als abenteuerlich zu beschreiben, spricht
eigentlich nur, dass von Abenteuern in fiktionalen Texten gemeinhin erwartet
wird, sie müssten gut ausgehen – und dies kann für Ahab schwerlich behauptet
werden. Eher schon für Moby Dick, aus dessen Perspektive der *showdown* jetzt
nacherzählt sei.

d)   *Moby Dick; oder, die Jagd des Wals*
Denn die hier zuletzt durchzutestende Hypothese ist eigentlich die nächst-
liegende. Wer sonst als Franz Maier böte sich in einem *Franz-Maier* betitelten
Roman auf den ersten Blick als dessen abenteuerlicher Protagonist an – wenngleich der Unterschied zwischen den Schreibweisen mit und ohne Bindestrich
etwas irritieren mag? Und zweifellos ist Moby Dick zurecht der Titel'held'
des Romans, der gerade mit Bezug auf ihn wohlkomponiert ist, also das
spannungsreiche Verhältnis von Kontingenz im Erzählten und Zusammenhang der Erzählung (Elemente 3 und 4 der Minimaldefinition) ausbalanciert.
Schon im ersten Drittel des Romans enthüllt Ahab sein spezifisches Interesse
an ihm (vgl. MD xxxvi. 179 f); bald darauf reicht der Erzähler-Beschreiber –
in dem Kapitel, dessen Titel sich vom Haupttitel des Romans nur durch den
fehlenden Bindestrich unterscheidet – das notwendige sujetlose Wissen nach
(vgl. MD xli). Danach wird die Suche nach ihm von Ahabs leitmotivischer
Frage „Have ye seen the White Whale?" (bzw. deren lexikalischen Varianten)
strukturiert. Der rasanten Fahrt zum Abschluss entspricht eine erstaunliche
Beschleunigung des Erzähltempos: Der *showdown* von Ahabs eigener Sichtung
des Wals bis zum Untergang der Pequod nimmt nur die drei letzten Kapitel des
Romans ein.

Allerdings mag man einwenden, es handle sich dabei um einen objekt-, nicht einen subjektzentrierten Zusammenhang, so dass das Element (1) der Minimaldefinition, der identifizierbare Akteur, nicht Moby Dick sein könne. Handelt es sich doch bei ihm um ein Tier, und zwar wohlgemerkt um ein ‚realistisch‘ dargestelltes, also eines, das sehr wenig mit einer literarischen Tradition von anthropisch überformten Tieren zu tun hat, die sprechen und sprachförmig denken können: der Tradition von Fabeln, Märchen und Tierepen,[514] einschließlich einiger Sonderentwicklungen, etwa den poetisch reflektierten oder gar selbst Poesie verfassenden Katern der deutschen Romantik. „Unmöglich kann ich da in eine vernünftige Illusion hinein kommen", sagt der „KUNSTRICHTER *im Parterre*", wenn bei Tieck der Kater Hinze zu sprechen beginnt – aber natürlich soll er gar nicht in denjenigen Typ von Illusion hinein kommen, in der er das Dargestellte für wirklich oder mindestens möglich hielte, also den Kater für einen, dem er auch in einem Hinterhof begegnen könnte.[515] Tieck macht sich hier über einen Kunstrichter lustig, der nicht mehr zur allegorischen Interpretation von Tieren fähig oder bereit ist, die in der überlieferten Tierdichtung vorausgesetzt wird. Den dort auftretenden Tieren wird etwas wie ein ‚Bewusstsein‘ zugeordnet, welches als notwendig erachtet wird, ihnen die Rolle eines Akteurs, gar Protagonisten, zuzusprechen – während zugleich angenommen wird, dass sie ein solches Bewusstsein in Wirklichkeit nicht besitzen; Akteure von Abenteuern könnten sie schon aufgrund des allegorischen Modus schwerlich sein.

Bei der Lektüre von *Moby-Dick* hingegen soll man durchaus in eine – nun: nicht unbedingt „vernünftige" – Illusion hinein kommen, also das Dargestellte zumindest für möglich halten, ohne es sogleich als abscheuliche Allegorie zu deuten. Eine allzu starke Überformung eines Tieres mit Merkmalen, die üblicherweise ausschließlich Menschen zugesprochen werden, wäre dementsprechend ein Illusionsbruch. Allerdings muss der Protagonist eines Abenteuers gar nicht alle Merkmale eines ‚ganzen Menschen‘ besitzen, wie er um 1800 in sein vollausgereiftes Stadium tritt.[516] Ja, es gibt viele Indizien dafür, dass ‚ganze Menschen‘ eher schlechte Abenteurer sind, eben weil sie zu viel psychische ‚Tiefe‘ besitzen, in die sie alles, womit sie sich in der Außenwelt herumschlagen, hinein-internalisieren können. Solchen Ereignis-Typen

---

514   Vgl. Jahn/Neudeck (Hg.), *Tierepik und Tierallegorese*.

515   Tieck, *Der gestiefelte Kater*, I. 1. Bei dem ‚Stoff‘ des Lesedramas, soweit ein solcher noch erkennbar ist, handelt es sich um ein unter anderem von Charles Perrault aufgezeichnetes französisches Märchen.

516   Vgl. Schings (Hg.), *Der ganze Mensch*, sowie natürlich, für die hier bewusst nicht verwendete Hyperbel, wonach ‚der Mensch‘ um 1800 überhaupt erst entstanden sei: Foucault, *Les mots et les choses*, S. 319 (*Die Ordnung der Dinge*, S. 373).

(hier ausnahmsweise in der Bedeutung von ,Typen, die bestimmte Ereignisse erleben') entsprechen literarhistorisch, also auf der Ebene von Erzählschemata, eben jene Protagonisten von Entwicklungsromanen, welche jedenfalls unter europäischen Bedingungen im letzten Drittel des 18. Jahrhunderts die größte Gefährdung des Abenteuerromans darstellten.[517]

Vielleicht also braucht man für eine Abenteuergeschichte gar keine Akteure, sondern es reichen Aktanten. Bruno Latour motiviert seine terminologische Ersetzung durch das „technical word *actant*", das er seinerseits bereits aus der Literaturanalyse übernommen hat, manchmal schlicht sprachpragmatisch damit, dass es intuitiv eher erlaube, nicht-menschliche Instanzen mitzu-umfassen.[518] Dies allein garantiert natürlich nicht die Aushebelung jedes Anthropomorphismus – ich Mensch halte dies für letztlich unmöglich. Möglich ist es jedoch, den Akzent von der Frage danach, mit welchen Geisteskräften (,Bewusstsein', ,Willen' etc.) ein Tier wohl ausgestattet ist, auf die Beobachtung dessen zu verschieben, wie es handelt bzw. auf Handlungen anderer reagiert, oder vielmehr: wie diese Aktionen und Reaktionen beschrieben werden.

Latours Theorie von Netzwerken, die bereits in zwei anregenden Aufsätzen auf *Moby-Dick* angewendet wurde,[519] schärft zunächst einmal den Blick auf die durchaus fließenden Übergänge zwischen den üblicherweise ,Natur' und ,Kultur' genannten Feldern im Gefüge des Walfangs. So etwa reagierten Wale, oder zumindest Pottwale, anders als offenbar Robben, auf ihre Verfolgung, und zwar indem sie sich zu größeren Herden zusammenschlossen:

> But here be it premised, that owing to the unwearied activity with which of late they have been hunted over all four oceans, the Sperm Whales, instead of almost invariably sailing in small detached companies, as in former times, are now frequently met with in extensive herds, sometimes embracing so great a multitude,

---

517 Vgl. oben, I. 2 (Ende des Abschnitts) zu einschlägigen Zitaten über die Subordination des „Aeußern" unter das „Innre" bei Blanckenburg, *Versuch über den Roman*, sowie die Beschreibung von Inka Mülder-Bachs und Oliver Grills Teilprojekt „Dem Abenteuer entgegen" im Rahmen der Forschungsgruppe *Philologie des Abenteuers* (https://www.abenteuer.fak13.uni-muenchen.de/forschung/tp_foerderphase1/projekt-muelder-bach/index.html) – dort jedoch als Referat einer Ausgangsannahme, die in diesem Projekt gerade dialektisiert wird. – Dass der Entwicklungsroman in E. T. A. Hoffmanns 1820 erschienenen *Lebensansichten des Katers Murr* unter Einsatz eines Tieres parodiert wurde, ist wohl kein Zufall.

518 Latour, *Reassembling the Social*, S. 54 (zum Zitat und zur Herkunft des Terminus von Julien Greimas).

519 Vgl. Armstrong, „„Leviathan is a Skein of Networks"' (nur teilweise übernommen in ders., *What Animals Mean in the Fiction of Modernity*), und Crawford, „Networking the (Non) Human" (allerdings mehr über den Ozeanographen Maury als über *Moby-Dick*).

that it would almost seem as if numerous nations of them had sworn solemn league and covenant for mutual assistance and protection. (MD lxxxvii. 425)[520]

Sollten die Pottwale dabei als Kollektiv, nicht als Spezies,[521] (re)agiert haben, so handelte es sich dabei nach plausiblen Definitionen durchaus um ein Merkmal von ‚Kultur‘.[522]

Was für die Wale als Kollektiv, gilt für Moby Dick in besonderem – höherem und zugleich abweichendem – Maße. Auffallend ist zunächst, mit welch großer erzählerischer und argumentativer Energie der Roman den Sachverhalt sichert, dass Moby Dick – mit dem Adjektiv des Elements (1) der Minimaldefinition – „identifizierbar“ ist: „cognisable“, wie Melvilles Bestimmung für „several memorable“ Wale lautet, die als individuelle zu verschiedenen Zeitpunkten und an verschiedenen Orten wiedererkannt wurden (MD xlv. 226). Die Exemplare dieser kleinen Gruppe sind zugleich diejenigen – obgleich dies fast automatisch zu folgen scheint, betont Melville diesen Sachverhalt sehr nachdrücklich –, die einen Eigennamen erhalten:

> But not only did each of these famous whales enjoy great individual celebrity – nay, you may call it an ocean-wide renown; not only was he famous in life and now is immortal in forecastle stories after death, but he was admitted into all the rights, privileges, and distinctions of a name; had as much a name indeed as Cambyses or Cæsar. (MD xlv. 226)

Diese Eigennamen sind solche im vollen Sinne, also – im Unterschied nicht nur zu Namen wie Bello oder Murr, sondern vor allem auch zur Antonomasie ‚des‘ Wals: Leviathan – keineswegs solche, mit denen die Namensträger als ‚typische‘ Vetreter ihrer Spezies gekennzeichnet werden. Aus Namen wie Timor

---

520 Armstrong, „Leviathan is a Skein of Networks‘“, S. 1045 f, zitiert diese sowie eine vergleichbare Passage (MD cv. 437) und hält fest, dass sich diese Beobachtung nicht in Frederick Debell Bennetts *Narrative of a Whaling Voyage Round the Globe* findet, also in einer von Melvilles wichtigsten cetologischen Quellen, aus der viele andere Informationen im Kotext des Zitats stammen, weist aber auf eine vergleichbare Beobachtung bei Wilkes, *Narrative*, Bd. V, S. 493 hin, wonach die Wale in Folge der Jagden nach ihnen größere Scheu entwickelt hätten. Diese Beobachtung findet sich auch in Coopers von Melville rezensiertem Roman *The Sea Lions*, Kap. xi, Pos. 168135.

521 Die Erklärung dieser Reaktion durch evolutionäre Anpassung (wonach nur Wale, die ihren Nachkommen einen zunächst als Mutation aufgetretenen Instinkt zur Bildung größerer Herden vererbten, überlebten) hätte den Zeitgenossen noch nicht zur Verfügung gestanden. Ohne evolutionsbiologische Kompetenzen zu besitzen, halte ich sie aber – den berichteten Sachverhalt einmal als gegeben angenommen – ohnehin für unwahrscheinlich, da die Reaktion so schnell, vor allem auch im Verhältnis zur relativ langen Lebensdauer und damit langsamen Generationenfolge von Walen, erfolgte.

522 Vgl. Armstrong, „Leviathan is a Skein of Networks‘“, S. 1047, mit Fußnote 30 (S. 1062).

Tom, New Zealand Jack, Morquan oder Don Miguel (so die Beispiele in MD
xlv. 226 f) ließe sich die Spezies vielmehr kaum erschließen, wenn sie nicht
aus dem Kotext hervorginge. Mit diesem Verfahren, sie als einzelne gleichsam einer erkennungsdienstlichen Behandlung zu unterziehen, ihnen eine
Identität (im Sinne dessen, was in einer *identity card* notiert werden könnte)
zu verleihen, werden die Wale weit konkreter in ein kulturelles Register ein-
geschrieben als durch ihre, bei Melville freilich ebenfalls sehr häufig verwendete, kollektivsingularische Bezeichnung nach dem in verschiedenen
Texten der Bibel vorkommenden Tier namens Leviathan. Die Einschreibung
von – wohlgemerkt ‚in freier Wildbahn' lebenden, also nicht Hausgemein-
schaften zuzurechnenden – Tieren in ein solches individuell ausdifferenziertes
Register kann als Provokation der Mensch-/Tier-Grenze erscheinen, und
jedenfalls ist Melville daran interessiert, dies als Provokation erscheinen zu
lassen. Wenn nämlich Ishmael als sein eigener intradiegetischer Erzähler die
Geschichte der Town-Ho in einem Gasthaus in Lima erzählt, so wird er von
einem Zuhörer just an der Stelle unterbrochen, an der er den Namen Moby
Dick einführt: „‚Moby Dick!' cried Don Sebastian; ‚St. Dominic! Sir sailor, but
do whales have christenings? Whom call you Moby Dick?'" (MD liv. 288)[523] Der
Zuhörer ruft einen Heiligen an, um die Zumutung abzuwehren, dass ‚wilde'
Tiere getauft werden könnten – in dem Doppelsinn von Namensgebung und
Aufnahme in die Kirche, die ja auch in dem deutschen Wort *taufen* steckt, aber
im englischen *to christen* noch offensichtlicher wird.

Innerhalb dieser kleinen Gruppe von mit Eigennamen versehenen Walen
ragt Moby Dick wiederum dadurch hervor, dass er über besonders deutliche
„tokens" verfügt „whereby, even in the limitless, uncharted seas, he revealed
his identity": seine weiße Haut, seine besondere Größe, einen Buckel (MD
xli. 201). Aus seiner Alleinstellung folgt ein schwerwiegendes Problem für die
Möglichkeit, ausgerechnet ihn als *pars pro toto* für ‚den' Wal im Allgemeinen zu
verwenden. Eher ist das *or* im Titel von *Moby-Dick; or, the Whale* als exklusives
‚oder' (lat. *aut*) zu verstehen: Man erhält nur *entweder* Moby Dick *oder* ‚den'
Wal; Moby Dick ist ein *pars contra totum*.[524] Dieses Spannungsverhältnis –
wenngleich dasjenige, das den ganzen Roman (de)strukturiert – kann jedoch
im Blick auf seine mögliche Abenteuerlichkeit außer Betracht bleiben, weil

523   Bickenbach, „Kapitel 54: *The Town Ho's Story*", S. 79 f, interpretiert in seinem sonst sehr
      konzisen Essay zu diesem Kapitel eine deutsche Übersetzung, die bei „St. Dominic" „Maria
      und Jesus" halluziniert, gibt dies jedoch ulkigerweise als Interpretation von Melvilles Text
      selbst aus.

524   Vgl. Stockhammer, „Warum der Wal ein Fisch ist", S. 167–71; vgl. zu einer modifizierten
      Version und dem Neologismus *pars contra totum* demnächst: ders., „Tropes and A-Tropes
      of Globalization".

dieser Blick sich ganz auf den außergewöhnlichen Protagonisten richten kann, dessen Verallgemeinerbarkeit, *pace* Aristoteles, gar nicht erst beansprucht wird. So wenig wie Parzival ‚der' Mensch, so wenig muss in dieser Hinsicht Moby Dick ‚der' Wal sein.

Zum Akteur wird ein Aktant – dies ist Latours zweite, diesmal konzeptuelle Motivation seiner terminologischen Intervention – durch die Entscheidung für einen bestimmten Typ der Figurierung eines Vorgangs, der als solcher zunächst einmal ganz verschieden beschrieben werden könnte. Dabei wird *ein* bestimmtes Subjekt für einen Vorgang verantwortlich gemacht, beginnend mit der grammatischen Bedeutung von *Subjekt*, oft aber mit gleitenden Übergängen dazu, dass ihm intentionales Handeln zugesprochen wird.[525] Weil Anthropomorphismen sich für eine solche Figurierung besonders aufdrängen, ist eine Analyse dessen, in welch komplexer Weise *Moby-Dick* zwischen deren Gebrauch und deren Infragestellung oszilliert, notwendig, um den Status dieses Aktanten bzw. Akteurs genauer zu bestimmen.

Abgesehen von den Eigennamen beginnt die Anthropomorphisierung schon damit, dass Melville Wale beharrlich mit dem maskulinen Pronomen bezeichnet – und zwar auf allen drei Ebenen der Gattung, der (in den Buchformat-Klassifikationen von Kapitel xxxii unterschiedenen) Arten sowie auf jener der Individuen. Das Maskulinum ist dabei auf den ersten beiden Ebenen ein generisches (*the* whale – *he*; *the* Algerine Porpoise – *he*); unter den mit Eigennamen bezeichneten Individuen kommen nur biologisch maskuline in den Blick (oder nur solche, von denen angenommen wird, sie seien es), weibliche hingegen nur im indefiniten Plural (als *mothers*, vgl. MD lxxxvii. 432). Verwirrend genug stehen Wale im Walfänger-Jargon hingegen im generischen Femininum, insofern die Ausrufe der Matrosen auf dem Ausguck „There she blows!" (mit Abstand die häufigste Formulierung, z. B. MD lxvii. 239), „There she breaches!" (z. B. MD lix. 309) oder „There she rolls!" (MD liv. 288) lauten, je nachdem, wie sich ‚die Wal' zunächst zeigt: durch den Wasserstrahl beim Ausatmen,[526] beim Auftauchen oder mit einer Rotation um die eigene Körperachse. ‚Die Wal' kann dabei auch eine biologisch maskuline sein, ja sogar ein Individuum bezeichnen, dessen maskulines Geschlecht schon bei

---

525 Vgl. Latour, *Reassembling the Social*, S. 54 f.

526 Beale, *Natural History of the Sperm Whale* (eine von Melville verwendete Quelle), S. 28, erklärt den Strahl, spezifisch für den Pottwal, als „air expired forcibly by the animal, through the blow hole, acquiring its white colour from minute particles of water, previously lodged in the chink or fissure of the nostril."

der Sichtung bekannt ist: „There she blows! – there she blows! A hump like a snow-hill! It is Moby Dick!" (MD cxxxiii. 602).[527]

Der naheliegende Einwand gegen die Verwendung beider Genera, im Englischen seien Tiere außerhalb von Fabeln und Märchen doch mit einem weder maskulinen noch femininen, sondern neutralen Pronomen zu bezeichnen, könnte sich auf den ersten Blick auf Melvilles eigene cetologische Quellen stützen, wo diese Regel zumeist befolgt wird. Achtet man allerdings genauer auf den Pronomengebrauch, so stellt man schnell fest, dass sogar Sachbuchautoren gelegentlich ein *he* oder *his* dazwischenfährt – nicht jedoch ein *she* oder *her*.[528] Handelt es sich hier also um einen Anthropomorphismus, so offenbar um einen, der nicht auf den Bereich der Fiktion beschränkt ist.

Daraus folgt nicht zwingend, dass Moby Dick ‚wie ein Mensch' ist. Zwar neigt Ishmael im „Moby Dick" betitelten Kapitel dazu, dem Titelhelden anthropomorphe Merkmale zuzusprechen; einmal schreibt er ihm geradewegs „unexampled, intelligent malignity" (MD xli. 202) zu. Allerdings relativiert er noch diese Aussage, indem er sie mit dem Zusatz „according to specific accounts" versieht. Und die Zuschreibung der Intelligenz variiert er wenig später im zweifach gebrochenen Modus der doppelten Verneinung sowie der Wiedergabe einer Sicht durch andere, was eine entsprechend verschraubte Syntax ergibt: „every dismembering or death that he caused, was *not* wholly *regarded* as having been inflicted by an *un*intelligent agent." (MD xli. 202)[529] Moby Dicks ‚Bösartigkeit' wird, immer noch im gleichen Kapitel, einmal mit „seeming" abgetönt, einmal wiederum auf eine spezifische Perspektive, nämlich Ahabs monomanische Interpretation zurückgeführt: „The White Whale swam before him as the monomaniac incarnation of all those malicious agencies which some deep men feel eating in them" (MD xli. 203).

Ebensowenig jedoch ist der Wal das vom Menschen disjunkt Unterscheidbare. Gegen diese Möglichkeit sprechen, physisch wie wohl auch ‚symbolisch', bereits die beiden prothetisch ergänzten Körper des Romans: derjenige Ahabs, der sich ein von Moby Dick abgerissenes Bein mit einem aus Walbein ersetzt hat, sowie derjenige des Kapitäns der Enderby, dem das Gleiche mit einem

---

527   Dieses Femininum durch den Status der Wale als Objekte der Begierde eines männlichen Walfänger-Kollektivs zu erklären, liegt mir etwas zu nahe; ich habe allerdings auch keine bessere Erklärung dafür. Armstrong, *What Animals Mean in the Fiction of Modernity*, S. 128–33, diskutiert zwar gender-Implikationen anhand von ausdrücklich als weiblich markierten Walen, aber nicht die grammatischen Konfusionen bei der Bezeichnung von Walen im Allgemeinen.

528   Vgl. z. B. drei Instanzen bei Beale, *Natural History of the Sperm Whale*, S. 15 f, weitere auch im Folgenden.

529   Hvh. R. St. Vgl. Armstrong, *What Animals Mean in the Fiction of Modernity*, S. 113.

Arm geschehen ist, den er in gleicher Weise ersetzt hat (vgl. MD c. 487). Ahab verdrängt diese seine eigene Cyborg-artige Gestalt und hypostasiert ‚Natur' als trennscharf von sich selbst unterscheidbare Sphäre.[530] Scharfe Trennungen von Tier und Mensch sind jedoch schon sprachlich nahezu unmöglich, wie eine weitere Durchsicht der anthropomorphen Zuschreibungen zeigt, die keineswegs alle relativiert werden. Vergleiche neigen bei permanenter Verwendung dazu, in eine Identität, oder zumindest in die Aufhebung des Unterschieds zwischen Vergleich und Identität zu kollabieren: Wenn man von etwas/jemandem nicht anders sprechen kann, als sei es/sie/er ein Mensch, kann man irgendwann nicht mehr sagen, dass man davon nur so spricht, als sei es ein Mensch. An einer Stelle etwa heißt es, nicht einmal nur vom Individuum Moby Dick, sondern von der ganzen Art Pottwal, die Exemplare dieser Art seien „knowing, and judiciously malicious", und handelten „as with direct aforethought" (MD xlv. 228): Hier wird also nur das letzte von drei anthropomorphen Merkmalen durch ein *als ob* eingeschränkt.

Und in den Passagen vom Ende des Romans, in denen Moby Dick zuerst die Boote, dann das Schiff angreift, stehen die Interpretationen dieser Handlungen zwar wieder überwiegend im Modus des *als ob* oder des *sei es ... sei es*. Um nur je ein Beispiel für jedes der drei letzten Kapitel des Romans zu geben: „But *as if* perceiving this stratagem, Moby-Dick, with that malicious intelligence *ascribed to him*" (MD cxxxiii. 605); „[a]*s if* to strike a quick terror into them, by this time being the first assailant himself, Moby-Dick had turned" (MD cxxxiv. 616); „[w]*hether* fagged by the three days' running chase, and the resistance to his swimming in the knotted hamper he bore; *or whether* it was some latent deceitfulness and malice in him" (MD cxxxv. 629, alle Hvh. R. St.).[531] Kurz zuvor jedoch hatte der Erzähler Moby Dicks ganze Reihe von Angriffen auf andere Schiffe damit bilanziert, er habe dies mit „demoniac indifference" getan (MD cxxx. 589). Dieser Ausdruck einer ‚dämonischen Gleichgültigkeit' ist ein eigentümlicher Fall eines negierten Anthropomorphismus, der gerade deshalb nicht einfach keiner ist; es ist fast so, als sage man von einem Tier, es verhalte sich ‚unmenschlich' – was ja die Voraussetzung impliziert, es könne oder solle sich eigentlich ‚menschlich' verhalten. Das einfache *indifference* könnte

---

530 Vgl. Armstrong, *What Animals Mean in the Fiction of Modernity*, S. 127 (zur Cyborg-artigen Gestalt) und Crawford, „Networking the (Non)Human", S. 18 (zu Ahabs Festhalten an der, nach Latour ‚modernen', Mensch-Natur-Dichotomie).

531 Die ersten beiden dieser Zitate sind, zusammen mit weiteren strukturanalogen, schon zusammengestellt (und mit den hier übernommenen Hervorhebungen versehen) bei: Armstrong, *What Animals Mean in the Fiction of Modernity*, S. 114 – der allerdings diese Stellen verabsolutiert, an denen die Anthropomorphismen als solche ausgewiesen werden, und die gegenstrebigen Formulierungen unterschlägt.

vielleicht noch als nicht-anthropomorphe Beschreibung gewertet werden –
wenngleich der Logiker einwenden würde, dass dieser Ausdruck selbst schon
eine Differenz zu Differenz markiere und deshalb keineswegs eine vorgängige
Nichtdifferenziertheit bezeichnen könne; die Hinzufügung *demoniac* jedenfalls, die gar noch den Bereich des Übermenschlichen vage aufruft, gibt zu
erkennen, dass die Gleichgültigkeit des Wals den Beobachter alles andere als
gleichgültig lässt.

Zusammenfassend lässt sich die überaus komplexe Oszillation zwischen
Anthropomorphisierung und deren Infragestellung als figurales Aus-
prozedieren des Problems verstehen, dass Moby Dicks Rolle als Akteur eines
Abenteuers in zwei Richtungen gefährdet ist: Würde er so sehr vermensch-
licht, dass man ‚unmöglich noch in eine vernünftige Illusion hinein kommen‘
könnte, drängte er so stark zu einer allegorischen Lektüre, dass die Abenteuerlichkeit als Erzählschema bedroht wäre; würde sein Aktanten-Status auf denjenigen eines bloßen Instinktwesens reduziert, wäre Abenteuerlichkeit als
Ereignistyp verunmöglicht. Im Oszillieren zwischen beiden Polen bleibt eine
Chance auf Abenteuerlichkeit erhalten.

Überschreitet Moby Dick mit seinen Angriffen auf Schiffe – denn Element
(2) der Minimaldefinition bleibt noch zu erörtern – eine Grenze? Dass
er die Grenze zwischen Tier und Mensch überschreite, erschiene mir als
Beschreibung von Abenteuerlichkeit erstens zu metaphorisch, und zweitens
topologisch ungenau, weil er, oder besser: die Erzählinstanz bei seiner
Beschreibung sehr viel eher die Trennschärfe dieser Grenze in Frage stellt, als
sie zu überschreiten – was ja ihre scharf gezogene Gestalt voraussetzte.

Eine solche scharf gezogene Grenze gibt es ebenso wenig, um auf die geographische Ebene zurückzuwechseln, im Ozean, der zu schwach gekerbt ist,
als dass er als Punktraum fungieren könnte. Ein Analogon zu einer Überschreitung ist jedoch für die Kategorien des vektoriellen Raumes zu finden,
den Moby Dick mit Ahab teilt. Denn der Wal kehrt die Bewegungsrichtung
im Verhältnis zu seinem Antagonisten um: nicht mehr von ihm weg, sondern
zu ihm hin. Ahab formuliert es im letzten Kapitel des Romans in unüberbiet-
barer Klarheit: „Aye, he's chasing *me* now; not I, *him* – that's bad; I might have
known it, too.'" (MD cxxxv. 623) Schon einmal, in der Straße von Sunda, war die
Pequod nicht mehr nur Jägerin, sondern auch Gejagte („both chasing and being
chased", MD lxxxvii. 427) – da jedoch waren ihre Jäger Menschen (malayische
Piraten). Ahab hätte trotzdem wissen können, dass auch Tiere jagen können,
weil Moby Dick nicht der erste Wal ist, der es unternimmt „not only to chase
the assailing boats back to their ships, but to pursue the ship itself"; schon im
Kapitel „The Affidavit", dem gleichen, in dem er von Walen mit Eigennamen

berichtet, hatte Ishmael fünf mehr oder weniger gut belegte Fälle für solche Angriffe auf Schiffe angeführt (vgl. MD xlv, dort das Zitat: 232). Pottwale, von denen ausschließlich solche Handlungen berichtet werden, überschreiten damit nicht nur die Grenze zwischen Defensive und Offensive, insofern ja bereits ihre Verfolgung von Walbooten noch während deren Rückkehr zu ihren Schiffen ein offensiver Akt ist – und dieser wird im Zitat durch das „not only" als weit häufigere Handlung ausgewiesen. Ebenso wenig liegt der Unterschied zwischen Boot und Schiff nur in der Größe dieser Wasserfahrzeuge. Entscheidend ist dabei vielmehr eine bemerkenswerte Abstraktionsleistung: die Verschiebung des Objekts vom für die Wale unmittelbar gefährlichen Boot auf das zwar metonymisch mit diesem verbundene, aber für sie nicht unmittelbar gefährliche Schiff.

„The whale! The ship!" (MD cxxxv. 631) Dieser Ausruf eines Ruderers, der den Angriff des Wals auf die Pequod von einem Boot aus beobachtet, bringt die Antagonisten des Kampfes in die kürzestmögliche syntaktische Verbindung. Er macht darauf aufmerksam, dass Ahab sich wahrscheinlich ungenau, allzu egozentrisch ausgedrückt hatte, als er behauptete, Moby Dick jage *ihn* – zumal er sich zu diesem Zeitpunkt selbst auf dem Boot befindet, von dem der Wal gerade ablässt, um sich dem Schiff zuzuwenden, so dass es zumindest in diesem Moment nicht um ihn selbst gehen kann. Oder vielmehr: Jetzt wendet die Wal sich der Schiff zu. (Vielleicht sind Wale im Moment ihres Auftauchens im Englischen weiblich, weil sie damit auch im Geschlecht dem des Fahrzeugs entsprechen, von dem aus sie gesichtet werden.) Das Schiff, auf das es Moby Dick anlegt, ist nicht nur „one of the most successful machines Americans had perfected up to this time",[532] sondern zugleich „a creature of thoughts and fancies, instinct with life" (Ma xxxvii. 780), und die kleinen zweibeinigen Wesen, die darauf herumkrabbeln, manchmal gar ausschwärmen, aber stets zu der Maschine zurückkehren, wenn sie nicht daran gehindert werden, werden vom großen Wal vielleicht bloß mitversenkt. Selbstverständlich bleibt auch dies eine, offensichtlich von Latour inspirierte, Konjektur, aus der zugespitzt formuliert hervorginge, dass der nicht-menschliche Aktant in diesem Netzwerk dieses möglicherweise besser interpretiert als der menschliche, der seine eigene Rolle darin überschätzt und sich sozusagen selbst anthropomorphisiert, wenn er sich als persönliches Objekt von Moby Dicks Angriff missversteht.

Wenn, nach einem Zusatz der Abenteuer-Minimaldefinition, der Protagonist eines solchen ‚identifizierbar' auch in dem Sinne sein soll, dass man sich mit

---

532 Olson, *Call me Ishmael*, S. 12 (über das Walschiff).

ihm identifizieren könne,[533] spräche auch dies offensichtlich, oder sprach jedenfalls zwischen 1986 und 1997, für den Titelhelden. Wahrscheinlich gibt es auch nach Ahab oder Ishmael benannte Schiffe, aber das einzige mir bekannte, das nach einer Figur des Romans benannt war, hieß Moby Dick.[534]

---

533 v. Koppenfels u. a., „Wissenschaftliches Programm der Forschungsgruppe", S. 4. Ich greife diesen Gedanken erst in dieser hemdsärmeligen Schlussbemerkung auf, weil mir der ontologische Status dieses sich-identifzieren-sollenden Lesers unklar ist. Wenn es sich um ein Textangebot handelt (also etwas wie ein ,impliziter Leser' – wobei sich übrigens Iser gerade gegen identifikative Lektüren verwahrt hat): Wie wäre dieses festzumachen? Wenn es sich um ein empirisches Phänomen handelt: Wie wäre es zu erforschen?

534 Vgl. https://www.greenpeace.de/themen/uber-uns/moby-dick-wal-gegen-walfanger. Die Einschränkung „das einzige mir bekannte" stimmte zum Zeitpunkt der Niederschrift; leider ist mir inzwischen in Bonn ein Ausflugsschiff gleichen Namens begegnet.

Coda

Olga Tokarczuk fasst zusammen. Ihr Buch *Bieguni* (2007), als *Unrast* ins Deutsche übersetzt,[535] ist ein Kompendium von Ortsveränderungen aller Art, vom Herumstreunen einer Frau im erweiterten Stadtgebiet bis zu Sklaventransporten. Ein eigentümliches Leitmotiv bilden dabei Reisen, die mit der Konservierung von menschlichen Leichen oder Leichenteilen zusammenhängen: solche zu Sammlungen, in denen derartiges aufbewahrt wird, oder auch zu Fachleuten, die sich mit dessen Konservierung beschäftigen. Ebenfalls leitmotivisch werden Fragmente zur Reisepsychologie eingeschaltet, zu der Fachleute an Flughäfen Vorträge für wartende Passagiere halten. Dazwischen wird in loser Verbindung eine Ahnengalerie berühmter Reisender erstellt. Ein Professor etwa plant eine Reise auf Odysseus' Spuren – wobei jedoch die an dieser Stelle einmontierte Karte von dessen ‚Irrfahrten' ausnahmsweise der unklaren Geographie des Epos gerecht wird, indem sie so wenig Identifikationen der mythischen Orte mit bereisbaren vornimmt, dass sie zwar philologisch korrekt ist, aber gerade deshalb kaum als Anleitung für das geplante Unterfangen dienen kann; der Professor schränkt daher ein: „Natürlich nur annähernd." (427/434)[536]

Beide Cooks erhalten Kurzauftritte, wobei die Namensgleichheit dieser „beiden Köche, die uns die Wirklichkeit brauen [kochen]" (305/311) dazu genutzt wird, sie miteinander zu kontrastieren: Der Besatzung der Endeavour, dem Schiff von James' erster Reise, wird immerhin noch zugetraut, dabei „Abenteuer" zu erleben, „die in lebhaften Farben beschrieben sind" (304/310) – Thomas hingegen habe für „das erste touristische Reisebüro" (305/311) gesorgt. Dem dazu komplementären Unterfangen im Bereich der *voyage* als Reise-*beschreibung*, also dem Reise*führer*, gilt eine vernichtende Kritik an dessen ‚Vernichtung', deren Tonfall die ganze Angst des reisenden Schriftstellers[537] vor dem Einfluss der Intertexte verrät:

---

535 Zitate daraus werden im Folgenden mit bloßen Seitenangaben nach der polnischen/ deutschen Ausgabe nachgewiesen; der Text der Übersetzung wird dabei nicht modifiziert; an einigen Stellen werden jedoch in eckigen Klammern Varianten notiert, die mir nach der sprachlichen Beratung von Raoul Eshelman, für die ich ihm herzlich danke, wörtlicher erscheinen.

536 Die Karte (abgedruckt 428/435) trägt nach der Angabe der Autorin den Titel „The wanderings of Odysseus represented on a map reconstructed from the Odissey" und ist, wie viele andere Illustrationen des Buches, dem Band *The Agile Rabbit Book of Historical and Curious Maps*, Amsterdam: Pepin Press 2005, entnommen.

537 Tokarczuk korrigiert ihre Selbstbeschreibung „eine richtige Schriftstellerin" ausdrücklich in „ein Schriftsteller, denn in diesem Genus hört sich das Wort ernsthafter [wahrhaftiger] an." (18/20)

© BRILL FINK, 2021 | DOI:10.30965/9783846766606_005

Beschreiben ist wie benutzen – es verschleißt [vernichtet]. [...] Die Reiseliteratur hat große Verheerungen angerichtet, wie [sie war] eine Invasion, eine Epidemie. Die Baedekers haben den größten Teil der Welt [des Planeten] ein für alle Mal zerstört, in Millionen von Auflagen und unzähligen Sprachen gedruckt, haben sie die Orte geschwächt, sie festgenagelt, benannt und die Umrisse verwischt. (79/82)

Tokarczuk reagiert darauf nicht mit einer Negierung aller Intertexte, die ja vielmehr, wie schon die obigen Beispiele zeigen, omnipräsent sind, denn vielmehr mit Umbesetzungen. Im Kontrast zu standardisierten Reiseführern hebt sie vor allem zwei Bücher hervor, die sie selbst „Reiseführer" nennt (80/83), obwohl diese schwerlich die vom Genre üblicherweise erwartete Funktion zu übernehmen vermögen. Aus dem einen, von Benedykt Chmielowski stammenden aus dem 18. Jahrhundert, zitiert sie lange Passagen über seltsam geformte Menschen (etwa solche ohne Kopf), die offenbar auf Mandeville zurückgehen (81 f/84–86).

„Der andere Reiseführer ist ‚Moby Dick' von Melville." (82/86) In literaturwissenschaftlicher Terminologie handelt es sich dabei freilich eher um den Prätext eines *rewritings* als um einen Reiseführer. Besonders gilt dies für die Geschichte von Eryk, oder genauer: von jemandem, der seine Bekannten in der Kneipe mit einem Satz zu begrüßen pflegt, der in der englischen Übersetzung „Call me Eryk" lauten muss (91/95). Dieser hatte zwar einst auf einem ‚wirklichen' Walfängerschiff angeheuert, wo er jenen Namen annahm (vgl. 96/99); seine anhaltende Faszination für diesen Schiffstyp entwickelte sich jedoch erst später, während eines dreijährigen Aufenthaltes im Gefängnis, wo er die ganze Zeit hindurch ein einziges „Lehrbuch" gründlich studiert, das „Englisch für Fortgeschrittene, einen Kurs in Literatur- und Walkunde sowie Psychologie und Reisewissenschaften" umspannt und wie nebenbei noch von „Ishmaels Abenteuer[n]" erzählt (97/101; überhaupt kommt es in diesen Passagen zu einer Hochkonjunktur von Formen des im Buch sonst nur gelegentlich verwendeten Wortes *przygoda*). Eryk, der fortan vorzugsweise Ahabs Reden (re)-zitiert – polnische und deutsche Ausgabe von *Bieguni* weisen sogar die für die unmarkierten, aber leicht erkennbaren Zitate verwendeten jeweiligen *Moby-Dick*-Übersetzungen aus –, liebäugelt damit, noch einmal auf einem Walfänger zu arbeiten. Dazu scheint es jedoch trotz weiterer zehn offenbar ereignisreicher, aber eher summarisch erzählter Jahre auf See nicht mehr zu kommen (vgl. 99–101/103 f). Danach endet derjenige, der Eryk genannt werden will, in einem offenbar skandinavischen Land als festangestellter und krankenversicherter Steuermann, der achtmal täglich eine mittelgroße Fähre von einer Schäre zum Festland und zurück steuert.

Einmal allerdings nimmt er während dieser kurzen Fahrt plötzlich Kurs aufs offene Meer. Und seine anfangs natürlich erschrockenen und empörten Passagiere finden nach einiger Zeit sogar Gefallen an dieser außeralltäglichen Fahrt (vgl. 106–08/110–12). Bis Polizeiboote einschreiten.

Siglen

Em Dekker, Laura: *Een Meisje, een Drom. Solo rond de Wereld* (2013). Alkmaar: De Alk & Heijnen, 2016 (mit Seitenangabe); gelegentliche Zitate aus der deutschen Übersetzung von Sabine Kowalczyk: *Ein Mädchen, ein Traum. Solo um die Welt* (Bielefeld: Delius/Klasing o.J.) werden nach der kindle-Ausgabe mit Positionsnummer belegt.

J Beaglehole, J. C. (Hg.): *The Journals of Captain James Cook on His Voyages of Discovery*. 4 Bände. Cambridge (UK): Cambridge UP, 1955–74 (mit Band- und Seitenangabe); danach auch, insb. aus Bd. II, Paratexte: Ausschnitte aus den Logbüchern bzw. Journalen von anderen Mitgliedern der Expedition sowie die ausführliche Einleitung und Anmerkungen des Herausgebers.

Ma Melville, Herman: *Mardi. And a Voyage Thither* (1849). In: Ders.: *Typee, Omoo, Mardi*. New York: Library of America, 1982, S. 647–1316 (mit Kapitel- und Seitenangabe).

MD Melville, Herman: *Moby-Dick; or, The Whale*. New York: Harper/London: Bentley 1851; verfügbar unter: http://www.gasl.org/refbib/Melville__Moby_Dick.pdf (mit Kapitel- und Seitenangabe).

Od Homer: *Odysseia*, wenn nicht anders angegeben nach der Übersetzung von Wolfgang Schadewaldt: *Die Odyssee*. Hamburg: Rowohlt, 1958 (mit Angabe von Gesang und Vers); für den griechischen Text, die Feststellung der Versnummern sowie einmal die Übersetzung von Johann Heinrich Voß: Homer: *Odyssee*. In: Ders., *Ilias und Odyssee*. Gr./dt. Frankfurt a. M.: Zweitausendeins, 2008, S. 809–1427.

Om Melville, Herman: *Omoo. A Narrative of Adventures in the South Seas* (1847). In: Ders.: *Typee, Omoo, Mardi*. New York: Library of America, 1982, S. 317–646 (mit Kapitel- und Seitenangabe).

P Wolfram von Eschenbach: *Parzival*. Nach der Ausgabe Karl Lachmanns revidiert und kommentiert von Eberhard Nellmann; übertragen von Dieter Kühn. 2 Bände. Frankfurt a. M.: Deutscher Klassiker Verlag, 1994 (mit Angabe von Buch, Abschnitt und Vers).

R Forster, Georg: *A Voyage round the world* (1777) bzw. *Reise um die Welt* (1778–80). Beide in: Ders.: *Werke. Sämtliche Schriften, Tagebücher, Briefe*. Hg. v. Deutsche Akademie der Wissenschaften zu Berlin. Berlin: Akademie, 1958–2003 (mit Angabe von Bd. I und Seite für die englische, Bd. II bzw. III und Seite für die deutsche Ausgabe, wobei sich logischerweise ,Bd. II' auf den ersten, ,Bd. III' auf den zweiten Band der *Reise* selbst bezieht). Im Regelfall wird hier die deutsche Ausgabe zitiert; alle zitierten Stellen wurden jedoch auch in der englischen Ausgabe überprüft, und markante Abweichungen werden notiert. Weitere

T   Melville, *Typee. A Peep at Polynesian Life* (1846). In: Ders.: *Typee, Omoo, Mardi.* New York: Library of America, 1982, S. 1–315 (mit Kapitel- und Seitenangabe).

V   Cook, James: *A Voyage towards the South Pole, and round the world: performed in His Majesty's Ships The Resolution and Adventure in the years 1772, 1773, 1774, and 1775* (1777). 2 Bände. Dublin: Williams etc., 1784 (mit Band- und Seitenangabe).

Literaturverzeichnis

Das folgende Verzeichnis enthält alle zitierten oder referierten Texte, außer nur einmal verwendeten Zeitungsartikeln, Internetdokumenten sowie nur einmal erwähnten alternativen Ausgaben von Texten, die sonst nach anderen Ausgaben zitiert werden (welche alle in den Fußnoten vollständig belegt werden). Sämtliche Karten, auf die Bezug genommen wird, finden sich entweder in den hier angeführten Büchern oder im Abbildungsverzeichnis (wenn sie auch, meist in Ausschnitten, reproduziert werden). Alle Internetquellen wurden zuletzt am 20.7.2021 überprüft.

Agamben, Giorgio: *L'avventura*. Rom: nottetempo, 2015.

Agnew, Vanessa: "Exchange Strategies in the Travel Accounts of Cook's Second Voyage." In: Despoix, Philippe/Fetscher, Justus (Hg.): *Cross-Cultural Encounters and Constructions of Knowledges in the 18th and 19th Century*. Kassel: Kassel UP, 2004, S. 163–196.

– *Enlightenment Orpheus. The Power of Music in Other Words*. New York: Oxford UP, 2008.

Anderson, Charles Roberts: *Melville in the South Seas* (1939). New York: Dover, 1966.

Angster, Julia: "Entgrenzung und Einhegung. Die Erkundungsfahrten der Royal Navy im 18. und 19. Jahrhundert." In: Hannig, Nicolai/Kümpfer, Hiram (Hg.): *Abenteuer. Zur Geschichte eines paradoxen Bedürfnisses*. Paderborn: Schöningh, 2015, S. 105–126.

Anonymus: "Directions / For Observations and Experiments to be made by Masters of Ships [...]." In: *Philosophical Transactions*, Jg. 2 (1667), H. 24, S. 433–448.

– *A Second Voyage round the World in the Years MDCCLXXII, MDCCLXXIII, MDCCLXXIV, and MDCCLXXV*. London/Cambridge (UK): Almon/Fletcher & Hodson, 1776.

– *The Travels of Hildebrand Bowman*. London: Strahan & Cadell, 1778. [s. a. Bertelsen]

Aristoteles: *Poetik*. Gr./dt., hg. und übers. von Manfred Fuhrmann. Stuttgart: Reclam, 1982.

Armstrong, Philip: "'Leviathan Is a Skein of Networks': Translations of Nature and Culture in Moby-Dick." In: *ELH (Journal of English Literary History)*, Jg. 71 (2004), H. 4, S. 1039–1063.

– *What Animals Mean in the Fiction of Modernity*. London/New York: Routledge, 2008.

Augustinus, Aurelius: *De dialectica/On Dialectic*. Übers., eingel. u. komm. von Belford Darrell Jackson. Hg. von Jan Pinborg. Dordrecht/Boston: Reidel, 1975.

Baggesen, Jens: Oceania (1808). In: Ders.: *Poetische Werke in deutscher Sprache*. Leipzig: Brockhaus, 1836, Bd. II, S. 311–368 und 379–382 (Entwurf).

Balme, Christopher B.: *Pacific Performances. Theatricality and Cross-Cultural Encounter in the South Seas*. Houndsmills: Palgrave Macmillan, 2007.

Bay, Hansjörg: "Literarische Landnahme? Um-Schreibung, Partizipation und Wieder-holung in aktuellen Relektüren historischer 'Entdeckungsreisen'." In: Ders./ Struck, Wolfgang (Hg.): *Literarische Entdeckungsreisen. Vorfahren –Nachfahrten – Revisionen.* Wien/Köln/Weimar: Böhlau, 2012, S. 107–131.

Beaglehole, J. C. (Hg.): *The Journals of Captain James Cook on His Voyages of Discovery.* 4 Bände. Cambridge (UK): Cambridge UP, 1955–1974. (J) [s. a. Cook: Journal der 2. Reise]

Beale, Thomas: *The Natural History of the Sperm Whale.* London, 1839.

Beecroft, Alexander: "On the Tropes of Literary Ecology." In: Habjan, Jernej/Imlinger, Fabienne (Hg.): *Globalizing Literary Genres. Literature, History, Modernity.* New York/London: Routledge, 2016.

Bell, Michael Davitt: *The Development of American Romance. The Sacrifice of Relation.* Chicago: Chicago UP, 1980.

Benjamin, Walter: *Ursprung des deutschen Trauerspiels* (1928). In: Ders.: *Gesammelte Schriften.* Hg. von Rolf Tiedemann u. a. Frankfurt a. M.: Suhrkamp, 1972–1989, Bd. I, S. 203–430.

Bennett, Jim: „The travels and trials of Mr. Harrison's timekeeper." In: Bourguet, Marie-Noëlle u. a. (Hg.): *Instruments, Travel and Science. Itineraries of Precision from the Seventeenth to the Twentieth Century.* London/New York: Routledge, 2002, S. 75–95.

Berman, Russell A.: *Enlightenment or Empire. Colonial Discourse in German Culture.* Lincoln/London: Nebraska UP, 1998.

Bertelsen, Lance: "Introduction." In: Ders. (Hg.): *The Travels of Hildebrand Bowman.* Peterborough: Broadview, 2017, S. 9–40. [s. a. Anonymus]

Bickenbach, Matthias: "Kapitel 54: The Town Ho's Story." In: *Neue Rundschau,* Jg. 123 (2012), H. 2, S. 73–81.

Bitterli, Urs: *Die "Wilden" und die "Zivilisierten". Grundzüge einer Geistes- und Kultur-geschichte der europäisch-überseeischen Begegnung* (1976). München: dtv, 1982.

Blanckenburg, Christian Friedrich von: *Versuch über den Roman* (1774). Faksimiliedruck der Originalausgabe. Mit einem Nachwort von Eberhard Lämmert. Stuttgart: Metzler, 1965.

Bloom, Harold: *The Anxiety of Influence. A Theory of Poetry.* London etc.: Oxford UP, 1973.

– *Agon. Towards a Theory of Revisionism.* Oxford etc.: Oxford UP, 1982.

– "Introduction." In: Ders. (Hg.): *Ahab.* New York/Vermont: Chelsea House, 1991.

Bohm, Arnd: "Georg Forster's 'A Voyage Round the World' as a Source for 'The Rime of the Ancient Mariner': A Reconsideration." In: *ELH (Journal of English Literary History),* Jg. 50 (1983), H. 2, S. 363–377.

Bougainville, Louis Antoine de: *Voyage autour du monde, par la frégate du roi La Boudeuse, et la flûte L'Étoile; en 1766, 1767, 1768 & 1769* (1771). 2 Bände. Paris: Saillant &

Nyon, 2., erweiterte Aufl., 1772; engl. von John Reinhold [wohl eher Georg] Forster als *A Voyage Round the World. Performed by order of His Most Christian Majesty, in the Years 1766, 1767, 1768, and 1769* [...]. London: Nourse, 1772.

Brugger, Walter u. a.: "Kontingenz." In: Ritter, Joachim u. a. (Hg.): *Historisches Wörterbuch der Philosophie.* 13 Bände. Darmstadt: WBG, 1971–2007, Bd. IV, Sp. 1026–1038.

Bryant, John: "Taipi, Tipii, 'Typee': Place, Memory, and Text. A Response to Robert C. Suggs." In: *ESQ: A Journal of the American Renaissance; Special Issue: Melville in the Marquesas: Actuality of Place in 'Typee' and Other Island Writings,* Jg. 51 (2005), H. 1–3 [198–200], S. 137–167.

Burke, Kenneth Duva: "Four Master Tropes." In: Ders.: *A Grammar of Motives.* Berkeley/Los Angeles: California UP, 1969, S. 503–517.

Burkhardt, Armin: "Metalepsis." In: Ueding, Gert (Hg.): *Historisches Wörterbuch der Rhetorik.* 12 Bände. Darmstadt: WBG, 1992–2015, Bd. V, Sp. 1087–1099.

Burney, James: *With Captain James Cook in the Antarctic and Pacific. The private journal of James Burney Second Lieutnant of the Adventure on Cook's Second Voyage 1772–1773.* Hg. von Beverley Hooper. Canberra: National Library of Australia, 1975.

Cabot, John/ Cabot, Sebastian: *Die Entdeckung von Nordamerika 1497 und die Expeditionen nach Südamerika und in das Nördliche Eismeer.* Hg. von Egon Larsen. Stuttgart: Thienemann/Erdmann, 1985. [zitiert wird nach Hakluyt]

Carstens, Lutz. "Editorial." In: *FreeMen's World,* März/April/Mai 2018, S. 3.

Case, Arthur Ellicott: "The Geography and Chronology of Gulliver's Travels" (1945). In: Ders.: *Four essays on Gulliver's travels.* Repr., [Nachdr. der Ausg.] Princeton, 1945. Gloucester (MA): Smith, 1958, S. 50–68.

Claudius, Matthias: "Urians Reise um die Welt, mit Anmerkungen." (1785) In: Ders.: Sämtliche Werke. Nach dem Text der Erstausgaben. Stuttgart: Deutscher Bücherbund (Lizenz Winkler), S. 345–348.

Coetzee, J. M.: *Foe* (1986). London/New York: Penguin, 1987.

Coleridge, Samuel Taylor: "The Rime of the Ancient Mariner" [bzw. Ancyent Marinere]. Fassungen 1834 u. 1798, mit Varianten. In: Ders.: *The Poems.* Hg. von Ernest Hartley. London etc.: Oxford UP, 1957, S. 186–209 u. 528–546.

Conrad, Joseph: *Joseph Conrad, Heart of Darkness. An authoritative text, backgrounds and sources, criticism.* Hg. von Robert Kimbrough. New York: Norton, 3. Aufl., 1988.

Cook, James: *A Voyage towards the South Pole, and round the world: performed in His Majesty's Ships The Resolution and Adventure in the years 1772,1773, 1774, and 1775* (1777). [2. Reise] 2 Bände. Dublin: Williams etc., 1784. (V)

– [Journal der 2. Reise, Manuskripte]: *Logbook and journal of Captain James Cook in the "Resolution," during his second voyage round the world; 13 July, 1772–10 Nov. 1774* [...] (Ms. 27886); *Account prepared for publication by Captain J. Cook of his second voyage round the world; April, 1772-July, 1774* (Ms. 27888); beide im Besitz der British Library, online verfügbar unter http://www.bl.uk/manuscripts/Viewer.aspx?ref=add_ ms_27886 bzw... ._27888; *Journal of Captain Cook's voyage round the world in HMS Resolution* (Ms. JOD/20), im Besitz des National Maritime Museum, online verfügbar unter: University of Cambridge/Digital Library, https://cudl.lib.cam.ac.uk/view/ MS-JOD-00020. [s. a. Beaglehole]

– /King, James: *A Voyage to the Pacific Ocean. Undertaken by the Command of His Majesty, for Making Discoveries in the Northern Hemisphere* [...].[3. Reise] 3 Bände. London: Strahan/Nicol/Cadell, 1784.

– [s. a. Hawkesworth, zur 1. Reise]

Cooper, James Fenimore: *The Sea Lions; or, The Lost Sealers* (1849). In: Ders.: *The Complete Novels.* Copenhagen: Titan Read [kindle-Ausgabe], o.J., Pos. 165877–172415.

Cottom, Daniel: *Cannibals & Philosophers. Bodies of Enlightenment.* Baltimore/London: Johns Hopkins UP, 2001.

Crawford, Hugh T.: "Networking the (Non) Human. Moby-Dick, Matthew Fontaine Maury, and Bruno Latour." In: *Configurations*, Jg. 5 (1996), H. 1, S. 1–21.

Dalrymple, Alexander: *An Historical Collection of the Several Voyages and Discoveries in the South Pacific Ocean.* 2 Bände. London: Nourse/Payne/Elmsly, 1770–1771.

Davis, Merrell R.: *Melville's 'Mardi'. A Chartless Voyage.* New Haven/London: Yale UP/ Oxford UP, 1952.

Defoe, Daniel: *The Life and Strange Surprizing Adventures of Robinson Crusoe* (1719). Oxford: Clowes, 1974.

Dekker, Laura: *Een Meisje, een Drom. Solo rond de Wereld* (2013). Alkmaar: De Alk & Heijnen, 2016 (Em); dt. von Sabine Kowalczyk als *Ein Mädchen, ein Traum. Solo um die Welt.* Bielefeld: Delius/Klasing [kindle-Ausgabe], o.J.

Deleuze, Gilles/Guattari, Félix: *Mille Plateaux.* Paris: Minuit, 1980; dt. von Gabriele Ricke/Ronald Voullié als *Kapitalismus und Schizophrenie: Tausend Plateaus.* Berlin: Merve, 1997.

Derrida, Jacques: *De la grammatologie.* Paris: Minuit, 1967; dt. von Hans-Jörg Rheinberger/Hanns Zischler als Grammatologie. Frankfurt a. M.: Suhrkamp, 1974.

– "Freud et la scène de l'écriture." In: Ders.: *L'écriture et la différence.* Paris: Seuil, 1967, S. 292–340.

Despoix, Philippe: *Die Welt vermessen. Dispositive der Entdeckungsreise im Zeitalter der Aufklärung.* Göttingen, 2009.

Dickinson, A. B.: *Seal Fisheries of the Falkland Islands and Dependencies. An Historical Review.* St. John's (Newfoundland): International Maritime Economic History Association, 2007.

Dillingham, William B.: "Ahab's Heresy" (1986). In: Bloom, Harold (Hg.): *Ahab.* New York/Vermont: Chelsea House, 1991.

Dünne, Jörg: *Die kartographische Imagination. Erinnern, Erzählen und Fingieren in der Frühen Neuzeit.* München: Fink, 2011.

Elliott, John: "Memoirs." In: Holmes, Christine (Hg.): *Captain Cook's Second Voyage. The Journals of Lieutnants Elliott and Pickersgill.* London: Caliban, 1984, S. 1–47.

Encyclopedia Britannica: Ultimate Reference Suite [CD-ROM], o.O.: o.V., 2015.

Eperjesi, John R.: *The Imperialist Imaginary. Visions of Asia and the Pacific in American Culture.* Hanover (NH): Dartmouth CP, 2005.

Erben, Johannes [Bearbeiter]: "Welt" (1954). In: Grimm, Jacob/Grimm, Wilhelm (Begr.): *Deutsches Wörterbuch.* Leipzig, später Stuttgart: Hirzel, 1854–1960, Bd. XIV.i.1, Sp. 1456–1522.

Erhart, Walter, 2017: *Weltreisen, Weltwissen, Weltvergleich - Perspektiven der Forschung"* In: Ders./Glaubrecht, Matthias (Hg.): *Weltreiseliteratur.* Internationales Archiv für Sozialgeschichte der deutschen Literatur, Sonderheft Nr. 2, S. 292–321.

Evans, James: *Merchant Adventurers. The Voyage of Discovery That Changed Modern England.* London: Weidenfeld & Nicolson, 2013.

Fénelon, François Salignac de la Mothe: *The Adventures of Telemachus, the Son of Ulysses* (1768). engl. von John Hawkesworth. Dublin: Jones, 7. Aufl., 1793.

Fetscher, Justus: "Die Pazifik-Reisen der 1760er und 1770er in der deutschen Literatur." In: Despoix, Philippe/Ders. (Hg.): *Cross-Cultural Encounters and Constructions of Knowledges in the 18th and 19th Century.* Kassel: Kassel UP, 2004, S. 323–364.

Finney, Ben: "Nautical Cartography and Traditional Navigation in Oceania." In: Harley, J. B./Woodward, David (Hg.): *The History of Cartography.* Chicago/London: Chicago UP, 1987 ff, Bd. II.3, S. 443–492.

Forster, Georg: *A Voyage round the World* (1777). In: Ders.: *Werke,* Bd. I. (R I)
– *Reise um die Welt* (1778–1780) In: Ders.: *Werke,* BD. II/III. (R II bzw. R III)
– "Cook, der Entdecker" (1789). In: Ders.: *Werke,* BD. V, S. 191–302.
– *Rezensionen.* In: Ders.: *Werke,* BD. XI.
– *Briefe bis 1783.* In: Ders.: *Werke,* BD. XIII.
→ *Werke. Sämtliche Schriften, Tagebücher, Briefe.* Hg. von Deutsche Akademie der Wissenschaften zu Berlin. 18 Bände. Berlin: Akademie, 1958–2003.
– *Reply to Mr. Wales's Remarks.* London: White/Robson/Elmsley, 1778.

Forster, Johann Reinhold: *The Resolution Journal of Johann Reinhold Forster 1772–1775.* Hg. von Michael E. Hoare. 4 Bände. London: Hakluyt, 1982.
– *Observations Made during a Voyage round the World* (1778). Hg. von Nicholas Thomas/Guest, Harriet/Dettelbach, Michael. Honolulu: Hawai'i UP, 1996; dt. von Georg Forster als *Bemerkungen über Gegenstände der physischen Erdbeschreibung, Naturgeschichte und sittlichen Philosophie auf seiner Reise um die Welt gesammelt.* Berlin: Haude und Spener, 1783.

Foucault, Michel: *Les mots et les choses. Une archéologie des sciences humaines.* Paris: Gallimard, 1966; dt. von Ulrich Köppen als *Die Ordnung der Dinge. Eine Archäologie der Humanwissenschaften.* Frankfurt a. M.: Suhrkamp, 1971.

Freud, Sigmund: "Der Dichter und das Phantasieren" (1907). In: Ders.: *Studienausgabe.* Hg. von Alexander Mitscherlich u. a. Frankfurt a. M.: Fischer, 1969–1979, Bd. X, S. 169–179.

Gasché, Rodolphe: "The Scene of Writing. A Deferred Outset." In: *Glyph,* Jg. 1 (1977), S. 150–171.

Genette, Gérard: *Die Erzählung* (= "Discours du récit" [1971]/"Nouveau discours du récit" [1983]). dt. von Andreas Knop. München: Fink/UTB, 1994.

Gibson, Andrew: *Towards a postmodern theory of narrative.* Edingburgh: Edinburgh UP, 1996.

Goedde, Susanne: "Abenteuer *avant la lettre.* Kontingenz und Providenz in Epos und Roman der griechischen Antike." In: Koppenfels, Martin von/Mühlbacher, Manuel (Hg.): *Abenteuer. Erzählmuster, Formprinzip, Genre.* Leiden etc.: Fink, 2019, S. 35–60.

Goethe, Johann Wofgang von: *Wilhelm Meisters Wanderjahre, oder Die Entsagenden.* [Fassung von 1829]. In: Ders.: *Sämtliche Werke, Briefe, Tagebücher und Gespräche.* (Frankfurter Ausgabe). Hg. von Friedmar Apel u. a. 40 Bände. Frankfurt a. M.: Deutscher Klassiker Verlag, 1987–1999, Abt. I, Bd. X, S. 261–774.

Goldmann, Stefan: "Georg Forsters Rezeption der Antike oder Anmerkungen zur Affektstruktur des Zitats." In: Klenke, Claus-Volker (Hg.): *Georg Forster in interdisziplinärer Perspektive. Beiträge des Internationalen Georg-Forster-Symposions in Kassel, 1. bis 4. April 1993.* Berlin: Akademie, 1994, S. 325–338.

Görbert, Johannes: *Die Vertextung der Welt. Forschungsreisen als Literatur bei Georg Forster, Alexander von Humboldt und Adelbert von Chamisso.* Berlin etc.: De Gruyter, 2014.

– "Textgeflecht Dusky Bay. Varianten einer Weltumsegelung bei James Cook, Johann Reinhold und Georg Forster." In: Ders./Kumekawa, Mario/Schwarz, Thomas (Hg.): *Pazifikismus. Poetiken des Stillen Ozeans.* Würzburg: Königshausen & Neumann, 2017, S. 71–95.

Green, Dennis Howard: „The concept ‚âventiure' in ‚Parzival'." In: Ders.; Johnson, Leslie Peter (Hg.): *Approaches to Wolfram von Eschenbach. Five Essays.* Bern etc.: Lang, 1978, S. 83–157.

Green, Martin: *Seven Types of Adventure Tale. An Etiology of a Major Genre.* University Park: Pennsylvania State UP, 1991.

Griem, Julika: "Wissenschaft als Abenteuer?" In: Koppenfels, Martin von/Mühlbacher, Manuel (Hg.): *Abenteuer. Erzählmuster, Formprinzip, Genre.* Leiden etc.: Fink, 2019, S. 17–33.

Grimm, Jacob: *Frau Aventiure klopft an Beneckes Thür.* Berlin: Besser, 1842.

Hakluyt, Richard (Hg.): *The Principal Navigations, Voyages, Traffiques, and Discoveries of the English Nations. Made by Sea or Overland to the Remote and Farthest Distant Quarters of the Earth at any time within the compasse of these 1600 Yeares* (1589). 8 Bände. London/New York: Dent/Dutton [Everyman's Library], o.J. [ca. 1910].

Harms, Wolfgang: *Homo viator in bivio. Studien zur Bildlichkeit des Weges.* München: Fink, 1970.

Hawkesworth, John: *An Account of the Voyages. Undertaken by the Order of His Present Majesty for Making Discoveries in the Southern Hemisphere.*[...] [u. a. Bericht von Cooks 1. Reise]. 3 Bände. London: Strahan & Cadell, 2. Aufl., 1773.

– "Courage, why honoured as a virtue. Adventurer characterized, and his atchievements projected" (7.11.1752). In: Ders.: *The Adventurer.* London: Strahan u. a., 1778, Bd. I, S. 1–7.

Hawthorne, Nathaniel: *The House of the Seven Gables* (1851). Harmondsworth: Penguin, 1984.

Hempfer, Klaus W.: "Zu einigen Problemen einer Fiktionstheorie." In: *Zeitschrift für französische Sprache und Literatur,* Jg. 100 (1990), S. 109–137.

Herbert, T. Walter: "Facts, Fictions, and Wisdom in Melville's 'Typee'." In: *ESQ. A Journal of the American Renaissance; Special Issue: Melville in the Marquesas: Actuality of Place in 'Typee' and Other Island Writings,* Jg. 51 (2005), H. 1–3 [198–200], S. 93–104.

Homer: *Odysseia.* In: Ders.: *Ilias und Odyssee.* Gr./dt., dt. von Johann Heinrich Voß. Frankfurt a. M.: Zweitausendeins, 2008, S. 809–1427, sowie dt. von Wolfgang Schadewaldt als: *Die Odyssee.* Hamburg: Rowohlt, 1958 u.ö. (Od).

Honold, Alexander: "Die Erdumlaufbahn des Meeres. George Ansons Weltumseglung und ihre Rezeption bei Hölderlin und Rousseau." In: Despoix, Philippe/Fetscher, Justus (Hg.): *Cross-Cultural Encounters and Constructions of Knowledges in the 18th and 19th Century.* Kassel: Kassel UP, 2004, S. 285–321.

– /Simons, Oliver (Hg.): *Kolonialismus als Kultur. Literatur, Medien, Wissenschaft in der deutschen Gründerzeit des Fremden.* Tübingen/Basel: Francke, 2002.

Hoppe, Felicitas: *Pigafetta.* Reinbek bei Hamburg: Rowohlt, 1999.

Horkheimer, Max/Adorno, Theodor W.: *Dialektik der Aufklärung* (1947). In: Adorno: *Gesammelte Schriften.* Hg. von Rolf Tiedemann u. a. 20 Bände. Frankfurt a. M.: Suhrkamp, 1970–1986, Bd. III.

Jahn, Bernhard/Neudeck, Otto (Hg.): *Tierepik und Tierallegorese. Studien zur Poetologie und historischen Anthropologie vormoderner Literatur.* Frankfurt a. M.: Lang, 2004.

Jahraus, Oliver: *Das Medienabenteuer. Aufsätze zur Medienkulturwissenschaft.* Würzburg: Königshausen & Neumann, 2017.

James, Henry: *Hawthorne* (1879). Ithaca: Cornell UP, 1956.

– "The Art of Fiction" (1884). In: Ders.: *The House of Fiction. Essays on the Novel.* Hg. von Leon Edel. London: Hart-Davis, 1957, S. 23–45.

Jameson, Frederic: „Modernism and Imperialism". In: Eagleton, Terry u. a.: *Nationalism, Colonialism, and Literature*. Minneapolis: Minnesota UP, 5 Aufl. 2001, S. 43–66.

Joppien, Rüdiger/Smith, Bernard: *The Art of Captain Cook's Voyages*. New Haven: Yale UP, 1985-88.

Kablitz, Andreas: "Literatur, Fiktion und Erzählung – nebst einem Nachruf auf den Erzähler." In: Rajewsky, Irina O./Schneider, Ulrike (Hg.): *Im Zeichen der Fiktion. Aspekte fiktionaler Rede aus historischer und systematischer Sicht. Klaus Hempfer zum 65. Geburtstag*. Stuttgart: Steiner, 2008, S. 13–44.

Kiening, Christian: *Das wilde Subjekt. Kleine Poetik der Neuen Welt*. Göttingen: Vandenhoeck & Ruprecht, 2006.

Kippis, Andrew: *A Narrative of the Voyages Round the World, Performed by Captain James Cook, With an Account of His Life During the Previous and Intervening Periods* (1788). Cincinnati: Morgan & Sanxay, 1833.

Kittelmann, Jana: "Epistolare Epistemologie. Johann Reinhold Forsters briefliche Nachlese der Reise um die Welt." In: Drews, Julian u. a. (Hg.): *Forster – Humboldt – Chamisso. Weltreisende im Spannungsfeld der Kulturen*. Göttingen: V & R unipress, 2017.

Klawitter, Arne: "Lyrische Wallfahrten zur Insel der Unschuld. Otaheiti und die europäische Kulturkritik um 1800." In: Görbert, Johannes/Kumekawa, Mario/Schwarz, Thomas (Hg.): *Pazifikismus. Poetiken des Stillen Ozeans*. Würzburg: Königshausen & Neumann, 2017, S. 143–156.

Klein, Christian/Martínez, Matías (Hg.): *Wirklichkeitserzählungen. Formen und Funktionen nicht-literarischen Erzählens*. Stuttgart: Metzler, 2008.

Kleist, Heinrich von: "Unwahrscheinliche Wahrhaftigkeiten" (1811). In: Ders.: *Sämtliche Werke und Briefe*. Hg. von Ilse-Maria Barth u. a. Frankfurt a. M.: Deutscher Klassiker Verlag, 1987–1997, Bd. III, S. 376–379.

Konrad, Eva-Maria: "Panfiktionalismus." In: Klauk, Tobias/Köppe, Tilmann (Hg.): *Fiktionalität. Ein interdisziplinäres Handbuch*. Berlin/Boston: De Gruyter, 2014, S. 235–254.

Koppenfels, Martin von: "Gereimtheiten. Abenteuer Versus Prosa." In: Ders./Mühlbacher, Manuel (Hg.): *Abenteuer. Erzählmuster, Formprinzip, Genre*. Leiden etc.: Fink, 2019, S. 79–98.

– /Mühlbacher, Manuel: "Einleitung." In: Dies. (Hg.): *Abenteuer. Erzählmuster, Formprinzip, Genre*. Leiden etc.: Fink, 2019, S. 1–16.

– u. a.: *Wissenschaftliches Programm der Forschungsgruppe*. DFG-Forschungsgruppe „Philologie des Abenteuers" (FOR 2568). Ludwig-Maximilians-Universität München, 2018. Online verfügbar unter https://www.abenteuer.fak13.uni-muenchen.de/forschungsgruppe/wissenschaftliches-programm/wissenschaftlichesprogramm.pdf.

Korte, Barbara: *Der englische Reisebericht. Von der Pilgerfahrt bis zur Postmoderne.* Darmstadt: WBG, 1996.

Krajewski, Markus: "Kapitel 44: The Chart." In: *Neue Rundschau*, Jg. 123 (2012), H. 2, S. 50–64.

Krüger, Tobias: *Meerfahrten. Poetik und Ethik eines Narrativs zwischen Wissenskultur und Weltverhalten.* Paderborn: Fink, 2018.

Lämmert, Eberhard: *Bauformen des Erzählens* (1955). Stuttgart: Metzler, 8. Aufl., 1993.

Latour, Bruno: *Reassembling the Social. An Introduction to Actor-Network Theory.* Oxford/New York: Oxford UP, 2005.

Lawrence, David Herbert: *Studies in Classic American Literature.* London: Heinemann, 1964.

London, Jack: *The Sea-Wolf* (1904). In: Ders.: *The Greatest Adventure Books* [...]. o.O.: Musaicum [kindle-Ausgabe], 2017, Pos. 6388–10602.

– *Martin Eden* (1909). New York: McClure, 1917.

Lotman, Jurij M.: *Struktura chudozestvennogo teksta.* Moskau: Iskusstvo, 1970; dt. von Rolf-Dietrich Keil als: *Die Struktur literarischer Texte.* München: Fink/UTB, 1972.

Lowes, John Livingston: *The Road to Xanadu: A Study in the Ways of the Imagination.* Boston/New York: Houghton Mifflin, 1927.

Lyons, Paul: "Lines of fright: fear, perception, and the 'seen' of cannibalism in Charles Wilkes's *Narrative* and Herman Melville's *Typee*." In: Creed, Barbara/Hoorn, Jeannete (Hg.): *Body Trade: Captivity, Cannibalism and Colonialism in the Pacific.* New York/Annandale/Dunedin: Routledge/Pluto/Otago, 2001, S. 126–148 u. 255–265.

Malinowski, Bronislaw: *Argonauts of the Western Pacific. An Account of Native Enterprise and Adventure in the Archipelagoes of Melanesian New Guinea.* London etc.: Routledge & Sons, 1922.

Man, Paul de: "The Rhetoric of Temporality" (1969). In: Ders.: *Blindness and Insight. Essays in the Rhetoric of Contemporary Criticism.* Minneapolis: Minnesota UP, 2. Aufl., 1983, S. 187–228.

[Marra, John] [Autorschaft zugeschrieben]: *Journal of the Resolution's Voyage: In 1772, 1773, 1774, and 1775. On discovery to the southern hemisphere, ... Also a journal of the Adventure's voyage, in the years 1772, 1773, and 1774.... . Illustrated with a chart, ... and other cuts.* London: Newbery, 1775.

Martínez, Matías: "Erzählen." In: Ders. (Hg.): *Handbuch Erzählliteratur. Theorie, Analyse, Geschichte.* Stuttgart/Weimar: Metzler, 2011, S. 1–12.

Marx, Karl: *Das Kapital. Kritik der politischen Ökonomie*, Bd. I (1867). In: Ders./Engels, Friedrich: *Werke.* (*MEW*). Hg. von Institut für Marxismus-Leninismus beim ZK der SED. Berlin: Dietz, 1956–1990, Bd. XXIII.

– /Engels, Friedrich: *Manifest der Kommunistischen Partei* (1848). Stuttgart: Reclam, 1974.

May, Yomb: *Georg Forsters literarische Weltreise. Dialektik der Kulturbegegnung in der Aufklärung.* Berlin etc.: De Gruyter, 2011.

McIntosh, James: "The Mariner's Multiple Quest." In: Brodhead, Richard H. (Hg.): *New Essays on "Moby-Dick".* Cambridge (UK) etc.: Cambridge UP, 1986, S. 23–52.

Melville, Herman: *Typee. A Peep at Polynesian Life* (1846). In: Ders.: *Typee, Omoo, Mardi,* S. 1–315. (T)

– *Omoo. A Narrative of Adventures in the South Seas* (1847). In: Ders.: *Typee, Omoo, Mardi,* S. 317–646. (Om)

– *Mardi. And a Voyage Thither* (1849). In: Ders.: *Typee, Omoo, Mardi,* S. 647–1316 (Ma); dt. von Rainer G. Schmidt als *Mardi und eine Reise dorthin* (1997), o.O.: btb, 2000.

→ *Typee, Omoo, Mardi.* New York: Library of America, 1982.

– *Moby-Dick; or, The Whale.* New York/London: Harper & Brs./Bentley, 1851. (MD)

– "Cooper's New Novel." In: Ders.: *The Writings of Herman Melville,* Bd. IX (*The Piazza Tales and Other Prose Pieces, 1839-1860*), S. 235 f.

– *Correspondence.* In: Ders.: *The Writings of Herman Melville,* Bd. XIV.

→ *The Writings of Herman Melville.* Hg. von Harrison Hayford u. a. 15 Bände. Evanston/Chicago: Northwestern UP, 1968–2017.

Miller, Perry: "Melville and Transcendentalism" (1953). In: Ders.: *Nature's Nation,* S. 184–196.

– "The Romance and the Novel" (1956). In: Ders.: *Nature's Nation,* S. 241–278.

→ *Nature's Nation.* Cambridge (MA): Belknap Press of Harvard UP, 1967.

Moon, Paul: *This Horrid Practice. The Myth and Reality of Traditional Maori Cannibalism.* Auckland (NZ): Penguin [kindle-Ausgabe], 2008.

Moser, Christian: *Kannibalische Katharsis. Literarische und filmische Inszenierungen der Anthropophagie von James Cook bis Bret Easton Ellis.* Bielefeld: Aisthesis, 2005.

Moss, Sarah: "Class War and the Albatross: The Politics of Ships as Social Space and *The Rime of the Ancient Mariner*." In: Klein, Bernhard (Hg.): *Fictions of the Sea. Critical Perspectives on the Ocean in British Literature and Culture.* Aldershot: Ashgate, 2002, S. 77–88.

Most, Glenn W.: "The Structure and Function of Odysseus' Apologoi." In: *Transactions of the American Philological Association,* Jg. 119 (1989), S. 15–30.

Müller, Robert: *Tropen. Der Mythos der Reise. Urkunden eines deutschen Ingenieurs* (1915). Stuttgart: Reclam, 1993.

Nerlich, Michael: *Kritik der Abenteuer-Ideologie. Beitrag zur Erforschung der bürgerlichen Bewusstseinsbildung 1100–1750.* Berlin: Akademie, 1977.

– *Abenteuer oder das verlorene Selbstverständnis der Moderne. Von der Unaufhebbarkeit experimentalen Handelns.* München: Gerling Akademie, 1997.

Nietzsche, Friedrich: *Zur Genealogie der Moral. Eine Streitschrift* (1887). In: Ders.: *Sämtliche Werke. Kritische Studienausgabe in 15 Bänden.* Hg. von Giorgio Colli. Berlin: De Gruyter, 1980, Bd. V, S. 245–412.

Obeyesekere, Gananath: *Cannibal Talk. The Man-Eating Myth and Human Sacrifice in the South Seas*. Berkeley/Los Angeles/London: California UP, 2005.

Olson, Charles: *Call me Ishmael*. San Francisco: City Lights, 1947.

Osterhammel, Jürgen: *Die Verwandlung der Welt. Eine Geschichte des 19. Jahrhunderts*. München: Beck, 2009.

Parry, Hugh: "The Apologos of Odysseus. Lies, All Lies?" In: *Phoenix*, Jg. 48 (Spring, 1994), H. 1, S. 1–20.

Petrus Martyrus von Anghiera: *De orbe novo*. Alcalá de Henares: d'Eguia, 1530; dt. von Hans Klingelhöfer als *Acht Dekaden über die Neue Welt*. Darmstadt: WBG, 1972.

Pfister, Manfred: "Intertextuelles Reisen, oder: Der Reisebericht als Intertext." In: Foltinek, Herbert (Hg.): *Tales and "their telling difference". Zur Theorie und Geschichte der Narrativik ; Festschrift zum 70. Geburtstag von Franz K. Stanzel*. Heidelberg: Winter, 1993, S. 109–132.

– "[Rezension zu: Barbara Korte, *Der englische Reisebericht*]." In: *Anglia*, Jg. 115 (1997), S. 270-74.

– "Autopsie und intertextuelle Spurensuche. Der Reisebericht und seine Vor-Schriften." In: Ecker, Gisela/Röhl, Susanne (Hg.): *In Spuren reisen. Vor-Bilder und Vor-Schriften in der Reiseliteratur*. Berlin: LIT, 2006, S. 11–30.

Pickersgill, Richard: *Journal*. In: Holmes, Christine (Hg.): *Captain Cook's Second Voyage. The Journals of Lieutnants Elliott and Pickersgill*. London: Caliban, 1984, S. 49–97.

Pigafetta, Antonio: [*Primo viaggio intorno al mondo*]/*Magellan's Voyage Around the World. The original text of the Ambrosian Manuscript*. Cleveland: Clark, 1906.

Platon: *Politeia*. In: Ders.: *Sämtliche Werke*. Gr./dt., dt. von F.D.E. Schleiermacher. Hg. von Karlheinz Hülser. Frankfurt a. M.: Insel, 1991 u. ö., Bd. V.

Poe, Edgar Allan: *The Narrative of Arthur Gordon Pym of Nantucket* (1838). In: Ders.: *The Complete Tales and Poems*. New York: Vintage, 1975, S. 1003–1182.

Porath, Erik: "Das Weiße begehren." In: Lezzi, Eva/Ehlers, Monika/Schramm, Sandra (Hg.): *Fremdes Begehren. Transkulturelle Beziehungen in Literatur, Kunst und Medien*. Köln: Böhlau, 2003, S. 146–158.

Quintilianus, Marcus Fabius: *Institutio oratoria/Ausbildung des Redners*. Lat./dt., dt. von Helmut Rahn. Darmstadt: WBG, 2. Aufl., 1988.

Ransmayr, Christoph: *Die Schrecken des Eises und der Finsternis* (1984). München: Süddeutsche Zeitung/Bibliothek, 2007.

Reinhard, Wolfgang: "Die Europäisierung der Erde und deren Folgen." In: Schlumberger, Jörg A./Segl, Peter (Hg.): *Europa – aber was ist es?* Köln/Weimar/Wien: Böhlau, 1994, S. 77–94.

Rennie, Neil: "The Point Venus 'Scene'." In: Lincoln, Margarette (Hg.): *Science and Exploration in the Pacific. European voyages to the southern oceans in the eighteenth century*. Woodbridge: Boydell & Brewer, 1998, S. 135–146.

Ricardou, Jean: *Problèmes du Nouveau Roman*. Paris: Seuil, 1967.

Ruland, Richard: "Melville and the Fortunate Fall: Typee as Eden." In: *Nineteenth-Century Fiction*, Jg. 23 (1968), H. 3, S. 312–323.

Salmond, Anne: *The Trial of the Cannibal Dog. The Remarkable Story of Captain Cook's Encounters in the South Seas*. London: Lane, 2003.

Scherpe, Klaus R.: "Die First-Contact-Szene. Kulturelle Praktiken bei der Begegnung mit dem Fremden." In: *Weimarer Beiträge*, Jg. 44 (1998), S. 54–73.

Schestag, Thomas: "'Call me Ishmael'." In: Kreimeier, Klaus/Stanitzek, Georg (Hg.): *Paratexte in Literatur, Film, Fernsehen*. Berlin: Akademie, 2004, S. 21–42.

Schiller, Friedrich: "[Seestücke] Das Schiff; Die Flibüstiers; Das Seestück. [Dramenfragmente]". In: Ders.: *Sämtliche Werke*. Hg. von Gerhard Fricke und Herbert G. Göpfert. 5 Bände. Darmstadt: WBG, 9 Aufl., 1993, Bd. III, S. 259–266 u. 951–953 [Anmerkungen].

Schings, Hans-Jürgen (Hg.): *Der ganze Mensch. Anthropologie und Literatur im 18. Jahrhundert*. Stuttgart: Metzler, 1994.

Schlegel, Friedrich: "Gespräch über die Poesie" (1800). In: Ders.: *Kritische Friedrich-Schlegel-Ausgabe*, Bd. II, S. 284–352.

– /Schlegel, August Wilhelm: "Athenäums-Fragmente" (1798). In: Schlegel, Friedrich: *Kritische Friedrich-Schlegel-Ausgabe*, Bd. II, S. 165–255.

→ *Kritische Friedrich-Schlegel-Ausgabe*. Hg. von Ernst Behler u. a. München/Paderborn/Wien: Schöningh, 1958 ff.

Schlesier, Renate: "Transgressionen des Odysseus." In: Dics. (Hg.): *Reisen über Grenzen. Kontakt und Konfrontation, Maskerade und Mimikry*. Münster etc.: Waxmann, 2003, S. 133–141.

Schmidt, Arno: "Das schönere Europa. (Zur Erinnerung an die erste große wissenschaftliche Gemeinschaftsleistung unseres Kontinents, den Venusdurchgang von 1769)". In: Ders.: *Bargfelder Ausgabe*. Hg. von Arno Schmidt Stiftung. Zürich: Haffmans, 1986–2010, Werkgruppe II, Bd. I, S. 265–274.

Schmidt, Rainer G.: "Atoll-Tollheiten." In: Melville, Herman: *Mardi. und eine Reise dorthin*, o.O.: btb, 2000, S. 1057–1072.

Schmitt, Carl: *Der Nomos der Erde im Völkerrecht des Jus Publicum Europäum* (1950). Berlin: Duncker & Humblot, 5. Aufl., 2011.

Schulz, Dieter: *Suche und Abenteuer. Die 'Quest' in der englischen und amerikanischen Erzählkunst der Romantik*. Heidelberg: Winter, 1981.

Siegert, Bernhard: "Die Verortung Amerikas im Nachrichtendispositiv um 1500 oder: Die Neue Welt der Casa de la Contratación." In: Wenzel, Horst u. a. (Hg.): *Gutenberg und die Neue Welt*. München: Fink, 1994, S. 307–325.

Simmel, Georg: "Philosophie des Abenteuers" (1910). In: Ders.: *Gesamtausgabe*. Frankfurt a. M.: Suhrkamp, 1995, Bd. XII.1, S. 97–110.

Sloterdijk, Peter: *Im Weltinnenraum des Kapitals. Für eine philosophische Theorie der Globalisierung* (2005). Frankfurt a. M.: Suhrkamp, 3. Aufl., 2006.

Smith, Bernard: "Coleridge's 'Ancient Mariner' and Cook's Second Voyage." In: *Journal of the Warburg and Courtauld Institutes*, Jg. 19 (1956), S. 117–154.

Sobel, Dava: *Longitude* (1995), dt. von Mathias Fienbork als *Längengrad*. Darmstadt: WBG, 7. Aufl., 1997.

Sparrman, Anders: *Resa till Goda Hopps-Udden, södra Polkretsen och omkring Jordklotet, samt till Hottentott- och Caffer-Landen Åren* 1772–1776. 2 Bände in 3 Teilbänden. Stockholm: Nordstroem u. a., 1783–1818, Bde. II.i und II.ii; gekürzt engl. von Huldine Beamish und Averl Mackenzie-Grieve als *A Voyage round the World. With Captain Cook in H.M.S. Resolution*. London: Hale, 1953

Stanton, William: *The Great United States Exploring Expedition of 1838–1842*. Berkeley: California UP, 1975.

Stanzel, Franz K.: *Typische Formen des Romans* (1964). Göttingen: Vandenhoeck & Ruprecht, 9. Aufl., 1979.

Stockhammer, Robert: "Der unverständliche Unendliche. Schleiermacher, die 'Vampyr-Poesie' und Nathaniel Hawthornes 'A Virtuoso's Collection'." In: Goebel, Eckart/Koppenfels, Martin von (Hg.): *Die Endlichkeit der Literatur*. Berlin: Akademie, 2002, S. 147–161.

– "Magie. Über den 'Zauber der Dichtung', von Homer bis Valéry." In: Ders. (Hg.): *Grenzwerte des Ästhetischen*. Frankfurt a. M.: Suhrkamp, 2002, S. 87–117.

– "Savage Navigation. Melville's Inversion of Cook." In: Despoix, Philippe/Fetscher, Justus (Hg.): *Cross-Cultural Encounters and Constructions of Knowledges in the 18th and 19th Century*. Kassel: Kassel UP, 2004, S. 389–410.

– "Warum der Wal ein Fisch ist. Melvilles *Moby-Dick* und die zeitgenössische Biologie." In: Dotzler, Bernhard J. (Hg.): *"fülle der combination". Literaturforschung und Wissenschaftsgeschichte*. München: Fink, 2005, S. 143–171.

– *Kartierung der Erde. Macht und Lust in Karten und Literatur*. München: Fink, 2007.

– "Zur Konjunktur der Landvermesser in der Gegenwartsliteratur." In: Hamann, Christof/Honold, Alexander (Hg.): *Ins Fremde schreiben. Gegenwartsliteratur auf den Spuren historischer und fantastischer Entdeckungsreisen*. Göttingen: Wallstein, 2009, S. 87–102.

– *Afrikanische Philologie*. Berlin: Suhrkamp, 2016.

Strohschneider, Peter: "'âventiure'-Erzählen und 'âventiure'-Handeln. Eine Modellskizze." In: Dicke, Gerd/Eikelmann, Manfred/Hasebrink, Burkhard (Hg.): *Im Wortfeld des Textes. Worthistorische Beiträge zu den Bezeichnungen von Rede und Schrift im Mittelalter*. Berlin/New York: De Gruyter, 2006, S. 377–383.

Struck, Wolfgang: *Die Eroberung der Phantasie. Kolonialismus, Literatur und Film zwischen deutschem Kaiserreich und Weimarer Republik*. Göttingen: V & R unipress, 2010.

– "Macht-Abenteuer. Carl Peters in der Bibliothek." In: Grill, Oliver/Obermayr, Brigitte (Hg.): *Abenteuer in der Moderne*. Leiden etc.: Fink, 2020, S. 169–190.

Suggs, Robert C.: "Melville's Flight to Taipi: Topographic, Archeological, and Historical Considerations." In: *ESQ: A Journal of the American Renaissance; Special Issue: Melville in the Marquesas: Actuality of Place in 'Typee' and Other Island Writings*, Jg. 51 (2005), H. 1–3, S. 47–86.

Sulzer, Johann Georg (Hg.): *Allgemeine Theorie der Schönen Künste*. Leipzig: Weidemanns Erben und Reich, 1771–1774.

Sutton, Anne F.: "The Merchant Adventurers of England: their origins and the Mercer's Company of London." In: *Historical Research*, Jg. 75 (2002), H. 187, S. 25–46.

Swift, Jonathan: *Gulliver's Travels* (d.i. *Travels into Several Remote Nations of the World* [...]) (1727). Hg. von Christopher Fox. Boston/New York: St. Martin's, 1995.

Terzo, Leonardo: *Retorica dell'avventura. Forma e significato in Moby Dick*. Milano: Cisalpino-Golardica, 1981.

Thomas, Nicholas: "'On the Varieties of the Human Species': Forster's Comparative Ethnology." In: Forster, Johann Reinhold: *Observations Made during a Voyage round the World*. Hg. von Nicholas Thomas, Harriet Guest und Michael Dettelbach. Honolulu: Hawai'i UP, 1996, S. xxiii–xl.

Thompson, G. R.: "Introduction. Being There: Melville and the Romance of Real Life Adventure." In: *ESQ: A Journal of the American Renaissance; Special Issue: Melville in the Marquesas: Actuality of Place in 'Typee' and Other Island Writings*, Jg. 51 (2005), H. 1–3, S. 1–46.

Tieck, Ludwig: *Der gestiefelte Kater* (1797). In: Ders.: Schriften in [ursprünglich vorgesehenen] 12 Bänden. Hg. von Manfred Frank u. a. Frankfurt a. M.: Deutscher Klassiker Verlag, 1985 ff, Bd. VI (*Phantasus*), S. 490–566.

Tokarczuk, Olga: *Bieguni*. Krakow: Wydawnictwo Literackie, 2007; dt. von Esther Kinsky als: *Unrast*. Zürich: Kampa, 2019.

Turnbull, David: "Cook and Tupaia, a Tale of Cartographic *Méconnaissance?*" In: Lincoln, Margarette (Hg.): *Science and Exploration in the Pacific. European voyages to the southern oceans in the eighteenth century*. Woodbridge: Boydell & Brewer, 1998, S. 117–132.

Turner, Frederick Jackson: "The Significance of the Frontier in American History" (1893). Online verfügbar unter: http://nationalhumanitiescenter.org/pds/gilded/empire/text1/turner.pdf.

Wales, William: *Log book of HMS 'Resolution'* (RGO 14/58) (1772–1775). Ms. im Besitz des National Maritime Museum. Online verfügbar unter: University of Cambridge/Digital Library, http://cudl.lib.cam.ac.uk/view/MS-RGO-00014-00058/1. [s. a. Abbildungsverzeichnis]

– *Remarks on Mr. Forster's Account of Captain Cook's last Voyage round the World, In the Years 1772, 1773, 1774, and 1775*. London: Nourse, 1778.

– /Bayly, William: *The Original Astronomical Observations, Made in the Course of a Voyage towards the South Pole and round the World* [...]. London: Strahan, 1777.

Waltenberger, Michael: "Tychander und Springinsfeld. Krieg als pikarische Abenteuer-sphäre bei Hieronymus Dürer und Grimmelshausen." In: Koppenfels, Martin von/ Mühlbacher, Manuel (Hg.): *Abenteuer. Erzählmuster, Formprinzip, Genre.* Leiden etc.: Fink, 2019, S. 137–160.

Weimar, Klaus: "Wo und was ist der Erzähler?" In: *Modern Language Notes*, Jg. 109 (1994), H. 3, S. 495–506.

Wilkes, Charles: *Narrative of the United States Exploring Expedition. During the Years 1838, 1839, 1840, 1841, 1842.* 5 Bände. Philadelphia: Lea/Blanchard, 1844–1849. [s. a. Abbildungsverzeichnis zum Atlas-Band]

Williams, Ioan: "Introduction." In: Ders. (Hg.): *Novel and Romance. 1700-1800. A Documentary Record.* London: Routledge & Kegan Paul, 1970, S. 1–24.

Wolf, Armin: *Homers Reise. Auf den Spuren des Odysseus* (1968). Völlig überarbeitete Neuausgabe. Köln/Weimar/Wien: Böhlau, 2009.

Wolf, Burkhardt: "Die Spurlose Bahn des Schiffs: Eine Passage in Schillers Seestück-Fragmenten." In: Ecker, Gisela/Röhl, Susanne (Hg.): *In Spuren reisen. Vor-Bilder und Vor-Schriften in der Reiseliteratur.* Berlin: LIT, 2006, S. 145–168.

– *Fortuna di mare. Literatur und Seefahrt.* Berlin: Diaphanes, 2013.

Wolfram von Eschenbach: *Parzival.* Nach der Ausgabe Karl Lachmanns revidiert und kommentiert von Eberhard Nellmann; übertragen von Dieter Kühn. 2 Bände. Frankfurt a. M.: Deutscher Klassiker Verlag, 1994. (P)

Young, Robert J. C.: "Postcolonialism's straw man." [Rez. von Russell A. Berman, *Enlightenment or Empire: Colonial Discourse in German Culture*]. In: *Radical Philosophy* (1999), H. 95, S. 48–51.

Zapf, Nora, 2016: "'We were a ghastly crew': Gespenstige Schiffe und ruheloses Schreiben bei Samuel Taylor Coleridge und Arthur Rimbaud." In: Italiano, Federico/Thalhofer, Helga (Hg.): *Schiff und Schrift. Zum Verhältnis zwischen Literatur und Globalisierung.* Themenblock in: *Arcadia*, Jg. 51 (2016), H. 2, S. 325–343.

Abbildungsverzeichnis

Umschlagabbildung: Cook, James/Gulielmus Whitchurch, 1776: *Chart of the Southern Hemisphere. shewing the Tracks of some of the most distinguished Navigators.* London: Strahan & Cadell. (Ausschnitt) Online verfügbar unter: David Rumsey Map Collection, https://www.davidrumsey.com/luna/servlet/detail/RUMSEY~8~1~24025~ 870069:S--Hemisphere

Namensregister